ARBELAITZ O. M. Cap.

DICCIONARIO

CASTELLANO-VASCO

Y

VASCO-CASTELLANO

DE VOCES COMUNES
A DOS O MAS DIALECTOS

EXTRAIDO DEL DICCIONARIO MAYOR DE R. M.ª DE AZCUE
Y CON SU AUTORIZACION

© EDITORIAL LA GRAN ENCICLOPEDIA VASCA (1978)
Calzadas de Mallona, 8 - Teléfono 416 96 11 - Bilbao (6)
Director: José María MARTIN DE RETANA

I. S. B. N. 84 - 248 - 0758 - 8
Depósito legal: BI - 1485 - 82
Imp. Amado - Bilbao

Atzean emoten asi garan lan ori, darraizan yaun esku-zabal oneen bidez argitaratzen da:

Abrisketa't. Eukeni.
Abrisketa't. Serapi.
Agiŕe't. Kesara.
Agiŕetxe't· Jeronima.
Alberdi't. Emilen.
Albizuri't. Perderika.
Alvarez Ormiluge't. Domeka.
Altzaga' t. Lonarta.
Ametzaga't. Jagoba·
Arana't· Joseba Iñaki.
Aranguren't. Josu.
Arantzadi't. Ingartzi.
Ariño't. Andoni.
Ariztegi't. Lauran.
Arostegi't. Josu.
Aŕien't· Julen.
Aŕizabalaga't. Imanol.
Arroyo eta Olabe't. Koldobika.
Astorki eta Erkitza't. Eŕoman.
Azkue't. Paul.
Azkue't· Terese, Landaburu'ren Alarguna.
Baŕena't. Jagoba.
Basteŕa't. Joseba Eŕaimunda.
Belaustegigoitia't. Joseba Mirena.
Belaustegigoitia't. Pantzeska·
Beltran Gebara't.| Joseba Mirena.
Bengoetxea't. Jon Imanol.
Bernedo eta Etxano't. Pelagi.

Benito Valle't. Gergori.
Benito Valle't. Lanberto.
Berasaluze't. Pantzeska.
Beŕesueta't. Eŕapel.
Bilbao't. Patirki.
Bixiola't. Jon Koldobika.
Burtzena't. Kepa.
Dalmau't. Hector.
Duo't. Aniketa·
Egia't. Eŕaimunda.
Egiguren't. Pilomen.
Eguskitza't. Bernardin.
Elexoste't. Augustin.
Elgezabal't. Gilelma·
Elgoibar't. Kepa.
Elu't. Domeka.
Epaltza't. Domeka.
Eŕenteria't. Gorgoni.
Eŕotaetxe't. Iñaki.
Eŕotaetxe't. Joseba Mirena·
Etxebaŕia't. Eŕaimunda.
Etxenagusia't. Joseba.
Euskeltzaleak.
Fontan't· Joseba Mirena.
Ganboa't. Eŕapel.
Ganboa't. Jokin.
Gangoiti't. Damen.
Garate't. Deunoro.
Garate't. Jokin.
Garate't. Justa.
Garteiz't· Martin.

Gerika-Etxebaria't. Gala.
Gurutzeta't. Domeka.
Hernandez't. Jokin.
Horn eta Areiltza't. Joseba.
Isasi't. Perderika.
Isusi't· Endika.
Juaristi't. Paul.
Kortabaria't. Jon.
Laburu't. Endika Mirena.
Laburu't. Krispul.
Landia't. Kamil.
Larea't· Koldobika Mirena.
Leizaola't. Koldobika Mirena.
Lizaraga't. Jokin.
Luisa't. Daki.
Luzaraga't. Erikarta.
Llodio't. Maurixi.
Mendialdua't. Nikomeda.
Mendiguren't. Eruperta.
Mendizabal't· Sengadilea.
Mezo't. Eleuteri.

Mondragon't. Joseba.
Obieta't. Toma.
Ormaetxea't. Jon.
Ortiz eta Artiñano't. Endika.
Ortueta't· Anakelta.
Pikatza't. Joseba.
Piko't. Gotzon.
Rodriguez Villachica't. Josu.
Roji eta Altzeta't. Gotzon.
Scheifler eta Urutia't. Gustaba.
Siarsolo't· Eukeni.
Senosiain't. Bingen.
Sota eta Aburto't. Eraimunda.
Sota eta Llano't. Eraimunda.
Tutor't. Koldobika.
Urkidi't. Kesara.
Urutia't· Edorta.
Zabala't. Perderika.
Zaraoa't. Alberta.
Zaraoa't. Eustasi.

ESKEINTZA

LIZARTZA'T. A. AITA
TA
ALDABA'T. G. AITA

euskal-idazle ta Kansu'ko (Txina) lenengo Misiolari euskaldunak zeraten oiei biotz-biotz etik lantxo au eskeintzen dizute bere egileak.

PROLOGO

Es un hecho experimentado la dificultad de la comunicación euskérica entre los euskaldunes de las diversas regiones. Esta dificultad, que tanto perjudica a las obras euskéricas de nuestros escritores, limita notablemente su utilidad, entorpeciendo, en consecuencia, el resurgimiento y conservación de nuestra preciosa lengua vasca, tan admirada en todo el mundo intelectual. Años hace que vengo palpando los inconvenientes del aislamiento que esta dificultad nos acarrea, meditando cuál podría ser el procedimiento más eficaz para combatirlo.

Hoy tengo la satisfacción de presentar al público euskaldun este insignificante trabajo mío, creyendo contribuir, en parte, a la solución del problema planteado, facilitando el uso oral y escrito de las voces euskéricas más comunes, dando así un paso hacia la unificación del euskera en la inteligencia de los vascos.

Sin ilusionarme demasiado por la modestia de mi trabajo, espero ser de positiva utilidad a los escritores que emplean el euskera en sus escritos para formarse una terminología asequible a mayor número de lectores; a los predicadores y conferenciantes, profesores y alumnos de euskera, facilitándoles el uso de las palabras más comunes, a fin de que su trabajo sea más provechoso a los euskaldunes todos para hacerles menos dificultosa la comunicación con vascos de distinta región.

No me parece bien dejar de consignar aquí la admiración que he sentido por el gran diccionario de nuestro insigne don Resurrección María de Azkue, del que he ido extrayendo casi todas las voces que contiene mi pequeño diccionario. No puedo menos de confesar el haberme quedado pasmado al vislumbrar, mientras recorría una y otra vez las columnas de dicho precioso diccionario, el esfuerzo titánico realizado por el señor Azkue al erigir a la lengua de nuestros antepasados este grandioso monumento, que parece imposible pueda ser levantado por un solo hombre por muy sabio y laborioso que lo supongamos.

Y, volviendo a mi trabajo, es indudable que habrá de encontrar el lector no pocos defectos en mi diccionario; mas confío en su benevolencia y espero me los ha de dispensar al tener en cuenta la buena voluntad y el recto fin que me guiaron en mi tarea.

Lo que sí deseo con él es la utilidad espiritual y temporal de los vascos todos, colmando mi satisfacción ante la idea de que al cabo de algunos años viera publicarse un magnífico diccionario semejante a este mío, tan reducido, y al que tuviera yo la dicha de haber servido de base.

DIVISION DEL LIBRO

Este libro contiene dos diccionarios: uno castellano-vasco y otro vasco-castellano.

Cada una de las letras está dividida en tres partes: la *primera* contiene todas las voces empleadas simultáneamente en los dialectos bizkaino y guipuzkoano, incluyendo tanto las que solamente se emplean en estos dos dialectos, como las que se emplean al mismo tiempo en algún otro dialecto literario.

Nota importante.—Las palabras de esta parte que no llevan indicación dialectal o llevan solamente (an) o *uno* de estos dos signos (bc) o (gc), que indican que la palabra afectada es de uso común en bizkaino o guipuzkoano, *se usan* simultáneamente en los dialectos bizkaino y guipuzkoano.

La *segunda parte* contiene las voces empleadas a la vez en tres o más dialectos, pero que no se usan simultáneamente en los dialectos bizkaino y guipuzkoano. Los términos de esta clase empleados simultáneamente en bizkaino y guipuzkoano se hallan en la primera parte.

La tercera parte es un suplemento de voces no comunes a dos dialectos, salvo alguna que otra palabra. El objeto de esta parte es llenar algunos vacíos de la primera y segunda parte, en lo que se refiere a los nombres más usuales de la lengua, a fin de que los principiantes encuentren en este libro voces euskéricas correspondientes a las castellanas más usuales contenidas en el «Manual de conversación en euskera bizkaino, arreglado por dos que aman al País Vasco».

Como apéndice del diccionario va al fin un pequeño ensayo que se titula «Observaciones para evitar en cuanto posible las diferencias verbales de los dialectos bizkaino y guipuzkoano».

EXPLICACION DE LAS ABREVIATURAS

    g. . . . . dialecto guipuzkoano.
    b . . . . dialecto bizkaino.
    l. . . . . dialecto labortano.
    s. . . . . dialecto suletino.

Cuando estas letras van precedidas del guión indican que la palabra a que afecta dicho signo se usa en los dialectos literarios de la lengua, exceptuado el dialecto representado por la inicial: Así, «*Edatu* (-b), extender», denota que esta palabra se usa en guipuzkoano, labortano y suletino, mas no en bizkaino.

(an) indica que la palabra afectada se usa en dialecto altonabarro. Si este signo es el único que afecta a algún término, verbigracia «*Hipo*, (an) zotin», denota que, además de los dialectos bizkaino y guipuzkoano, se usa en el dialecto altonabarro.

(c), de uso común en toda la lengua o en un dialecto, según que esté solo o precedido de otra letra, (bc, gc, lc, sc). Cuando uno de estos signos se halle solo no indiea que la voz afectada no se usa en otros dialectos si se trata de la primera parte de las tres en que se divide cada letra: Así, «*Kebide* (gc), chimenea», se emplea en los dialectos bizkaino y guipuzkoano, mas es de uso común en todo el dialecto guipuzkoano. Cuando está acompañado de otros excluye el uso en otros dialectos: Así, «*Kandelerio* (bc), *Kandelero* (an,g), fiesta de Candelaria»; el signo (bc) que acompaña a «Kandelero (bc)» indica que esta voz es de uso común en todo el dialecto bizkaino y no se usa en los restantes.

(np) indica que en el diccionario mayor de Azkue no está señalado el pueblo en que se usa.

(db). Dos vascófilos, autores del manual de conversación arriba citado.

(Mend.), López Mendizábal.

Todas las abreviaturas aquí mencionadas se hallan en este diccionario dentro de paréntesis.

DICCIONARIO
CASTELLANO-VASCO

A

A

A (c), era (sufijo directivo).
Abajo, bea, bera (c) azpira. || Desde abajo, betik. || Hacia abajo, beruntz (g), berutz (b). || Para abajo, berako, beerako.
Abajarse (-s), apaldu.
Abarca (an, 2 c), abarka.
Abarcas (cuerda con que se sujetan las), (c) abarkari.
Abaratar (c...), merkatu.
Abandonar (4), utzi (-b), itxi (bc), itzi (b).
Abandonado, antsigabe (g), antsibaga (b). || Baldan. || Fařas, (an) nařas, bandil.
Abatirse uno de cansancio, abaildu (b).
Abertura (-s), zabaltasun. || Por donde el ganado saca la cabeza en la cuadra, buru--zulo.
Abdomen, panza, (np) zilbor.
Abedul (c), urki.
Abeja, erle.
Abierto (c), zabal. || Estar abierto (c), zabalik.
Abigarrado (c), nabar || Multicolor (2 c), kikiřiki.
Ablandar (c), baratu.
Abnegación (c), uko.

AB

Abnegarse (an), ukatu burua.
Abofetear (onomatopeya de) (np), zipli-zapla.
Abolladura (np), mailatu.
Abollar (-s), maspildu, (np) mailatu.
Abonar tierras, (c) ondu, (an) gozatu.
Abono (c...), ongaři.
Abrasado (an), kiskal.
Abrasar (np) txingartu, kiskaldu.
Abrasarse (an), kiskaldu.
Abrazar, besartetu, (c) besarkatu, (bc, g) laztandu.
Abrazo (c), besarka, (bc, g) laztan, besarkada.
Abreviatura (-s), labuřera.
Abrigado (lugar) (-s), gorde.
Abrigarse en algún lugar, berokitu.
Abrigo, refugio junto a una pared, ormasoi (g), ormasoin (b). || Ropa (-s), beroki. || (-l), berogaři. || (4), estalpe.
Abril, april, jořail (an).
Abrir (c), zabaldu.
Abrir y cerrar (ojos), (an) itxidiki, (b, gc) itxidigi.
Abrojo (an), sasilar (np).
Abstemio (an), urzale.

AB

Abuela (g, b), amandre.
Abuelo, aitona (g), aitoa (b).
Abultado (-s), lari.
Abundancia (-s), zabaltasun. ||
Onomatopeya, zapa - zapa. ||
Abundancia en, ugari (np),
sendo (np). || Año de abundancia, (an, gc), urtabe. ||
Con abundancia (2 c), oparo.
|| Abundancia de recursos
(an), eskualdi. || Abundancia, profusión (de frutas)
(np), ugaritasun.
Abundante (an), ugari. || Abundante, franco, (bc..., g), opatsu.
Aburrimiento, asperaldi.
Aburrirse, aspertu (2 c) gogait
-egin, gogobetatu.
Acacia, azkasi.
Acardenalarse (c...), ubeldu.
Acariciar (an), gozaratu, loxindau (b), loxindu (an, g).
Acarrear (c), eskuratu.
Acarreo (camino de) lorbide
(2 c). || (Arrastrando) de viga o leño (2 c), lor.
Acaso (-s), zori, (4) bear-bada.
|| Por si acaso (4), bada-ezpadan.
Accesión de terciana o cuartana, erageteko.
Acceso de desavenencia, de mal
tiempo, de postración (c...),

AC

makuraldi. || Acceso de pereza (c...), nagialdi.
Acción (c), egiera, (c) egite,
(an) egikera. || Acción de
arrancar bruscamente un objeto (onomat. de la) (-s),
brast. || Acción de gracias
(4), esker-erakutsia. || Acción de picotear las plumas
(-s), zofiketa. || Acción, exclamación y ruido, -ada. ||
Acción y efecto (c). -dura.
Acebo (c), gorosti.
Acechando, (np) zelataka, (np)
zelatean.
Acechar (-s), zelatatu (g, l), zelatau (b).
Acecho (4), zelata.
Acedarse la leche (an), gazuratu.
Aceite (-l), olio (g, s) orio (b).
Aceptación, etsipen.
Acequia (2c), ereten.
Acercarse, uferatu, (g) ur eman,
(bc...) ur emon.
Acerico (bc), kutun.
Acero, kaltzairu, (-s) galtzairu.
Acertar, igari.
Acervo (c), meta.
Acetre, antoxin, gaileta.
Acetre, bacineta, antuxin. ||
Vasija, antoisin.
Acial, pinzas con que se abre.
etc., mordaze.

AC

Acicalado, bitxidun.
Acierto para hacer algo, esku-aldi.
Aclarar (c), argitu.
Aclimatarse, bertakotu.
Acobardarse (c...), oilotu, koldartu (np).
Acoceador (c), ostikari.
Acogida, aŕera.
Acometer, eraso, esetsi.
Acometida, erasoaldi.
Acomodable (an), egokaŕi.
Acomodado, adinon, adiñon.
Acomodar, egokitu.
Acomodarse (an), jaŕi.
Acompañar (c...), lagundu.
Acongojar (-s), laŕitu.
Acorneador (-s), adarkari.
Acornear (-s), adarkatu.
Acortar (-s), laburtu.
Acostarse (c), etzan.
Acostumbrarse (c), oitu.
Acotado (terreno), baŕuti (an).
Acotar (c...), mugaŕitu.
Acrecentamiento (-s), anditasun.
Acreedor (4), artzedun.
Acribillarse de deudas (np), zorpetu.
Acritud de garganta (gc), pikor.
Activa (persona), eginkor.
Actividad (con), (np) zarta-zarta. || Actividad (-s), bizkortasun.
Activo, eragin (c...), langile. || Muy activo, urduri. || Activo de *bedori* en sus dos acepciones, bedoŕek. || Activo de *berori* en las acepciones de *ese mismo* y *usted misma,* beroŕek.
Acto, -kera, egikera, eginen, (c) egintz, (c) -era, (c) egiera. || Acto de atar (c...), lotze. || Acto de charlar (onomatopeya del) (c..), txirtxor. || Acto de encamarse (c...), oatze. || Acto de ofrecer y no dar (c...), tati. || Acto de sonarse (onomat. del) (c...), zitz.
Actual, oraingo.
A cuál más (-s), zein baino zein.
Acudir (-s), jo.
Acuoso, urtsu.
Acurrucarse (-s), uzkurtu.
Acusador (4), salatari. || Acusador (-l), salatzaile (g,b,an), salhazale (s).
Acusar (c), salatu.
Achaque, matxura.
Achicharrado, kixkor.
Achicharrarse, kixkortu.
Adecuado, erazkor, (-s) egoki.
Adelantarse (2c), auŕeratu.

AD

Adelante, auŕera. || En adelante, auŕerakoan. Para adelante, auŕerako.

Adelanto, auŕerapen, auŕerapide (gc,bc), gora.

Adelgazar (c..), meartu.

Aderezo (c), edergari.

Adeudar (an) (np), zor izan

Adherir (an), erantsi, egotzi. || Adherir, itsasi (b.gc), (an) itxatxi.

Adinerado (-s), dirudun.

Adivinar, igaŕi.

Administrador (c...), kontulari.

Admirable (4), aŕigaŕi, (c...) miragaŕi.

Admirarse, (np) miraritu, (c) aŕitu.

Adormecerse un miembro (bc), sortu.

Adormecimiento de algún miembro (an), ildura.

Adornar (4), apaindu || Adornar, componerse (an), pitxitu.

Adorno (c), edeŕgaŕi || Adorno (4), apaindura

Aduana, eŕenteria.

Adulación (4), zurikeria, (2c) labankeri, (-s) legunkeri.

Adulador, koipetsu, laban (np), (2c) koipe, koipatsu.

AG

Adusto, (c...) mutur-beltz, aketo.

Advenedizo, atzeŕiko.

Advenimiento (2c), etoŕera.

Advertencia (4), oar.

Advertido, prudente (c...), oartu.

Advertir (c), oartu.

Afable (4), aŕai. || Afable con forasteros y extraños, kanpoeder.

Afaca, astailar.

Afán, (c) su (4) leia.

Afear (c?), itsustu.

Afición, (4) leia, (an) zaletasun (np).

Aficionado (c), zale. || Aficionado en extremo (4), itsu (-g), itxu (g).

Aficionarse (c...), zaletu.

Afilado (c...), zoŕotz.

Afilador, zoŕotzaile (np) (b.g) zoŕoztaile (l).

Afilar (c), zoŕoztu. || Acto de afilar, (np) zoŕozketa.

Aflicción, atsakebe, (-s) atsekabe.

Afluencia (con) (2c), oparo.

Aforo, prueba de alimentos, measintxa. || Aforo, prueba de algún alimento, principalmente líquido, mustada.

Afortunado (-s), zoritsu.

Agacharse (-s), uzkurtu.

AG

Agalla, belaŕi.

Agallón, juguete de niños, (an), pospolin.

Agárico sin tallo (cierto) (c), ardai.

Agarradero, euskaŕi.

Agarrar, eldu, eutsi, (np), oratu (b).

Agazaparse (gc), kukuldu.

Agencia (-s), gintza.

Agente profesional, -kari, (c) egile.

Agil, (-s) bizi, (c) bixkor, (-s) bizkor.

Agilidad, belaungozo, arintasuna.

Agonía (en), albetan.

Agostarse, agortu.

Agotarse (-l), agortu.

Agracejo (un arbusto), isuski gaŕatz.

Agradable, atsegingaŕi, pozgaŕi. || Muy agradable, atsegintsu. || Agradable de presencia (c), galant.

Agradar (c...), on-izan.

Agradecido, (c) eskertsu, (c) esker-oneko, (an) eskerdun.

Agradecimiento, (c) esker, (4) esker-erakutsi.

Agrado (np), oniritxi, (gc) nai-era, eder

Agramar el lino o cáñamo, ezpatatu, trangatu (np) || Ope-

AG

ración de agramar el lino, trangaketa (np).

Agramadera, instrumento para majar el lino, ezpata.

Agramador, ezpatari.

Agravarse, astundu.

Agregado a una comitiva, etc., albesteko.

Agriar (4), samindu.

Agricultor, lurlantzaile (np).

Agricultura, nekazaritza (np), lurlantza (np).

Agrio (-s), gaŕatz.

Agua (c), ur. || Agua mineral, urgoŕi. || Sitio en que abunda el agua, urtoki. || Agua en que se hace disolver sal, gatzun. || Agua o todo liquido (2c) (an), mama. || Agua de cerrajas (en), (an) ezer-ezean. || Agua salada (c), ur-gazi. || Agua tibia (c), ur-epel. || Agua turbia, ur-aŕe || Agua y leche (refresco) urezne.

Aguacero, (an), euri-jasa, euri-erauntsi.

Aguanieve, elur-euri.

Aguantadizo (c), zail, zail.

Aguantar, (an) iraun (c) burutu.

Aguardar, itxadon, itxaron.

Aguardiente (np), paitar.

AG

Aguas de la friega, etc, ur-ondo, (bc). || Entre aguas, (np) ugarte. || Manantial de aguas termales (sitio de), ubero-aga. || Temporada de aguas torrenciales, uielte.

Aguazal, zingira.

Agudo (-l), zoŕotz, (c) agudo.

Aguijada, akulu, akulu (b,g), **akülü** (s).

Aguijar (-s), akulatu.

Aguijón, p. ej. de abejas, etc., (2c) mizto, (s) ezten. || Aguijón de peces, ezpi.

Aguja (c...), oŕatz. || Aguja, pez más sabroso que "akula" akula birigarda. || Aguja, cierto pez, akula. || Aguja de coser (an), jostoŕatz. || Aguja para coser velas, (an), beloŕatz. || Aguja de marear, (c), itsasoŕatz. || Aguja pernio, lemoŕatz. || Aguja salmera, albandoŕatz, almandoŕatz.

Agujerear, zulatu.

Agujero, zulo (np). || Agujero central de la pira de leña para hacer carbón (·s), suetxe || Agujero del pozo (c...) putzu-zulo. || Agujero del piso superior, etc. (bc), tranpol. || **Agujero del** botón, botonzulo.

AJ

Agusanado (4), ar-joa

Aguzanieve, eŕeka-txori, (-l) ur-txori, buztan-ikara.

Aguzarse el oído u otros sentidos, zoŕoztu (np).

Ahí (hasta), (bc) oŕadiño. || Ahí (c...), oŕ. || De ahí, orako. || Ahí, a ese lugar (bc), oŕa. || Ahí mismo, (4), oŕtxe. || De ahí mismo, oŕkoxe

Ahijado, besoetako.

Ahitarse, (np) ok egin.

Ahogado (c), ito.

Ahogarse (4), ito.

Ahogo, fatiga, itomen.

Ahondar, cavar las tierras, (gc) ondeatu.

Ahora, oin, oiñ. || Ahora (2c), orain, (an). || Para ahora, gaurgero.

Ahorcar, (an) urkatu.

Ahorrador, batzaiła (b), batzaiłe (g).

Ahorrar dinero, auŕeratu.

Ahuyentar, izutu.

Airarse, asaŕatu.

Aire (corriente de) (c...), aize-laster. || Aire helado, bisots.

Airoso, jaso (gc).

Aislamiento, bakartasun.

Aislarse, bakartu.

Aitor (c), aitor.

Ajado (bc), maiz.

AL

Ajar, gastarse una cosa, zakartu.

Ajarse, (an) erabildu.

Aje (mal interior del hombre), matxura.

Ajenjo, asensio-bedar (b), asensio-belar (g).

A juicio (c...), ustez.

Ajeno, besteren, iñoren.

Ajustar, egokitu. || Ajustar cuentas, (4)), kitatu, al-takoan. Ej., Egun batzuk igarotakoan.

Ala, (an), ega.

Alacena, arasa.

Alacrán (-s), lugartz (l), (b,g).

Alacha (pez), astun.

A la chita callando (c), isilean.

Alado, egodun.

Alargar (c), luzatu.

Alavés (c), arabar.

Albacora (pez), lanpo (a...g), lanpreo (b).

Albahaca, albaka, arbaraka.

Albañil (-s), zuritzaile (l,g), zuritzala (b).

Albaraz (hierba piojera), zoŕibedar (b), zoŕibelar (b,g).

Albarazo (especie de lepra) (c), legen. || Albarazo, legen-eme (b), legen zuri **(g)**.

Albergue (4), aterbe (-b), aterpe (b,g).

Alboroque o ligero refrigerio,

AL

etc., alboke. || Alboroque o robla (-l), alboroka (b,g), alboroke (s).

Alborotar, abaŕoskatu.

Alboroto, ziŕi-paŕa, aŕamar.

Albura de leña (c), zurgizen.

Al cabo y al fin, gero ta gero

Alcalde (c), alkate

Al alcance de la mano, eskuar

Alcance de la mano, eskuera.

Alcancía, itxu-lapiko.

Alcanzar, antxitu. || Alcanzar a uno, atxitu. || Alcanzar (4), atzeman (-b), atzemon (b).

Al contrario, bestera.

Aldaba (-s), krisket.

Aldea, pueblo silvestre, baseŕi.

Alegrarse (c...), poztu

Alegre, betargi, pozik

Alegría (2c), poz. || Alegría regocijo (4), poz (b,g), boz (l). botz (s).

Aléjate, alde.

Alero, (an) ega.

Alerta, aiḻert, (c) prest.

Aleta de peces, ego || Aleta dorsal, eskarda.

Aletas, egatz.

Alfiler, (np) oŕatz. || Alfiler para prender mantillas y pañuelos, (n) burukoŕatz.

Alfileres de cabeza negra, monjoŕatz.

Alfiletero (-s), oŕaztoki

AL

Alforja, (an) zakuto.

Alforza (-s), aloz.

Alga o hierba marina, itsasbelar (gc), itxasbedar (b).

Algo (-s), zerbait, (4) deus. || Algo..., samar. (V. vasc).

Algodón, algadoi.

Alguien (-s), nor-edo nor.

Alguno (-s), norbait. || Alguno, -en bat. Ej., Egunen bat.

Alhaja (c), edergari.

Alharaca, burundada (g,b), burundara (b,g).

Alholva (-s), ailurbe.

Alicaído, (an), maskar (np).

Aliciente, auŕerabide, pozgaŕi. || Aliciente, auŕerapen, auŕerapide (gc) (bc).

Aliento, arnasa.

Alimaña, bicho, (np) piztia, pisti (gc).

Alimentación, bizimaiña.

Alimentar (-s), elikatu.

Alimento casi líquido que se da al ganado, edabe. || Alimento, bizimaiña, (4) janari.

Aljibe, pozadera.

Alinear, (-s) leŕotu.

Alisar, (-s) legundu, (-s) leundu.

Aliso (4), altza.

Alma (4), arima (b,l,s), anima (g).

Almáciga, vivero muy tierno,

AL

(an) sabi. || Almáciga, plantío de flores o árboles tiernos, sabitegi.

Almadreña, choclo, txokolo.

Almeja, (bc) txirlai.

Almírez (mortero), motralu, almaiz.

Al mismo tiempo, (-s) bapatean.

Almorzar (c), gosaldu. || Luego de almorzar (-s), gosalondo.

Almuerzo (-s), gosari. || Almuerzo frugal, amaŕetako.

Almorranas, txuringodol (np).

A lo bueno (c), onera, onera egin: pasar la crisis, mejorar (hablando de enfermos).

Al otro, bestera.

Alosa (pez marino) (-s), kolaka.

A lo suyo (c), berera.

Al parecer (4), ustez.

Alpargata, abarketa.

Alquiler, aloger.

Altanero (c), andi.

Alteracioens (c), gorabera, gorabeera

Altar, altare (g), altara (b).

Alterarse, malmetidu (b), malmetitu (an,g).

Altercado, matraka (bc, gc).

Alternativas y vaivenes de la fortuna (las), ausi-osoak.

AM

Altibajos (c), gorabera, gorabeera.

Alto, altu, (-s) luze. || Hacer alto, alaz egin.

Altura, (4) gain, (an) goi.

Alubia, baba.

Alveo de un río o arroyo (c), eŕeka.

Alzar o consagración en la misa, sagara.

Allá, ara. || Para allá, arako.

Allí (4), an. || He allí, ara. || Allí mismo, berbetan, antxe, bertan.

Amable (c), maitagari.

Ama de casa (4), etxeko andere (l, s), etxeko andre (g), etxeko andra (b).

Amado (c), maite.

Amanecer, (an) egundu.

Amante, maitati. || Amante de la miel, eztizale.

Amañarse, darse traza para hacer algo, (an), moldatu.

Amar, maitatu (np), maite izan, laztan izan.

Amargar, (bc) mingostu.

Amargo (-s), minkats (b,g), minkatx (g,l). || Amargo (4), samin, (bc) mingots. || Amargo recuerdo, giaŕe.

Amargor que deja el humo o alimentos curados, kemin.

AM

Amargura (física o moral), mingostasun.

Amarillear (c...), oritu.

Amarillento (c), orizka.

Amarillez (c...), oritasun.

Amarillo (c...), ori. || Amarillo y rojo (cosa de colores separados) (np), ori-goŕi.

Amasador y acomodador en las tejerías, plazari.

Amasamiento, (bc, an), oŕaldi.

Amasar (-s), oratu.

Ambición, andizale, (4) andinai.

Ambicioso, andizale, (2c) goizale, (4) andinai.

Amedrentar (-l), izitu (g,s), izutu (b,g).

Amenguar, txikitu (np).

Ameno, decidor, esaeratsu.

Amigo, (c...), adiskide.

A miles (c...), miĺaka.

Amistad, adiskidetasun.

Amo, (bc), ugazaba, (4) nagusi. || Hacerse el amo, (-s), nausitu.

Amohinarse, sapoztu. (c) muturtu, (gc) (an) sapuztu.

Amontonar, piĺatu, piĺatu (np).

Amor, (c) maite, maitetasun (c...).

Amoratado (c), ubel.

Amoroso, (an) maitati.

Amorramiento, sapuzkeri (np).

AN

Amotinarse, azaldu.

Ampolla, anpulo. || Ampolla er la piel, babalaŕu (g), babanaŕu (b). || Ampolla que se forma en la piel, urbatu.

Amuleto, (2c) kutun.

Anadón, atakume.

Análogo, bereki (?)

Anaquel, apal.

Anatema, birao.

Anciana (c), atso.

Anciano (-s), agure.

Ancho (c), zabal. || Muy ancho, zabalkote (b), zabalote (g)

Anchoa, antxoba. || Anchoa, pez de mar, bokart

Anchura (-s), zabaltasun.

Andanza (-s), ibilte.

Andar (-s), ibili. || Hacer andar (c), erabili. || Andar poco a poco (c...), taka-taka. || Andar sobre un pie, doke-dokeka. || Medio de andar (2c), ibiĺera.

Andarín (2c), ibiltaŕı.

Andando, apa-apa (Voc. pueŕ.

Andanza (2c), ibiĺera.

Andrajoso, (c) arlote, zatardun (np).

Andullo, andoil.

Angel (s), aingeru.

Angélica, aingeru-bedar (b), aingeru-belar (g)

Anguila, (-l) angira.

AN

Anguila (cría de), angula.

Angosto (4), mear (-g), medar (g).

Angostura, (an) meartasun (np).

Angustia, estutasun. || Grito de angustia, aliaitza.

Animal (ser vivo) (c), bizidun.

Animarse (c), berotu, gogoa berotu.

Aniñarse, chochear, txotxatu.

Aniquilar, ezereztatu (gc), ezereztu (bc).

Aniversario, (an) urtebete, (c) urteburu. || Aniversario (4), urtemuga (-b), urtemun (b).

Ano,' tutu.

Anoche, bart. || Lo de anoche, barko.

Anochecer (c), gautu, (-s) aŕastu. || Anochecer. (a) ilunkera, iluntze.

Anonadar, eztandu.

A nosotros, gugana.

Antemano (de), lendanez (g), lendañez (b).

Ansia (c...), -min, (4) leia.

Antebrazo, (c), uko.

Antepasado, auŕeko, asaba, antxinatar.

Anterior, de antes, lengo. || Anterior, (an), len (np). || Parte anterior, auŕe

Antes, (an) lenago. || Antes (4),

AP

len (b,g), lehen (s,l). || Cuanto antes, (-s), lenbailen.
Antiguamente, (-l) antxina.
Antiguo, antxinako.
Anticipadamente, auŕez. || Anticipadamente, lendanez (g), lendañez (b).
Anticiparse, auŕeztu.
Anublarse el cielo, laiñotu.
Antorcha, (-s), eskuzuzi.
Anudar (c...), orapiĺotu.
Anzuelo (c), amu.
Añadidura, eraskin, eransikuna. || Añadidura (de) (c), gaiñezko.
Añadir, (an) geitu, ezaŕi, (an) erantsi.
Añil (c), anil.
Año (c), urte. || Este año, (4), aurten. || Año pasado (el), igaz.
Apacentar, (an) laŕatu
Apagado (sonido) (2c), motel.
Apagar, emendatu (g), emendau (b).
Apaleador, makiĺari, agekari.
Apaleando (c...), makiĺaka.
Apalear, makiĺatu.
Aparador, arasa.
Aparato rústico de tres púas, etc., marko.
Aparcería, erdirako.
Aparecer, agertu. || Aparecer y

AP

esconderse (acto de), (an) kirik.
Aparición, agerkera.
Aparición (s), itxurapen.
Apartado (más), andiko.
Apartar, (an) banakatu.
Apasionadamente (c...), leiaz. || Cosa hecha apasionadamente (c...), leiazko.
Apasionado, biotz-zale, (c...) leiatsu.
Apasionarse, (4) leiatu, biotz-zaletu.
A paso corto y ligero (c), tapa-tapa.
Apático (c...), odolgabe
Apedrear, aŕika egin, aŕikatu.
Apegar, (an) erantsi.
Apelmazar (-s), sakatu, zuzitu.
Apenas, (an) ozta.
Apéndice, etc., luzagaŕi, geigaŕi (V. vasc.-cast.).
Aperitivo, (an) gazigaŕi.
Apesadumbrarse, (-s), damutu.
Apetito (c), gogo. || Cobrar apetito (c), gosetu
A pie (4), oinez (l), oiñez (b,g,s).
Apilar, piĺatu (b,g), pilatu (an).
Aplacar (c), beratu.
Aplanar (c...), xabaldu.
Aplastado, (np) zapal.
Aplastar, zapaldu (np).

AP

Aplaudiendo, (an) txaloka (to).
Aplauso (-s), txalo.
Aplazar (c), luzatu.
Aplicable, (an) egokaŕi.
Aplicado, gogotsu.
Apocada (persona), ozkil.
Apoderado (4), aldun.
Apoderarse (c), jaundu. || Apoderarse del ganado ajeno en terreno propio hasta comparecer el dueño y resarcirse de daños, baitu.
Apodo, izenordeko, gaitzizen.
Apolillarse un árbol, zuŕundu.
Apoplejía, (np) soŕeri.
Aposento (-s), gela.
Apostado (4), ezarle (-b), ezarla (b).
Apostar (-s), egin.
Apoyo, euskaŕi, bitarte.
Apoyo (prestar), eskua emon
Apreciar, aintzat artu, aintzakotzat artu.
Aprecio, jaso, eder.
Aprender (4), ikasi.
Aprendiz, (an) mutil (np || Aprendiz de cantero, argin mutil.
Apresurarse, leiatu.
Apretado, (an) estu.
Aprieto, estutasun, estukuntza.
Aprisco sin techo, (an) ezkorta.
Aprobar, ontzat emon (np).

AR

Apropiarse (c), beretu.
Aprovechado (estudiante aplicado y aprovechado) (an), ikastun.
Aprovechar (c...), on-egin.
Aproximar, acercarse, uŕeratu.
Aproximarse, (c), ondoratu, ur eman (g), ur emon (b).
Apuesta (-s), apostu, (b) aposte, (c) tema.
Apuesto a que viene (c), etoŕi baietz.
Apurado, (-s) laŕi, (an) estu.
Apurar, (an) estutu.
Apurarse, malmetidu (b), malmetitu (g,an).
Apuro, istilu, (-s) laŕi, estutasun, (an) estukuntza. || Apuro extremado, itokaŕi.
Aquél (activo), berak. || Aquél (a), ari. || Aquél (como), alako.
Aquí (-s), emen. || He aquí, ona.
Arado (c), golde. || Arado de siete o nueve púas, txaŕan. || Arado de tres púas (una clase de), (-s), txeŕen.
Arador, (an) goldalari. || Arador (insecto) (-s). zigar.
Arando (an), goldaketan.
Arándano (arbolillo de bayas

AR

negruzcas o azuladas, dulces y comestibles), abi.

Arañazo, uŕakara, atzamarkada, aŕamaskada.

Araŕ, goldatu. || Arar con el "bostortz", bostortu. || Arar ligeramente, azalatu. || Arar los campos (4), aratu.

Arbol, egurki, (c) arbola, (c...) ondo. || Árbol bravío, (-s) tantai, zuraritz (np), zuaritz.

Arboleda que produce bellotas, ezkurdi.

Arbusto (un), erki.

Arca (c), kutxa. || Arca (c...), utxa, hütxa. || Arca en que se desgranan golpeando las mazorcas (4), arka.

Arcaduz, (an) urbide.

Arce (-l), astigar.

Arco iris, ostrailaka (g), ostraku.

Arcilla (4), buztin.

Ardiente, gori.

Ardor (-s), lama.

Arena (-s), are, (gc) ondar.

Arenal, (gc) ondartza.

Argolla, txiŕindola.

Argoma (4),, ote (-b), ota (b).

Argomal (-l) otatza (g,b), otatze (s), otadi (np), othardi (l).

Argumento, prueba, siñesgaŕi.

AR

Arisco, (-s) motz, aseŕakor.

Arista de plantas, bizar || Arista de trigo (-s), arlantz. || Arista, púas de lino, erbatz.

Armario, arasa. || Armario de la popa, (an) txopa.

Armazón de la rastra, are-etxe. || Armazón de la sierra (-s), zeŕa-etxe. || Armazón del cedazo y tambor, baialde. || Armazón de una lancha, barrotes, baŕota.

Armero, txispero (np).

Aro, (2c), (an) ustai || Aro superior de un cesto, buruntzi, eskarpa.

Arpeo, arpio.

Arpón, arpoi.

Arqueado, inclinado (-s), makur.

Arquearse la espiga de trigo, kakotu.

Arquilla o depósito pequeño, etc., (an) kutxatila.

Arrancar transversalmente una piedra, ausi.

Arrastras (2c), naŕas.

Arrastramiento, maŕa.

Arrastrando, aŕastaka. || Arrastrando, naaŕazka (np). || Arrastrando los pies, zingulu-zangulu.

Arrastrar tierras (hablando de

AR

aguas torrenciales), (-l), erekatu.

Arrebatador, arapatzaile.

Arrebol de la mañana, (an), goizkori. || Arrebol de la tarde, araskori.

Arreglar, (c...), zuzendu, moldatu, eraztu.

Arreglarse, itundu (np).

Arreglo (4), apaindura.

Arremolinarse, zurunbildu.

Arreo, ario.

Arrepentimiento, garbai, damu, (c) damutasun.

Arrepentirse, (-s) damu izan.

Arriar, eria.

Arriba, (an) goi. En esta acepción le acompaña siempre algún sufijo casual. || De arriba (c), goiko. || Arriba (lo destinado para) (c), gañerako.

Arriero, mandazai (an,g), mandazain (an, b).

Arriesgarse, ariskatu (g), ariskau (b).

Arroaque (término vulgar), (b,g) mazopa, (an) mazopla.

Arroba, aroo.

Arrodilar (-s), belaunikatu

Arrogante (c), andi.

Arrojado, urduri.

Arrojar, (4) aurtiki (-b), jaur-

AS

tigi (b). || Arrojar, jaurtigi (b), jaurtiki (an,g) || Arrojar piedras no a sobaquillo, a la vuelta (4), besagain. || Arrojar la raba, etc., mazitu (np).

Arroyo (c), ereka.

Arruga (-s), zimur.

Arrugado, kizkor.

Arrugar (-s), zimurtu.

Arrugarse (-s), zimurtu.

Arruinador (-l), ondatzaile (g,b), hondazale, (c) galgari.

Arruinar (-s), ondatu.

Arruinarse, (-s) doilortu, beia jo.

Artejo, nudo del tallo de las plantas (-l), giltz.

Artesa (-s), oramai (b,l), oremai (g,b).

Artesano (-s), nekazale.

Articulación, (-l) giltz, (an,b,g') txoko. || Articulación de dedos (-s), kosko.

As (el) (c), bateko.

Asa, euskari.

Asada al rescoldo (cosa), zitar.

Asado (ligeramente), ere-andi.

Asador (b,g), burduntzi.

Asaduras, pikatxa, (-s) birika.

Asalariado, alogereko.

A sangre fría, (c) odol otzian.

Asar, (c), ere.

AS

Ascendencia, jatoŕi.
Ascensión (acto de subir), igoera.
Ascua (-s), ikazbizi.
Aseado, txukun.
Asechanza (4), zelata
Aseo, garbidura (an,g), garbiduri (b).
Aserradero (lugar en que trabajan los aserradores), zeŕatoki.
Aserrador (-s), zeŕari
Aserrar (-s), zeŕatu.
Asesino (c), eraile.
Así, de esa calidad (-s), olako. || Así, de este modo (an,g), onela, onelan (b).
Asiento, jartoki.
Asir, eutsi.
Asistencia, (c), laguntza.
Asnal, astaki.
Asnerizo, astazaia (g), astazain (b).
Asno silvestre, basasto.
Asombrarse, zurtu (np).
Aspereza (c...), laztasun.
Aspero (c), latz.
Aspiración, pretensión, uzi.
Asqueroso, cochino, zataŕ (np).
Astil, troncho, kirten (bc).
Astilla grande, baldo (b), baldoka (g). || Astilla gruesa, laurgi (g,b), laurki (an,g). ||

AT

Astilla gruesa rectangular, egur-laurgi (b), egur-laurki (g).
Astillero, ontzitegi (np).
Astucia (4), maiña.
Astuta (persona) (4), azeri.
Asustadizo, (an) ikarakor.
Atadura (-s), lokaŕi. || Atadura de dos lazadas, biurgurutz. || Ataduras hechas con ramas de árboles, con las cuales se sujetan y se sostienen los palos de un carro, biurkai (g), biurkei (b).
Atajo (4), zearbide (g,b), zeiharbide (l,s). || Atajo (-s) bidelaster.
Atalayero (2c), talyero.
Atar, (an) lotu, (-s) amaŕatu.
Atarazar las castañas, etc., salmiztu.
¡Atención! (2c), ¡et!
Atender, estar atento, aitu.
Atenerse (c), egon.
Atento, gogotsu.
Atemorizarse, bildurtu.
A tiros (c), tiroka.
Atisbando (-s), kirika.
Atoar, llevar a remolque, atoian eroan (b) atoian eraman (g).
Atolondramiento (2c), zorabio.
Atolondrarse, urduritu (np).
Atormentado (c...), mindun.

AU

Atormentar, mindu (np), alatu. || Atormentar, (4), oiñazetu (b,g), oinhazetu (l,s).

Atracar una lancha, atreka. || Atracar, (an) legoŕeratu.

Atraer, norberagandu (np), beregandu.

Atrás, atzera.

Atrasarse, atzeratu.

Atrasos y adelantos, atzera -auŕerak.

Atravesando, zeaŕetara.

Atravesar, zeartu (np), igaro.

Atrevido (el más), auŕerengo.

Atrevimiento, (an) nabarbenkeria.

Atrio, atari.

Airopello, urdurikeria (np).

Atroz (gc), eskerga.

A trueque (ceder) (-s), ordainetan.

Atún, atun.

Aturdimiento (2c), zorabio.

Aturrullarse, urduritu (np).

Aunque, baiña (pospuesto).

Aumentar, (an) geitu, ugaldu.

Aumento, (an) geigaŕi.

Aureo, de oro, (c), uŕezko.

Aurora, eguantz, egun-senti, argiaren begia.

Aurresku, auŕesku.

A usted, a vos (c), zuri.

AY

Autoridad, aginpide, (2c) mende.

Autorización (2c, an) eskubide.

Auxiliar, (an) **lagun-izan**.

Auxilio, (c) laguntza lungaŕi.

Avaricia (-s), zekenkeria

Avaro, (c) zeken, zikutz (np).

Ave (-s), egazti (b.g) egaztin (l).

Avefría, egabera.

Avellana (4), uŕ.

Avellano (4), uŕitz (-b), uŕitx (b).

Avena (c), olo.

Avengonzarse, lotsatu (np).

Avería (gc), matxura.

Aves (toda clase de), (Voe pueril), (an) pipi.

Aviarse, disponerse, maneatu.

Avinagrada (cosa) (c...), ozpintsu.

Avinagrarse (c...), ozpindu.

Avisado (c...), zentzuzko.

Avispa, erlabio.

Axila, sobaco de las aves, (an) egazpi.

¡Ay!, ¡ai!

Ayer (c), atzo.

Ayudándose mutuamente (trabajar), ordañetan.

Ayudar, lagun izan.

Ayunas (an), baraurik.

AZ

Ayuno (-s), barau (b,g), baraur (l).
Azada (-l), aitzur (g,s), atxur (b).
Azadón, atxur.
Azogue (-s), ziIar-bizi (g). zilhar-bizi (l), zidar-bizi (b).
Azorarse, zurtu.
Azotar (4), zeatu. || Azotar a alguien, jipoia berotu.
Azote (-s), zigor.
Azúcar (-s), azukre.

AZ

Azuela (herramienta), (bc) opatxur.
Azul (4), urdin.
Azulado, (-s) urdinxka, urdinka.
Azularse (c...), urdindu.
Azumbre (-s), pitxar.
Azuzamiento, iza, kiña.
Azuzar, aiseatu, aixeatu, kiñatu, (c...) zirikatu, (-s) akulatu.

Voces no comunes a los dialectos bizkaino y guipuzcoano, de uso en tres dialectos.

A

AB

Abandonar, (-b) utzi, (-b) itzi, itxi (bc).
Abril (-b), apiril.
Abrir (-b), ideki (l,s), iriki (g).
Abrevar (-b), edarazi.
Abstenerse (-b), gabetu.
Abundancia (en) (-b), pufustaka.
Acaso (el) (-b), ustekabe.
Acción vil (-b), laburkeri. || Acción baja (-b), laburkeri.
Acogida (-b), begitarte.
A contrapelo (-b), buru-buztanka.
Acordarse (-g), oartu.
Actual (-b), oraiko.

AH

Acusador (-b), salati.
Aderezo (-b), edergailu (g,s), edergailu (l,s).
Adorno (-b), edergailu (g), edergailu (l,s).
Afilar (-b), meatu.
Afligirse (-g), biozkatu.
Aflojar (-b), lazatu.
Agarrado, mezquino (-b), zail, zaiI.
Agramadera (-b), garba.
Agravio (-b), bidegabe.
Agrietarse (-g), erdiratu.
Aguacero (gran) (-b), erauntsi.
Ahora (-b), orai. || Para ahora (-b), oraiko.

AP

Ajustado (-g), mear.
Ala de sombrero (-g), egal.
Albaraz, albarraz, hierba piojera (-b), zoŕi-belar.
Albergue (-b), aterbe
Alboroto (-b), zalapart.
Alcanzar (-b) atzeman.
Al revés (-b), buru-buztanka.
Altivez, andikeri (Db).
Amarillento (-g), orizka.
Amenazar (-b), meatxatu.
Amortajar (-b), beztitu.
Angosto (-g), mear.
Anhelo (-b), isi.
Apelmazar (-b), ostikatu.
Apodo (-b), izengoiti
Aprender, ikasi.
Aproximadamente (-b), bezalatsu.

AY

Apuro (-g), axola.
Aquel, (-b) ura; a (b).
Arañando (-b), zaŕastaka.
Arañazo (-b), zaŕasta.
Árbol (-b), zuaitz.
Ardite (-b), ardit.
Argoma (-b), ote.
Arido (-b), idor.
Arrebatar (-b), aŕapatu.
Arreglar (-b), antolatu.
Arruinarse (-g), lur-jo.
Así, de aquel modo (-b), ala.
Asustadizo (-b), izupera.
Avellano (-b), uŕitz.
Aversión (sentir) (-b), gaitzetsi.
Aviarse (-b), abiatu.
Ayuno (-g), baru (s,b), barur (l).

Voces no comunes

A

AB

Abstinencia (día de), (g) me -eguna, (b) barusaru-eguna.
Acarrear, (an,g) kaŕaio ibili, (b) iragon.
Acontecer, (b) jazo, (an,g) geratu.
 rar (neol.), gurtu
ıgosto, abuztu.
Aquila, aŕano.

AL

Ajo, (b) berakatz, (-b) baratxuri.
Álamo (db), erki.
Alarido, alarao (b,g), kaŕaxi.
Alcoba, lo-gela (bc).
Aldeano, baseŕitar.
Alfombra, azpi-oial (Db).
Almohada, buruki (g), burko (an,b).

AN

Amenazar, zematu (b), (g) eskeñi.
Ánade, (b) ate, itxasate (g?, an?).
Anillo nupcial, (Db) tunbaga
Anteayer, (b) eraiñegun, (g) erenegun.

AT

Anteojos, betaurekoak.
Anualmente, urtero.
Aplicación, alegin, gogo.
Arveja, (b) irar, (g) ilar (an,g).
Arma de fuego (Db), sutarma.
Arrendajo (Db), eskilaso.
Atención, (b) adiera, (g) areta.

B

BA

Badil, sumako.
Badulaque, (an,gc) petral.
Bacineta (acetre), antoxin.
Bailarín (c), dantzari.
Baile (c), dantza.
Bajar (-l), jatsi. || Bajar, eratsi (b), eratxi (g). || Bajar las aguas, txikitu (np).
Bajeza, (np) zatarkeria.
Bajo (c), -pe. || Bajo la cama (c...), oape.
Bajón en la música, apal.
Balanceo, (np) zabu. || Balanceo del hombre, buque, carro, etc., danbalada (b), danbalaka (g), zabu.
Balando, (an) beka.
Balaustrada (-l), baranda.
Balcón, balkoi (-l), baranda.
Balido, bekada (-s), be.
Ballena, balei (-s) bale.
Ballueca, avena loca, olo-gaizto.

BA

Banco (-s), alki. || Banco de cabecera en los funerales, lutualki (g), lutuaurki (b). || Banco de la lancha (2c), tosta.
Banqueta de tejedor, ipurtol.
Baño, bustialdi.
Barandilla (-l), baranda.
Barato (c), merke.
Barba (c), bizar.
Barbadilla de la merluza, bizar.
Barbero, bizar-kentzale.
Barbudo (c), bizardun.
Barda, leña con hojas y ramillas, zarba.
Bardana (bc), lapa.
Barlovento, aizalde.
Barniz (4), berniz.
Barranca (c), ereka.
Barullo grande, aramar.
Barredera (red), txinga.

BE

Barrena mediana, estai-ginbelet.

Barriada, baileŕa.

Barril para lejía, sin fondo, etcétera, aŕatz.

Barrio, auzotegi, baileŕa. || Barrio, parte baja de una población, eŕibaŕen.

Barro, granillo de la piel, (an) zuldar.

Barruntar, (an), baŕundatu.

Bastante (2c), naikoa.

Bastardo (-s), bort, ixilume.

Bastón, (c), makil.

Basura, sits.

Batidor, molinillo, etc. (an), malats.

Batimiento, irabiamen.

Batir, irabiatu (g), irabiau (b).

Baúl, kaiza.

Bayas de muérdago, grimu.

Bazo (c), bare.

Bebedor, (an), edale.

Beber, eran (c), edan. || Beber haciendo ruido en la laringe, (-s) zanga-zanga.

Bebida (c), edari.

Becacín, istingor.

Becada, (bc) olagor.

Bellacada (-s), zitalkeri.

Bellaco (hacerse), (-s), zitaldu. || Bellaco (-s), zital.

BI

Bellas (aficionado a buscar cosas), ederzale.

Bello (c), galant.

Bellota (-s), ezkur.

Bendecir, bedeinkatu. bedinkatu.

Beneficiar (c), onegin.

Bermejo (c), origoŕi.

Bermejuela, eskalo (an,gc), eskailo (bc).

Berro, beŕo.

Berruguete (pez), lantes.

Berza (c), aza.

Besamanos, eskumuin (gc), eskumun (bc).

Beso, (c) pa, (voc. puer), (c...) ma (voc. puer). || Besos (a), (c...) musuka.

Bestezuela, aberetxo (g), aberetxu (b).

Bestia (c), abere. || Bestia salvaje, laŕabere, (np)

Besugo (pez parecido al), etc., besiguen-eŕege.

Biarritz, (np) Miaŕitz.

Biblioteca (c...), liburutegi.

Bicho, alimaña, pisti, pistia (np).

Bien (muy) bapo.

Bienaventurado, (an), zorioneko. || Bienaventurado (4), doatsu.

BO

Bienaventuranza, zoriontasun (np).
Bienes (c...), (an) ondasun (np).
Bienestar (c...), ona.
Bienhechor, (np) ongile.
Billete (-l), txantel (b). txartel (an,g,b,s).
Binar, azalatu.
Bisiesto (año), bisusturte.
Bizco, (an) begiezkel, (-s) ezkel.
Blanco (c), zuri.
Blando, bigun (b), biguñ (g). || Blando, (c) eme, (-s) gozo.
Blandura, (an) beratasun.
Blanqueador (s), zuritzale (l,g), zuritzaila (b).
Blanquear (c), zuritu.
Blanquecino, (c), zuriska.
Blasfemia, birao, (4) arnegu.
Bledo, uskeri, (-s) pizka.
Bloque de piedra, afitzar.
Bobo, mutufandi (np). (c) zozo.
Boca, (c) ao, (-l) ago || Enfermedad de la boca, aueri. || Poner en la boca (4), aoratu.
Bocado, aukada.
Bochorno, (an) sargori.
Boda, eztai (an,g) eztegu (bc). || Boda (-s), eztai (g,l), eztei.
Bodega, depósito, etc, upategi, upelategui (an,g), upeltegi (np).

BO

Bofetada, blaustada, zartadako (np), belafondoko (an), belafiondoko. || Bofetada (-s), zartadako, piastada (b,g), zartako (l).
Bofetón (c), mutufeko.
Boga (en), aotuak. || Boga (pez de río), loina (g,b), loira (an,g).
Bohordo (Bot.), gara.
Boina, (an) txapel, (np).
Boj (c), ezpel.
Bojedal (c), ezpeleta.
Bola de madera que se maneja en el juego de bolos, bola.
Bolinas (cuerdas para estirar las velas por delante, boliñ. boliña.
Bolo, txirlo.
Bolsa, zisku. || Bolsa de cuero adobado, toxa (np).
Bolsilla de estopa, etc., (g,c), mistilu.
Bolsillo, (an), sakel.
Bomba, uraga (np).
Bondad, ontasuna.
Boneta, cierta vela pequeña, etcétera, txanberga.
Bonito (pez), albakera, egaluze. || Bonito (4), polit (b). polit (-b).
Boñiga, (np) pekorotz, (c) bekorotz.

BO

Borborigmo, ruido de tripas, (an) sabel-orua, (-s), sabel-oro, (an) tripa-oroa.
Borde (c), ertz.
Bordeando, zearetara.
Borde de lanchas, karel, (np).
Borona (c), arto.
Borrachera, katu, (c), ordikeri, (c...) moskoraldi. || Malestar a consecuencia de la, (c) mozkorondo.
Borracho (4), ordi, (np) moskor, (c...) mozkor.
Borrachón, ordiputz.
Borra de líquidos (c), ondar.
Borrador, ziriboro.
Borraja, borai.
Borrasca o tempestad, (np) zurunbilo.
Borrico, astako.
Borrón (bc), ziriboro.
Bosque, baso.
Bostezo (an), arausi.
Bote de pelota, jaiki.
Botijo, potiz.
Botón, botoe (*ale* está en desuso). || Botón de hilo, aila. || Botón, capullo de las flores, pipil.
Botrino, butroi, butroe.
Bóveda, pabellón, zeru.
Boya (-s), bui. || Bova, etc., tuntuiz.

BR

Boyero (4), itzai (g), itzain (-g). || Oficio de boyero, itzaitza (g), itzaintza (b,l).
Bramido, (np) oroe.
Brasa, txingar.
Bravata, burundada, burundara.
Bravío (árbol frutal), (an), makatz.
Braza, cuerda para extender la vela, brasa.
Brazada, juego de brazos que hace el nadador, palada. || Una brazada, besokada.
Brazo, (c) beso, (-s) galtzar. || Brazo de hilo, según sale de la rueca, albiño.
Breca (pez de mar), breka.
Breva, higo temprano y sabroso, (gc), uztapiko
Breve, labur, (,g), labür (s).
Brezo, iñara.
Brillo (-s), distiria (g,b), distira (l).
Brío, eru. || Sin brío, aidur.
Brioso, erudun.
Brizna, samar, (-s) izpi || Brizna de leña (-s), izpi.
Broma, (an) txantxa (np). En broma (-l), alegiaz.
Brotar, (an) erne. || Brotar las plantas, (np) ziildu.
Brote, kimu.

BU

Broza, desperdicios, (an) **zakar,** zakarkeri (np).
Bruces (de) (-s), auspez; auspaz (b), auspez (g); (-s) auzpez.
Bruja (c...), sorgiñ.
Brujería (c...), sorginkeria.
Brújula (c), itsasoratz.
Bruma (-s), lanbro.
Brusca (persona), mondongo (gc).
B r u s c o, moldakaitz (an,g). moldakatx (bc) || Brusco, rudo,· zakatz. || Brusco, belari-bedar (Bot.).
Bu, coco, (an), mamoro.
Bubones, (an) guren.

BU

Buenas (a), onean (bc).
Bueno (c...), on.
Buitre (-l), sai.
Buey (c), idi.
Bula, (an) bulda.
Bulto, pila.
Bullanguera (mujer muy), marimatraka.
Bulle bulle, zirin.
Buque (c...), ontzi.
Burbuja, ampulo.
Burla, (c) burla, siñu.
Burra (-s), astoama.
Burrazo (c), astotzar.
Burriquete, velas pequeñas de las lanchas, (an) buriketa.

Voces no comunes a los dialectos bizkaino y guipuzcoano, de uso en tres dialectos.

B

BA

Bajar (-g), beeratu.
Bajeza (-g), apalkeri.
Bastante (-b), aski.
Boda (-g), eztei.

BU

Bolo (-b), birla.
Bonito (-b), polit.
Bostezo (-g), arosin.
Butrino (b), pertol.

Voces no comunes

B

BA

Báculo (Db), makulu.
Bajar, jetxi (g), jatzi (b).
Banquete (Db), jan-edana.

BA

Bañarse, regar, ureztatu (g). ureztau.
Barbadilla, okotz, kokotz.

BA

Barbo (Db), zaparda (b), zarbo (an,l).
Barrendero (Db), garbitzaile.
Barreño, aspil.
Boca del estómago (Db), biotz-koilara.

BU

Botella (Db), bonbil, botila (pop.).
Bronce (Db), burdin ori.
Buho, (b) mozolo, (g) ontza.

C

CA

Cabal, egin-egina.
Cabalgar (c...), zamaritu.
Caballete (c), asto.
Caballeriza, zaltegi.
Caballero (c...), zaldun.
Caballo (c), zaldi. || Caballo (una de las cartas del naipe), (an) zaldun. || A caballo (c), zaldiz.
Cabecera (c), buru. || Cabecera de la mesa, maiburu (presidencia hasta nuestros días).
Cabeza (4), buru. || Cabeza (trozo o carne de), buruki. || Cabeza arriba (c), buruz-gora. || Cabeza de azada, laya, hacha, goŕo. || Cabeza blanca (de) (c), buru-zuri. || Cabeza (descubierta la), (an) buru-utsik. || Trabajos de cabeza (c), buruzko.
Cabezada, danbalada (b), danbalaka (g).

CA

Cabo (4), buru. || Cabo de año (4), urtemuga, (-b), urtemun (b); (c) urteburu, (an) urtebete, (an) urte-ondo.
Cabra (c), auntz.
Cabracho, itxaskabra.
Cabrero, **auntzai (g),** auntzain (b).
Cabrío (armazón, etc.), arbazta, arbatza (an) (2c) kapirio. || Macho cabrío (4), aker.
Cacareando (-s), kakarazka.
Cacareo, kada.
Cacique político, jauntxo (gc), jauntxu (bc).
Cachaza, (4) patxada, mana, egoaŕi.
Cachazudo, berandukor. (4) berankor.
Cacho, akats.
Cachorro, txakur-kume.
Cada uno, norbera.
Cadáver, iĺotz (b,g), hilotz;

CA

gorpu (bc), gorputz (an,g).
Cadena, (-l) kate. || Cadena que se mete en algún cuerpo, katenoŕatz. || Cierta especie de cadena, narkate
Cadera, ipurtxontxor.
Caer en cuenta (c...), konturatu.
Cagarruta, atxiŕi.
Cagón, (-s) kakatsu, (an) kakati.
Caída (onomat. de la) (4) brau. || Caida a un pozo, lozadal (onomat. de la) (-s), plast.
Caja, kaiza.
Cajero, administrador (c...), kontulari.
Cal (2c), kare. || Cal negruzca, kare baltz (b), kare beltz (g).
Cala, kala.
Calabozo, (an) ziega.
Calado, fondo, zingo. || Calado de agua, murgil.
Calarse (gc), murgildu.
Calcañar, (c...), ostiko.
Calcar (-s), sakatu.
Calcular, antzeman (g), antzemon (b).
Cálculos de la vejiga, aŕi-min.
Caldear, galdatu.
Caldo (c), salda. || Caldo de metal, galda.
Calentar (c), berotu.

CA

Calentarse (c), berotu.
Calero, karobi, karabi.
Caliente (c), bero.
Caliza (piedra), kareari.
Calma (con), bareki.
Calma en la mar, bare.
Calmoso, (c) luzakor, mana.
Calor (c), bero. || Calor pesado y molesto (an) (2c), sargori.
Calostro, (c) oritz, creitz.
Calvo, buru-soil. || Ponerse calvo, soildu (np).
Calzado, (an) oiñetakoak.
Calzar o poner calces de hierro o acero a instrumentos como azadas, etc., kaltzairatu.
Calzón, kaltza (np).
Callarse, (-s) isildu, (c...) mututu.
Calle, (2c) kale.
Callejón (c), etxaŕte. || Callejón entre dos casas (c), etxarte
Callo, dureza que se forma en pies, manos, etc. ... ...
Callos, (an) esteki.
Calloso (c), babatsu.
Cama, (c...) oe, (-s) oge, oi. || Cama del ganado (hierbas, etc., con que se hace la), azpigaŕi || Cama de campaña, bidekoe (Ur). || Bajo la cama, oipe.

CA

Camada, parto, sabelaldi.

Camarón (-s), izkira.

Cambiador (-s), aldatzale.

Cambiar (c...), truk-egin; (-s), trukatu (l,g), trukau (b), (-s) aldatu.

Cambio (c...), truk. || Operación que se hace al efecto), aldaketa. || Ceder a cambio (-s), ordainetan.

Cambrón, esilar.

Cambronera, esilar.

Caminar, (an) bidegin. || Caminar de mala gana y en zig-zag, zearka-mearka.

Caminata, bidaldi, bidealdi.

Caminero, bidezai (g), bidezain (b).

Camino (c...), bide. || Camino al sesgo, (gc) zearbide. || Camino de barcos, etc., (c...) zirgabide. || Camino torcido (gc), zearbide. || Camino vecinal (-s), oinbide.

Camisa de hombre, alkondara. Camisa de mujer (-l), atoŕ.

Camisón de oficiales de ferrería (2c), obrera.

Campanada (-l), din-dan (onomatopeya).

Campana menor de la torre, aingeru-kanpaia.

Campanario, kanpantoŕe.

CA

Campanilla (Bot.), luŕontza.

Canalla, (an) gizatxar.

Canallada, (an) gizatxarkeri.

Canallería, (an) zatarkeria.

Cáncer, bizien.

Cancilla (puerta rústica del redil y de los campos, ataga.

Canción, kanta.

Candelaria (fiesta de), kandelerio (bc), kandelero

Candil, kruselu (b), kriselu.

Canela (c), kanela.

Cano (pelo o barba) (c), urdin.

Cansancio (4), neke.

Cantar (4), kantatu (g,l), kantatü (s), kantau (b).

Cantárida (-s), erauli.

Cántaro, murko.

Cantero (4), argin. || Oficio de cantero, arlantza.

Cantería, argintza.

Cantidad (gran) (-l), bolada. || Cantidad, kopuru. || Cantidad exorbitante, inpirio. || **Cantidad** (la mayor), más cantidad que nadie, geien.

Cantinela (c...), lelo.

Canto (c...), kantu. || Canto **del** gallo (-s), kukuŕuku (onomat.). || **Canto de pollos**, txutxuŕutxu. || Canto rodado, eŕekaŕi.

Cantor (c), **kantari**.

CA

Caña, kañabera, (-s) seska.
Cañas de carrizo para cohetes (-s), seska.
Cañavera (4), kanabera (-b), kañabera (b).
Cañaveral, kañaberadi (np).
Caño, canal de tejado, odi.
Caolín (c...) toska.
Capa o paño de agua que cubre los cristales en invierno, engalas. || Capa o tela de lluvia en las tierras (np), samar.
Capador, irentzaila (b), irentzaile (g).
Capaz, duin.
Capisayo, txartes (bc).
Capital para emprender un negocio (gc), oin, oiñ.
Caponera, gallinero, iskindegi (b), iskindoi (g).
Capricho (-s), kasketaldi, apeta.
Captar, eskuratu.
Capullo de flores, pipil. || Capullo del gusano, zibot (np).
Cara (-l), aurpegi; arpegi, mosu (b), musu (g,l) || Cara ancha (de), mutur-zabal.
Caracol, mařaskulo, barakuř-ilo.
Carácter (c), seta. || Carácter de una persona, aufesi. || De mal carácter, mutur-zoř-otz. || De mucho carácter,

CA

setatsu. | Hombre de carácter, txinpart, (c...) odoldun.
Carballo (c), ametz.
Carbón (4), ikatz. || Almacén de carbón (c...), ikaztegi. || Carbón de piedra, aři-ikatz. || Carbón mal cocido, (an) ilintxa.
Carbonero (-s), ikazkin, ikasgin.
Carbonera (era en que se hace el carbón), (-s) ikastoi, ikazlařain (g), ikazlařin (b).
Carbonizar (c), ikaztu.
Cárcel (-s), presondegi, (gc), mořoilope.
Carcajada, algara.
Carcoma, (np) zegen.
Carcomerse, apolillarse un árbol, zuřundu.
Carda para limpiar lino, txařantxa, (an).
Cardar el lino, (an) txařantxatu (np).
Cárdeno (c), ubel.
Cardo (4), kardu. || Cardo corredor, txori-gardu. || Cardo enano, txori-bedar (b), txori-belar (g).
Carencia, bagetasun.
Careta, mozořo.
Carga (c), zama.

CA

Cargamento encontrado en el mar, troba.

Carga que se lleva al hombro, lepada. || Carga sostenida en el sobaco, besartekada.

Cargar, (np) zamatu. || Cargar, soportar, jaso (gc).

Cargo o cuidado, (an) peko.

Carguilla de helecho, de resinas, fajo, (gc) txorta.

Caries, eltxar.

Cariño, (np) oniritxi, (c) maite. || Cariño, amor tierno 2c), laztan. || Tener cariño, (an) maite izan. || Muestra de cariño, (an) eskuerakutsi.

Carlanca (collar de puntas para perros), garanga.

Carlinga, garlinga.

Carnazas, aldaka, (-s) txitxi.

Carne (c), aragi. || Carne compuesta de magro y gordo, (-s) gizen-giara. || De cerdo (c...), urdeki. || De gallina (c...), oiloki, oilaki. || De gato (c...), katuki. || De pola (c...), oilandaki. || De toro, zezenki. || De vaca, geli. || Carne de verraco, (np) ordozki. || De vaca o buey, fresca, geeli. || Parte mollar del pan, fruta, peces, etc. (4), mami. || Carne o pescado (4), txitxi, (voc puer.). || Carne podrida que sale del medio de una herida, eltur. || Carne salada, zezin. || Carne viva (-l), giar. || Carne de carnero, ariki.

Carnerazo, ariko.

Carnero, ari.

Carnicería, arakintza, arategi.

Carnicero (-s), arakin.

Caro (de subido precio) (c...), gora.

Carpintero (-s), zurgin, arotz.

Carraca (bc), matraka.

Carranca, maranka?

Carraspera (cierta aspereza en la garganta) (2c), garazpeda.

Carretada, gurkada.

Carrete grande, etc., txirika.

Carrillo, papo, belarondo.

Carrillos, autz.

Carro, gurdi.

Cartolas, kartola (np).

Casa (c), etxe. || Meter en casa (c), etxeratu. || Casa de aldea, basetxe, etxalde. || Casa natal, jayotetxe.

Casado (c), emaztedun.

Casamiento (-s), ezkontza (b), ezkontze (l,g). || Casamiento doble de hermanos, (gc) truk-ezkontza.

CA

Casarse (c...), ezkondu.
Cáscara, kaskal (np). || Cáscara de maíz, arta - koskola. || Cáscara del huevo, arautza -azal.
Cascabel, koskabilo.
Casco, pusketa.
Casero, hombre que sale poco de casa, amazulo.
Casi igual (4), bardintsu (-g), berdintsu (an,g).
Caso de (en), -ezkero. || Caso fortuito (4), ustegabe (-b), ustebage (b).
Casquivano, idiota (-s), kozka; txoriburu, buru - arin, gogoarin.
Casta (para), auferako.
Castaña (c), gaztaina. || La última que se recoge, gefimeatz (b), kefemetz (g). || Castaña tardía, etc. (especie de), atalo || Castaña que madura por noviembre, beranga (b), beranka (g). || Variedad de castañas, mentugofi; mentumotz.
Castañeta (gc), kriskitin. || Ruido de cascabel imitado con los dedos en el baile, kaskaiñeta.
Castaño (-s), gaztaiñondo.

CE

Castellano, gaztelar. || Castellano (apodo), goitar.
Castigar (4), zeatu.
Castigo, (an) zigofada (np). || Castigo (equivalente), (an, gc) ordain.
Castilla (2c), Gaztela.
Castillo (c), gaztelu.
Castrado, iren.
Castrar, irendu.
Catarata del ojo o nube, (an) lauso.
Catarro, estu.
Catorce, amalau (-s).
Catre (-s), oazur.
Caudal de dinero, etorbide.
Causa ocasional, bide.
Causar resentimiento, min eman (g), min emon (b).
Cautivo, katigu (np).
Cavador, atxuflari.
Cavidad (c), utsune.
Cayuela, pizarra (2c), tupa (an).
Caza, (4) eiza, (an) iza
Cazador, (an) iztari.
Cazando liebres, erbitan.
Cazar liebres (an), erbitara.
Cazcarria, barro recogido en el ruedo del vestido, maskal.
Cebada (c...), garagar.
Cebado (c), gizen.
Cebar (c), gizendu.

CE

Cebo, carnada en salmuera para pescar, amuzki.
Cebolla (4), tipula (-b), kipula (b).
Cebón, animal cebado, araki.
Ceca en meca (andar de), zirkun-zarkun.
Cecear, pronunciar con imperfección, sisibasa (gc), sisipasa (b).
Ceceoso, zizibasa.
Cecial, merluza en salazón, etc., zezial.
Cecina zezina; (-s), gatzartu.
Cedacero, baigile.
Cedazo, bai. || Cedazo para cerner harina de maíz, artabai.
Ceder, obendu, oben egin (np); (s), amor eman (-b), amor emon (b).
Cédula, txantel (b), txartel (an,g).
Cegar (-s), itsutu.
Ceguedad, (an) itsukeri, (-s) itsutasun; itsumen (b), itxumen (an,g).
Ceja, bezinta, (-s) bekain.
Celestial (-s), zerutar.
Celidonio, elaia-bedar (b), elaia-belar (g).
Celo (animal en), argose-afeske. || Celo de animales, -kera. || Celo de la vaca (estado de)

CE

(c), susara. || Estar en celo la burra o la vegua), (an) igel.
Celoso (c...), leiatsu.
Cemento, kare baltz (b), kare beltz (g).
Cena (-s), apari.
Cenagal, pantano, istinga.
Cenar (hora de), apal-ordu.
Cencerro, aŕan. || Cencerro del ganado, etc., dunba.
Ceniza (día de), austeŕegun.
Centeno, zikirio (4), zekale (g,s,b?) zekele (l).
Centinela (c), zelaiari.
Central (c), erdiko.
Centro (c), erdi.
Ceñir (-l), geŕikotu.
Ceñirse, geŕikotu (-l).
Ceño (mal ceño, según algunos), bekozko.
Cepa de uva (gc), (an) matsondo. || Cepa, párte del tronco, etc., sostropo.
Cera, argizai; (-l), argizagi (s), argizai (g,b).
Cerca, aldean. || Cerca de la cumbre (c), gaiñalde. || Cerca de (c...), ondo. || Muy cerca, berbetan.
Cercado, baŕutegi.
Cercanía, aldeera.
Cercano (el más), (np) uŕen.

CI

Cercar (4),, inguratu.
Cerciorarse de (-s), egiatu.
Cerco de piedras (c), aŕesi.
Cerda de unas cuatro arrobas, bargazta. || Cerda que no engendra, arkotx. || Cerda de orejas largas, belarluze.
Cerdo (cierta parte del), kontzalu. || Cerdo (4), txeŕi (-b), txaŕi (b); (c) urde.
Cereal (-s), labore.
Ceremonias (sin), con franqueza, paŕa-paŕa.
Cereza, keriza. || Cereza ampollar, anpolai.
Cerezo (-s), gereziondo.
Cerón (2c), (an) sapar.
Cerradura de setos, etc., eskera.
Cerrar, itxi (np).
Cerro, estopilla, etc., kiŕu (bc).
Cerrojo, moŕoiło.
Cerviz, occipucio, (an) gaŕondo; (-s), garondo.
Cesación (-s), geldi-aldi.
Cesión (acción de ceder) (-s), amor.
Cesta para conducir el palangre, tretza-otar.
Cesto (c...), zare. || Cesto de costura, jostotzara.
Ciar, remar hacia atrás, zia.
Ciega (vulgar), especie de culebra, etc., ziraun.

CI

Ciego (-s), itsu (l,b), itxu (g).
Cielo (-s), zeru. || Cielo estrellado, gaurdin.
Cien (4), eun.
Ciencia (c), jakite.
Cicno, fango de los bosques, (-s), basur.
Ciento, (an) agun.
Cierne inmóvil sobre la presa (ave de rapiña, que se), abendu.
Cierta ocasión (en), beiñola.
Cierto, zigur (np). || Por cierto, (an) beinbat. || Cierto cesto grande, etc., (an) domino. || Cierto instrumento de labranza para marcar la tierra y sembrar luego, arto-marko.
Ciervo (c...), orein.
Cilindro de madera, txinbo (np)..
Cima, (c) buru, (4) gain. || Cima de montaña, mendi-ton toŕ (np). || Cima plana del monte (c...), mendi-gain.
Cimarrón (pez grande), kardae. || Cimarrón (vulg.), zimaŕoi.
Cimiento, asoin, (c...) zimendu.
Cincel, (an) trintxa (np).
Cinco (-l), bost. || Cinco a cada uno, bosna. || Cinco en cinco (de), bosnan. || Cinco piedras

CL

(a las), (juego de niños), (an) bostaŕika. || Cinco horas (a las), (an) bostetan.

Cinta, (c...) zinta. || Cinta (en), katigu. || Cinta (estar en), sabel-katigu. || Cinta (quedar en) (-s), izoŕatu. Suena mal en Bizkaya y Gipuzkoa.

Cintura (4), geŕi.

Circunferencia (c), inguru.

Cirro, divieso sin ojo, erlakazten (b), erlakizten (an,g).

Ciruela, (bc) okaran.

Cisco (carbón muy menudo), (-s), uduri (l), iduri (b,g).

Cisterna, pozadera. || Cisterna artificial (gc), pozadera.

Citar, aotan-artu.

Civilmente, (-s) luŕez, gizonez.

Clamar (c...), oiu-egin.

Clamor (4), oiu (-g), oju (g). || Clamor en la conversación (-s), kalamatika (g,b), kalamatrika (l).

Clandestinamente, azpitik.

Claramente, argiro.

Claridad (c), argitasun. || Claridad del cielo, (-s) ostargi, (gc) oztargi.

Claro (c), argi. || Sitio claro pasado por alto sin sembrar, sapasalto.

Clase (de esta), (an) onelako.

CO

Claudicar, uts eman (g), uts emon (b).

Clavija, (c) ziri, (-s) kabila.

Clavo, iltze (g), untze (b). || Clavo de siete pulgadas o más largo, entenga. || Puntas de París, ganbariltze (g), ganbaruntze (b).

Clemente (4), biotz-bera.

Clueca (gallina) (4), loka. || Ponerse clueca la gallina (4), lokatu.

Cobarde (persona), euli, koldar.

Cobardía, koldarkeria (np), (c) oiĺokeri.

Cobertera (c), estalki.

Cobertizo, (4) estalpe, (an) legorpe.

Cobrar apetito (c) gosetu. || Cobrar (refiriéndose a derechos de molienda; algunos lo generalizan a toda clase de cobro) (4), lakatu.

Cobrizo (color), (an) beltz-goŕi.

Coceando (c), ostikoka.

Cocer (difícil de), egosgogor.

Coces (a) (c), ostikoka.

Cocido (manjar mal), egostarin, egosarin.

Cocina (-s), sukalde. || Trabajos de cocina, eŕegosiak.

Cocinero, gatzemaiĺa (b), gatzemaiĺe (g).

CO

Coco, bú, mamoŕo (an).
Cochino, asqueroso, zatar (np).
Codaste, korasta.
Codeso (4), eŕatz.
Codo, ukalondo (an,bc), ukondo (b).
Codorniz (2c), pospolin, (an) galeper.
Cofradía (barrio), (an) auzotegi.
Coger, antxitu, atxitu.
Cogollo de berza, kukulu.
Cohabitador, bizi-lagun.
Coinquilino, etxekon.
Coito (tener), aragiz batu (b), aragiz bildu (g).
Cojeando, eŕenka.
Cojear, eŕen egin, eŕendu.
Cojera, eŕenkura.
Cojo, urgun.
Col (c), aza.
Cola (c), buztan.
Colada (-l), zurigarbi.
Cola de milano, miru-buztan.
Col bretón (-s), azalora (bc), azalore (g,l).
Colcha o colchilla de pluma (4), bururdi.
Colega (c...), kide.
Colgar, esegi (b), esek· (an,g).
Cólera (c), su, sü.
Colérico, gozakaitz (gc) (an), gozakatx (bc).

CO

Colgajo que arrastra de un vestido, (an) zirdin.
Colina (-s), mendiska.
Colmado, plen, tontor.
Colmenar, (c) erlategi, erlatoki.
Colmillo (4), letagin (g,s), letain (l), betagin (b).
Coloca (vulg.), txaŕi-oroldi.
Colocar (c), ezaŕi. || Colocar en medio (c), erdiratu.
Colocarse, (an) jari.
Cólquico, azafrán de los prados, etc., azpedar (b), azpelar (g).
Color (perder el color, por lo menos el de las castañas) (-l), nabartu.
Columna, aŕimeta, apeo.
Columpio, zabu, zibo, ziburu, sabu (np).
Colialba (4), ote-txori (g,l), ote-xori (s), ota-txori (g,b).
Collar, y también *estŕobo*, zildai.
Comadreja, erbiñude, satandera.
Comarca (4), eŕialde.
Combustible, (-s) eŕekin, eŕagin; (4), sugai (g,l), sugei (b,s).
Comenzar (4), asi.
Comer (c), jan. || Comer algo casi totalmente, muskindu. ||

— 46 —

Comer al mediodía (-s), bazkaldu. || Hora de comer, (an) otordu, (-s) bazkal-ordu. || Tiempo después de comer (c), bazkal-ondo.

Comerciante, (-s) merkatari, (c) salerosle.

Comerciar, (c), salerosi, (c...) tratu, (c) salerospen, saldu-erosi, merkataritza, (an) saleroste (np).

Comestible (c), jaki.

Comida (4), janari. || Comida de mediodía (c), bazkari. || Comida que se guisa y despacha en el campo, sasi-burduntzi. || Comida en general, otordu. || Tiempo destinado a comer, janaldi. || Comida tardía, como la de los carboneros, a media tarde, bazkalapari.

Comidilla de conversación, jaki.

Comienzo, (4) aste, asiera.

Comilón, jala (bc), jale (an,g).

Comilona (2c), jan-edan.

Comisionado (c), mandatari.

Cómodo, nasai (bc), lasai (an,g). || Cómodo, egoísta, buruzale (an).

Compacto, tringu.

Compadecer, eŕuki izan, *eŕuki det,* le tengo compasión.

Compañero, (c...), kide, (c) lagun. || Compañeros layadores, zoi (np).

Comparación, alde.

Compasión, eŕuki.

Compasivo (bc), eŕukior.

Compatriota, (4) eŕitar, (c) eŕi.

Compendio (-s), laburera.

Compensar, (an) ordaindu (np).

Complacencia, (an) eder.

Completar (-s), osatu (g,l), osotu (b).

Componerse, adornar, pitxitu.

Compostura (4), apaindura.

Compra (c), erospen.

Comprador (4), erosle (-b), erosla (b).

Compra (c), erosi.

Compraventa, (c...) salerospen, (an) saldu-erosi, (an) saleroste (np).

Comprobar, cerciorarse de, (-s) egiaztu; (-s), egiatu.

Compuerta (ecluse), ataska. || Compuertas del saetin, uate (np), ugate (np).

Comuña, tremes.

Con, -az (suf.); *esanas,* con decir, diciendo. || Con, de (mediativo instrumental), -zaz. || Con el que, con la que, etc., c...), -naz.

CO

Cóncava o comprimida de un plato (parte), zapal-une (np).
Concavidad (c), obi.
Cóncavo (bc), sakon.
Concebir una idea, bururatu.
Condescendencia, oben (np), obentasun (np). .
Condescender, oben egin (np).
Condescendiente (c), etorkor.
Condicional negativo del infinitivo (c), ezik. *Esan ezik,* de no decir.
Conducir a casa (c), etxeratu.
Conducta, modo de vivir, bizikera. || Modo de obrar, egikera. || Modo de portarse, gizabide. || Conducta, buena o mala, pero ordinariamente indica buena, (an) gizalege.
Condimento, gozagari, (an) ongari.
Confección de carbón, basalan.
Confesión, autor (Vide vasc.), autormen.
Confiado, bete-betean.
Confianza, fe, siñiste.
Confiar, (an) siñistu (np).
Confidencia, isil-mandatu.
Confín o proximidad de frontera (c...), mugalde.
Conforme (c), erako
Conformidad, lasotasun.
Congoja (-s), laritasun.

CO

Congrio (2c), itxasaingira.
Conhorte, ezaguera.
Conjetural (c...), ustezko.
Conjunto pequeño, mordoska. (an,gc).
Conmover, biotza ausi.
Conocer (c), ezagutu. || Conocer carnalmente (c), ezagutu.
Conocido (c), ezagun. || Persona a quien se ha tratado poco (c), ezaguna.
Conocimiento, ezaguera. (c) jakite.
Consagración, mezerdiko. || El alzar de la misa, (-s) sagara, sagada.
Consanguíneo, odoleko.
Consecuencia, eŕu. Parece ser eŕo; ondoren, eŕondo. || A consecuencia, ondoren.
Consecutivo, eŕezkako.
Conseguir (c), eskuratu. etxeratu.
Consejo, esan, buruzbide.
Consentimiento, (4) baimen. (c) leku, etsipen, baiezko.
Conservar (c), gorde.
Consideración (tomar en), (-s) burutan artu, aintzat artu, aintzakotzat artu.
Considerar, ausnartu, (an) gogotan artu.
Consistir (c), etzan.

CO

Consolador, motivo de consuelo (-s), pozgañ (b,g), bozgañ (l).
Consorte (buen), zargañ.
Constancia, (-s) seta, (c) iraute.
Constante (c), iraunkor.
Constipado, (4) burutik-beerako, estu. || Constipado sin tos, bular itxi.
Constreñido, (an) estu.
Constructor de buques, ontzigin.
Consuelo, pozgañ.
Contemporáneo (c...), kidekoa.
Contento, (an) pozik.
Contingente, bada-ezpadako.
Continuación (a) (2c), eñezka.
Continuado, sin interrupción (-s), leñoan.
Continuar (-l), jañaitu.
Contorno (c), inguru. || Contornos, ingurumari. || De un edificio (-c), etxe-ondo.
Contra, en el bando contrario (c...), kontra.
Contrafuerte, puntal (an,bc) ostiko; (-s), gogorgañ. || Contrafuerte, etc. (-s), zapata.
Contrahecho (c...), oker
Contramaestre en los buques, kontramaisu.
Contrariedad, naiez (np).
Contundir, banatu.

CO

Convencer, (c) eskuratu, zuritu (vid. vasc.).
Convencido, bete-betean.
Conveniencia, egokitasun || Conveniencia, agrado, naiera (gc).
Conveniente, (-s) egoki, erazko.
Convenirse, itundu (np).
Convento (c), komentu
Conversación, autu. || Conversación, entretenimiento o algo que hace permanecer, ego-pide.
Conversadora, persona aficionada a andar en corrillos y tertulias, autulari.
Convertirse, besteratu, bestetu.
Convite que se da a las mujeres solas con motivo de recién paridas, emarkai (g), emarkari (b).
Conyugal, (an) ezkontzazko.
Copo de nieve (-s), luma.
Corazón (4), biotz.
Corazonada, biotz-aldi.
Corcobos (dando), astalka.
Cordero (carne de) (-s), bildoski. || Cordero que empieza a alimentarse por si mismo (4), bildots. || Cordero que se alimenta de la madre, artxo, arkume. || Cordero

OO

recién nacido (-l), asuri (b,g), axuri, (s),

Cordura (-s), zentzutasun,

Coriáceo (c), zail zail

Cornamenta, aurikera, armera, adalera (g), adakera

Corneja (4), bela. || Corneja (ave), belamika (an), belatxinga.

Corneta, tuturuta (b), tuturutu (an,g).

Corniabierto (-s), adarzabal.

Cornicerrado (bc), txordo

Cornigacho, (bc) txordo, adar-txordo.

Corniquebrado, adar-motz.

Cornituerto (l), adar-oker.

Corona, koroe.

Coronar, koroetu.

Corpiño, gonauntz.

Corpulento (c), galant.

Corral cerrado, hecho de seto, etc., eskorta.

Correa, (4) ede, (an) ubal; (-s), uhal (l), ugal (b,g). || Correa para coser la abarca, ostugel (np). || Correas del carro, (an), gurtede.

Correcto (2c), txuxen (an).

Corredera, muela superior de un molino (-s), gaiñafi.

Corregir (c...), zuzendu.

Corregirse, zintzotu.

CO

Corregüela (Bot.), luruntza.

Correoso (c), zail, zail.

Corrida de toros, zezenketa (np).

Corriente, resaca, eresaka. || Corriente de los ríos, tiraiña.

Corro!, (-s) bide, (c) leku,

Corromperse (-s), usteldu. || Corromperse costumbres y alimentos (c), galdu.

Corrompido (c), ustel.

Contador de carne, de tejas, de árboles, epaila (b), epaile (g).

Cortadura, epai.

Cortándola o rasándola (jugar a la pelota), besazear.

Cortar (4), ebaki (-b), ebagi (b); (-s), erabagi (b), erabaki (an,g,l). || Cortar de un árbol la rama del medio. etc. (bc), lepatu. || Cortar la carne en hilos, izpitu.

Cortarse la leche (-s), lapastu.

Corte, epai, (an) motzaldi || Cortes por el extremo paralelos (2), antzar-beg'

Cortedad, laburtasun. || Cortedad, carácter huraño laburkeri (np). || Cortedad de carácter (e...), moztasun

Corteza (-s), azal. || Que tiene corteza e), azaldun. || Corteza de pan, (an), ogi-kos-

CO

kor (np). || Cosa hecha de cortezas, azalezko. || Corteza verde de la nuez, moskan.

Cortezudo, azaltsu.

Cortijo abierto, egileor. || Cortijo cubierto, egilor.

Corto, (an) labur, (c) motz, (c) eskas. || Corto de carácter, timido, lotsor.

Corva, (an) belaunpe, (an) belauntxoko, zankabe.

Cosa, (c) zer, (-s) gauza. || Cosa menuda (-s), pizka. || Cosa que tiene avena (c...), olodun. || Cosas bellas (aficionado a buscar), ederzale.

Coscorrón, golpe dado en la cabeza, kazkaŕeko.

Cosecha (-s), labore.

Coser (c), josi. || Tiempo de coser (c...), jostaldi.

Cosque, golpecito en el cráneo, kaskaŕeko. || Cosques a niños (dar), kiski-kaska.

Costa, itsasalde. || Costa del mar (c...), kosta.

Costado, (4) saiets, (c) alderdi, albo.

Costal, (an) kostal.

Costanera (-s), elkor.

Costar (l), kota.

Costilla, saiets-ezur (an, g), saiets-azur (b).

CR

Costra de niños, etc. (-s), sabeloi. || Costra que dejan algunas enfermedades en la piel, (2c) tortika.

Costumbre, usadio; (-s), oitura (b,g), oikura (l).

Costura, (c) joste, (2c) joskura.

Costurera, jostun.

Covacha, arzulo.

Coyuntura, abagune, bitarte. || Coyuntura, intervalo, (an) tarte.

Cox-cox (al) (juego), zankaŕanka.

Crac, (onomat. del estallido de un objeto (bc), plaust.

Cráneo, kaska, kaskar, kazkar.

Creador (c), egile, egile.

Crecer (4), azi. || Propenso a crecer (-s), andigai (g), andigei (b,l).

Crece tarde (persona o animal que), boŕo (an).

Crecer algún tanto las criaturas, (an) koskortu.

Crecimiento, azter. || Crecimiento de luna (4, gorapen. || Forma o traza de crecimiento, etorpide.

Crédito (haber) (4), artzeko. || Hombre que merece crédito, siñisgaŕi.

Crédulo, siñispera. || Crédulo.

CR

demasiado fiado, siñiskor (np).
Creencia, siñismen, siñiskera (np).
Crecr, siñistu (np), (c...) uste -izan.
Creo que no (yo lo), ¡ezalda!
Crepúsculo matutino, goiznabar.
Crespo, kizkor (np).
Cresta de aves, gandur.
Cría (c...), ume.
Criado (gc), moroe, moroi. || Criado de ferrones, etcétera, meaila (b), meaile (g). || Criado de invierno negu -mutil (gc).
Crianza, aziera.
Criar (4), azi. || Criar niños ajenos, iñutu.
Crías (vaca que produce muchas), (bc) txaltsu.
Criba, galbaia. || Criba de mallas anchas, (4), bai.
Cribar, artzatu.
Crisol, arago.
Crónico (c), luzakor.
Crudo (4),, gordin. || En estado crudo (c), gordiñik. || Tiempo crudo, berde.
Cruel (c...), odolzale.
Cruento (c), gori.
Crujido, (c) karaska, kirizka

CU

(an, np). || Crujido de dientes (gc), kirizkada.
Crujir, kirizka egin (np).
Cruz (-l), kurutze (b,g), khürütxe (s).
Cruzar el ganado vacuno, zekortu (np).
Cuádruplo, laukote, laukonde.
Cuajada, (an) putxa.
Cuajo (4), gatzagi. || Cuajo de las aves, (an) erota. || Cuajo del ganado (2c), (an) liburu.
Cuál? (c), zer, zein, zeiñ.
Cualidad viciosa, -keri.
Cual más (a), (an) zein geiago || Cuál más, zein geiago.
Cuán! (c...), ¡zeiñ!
Cuándo? (c...), ¿noiz? || Cuando (c), -nean. || De cuando en cuando (c...), noizian -bein. || Cuandoquiera (c...), noiznai. || ¿Para cuándó? (c...), ¿noizko?
Cuántos (-s), zenbat.
Cuantésimo (-s), zenbakaren.
Cuarenta (4), berogei (-l), berogoi (l).
Cuaresma (-l), garizima.
Cuarteto (composición en verso), lauko.
Cuarto, cuarta parte (4), launden (b), lauren (b). || Cuarto (-s), gela. || Cuarto cre-

CU

ciente, (an) ilgora. || Cuarto menguante (2c), (an) ilbera.

Cuatrillo, remiendo del sobaco, biotz.

Cuatro (-s), lau. || Cuatro cada uno (c...), launa. || Cuatro de naipes, etc. (el) (-s), lauko. || En los cuatro (c...), lauretan. || De cuatro en cuatro, (an) launaka. || Poner de cuatro en cuatro (4), launakatu (b, g). launazkatu (s,l). || A las cuatro, lauretan (an).

Cuatrocientos, laureun (bc).

Cubeta, aska.

Cubierta (barco sin), ao-zabal.

Cubrir (4), estali (-b), estaldu (b). || Cubrir el macho a la hembra (4), estali (-b), estaldu (b). || Cubrir la hembra (4), ernaldu (-s), ernaltü (s). || Cubrir marcas o sobrepujar, etc. (2c), ondu.

Cubrirse de botones las plantas. ziildu (np). || Cubrirse de cataratas los ojos, geundu.

Cuclillas (en), kukurmitxu (b), kukumux (g).

Cuclillo (c...), kuku.

Cuchara de hierro (-s), burúntzali.

CU

Cucharón, (-s) buruntzali, burduntzali.

Cuchicheando, (bc) (an) txutxumutxuka, (an) ixilkamixilka, (2c) (an) txutxumutxu.

Cuchichear, (an) txutxumutxu egin (np).

Cuchilla para desmenuzar la árgoma, tragatz.

Cuchillo, gaiñibeta.

Cuece (cosa que fácilmente se), egosbera.

Cuello, lechuguilla (-s), goleta.

Cuenco (-s), kaiku. || Cuenco con mango, potor. || Cuenco o tazón de madera, etc. (-s), kaiku.

Cuenda, matasari, eutsia.

Cuenta, (-s), kontu. || Operación, de contar cantidades (-s), kontu.

Cuento (-s), kontu.

Cuerda, soga, (c), soka. || Cuerda de cerda, sokalatz. || Cuerda de lana, burda; se destina, etc., zuari. || Cuerdas de abarcas, etc., traila. || Cuerdas de pescadores (2c), kordel. || Cuerdas para atar las boyas, etc. (gc), tirante.

Cuerdita, etc., potxer.

Cuerdo, (c...) zentzuzko.

CU

Cuerno (c), adar. || Material de cuerno (c), adarki.

Cuerpo (-s), gorputz.

Cuervo (4), bela.

Cuesco (onomat. del), (an) tiri-tara (np).

Cuesta, (-s), aldapa, aldats, aldatz. || Cuesta pendiente (np), pendiz.

Cuestas (a), aldean.

Cuestión, arlo.

Cuezo (-s), kaiku. || Cuezo, cuenco o tazón de madera (-s), kaiku. || Cuezo mayor en que se cuaja la leche, apatz.

Cuidado, atención, areta; ardura, (-s) kontu, (-s) arenkura; axol (-g), ansi (s). || Cuidado, cargo, (an) peko.

Cuidadoso, ansiadun, ansidun, arduradun, ardurati ardur-atsu; perkatx (b g) perkax (an).

Cuita, ileta.

Cuitado, pobre hombre, gizaixo, (c) gizagaiso, (c) gaiso.

Culebra, (an) sube, (c...) suge. Culebra ciega (-s), zirau.

Culpa, oben.

Culpable, erudun, (c...) obendun.

CU

Cumbre, gama, (4) gam, (c) punta, (c) goren.

Cumplimiento (dar), kobru eman (g), kobru emon (bc).

Cumplir, (an) erantzun. *Eginkizunari erantzun,* cumplir los deberes.

Cuna, (an) kuma.

Cuneta, (an) urbide.

Cuña (c), ziri. || Cuñas adheridas al carro por debajo, or paziri. || Cuñas del telar y del carro (c...), orazi || Cuñas para sostener el mástil, sokote (np). || Cuñas para sujetar el eje del carro (c...), orazi.

Curación (c...), sendatze.

Curar la madera metiéndola en el agua, (an) uranditu | Curar longanizas, quesos (2c), ondu. || Curar quesos, frutas, ahumarlos, keetu

Curbina (pez de mar), burbiña.

Curiosidad, ikusmira.

Curioso, -gura, jakin nai, (bc. anc) jakin gura, ikusmira. || Curioso, inclinado a ver (2c), (an) ikusgura.

Curso, tiempo dedicado al estudio, ikasaldi.

Curva, pieza de hierro que sujeta los bancos en los bordes de la lancha, burgatoi.

Voces no comunes a los dialectos bizkaino y guipuzcoano, de uso en tres dialectos.

C

CA

Cabaña (-b), etxol.
Cabeza abajo (-g), buru-buztanka.
Cabo de año (-b), urtemuga.
Caer (-b), erori, (b) iansi. || Caer enfermo (-b), eritu.
Caerse de golpe (-b), tanpaka.
Calcar (-b), zanpatu (g,l), zapatu (s). || Calcar con los pies (-b), ostikatu.
Caldera, caldero (-b), bertz (s,l), pertz (g), galdara.
Calentito (-b), zeŕepel.
Calentura, sukar (g,l,an), ber oen (b).
Calma (momento de) (-b), eztialdi.
Calva a la escuela (hacer), (-b), piper-egin.
Camello (-b), kamelu.
Canastillo que se lleva bajo el brazo (-b), esku-zare.
Cañavera (-b), kañabera.
Cardenal (-b), odoluri.
Caricia **(-b), balaku.**
Cargo (a) **(-b), gain.**
Carnaval (-b), zanpantzar, (b) aratuste.
Cascabillo de trigo (-g) aotz.

CI

Cáscara (-b), kosko (g,l), kusku (s).
Cascarse (-b), zartatu.
Casi (-b), bezalatsu.
Caspa (-g), buruko-zai.
Castrar (-b), osatu.
Casualmente (-b), ustekabe.
Cebolla (-b), tipula.
Célebre (-b), aipatu.
Cementerio (-b), iĺeŕi.
Ceniza (depósito de) (-g), austegi.
Centeno (-b), zekale (l), sekale (g,s).
Cerdo (-b) txeŕi.
Cereza (-b) gerezi.
Cerrazón que procede del mar (-b), enbat.
Certamen (-b), boŕoka.
Cesta (-g), saski.
Cizaña (-b), iraka.
Cima (de... encima) (-b), gainez-gain.
Cincha, correa que ciñe la barriga de las acémilas (-b), petral.
Citador (-b), aipari.
Citar (-b), aipatu.

CO

Citola de molino (-b), klaka (g,s), kalaka (l).
Clavo (-b), itze (l,s), iltze (g).
Coger (-b), atzeman.
Colar (-g), irazi.
Colocarse (b-), eman.
Comer (sin), jangabe.
Como (-b), bezala. || Como (cualitativo), bezalako.
Componer (-b), antolatu.
Comprobar una verdad (-g), zuritu.
Constante (permanecer) (-g), gogor egon.
Contar (-b), kontatu (g,l), kontatü (s).
Cornisa de pared (-g), erlax (b,l), harlax (s).
Corredor (-b), lasterkari.
Correhuela (-b), ezkeraien.

CU

Cosechar (-b), atzeman.
Costilla (-b), saiets-ezur (g), saihets-hezur (l), saihets-hezür (s).
Coyuntura (-g), arte.
Criatura (-b), aur.
Crujido de dientes (-b), karaskots.
Cuadra (-g), tegi (Vid. *tegi*).
Cualidad (de la misma) (-b), bezalakoxe.
Cualquier cosa (-b), zernai.
Cuarto (-b), laurden.
Cubrir (-b), estali.
Cuclillas (en) (-b), kokoriko.
Cuello, (-b) lepo, sama (b).
Cuenta (caer en la) (-g), oartu.
Cuero (-b), laŕu. || Pedazo de cuero (-b), laŕuki.
Cuidado (-g), axol.

Voces no comunes

C

CA

Calentura, (an,g) sukar, (b) beroen.
Calofrío, (b) ozkiŕio, otz-ikara (g).
Calzoncillos, (Db, b) baŕuko kaltzak, (g) baŕuko prakak
Cangrejo, (b, an), kaŕamaŕo, (g) txanguŕu.

CA

Capacidad, dignidad, duintasun.
Carnaval, (b) aratuste, (g) iñauteri.
Carretera, (b) bide-baŕi, (g) bide-beŕi.
Casa del Ayuntamiento, (b) udaletxe,, eŕiko etxe.

CO

Cegato, (Db, b) itsuki, (g. Mend.) ikuste argaleko.
Celemín, lakari.
Ceniza, auts.
Céntimo, xentimo, eunen (neologismo). || Céntimo o centésimo, eunen (neol.).
Cerner (bc) eralgi, (g) eralki.
Cerviguillo, garondo.
Cicatriz, orban (b), orbain (bn,s), ormaiñ (g).
Ciruelo, (an,g) aran, (an,b) okaran.
Cizaña, lolo.
Colación, apari-izki.
Colchón, (b) buurdiko, koltxoi.
Color, margo (lit.), kolore (pop.).
Comodidad, (b) bereratasun, (g) lasaitasun, (an) aise.
Compañía, auxilio (c), laguntza.
Comprender, ulertu (b), aditu (g).
Común, escusado (b) loitegi komuna (an,g).
Conejo (an,b,g?), untxi.
Contagiar (b, Db) kutsatu, (an, g, l) kutsutu.

CU

Contratiempo, naiez.
Cónyuges (los), senar-emazteak.
Copa (neol.), edontzi.
Corcovado, (c...) konkor.
Corpus (dia de), Korpus-eguna, (an) Bestabeti.
Costilla, saiets-ezur (g), saiets-azur (b).
Credulidad, siñiskortasun.
Crepúsculo de la tarde, nunabar.
Crueldad, gogorkeri.
Cuadra, korta (b), (g) lkuilu.
Cuádruple, laukoitz (g), laukotx (b).
Cuartillo (un), txopin-erdi.
Cuarto, laumarai. || Cuarta parte, lauren (b), laurden an,g). || Cuarto de hora, (an,g) ordu-laurden, (b) ordu-lauren.
Cuarzo, su-ari.
Cuchara, koilara, kutxarea.
Cuidar, zaindu (b,l) zaitu (an,g).
Culo, (b) iperdi, (g,an) ipardi.
Curarse, (c...) sendatu, (b) osatu.

CH

CHA

Chacolí (2c), txakolin.
Chaflán o falta, etc., laka.
Chalana (lancha, etc.), txanel.
Chamuscar, (an) berdoztu.
Chancearse de alguien, adaŕa jo.
Chanza, txantxa (np).
Chapotear, caerse un líquido etc., (an) palast egin.
Chaqueta, jipoi. || Chaqueta de hombres, txamaŕa.
Chaquetón, txamaŕeta.
Charcos que quedan a la orilla del mar o del río al retirarse las aguas, apakin.
Charlatán, jarduntsu, txolin.
Charrango (vulg.), txardango.
Chasqueado, mutufuts.
Chato, zapal (np).
Chicharro (pez) (-s), txitxaro.
Chichón, tontor, koskor.
Chilla, armazón del tejado (-l), lata.
Chillando, (an) txilioka (np).
Chillido (2c), (an) txilio. || Chillido, grito agudo (l), intziri.
Chimenea (2c), kebide. || Chimenea, parte superio, del fogon, suburu (np).

CHU

Chinas, artxintxor.
Chinche. (-s), ximitx (l), tximitx (b,g), imutxa.
Chiquito (medio), txikerdi (np).
Chirrido (c...), kiŕinkada. || Chirrido de carro, iŕintza.
Chisgaravís, (an) txatxo
Chispa, txingar. || Chispa de metal derretido, txinpart.
Chistoso, txistagaŕi.
Chito!, ¡silencio!, ¡ixo! (-s) isi.
Chivo (4), aker.
Chocante (c), andi.
Choclo, txokolo.
Chocolate, (voc. puer.) kokolo.
Chochear, aniñarse, txotxatu (np).
Chombo, kala-berun.
Chopo, (an) makal.
Choque, topez-tope (np).
Choquezuela, belaunkatilu.
Chorlito (ave), (-s) kurlinka, kulizka.
Choto, cabrito recién nacido, antxume.
Choza, egileor, (2c) txabola.
Chupar, miazkatu (g), miazkau (b).

Voces no comunes a los dialectos bizkaino y gulpuzcoano, de uso en tres dialectos.

CH

CHA

Charco (-b), istil. || Charco pequeño (-b), ixtil.
Chillido (-b), intziri.
Chirrido (-b), kuŕinka. || Chi-

CHU

rrido, ruido de la puerta (-b), kuŕinka.
Choza (-b), etxol.
Chubasco (-b), erauntsi.

Voces no comunes

CH

CHA

Chaleco, (b) gorantz (b), txalekua (an,g).

CHA

Chambra (d, Db) bazka, (an,g) txanbra.

D

DA

Dádiva, obari.
Dalle, (c...) sega, basaiotz.
Dando golpes de mazo (c...), mailuka. || Dando latidos (-s), tupaka (g,l), taupaka (b).
Danar, (c), kalte egm (c...) gaitz egin.
Daño (-s), kalte. || Hacerse daño (4), minartu.
Dar (4), eman (-b), emon (b); ekaŕi || Dar al fuelle (acción de), aspoketa.
De aqui mismo, emengoxe.
De, -diko. Emendiko, el de la parte de aquí. || De, -zaz (sufijo mediativo instrumental)

DE

De añadidura (c), gaiñezko.
Debajo (c), azpi. || Por debajo, azpitik.
De balde, duan.
Deber, (an) zor izan (np).
Deberes, egin-beaŕa, (c...) egiteko.
Débil, argal, (s) txar, (an,bc) makal, (4), aul. || Debil, sin fuerzas (gc), maskal.
Debilidad (temporada de) (an) makalaldi (np).
Debilitado, (an) maskar (np).
Debilitarse, (an) makaldu (np), argaldu, (4) auldu.
De brazos cortos (-s), besomotz.

DE

Débito (a), zoŕetan (np).
Decaer, oben egin.
Decapitar (-s), buru-moztu.
De casa de, -neko.
Decidir (-s), erabagi (b), erabaki (an,g,l).
Decidirse, zirt edo zart (2c).
Decidor, esaeratsu, esale.
Decir (4), esan (an,g,b), eŕan (s,l). || El decir, esate. || Para decir, esateko.
Decisión (con) (2c), zirt edo zart.
Declaración, autormen.
De corazón blando (4), biotz-bera.
De cuándo? (c...), ¿noizko?
Dedal, titare.
Dedil, atzandel.
De dolores (lleno) (c...), miñez.
De entonces (c...), orduko.
De esa clase (-s), oŕelako.
De ese modo (-s), oŕela (g,l), oŕelan (b).
Defecto, oben, (c...) uts, (c...) utsune.
Defecto y perfección, uts-bete.
Defectuoso, malo, (an) txar.
Deforme, feo, zatar.
Deformidad, zatarkeria (np).
Defraudar, uts eman (g), uts emon (b).

DE

Dejar (4), utzi (-b), itxi (bc), itzi (b).
Delante (por), auŕetik.
Delantero, auŕenengo, auŕeko. || El delantero, auŕerengo. || Delantero en el juego del mus (c), esku.
Deleitable (c...), zoragaŕi.
Delfín, cerdo de mar, izurde.
Delgada y ágil (persona), zegazta.
Delgadez, (an) metasun (np).
Delgado (2c), an) me. || Lo más delgado, meen (np).
Delgaducho, ziztrin.
Delicado (-s), txar; kupera (b), kuperati (g). || Delicado de carácter (-s), sentikor. || Delicado de carnes, (c) minbera, minberakor (gc). || Delicado (volverse) (c...), minberatu.
Delirante, burutik.
Delirar, burutik egin.
Demanda, eskabide. || Demanda de las mercancías (-s), salbide.
Demasiado, (c...) geiegi, (c) -egi. || Demasiado abajo (c), beregi. || Demasiado bueno (c) onegi.
Demencia (an) zorotasun (np).

DE

Demora, luzabide (2c), luzapen (-s).
Demorador (c), luzakor.
Denodado, erudun.
Dentera (4), ozka. || Dentera (producirse), agiñak koskitu (b), agiñak oskitu (g). || Sentir dentera, (an) koskitu.
Dentro, barun.
Denunciar (4), salatu.
De ojos *revirados* (-s), ezkel.
De *paso,* de camino, bidez.
De *pie* (-s), zutik (g,l), zutinik (b).
De *pierna gruesa* (c...), zankalodi.
De *poca actividad* (c), sor.
Depósito de ceniza, austoki. || Depósito de granos en el molino, dobera. || Depósito de sal (4), gazontzi (b,g), gatzuntzi (s,l). || Depósito en la ferretería, etcétera, txinbo (np).
De prisa (c...), leiaz.
Derecho, (c) zuzen, (an) txuxen, (an) zut (interjeción), (c...) zuzenbide, (2c) (an) eskubide.
Dermis (2c), mintz.
Derramar (4), isuri.
Derramarse, jarion, (an) jario.
Derredor, ingurumari.

DE

Derrengadura, erasan.
Derretirse (c), urtu.
Derribar (-s), lureratu.; eratsi (b), eratxi (g).
Derrocar (-s), amildu.
Derrochador (-l), ondatzaile (g,b), hondazale (s).
Derroche, gasto profuso (-s), bon-bon.
Derrumbarse (-s), amildu.
Desabrido, gozakaitz (an,gc), gozakatx (bc).
Desafiador, aupari.
Desafilado (-s), amuts (b,g), kamuts (l,g).
Desafilarse (-s), amustu (b,g), kamustu (g,l).
Desafilar un instrumento cortante, **moztu (arl).**
Desafío, aupada.
Desahogarse, lasatu, lasotu.
Desahogo, lasotasun.
Desaliñado, (2c), (an) naras, nabarmen (np), faras, bandil, baldan.
Desaliño, naraskeri (np).
Desangrarse (c...), odolustu.
Desaparecer (c...), **urtu** (dirua urtu).
Desarrapado, traskil **(np),** (c) arlote.
Desaseada (persona) (-l), pardel (b,g), fardel (b,s).

DE

Desahuciar, etsi.

Desbaratar, banandu.

Desbaste de árboles cortados en la selva, basalan.

Descalzarse, oinestu (np), oiñustu.

Descalzo (-s), oiñuts.

Descansar, atsegin, atseden.

Descanso, atseden, atseen. || Rato de descanso (-s), lanarte.

Descarnado (c), gori.

Descendencia, umetalde, (-s) ondore.

Descendiente, (c...) ondoko, (gc) (an) ondorengo.

Desconfiar, etsi.

Desconocido, ezezagun.

Descortesía, defecto del descortés (c...), nabarmentasun.

Descubrir, agertu. || Descubrir y refrescar la cubierta de la pila de leña para hacer carbón, azaloztu.

Descuidarse, (-s) zabartu.

Desde (-s), -dik. || Desde ahi (4), ortik. || Desde allí, bertatik. || Desde entonces (c...), ordutik.

Desear, opa izan, (-s) opatu.

Desengaño, **etsipen.**

Desenvuelta, propensa a los

DE

hombres (mujer) (c), gizakoi.

Deseo, (c) gogo, (4) leia, (-s) gura. || Deseo penoso (c...), -min.

Deseoso, (an) -gura.

Desesperar, etsi.

Desfallecimiento, poto (np). || Desfallecimiento de cansancio (c), uko.

Desgaja (ramilla que se), lakaiña.

Desgajar ramas de un árbol o las ramitas de una mayor, soildu (np).

Desganado, **zilimala** (np).

Desgracia (-s), zorigaizto (b,g), zorigaitz (g,l); ezbear, ariabar.

Desgranarse los árboies, (an) jalki.

Desgregación de objetos unidos (onomat. de la) (-s), klask.

Deshacer, desegin.

Deshilarse o abrirse el paño de modo que sea difícil zurcir (2c), saretu (an).

Deshojador de maices (-s), zuritzaile (g,l), zuritzaila (b).

Deshojar maices, zuritu. || Deshojar ramillas de una rama, adakitu. || Deshojar las ramas, **itzundu.**

DE

Deshora, (an) ezordu.
Desidia, (an) zabartasun.
Desierto, basmortu.
Desleal, biĺau.
Deslizamiento, (np) piŕistada.
Deslizar en algún vicio, iŕistatu (an,g), iŕistau (b).
Deslizarse, ziri-zara, (an) ziri-ziri.
Desmazalado, erkin.
Desmedido (b,gc), eskerga.
Desmedrado, (2c), sistrin, (an) maskar (np).
Desmembrarse (-s), doilortu.
Desmenuzar, zeatu, (an) zetu (np). || Desmenuzar, medio triturar (-s), xeatu (l), zeatu (b,g).
Desmochar árboles (c...), moztu.
Desnudar (-s), biluxi (b), biluzi (g,l).
Desnudarse, erantzi.
Desnudo, biloiz; (-s), bilos (b), biluzi (g,l).
Desocupación (no saber a dónde ir), noraez.
Desolación, aŕiabar, (an,g) ondamen.
Despacho o venta de géneros (-s), salbide.
Despecho (-s) isi.
Despedazar (c), zatitu.

DE

Despegamiento (onomat. del) (-s), klask.
Despejado, (c) iratzaŕi, zur (np), ernai.
Despejo y serenidad en tiempo lluvioso (momentos de), oztarte.
Despensa, ardangela.
Desperdicios, broza, (an) zakar; (gc) zabuŕeri, (an,b) zaboŕeri.
Despertar, (4), iratzaŕi, (an) irazaŕi.
Despertarse, esnatu, (-s) itzaŕi.
Despilfarrador, banatzaile.
Desplumar (c), lumatu. || Desplumar un ave, etc., (an) mutildu.
Despojado, muŕi.
Despojar, privar), bagetu. || Despojar (vulg. limpiar), mutildu. || Despojar de ramillas una rama, kimatu.
Despojo (-s), ondakin.
Despreciable (-s), zital.
Despreciar (c...), oinperatu.
Desprovisto, bage.
Después (-l), gero. || Después de (habiendo), -ta. || Después de, -ezkero (sufijo que se une al infinitivo y aun a los nombres). || Después que, -nezkero.

DE

Destartalado, baldar.
Desterrar, aroztu.
Destilar, erion.
Destinado a casa (c), etxerako. || Destinado. para, -ntzako.
Destreza, (c) molde, (4) maiña. || Destreza, trabajar con, txiri-miri.
Destrozador, el que destroza, (c...), zatikatzaile.
Destrozar, banatu.
Destrozo, (c...) zatikatze, triskantza (np).
Destruir, (-s) zuzitu, desegin.
Destruye la cosa (lo que) (4), ondagari.
De suyo (c), berez.
Desván (-s), ganbara.
Desventura, (an) zorigaizto (np).
Desventurado, (an) zorigaiztoko, zoritxareko.
Desviar, (an) zeartu (np).
Deteriorarse, mantartu.
Determinación, buruzbide.
Detenerse (-s), gelditu. || Detenerse en el trabajo, etc., pot egin.
Detrás, **atzean.**
Detrás (los de), atzekoak.
Deuda (c), zor.
Deudor, (c) zordun, **zorpeko** (an).
Devanadera, arilkai.

DI

De vez en cuando (c...), noizian -bein.
Devoto, eliz-zale.
Día (c), egun. || **Día (de) (-l),** egunez (b,g), egunaz (s). || Dia claro (-l), eguargi. || Día de fiesta, jaiegun. || Dia de Ramos (4), Eramu-eguna. || Día de reposo, aunque no sea de fiesta (-s), opor.
Diariamente (4), egunero (b,g), egunaro (l,s).
Diarrea, (c...) zirin, beruzko, berazko, beerako. || Propenso a la diarrea, sabelbera.
Día siguiente, (-s), biaramon, biamon. || Los días siguientes, ganeko egunak (bc), gaiñeko egunak (b,gc). || Todos los días, egunero, egunean egunean.
Diablo, praka-gori, txeren, gaizkin, deabru.
Dicción, esaera.
Diciembre, abendu.
Diciendo, esaka. Se usa acompañado de algún adverbio.
Dictamen, eretxi.
Dictaminar, iritzi.
Dicharacho (2c), esamesa.
Dicho, esaera.
Dieciséis (c), amasei.
Diente (4), ortz

DI

Diestro (c...), moldetsu. || Diestro, hábil, moduzko (bc).

Diez (4), amar:

Diezmo (-l), amaŕen.

Diecinueve (-s), emeretzi. || A diecinueve cada uno (-s), emeretziña (b,g), emeretzira (l). || Grupos de diecinueve, emeretziñaka.

Diferencia, alde. || Con mucha diferencia, con mucho, askoz (g), askozaz (b).

Diferenciar, banandu.

Diferente, bestelako.

Difícil, (an) nekez, (4), gaitz. || Difícil de cocer (-s), egosgaitz (g,l), egosgatx (b).

Difunto, zana (an,g,b), zena (l,s).

Digna de decirse (cosa), (an) esateko.

Digno, duin.

Dije, objeto de adorno, pitxi (2c).

Dilación (-s), luzapen

Dilatación (2c), luzabide. || Dilatación de los cuerpos (estado de) (-s), aŕotasun.

Dilatorio, que sirve para demorar, luzagaŕi.

Diligencia, (-s), ardura, azkartasun.

Diligente, perkatz (b.g), per-

DI

kax (an); arduratí, ardura tsu; antsiadun, antsidun,.

Dimensiones de los cuerpos -era

Diminutivo (sufijo), -txo,

Diminuto, txikar (bc).

Dinero, (-s) diru, txintxin. || Dinero que se desparrama en algunos pueblos por las calles después de un bautismo, bolo.

Dintel de la puerta, atalburu,

Dios, Jaungoiko, (c...), Jainkoa, (an) Jangoiko.

Director (-s), zuzentzaile.

Dirigir (c...), zuzendu.

Discreto, zur.

Discurso, facultad de discernir, asmabide.

Diseminar, (an) sakabanatu banatu, (an) banakatu

Disgusto, naiez. || Llenar a uno de disgustos, (2c). gogoa bete.

Disimular (4), estali (-b), estaldu (b).

Dislocar, eragin.

Disminuir, gutxitu (gc), gitxitu (bc), beratu.

Disparo (c), tiro,

Dispensa, ardangela.

Disponer, prestar, gertu, ger-

tutu. || Disponer, (c...) prestatu, (b) prestau.
Disponerse (c), berotu. || Disponerse, aviarse, maneatu.
Disposición, orden, modo, era.
Dispuesto (c), prest, gertu.
Disputa (4), eztabada (l,s), eztabaida (g,b), (2c) matraka
Disputando, (an) etiketan.
Distinguirse, nabarmendu.
Distinción honorífica, honor, andigari
Distinto, bana.
Distribución a cuatro (b), launako.
Distribuir de cuatro en cuatro, launakatu.
Dividir (c), zatitu.
Divieso, zaldar; (an) bixika.
Divisiones de fruta y hortalizas (cada una de), lakaiña.
Divorciar, banandu.
Divulgador, banatzaile.
Divulgar, banatu.
Dobladillo, (-l), aloz, (-s) izur.
Doblar, tolestu. || Doblar, fruncir, izurtu.
Doble, bikutz, bikotz bikoti. || Doble, compuesto de dos, bikonde. || Doble, no sincero, tolestu.
Doce, (4) amabi. || Doce a cada uno, amabiña.

Docenas (a), amabika.
Dócil, de fácil manejo, (-s) gozo. || Dócil, (-s), sotil, eskurakoi, (an) men.
Docilidad, (c...) sotiltasun, (an) mentasun.
Documento, argibide, (2c) agiri.
Dogo (perro), zezen-zakur.
Dolencia (c), gaitz aie, aje.
Dolerse, resentirse (c), mindu.
Dolor, (c) min, (an) pupu.
Dolorcillo (2c), minsor.
Dolor de vientre, tripala, (an) tripako min.
Dolores de parto, ume-min.
Domar, (4) ezi, (c) eskuratu.
Domesticable, eskurakoi.
Domesticar (-s), zebatu.
Dominar, -s), zebatu, menperatu, menderatu.
Dominio, (c) azpi, (2c) mende.
Don, (4), doia, (4) doa.
Donaire, gracia (4), politasun (an,b,g), politasun.
Dónde? (-s), ¿non? (an). || ¿A dónde? (c), ¿nora?
Donde quiera (-l), non-nai. || A donde quiera (-s), nora nai.
Donoso, eskertsu.
Dorada (pez marino), uraburu.
Dormilón, oeti.
Dormir (a) (-s), lotara.

DU

Dormitorio, etzaleku, (an) etzatoki.
Dornajo de madera, zuraska.
Dos (el) (4), biko. || Dos a cada uno, bina, biña. || Posesión de dos, biren. || De dos en dos, biñaka. || En dos, bitan. || El dos en el juego de naipes, bia. || Dos paredes (grito con que un jugador de pelota incita a otro a que guarde bien el puesto de las dos paredes), bietan. || Dos por tres (en un dos por tres), ziripara.
Dosel (especie de..., etc.), trozal.
Driza (cuerda con que se izan las velas), driza.
Ducado, dukat.
Duda (B-i?, g), zalantza.
Dudar (c), ezbai.
Duela, (gc), pipol.
Duerna, dornajo de madera, zuraska.

DU

Dulero, pastor de yeguas, biorzai (g), biorzain.
Dulce (c), gozo.
Dulcemente, (an) gozaro.
Dulzura, (an) eztitasun, (an) gozotasun.
Duplicar, bitu.
Dura (tierra) (c), gaizto; gaitz, gozakaitz (an-c, gc), gozakatx (bc). || Dura, poco fértil (tierra), (np) zimel,
Duración, (c) iraute, (c...) iraupen.
Durar (-s), iraun. || Hacer durar, jaki-eragin. || Para durar (c), irauteko.
Duradero (c), zail, zail; (c) irauteko.
Durdo (pez), durdu.
Durmiendo (c...), lotan.
Duro (c), zail, zail. || Duro, reseco, (-s), erezar. || Duro (c), gogor.

Voces no comunes a los dialectos bizkaino y guipuzcoano, de uso en tres dialectos.

D

DA

Dádiva (-b), emaitz.
Dañar (-|g), gatx egin.
Debilidad de estómago (-b), auleri.

DE

Dehesa (-|b), lare. || Irse a la dehesa (-b), lareratu.
Dejar (-b), utzi.
Delgado (-g), mee.

DE

Dentera (producirse) (-b), ozkitu.
Depósito (-g), tegi.
Descorazonarse (-|g), biozkatu.
Desertar (-b), luŕa-galdu.
Desesperación (-b), etsimen (g), etsimendu (l), etsimentü (s).
Desfallecer, rendirse de cansancio (-g), uko egin.
Desgarrar violentamente (-g), poŕoskatu.
Desgarro (-b), zaŕasta.
Deslumbrar (-b), liluratu.
Desmenuzar (-b) poŕokatu.
Desorden (- b), zalapart.
Desordenadamente (-b), zalapartan.
Despacio (-b), poliki.
Despedazar (-b), poŕokatu.

DU

Despellejar (-b), laŕutu.
Deudas (sin... ni haberes) (-b), kito.
Devorar (-b), iretsi, irentsi.
Dieciocho (-b), emezortzi.
Dientes y muelas (-b), ortz-agin.
Discreto (-g), zuur.
Discutiendo (-b), izka.
Disgusto (-b), naigabe.
Disputa (-b), mokokaldi.
Doce cientos (-g). amabireun.
Domingo (-b), igande.
Donaire (-b), politasun.
Duro (-b). portitz (g), bortitz (s,l).
Dueño (-g), jabe (s.l), iaube (b).
Dulce (-g), ezti.

Voces no comunes

D

DE

Décimo o diezmo, amaŕen.
Dedo, (b) atz, (an,g) beatz.
Delicadeza, guritasun.
Dentellada (g), aginka (Db), ozka (g).
Desengañarse, desahuciar, etsi.
Desmayo, (b) aldigaizto, (g) txorabio.
Desayunar, (b) barua ausi, (g) baraua autsi.

DO

Desvergüenza, (b) lotsabagakeri, (g) lotsagabekeri.
Dieta (b, Db), jan-uŕi (g) uŕibiza.
Digestión (Db, b), eiotea, (g?, Mend.) egospen.
Diputación, aldundi (neol.). diputazio (pop.).
Dolor agudo, oiñaze aundi.

DO

Domingo, (b) domeka, (g) igande.
Dote, (Mend.) ezkontsari.

DU

Dos copas, txiki.
Duro, (b) ogerleko, (g) duro. txir.

E

EA

Ea (c), tira.
Ebullición (onomat.) (-l), gal gal, irakialdi; en la sartén, txir-txir.
Eco, añi-bizi.
Económico, (bc) zur; zintzo (an); batzaila (b), batzaile.
Echar (-l), bota.
Echarse (c), etzan. || Echarse a llorar (-s), negarari eman eman (g,l), negarari emon (b).
Edad (c), adin. || De mucha edad (c), adintsu.
Edredón, (4), bururdi.
Educación, aziera.
Educar (4), azi. || Educar con cierta severidad, laztu. || Educar con severidad, latzazi (bc).
Efecto, -kada; (c), zertu.
Eficaz, eragile (g), eragila (b).
Efímero, igarokor (bc).
Egoísta, (c) berekoi, beregi (c), buruzale.
Eje (c), ardatz. || Eje del ca-

EM

rro, guryardatz, gurzil. || Eje del mazo en las ferrerías, gabiardatz.
Ejecutar, bururatu.
Ejemplo, esate. Se dice en la locución: *esate baterako,* por ejemplo.
Ejido, monte común de los pueblos, usa. || Ejido o campo común de los pueblos, eri-baso.
Él (a), berari || El de ahí (4), orko. || El de siete, el que tiene siete (c...), zazpiko.
Elegancia, dotoreri.
Elegante, dotore, bapo, (4) apain.
Elegidos (los), autuak.
Elegir, aukeratu.
Elevación (c...), gorapen.
El más alto, (c) goren.
El que tiene caballo (c), zaldidun.
Emanación, jario, jarion, susnoa.
Embarazada (4), aurdun.

EM

Embarazo, katigutasun. || Adelantada en el embarazo (c), izorandi.
Embellecer (c), edertu.
Embellecerse (4), politu (b,g), politu (b).
Embolsar (s), sakeleratu.
Emboque en juego de bolos; es decir, pasar la bola, kale.
Emborracharse (c...), orditu.
Embotado, amuts.
Embotarse, amustu (g,b), kamustu (g,l).
Embriaguez (c), ordikeri. || Estado de embriaguez (c...), orditasun.
Embrollar una cosa, lardaskatu (g), lardazkau (b).
Embrollo, etc., mordoilo (bc).
Embrutecerse (c), aberetu.
Embutido, estebete.
Empachar (-s), kok-egin.
Empacharse (np), ok egin. || Empacharse la comida, okatu.
Empacho (-s), kok; okaldi; empacho, hastío, (np), ok.
Empalagar (2c), gogoa bete.
Empapar en agua, urasetu (np).
Empeine del pie (-s), oin-bular (-s), orazi.
Empeñarse (4), leiatu.
Empeño (4), bai; (4), leia. Em-

EN

peño (tomar algo o emprenderlo con empeño), (an) gogotan artu.
Emperezarse (c), nagitu.
Empíreo (cielo), zeru goien (np).
Empleo (4), irabazpide.
Emplumarse (c), lumatu.
Empresa, ekintza.
Empujar, bultz egin.
Empuje, bultz, bultzada.
Empujoncitos (a) (-s), zirika.
Empujones que se dan, etcétera, ziri. || Empujones que se dan los jóvenes, etc., zirirmiri.
Encallar, ankaila.
En... (c), -an.
En adelante (-s), geiago.
En busca de... (-s), bila, bilal (-l), bilha (l).
Encadenar, (np), katigatu.
Encallecer las manos (c), babatu.
Encamarse (-s), oeratu.
Encaminar, bideratu, (c...) zuzendu.
Encanecerse (c...), urdindu.
Encanijarse, maskartu.
Encantador (c...), zoragari.
Encanto, pamerialak.
Encarecer (c...), kariotu, garestitu.

EN

Encargado, arduradun.
Encía, oi.
Encima de la cabeza (dar vuelta por), buruz gaiñetik.
Encina, arte.
Encinal, artadi.
En cinco, en los cinco lugares, bostetan.
Encinos (lugar abundante en encinos (c), artetsu.
Enclenque, (-s) epel, (an,bc) ozkil. || Planta enclenque, ernekaitz (g), ernekatx (b).
Encogido, kiskor; (-s) kuzkur (l,g), kizkor (b).
Encolerizarse, asaŕatu, (-s) sumindu, sutu.
Encomiar, andizkatu.
Encomienda, eskumuiñ (g), esku-mun (bc).
En comparación (ceder) (s-).
En compensación (ceder) (-s), ordaiñetan.
Enconarse una herida (-s), zornatu.
En continuidad (c), saīlean.
Encontrar, topatu (an.gc), topau (b).
Encorvarse (c), konkortu.
Encubrir (4), estali (-b), estaldu (b).
Endeble, miŕizka. || **Persona** endeble, raquítica, miŕin.

EN

Endecha (-s), auri.
Enderezador (-s), zuzentzaile.
Enderezar (c...), lerdendu, (...), zuendu (-s) zebatu; (4), zutitu (g), xutitu (l,s), zutindu (b).
Endopleura (2c) (an), mintz.
Endrino, eloŕarantza.
Endurecerse (c), gogortu.
Endurecimiento de los pezones de la ·ubre (-s), eŕosagar.
Energía (persona de poca), geldo.
En favor de... (c), alde.
Enferma, etc. (gallina), mika. || Enferma de papera (oveja), golatu.
Enfermar, gaisotu.
Enfermarse de papera, golatu.
Enfermedad (c), gaitz, gaiso. || Enfermedad de nabos y berzas, etc., zanbro. || Cierta enfermedad del ganado, beatzarteko, atzarteko.
Enfermizo, (np) oeti, gaizpera, gaisoki (b), gaisokor (g).
Enfermo, gaisorik, (c) gaisc. || Estar enfermo, miñez (2c), makal.
En fila (-s), leŕoan.
Enfilar, eŕenkatu.
Enflaquecerse (c...), **meatu.**
Enfriar (c), oztu.

EN

Enfurecerse, nabarmendu, nabarbendu (np).
Engañar a un tercero (2c), iruzur egin. || Engañar, loxindu (an, g), loxindau (b); (an) edeŕa-sartu.
Engaño, (c) ziri tranpa.
Engordar (c...), loditu. || Propenso a engordarse (c), gizenkor.
Engrandecer, (c) anditu.
Engreírse (c...), oiĺartu.
Enhebrar, albiñotu.
Enjambre, (-s) erlekume (g,b), erleume (l); erlepiĺo, (an) erlebatz, (an) erlekume, (an) erlakume.
Enjundia (-l), gantz. || Enjundia o grasa animal (-l), gantza.
En la cumbre (c), gaiñean.
En la misma..., bertan.
Enloquecedor (c...), zoragaŕi.
Enloquecer, enloquecerse, zoratu.
Enlosado, losadura.
Enojarse, (np) nabarbendu.
Enorgullecerse (c...), oiĺartu.
Enorme (gc), eskerga.
Enredador, kezkazale.
Enredos, ziŕimiŕi.
Enrevesado (4), biuŕi.
Enriquecerse (c), aberastu.

EN

Enrojecer (c), goŕitu.
Ensalzamiento, (c...) gorapen.
Ensalzar (2c), goratu.
Ensanchar (c), zabaldu.
Ensanche (trecho de), zabalune.
Ensangrentar (c), odoldu.
Ensayar, sayatu (np).
Ensayo, (np) saiakera, (an) saio.
En seguida, bertatik; bela, aurki.
Enseñanza, (c...) irakaste, (-s) irakaspen.
Enseñar, (-s) irakatsi, (c) erakutsi.
Enseres (-s), puska.
En silencio (c), isilik.
Ensoberbecerse, puztu.
Ensordecer, (an) gortu.
Ensortijado, kizkor.
Ensuciar, (-s) zikindu, (4), likistu.
Ensueño (4), améspote (b), amets (-b).
Entender, aitu, aditu.
Entero (c), oso.
Enterrar, dar sepultura, luŕa eman (gc), luŕa emon (bc).
Entierro, conducción del cadáver, (2c) iĺeta.
Enternecerse (-s), samurtu.
Entonces (c), orduan. || De entonces acá, aŕezkero.

EN

Entontecerse, astotu, (c...) tontotu.
Entorpecerse, (np) moldagaiztu, (c...) moldegaiztu. || Entorpecerse para el trabajo, zabartu (-s).
Entrad, estarta.
Entrada en la casa (c), etxe sartze. || Entrada (acto) (c), saraldi.
Entraña (c), erai.
Entrar (c), **sartu.**
En tratamiento de vos o usted (c), zuketz.
Entre (c), arte.
Entreabrir, irtidigi (b), irtidiki (g).
Entre día, eguarte.
Entremés de una comida, izkirimiri.
Entretanto (c), bitartean.
Entumecerse (c...), loak artu. || Entumecerse los dedos por el frío (-s), sumindu; mangutu (np). || Entumecerse un miembro, txindoritu.
Entumecido, mangu.
Entumecimiento, (np) mangutu.
Enturbiar un líquido (el) (-s), naaste.
Enturbiarse las aguas, aretu.
Entusiasmarse, azaldu.
Entusiasmo, (c) su, (np) zora-

EQ

garitasun. || Con entusiasmo (2c), gogo beroz. || Sin entusiasmo (c), gogo otzez.
Envanecedor, astingari.
Envanecer, envanecerse, urasetu (np); puztu, arotu.
En vano (-s), alfeik, alferik.
Envejecer, (an-c, gc) zartze.
Envejecerse una mujer (c), atsotu. || Envejecerse, (np) zartu.
Envidia (4), ezin-ikusi. I ondamu. I ikusi ez ezin.
Envilecerse (-s), doilortu.
Envite, acometida que se da al trabajo, ekinaldi. || Envite de dos tantos que se da al mus, enbido. || Juego de envite, enbite.
Enviudar (c), alargundu.
En voz baja, aopean.
Epidemia (c), izuri.
Epilepsia, (gc) kota (Vid. vasc.). || Epilepsia, biotzeko min.
Época (c), aro, aldi. I (c...), -zaro. | Época, sazon, (-s), sasoi (b,g), sasoin (l). || Época de lluvias (c), eurite. || Época de verano (c...), udate.
Equilibrio, oreka. || Estar en equilibrio (vulg. a la rema), orekan.
Equipararse, burua bat egin.

ES

Equitativo (c), bidezko.
Equivocado (-l), oker.
Erisipela, (an) disipula.
Erizo de castaña, lakatz. I lokots (an).
Eructar, koŕok egin.
Eructo (onomat. del), (2c) koŕok, (an) koŕokada.
Errante, oŕon (np).
Errar (c), uts egin.
Esbelta (persona), perkatx.
Esbeltez (c...), lerdentasun.
Esbelto (-s), zardai (g,l.), zardain (b) I lerden; (-s), lirain. Dícese de seres animados.
Escala (en gran), grandemente. andiro.
Escalmo, tolet.
Escama de peces, eskama.
Escampar (4), atertu.
Escampo, acción de escampar. ateŕarte.
Encandalizar, nabarmendu (an).
Escándalo, (an) nabarbenkeria.
Escapo, cierto tallo herbáceo, gara.
Escarbando, (4), atzaparka, (g), aztaŕika, aztarka (b).
Escarcha, antsigar, antzigar, aintzigar.
Escarda, azada pequeña, atxutu.
Escardadura, joŕa.
Escardar (c), joŕatu.

ES

Escardar las tierras, azaluŕatu.
Escardillo, artajoŕai.
Escarnio (-s), iji-aja.
Escarpín (-s), txapin (b,g), xapin (l).
Escarmentarse, eŕe, (c...) zentzatu.
Escarzo (2c), sapar.
Escasamente, apenas, ozta (an).
Escasez, (c...) uŕitasun, ezurte, uŕikeri. || Tiempo de escasez, utsaldi.
Escaso (c), bakan, uŕi, eskas.
Escoba, iñaŕa. || Escoba de retama (c...), isats.
Escobón, escobilla con que se limpia el horno, labaipizki (np).
Escogido (-s), berebiziko.
Escombros, (an), zabor.
Esconder, (g) eskutatu, eskutau (b); ezkutatu (gc), ezkutau (b).
Escondidas (a), ezkutuan.
Escondiendo (juego) (-s), gordeka.
Escondite (al) (c), kukuka.
Escondrijo, ezkutu, zirikiḻu.
Escoria de hierro (2c), sar. || Escoria del mineral de hierro, heces, etc. (-s), zepa. || Escoria de los panales de cera, (bc) sapar.

ES

Escota, cierta cuerda de las lanchas, eskota.

Escozor, inka.

Escrófula (-s), umorotz.

Escrúpulos, txori. || Escrúpulo (-s), kezka.

Escualo, arainzuri,

Escuarzo, sapo (2c), sapo.

Escudilla (2c), katilu.

Escuela (c), eskola.

Escupidera, (np) txistu-ontzi.

Escupiendo, txistuka.

Ese (a), ori. || Ese, esa, eso, (4), ori. || Ese (activo), orek (an). || De ese, oren. || Ese mismo (c...), orixe; bedori, berori.

Esencia (c), izakera.

Esfera, boronbil.

Esfinter (gc), txiringa.

Esfuerzo (an, gc), saio. || Haciendo todos los esfuerzos, azka ta puzka. || Por más que se haga esfuerzos, inondik iñora.

Eslabón de una cadena (-s) maila, maila.

Esófago (2c, an), estegori.

Espacio (-l), une (g,b), üne (s). || Espacio de tierra que se ha despojado de nieve (2c), lurmen. || Espacio entre los dos ojos, begitarte.

ES

Espada (c), ezpata. || Pez espada, esparoi.

Espadaña (c), ezpata. || Espadaña?, cierta planta, zinta-bedar (b), zinta-belar (g).

Espalda, (bc), sorbalda, (c) bizkar. || Espalda de la persona, zera.

Espantadizo, iñuska, izukor; (4) izikoi (s,l). izukoi (b,g).

Espantajo (-s), mamu. || Espantajo de pájaros, izugari, txori-izugari.

Espantar (2c, an-c), uixatu, izutu (b,g).

Espanto, izu.

Espantoso, izugari.

Esparcimiento, eguras.

Esparcir, banatu (an) sakabanatu, (c) zabaldu.

Especial, **banako.**

Especialmente (-s), berariaz.

Espectáculo, ikusgari. || Espectáculo, **objeto de visión,** ikuskizun.

Espejo (2c), ispilu.

Esperando (-s), begira.

Esperanza, (c) uste, itxadopen (np).

Esperar itxado, itxon.

Espetera, arasa.

Espía (c), **zelatari.**

ES

Espiar (-s), zelatatu (g,l), zelatau (b).

Espiche, (np) zotz. || Espiche, estaquilla, etc., zipotz.

Espiga (c), buru. || Espiga desgranada del maíz, txokor. || Espiga del trigo, galburu. || Espiga pequeña del maíz, artakaskar (g), artamatxar (b). || Espiga que atraviesa la lanza, etc., (-s) toler.

Espigada (persona), zegasta.

Espigar (c), burutu.

Espina (-s), arantz. || Espina de los peces, espi.

Espinilla (hueso de la pierna), ankazur (b), ankaezur (g).

Espino, (-s) arantz, (4) elori. || Espino blanco, arantzuri; (-l) elori txuri (g,s), elorizuri (l). || Espino negro, arantza baltz (b), arantz beltz (g).

Espliego, ispiliku.

Espontáneamente (c), berez.

Espontáneo (c), berezko.

Espuma de la boca (-s), barauts.

Esqueleto (-s), ezuruts (g, l), azuruts (b).

Esquilar (c...), moztu.

Esquileo, (an) motzaldi.

Esquina (2c), ertz.

Esquivarse, (an,gc) sapuztu.

ES

Esquivez, sapuzkeri (np), (an) mukertasun (np), saputz (np).

Esquivo, iñuska, muker. || Hacerse esquivo, mukertu (np).

Estabilidad, tentun.

Establo tzaltoki (np).

Estaca, taket (2c).

Estacha, (an) estatxa.

Estado atmosférico, eguraldi. || Estado del cuerpo, bueno o malo, (-s), gorputzaldi. || Estado del piso, del camino, (an) bidaro, oinari, oingiro.

Estallido, eztanda.

Estampa de un hombre, de un animal, cuerpo (np), oial. || Estampa o corpulencia del animal, saial.

Estampido (-s), danba.

Estancado (-s), geldi.

Estancia, egopen, (c) egoera, (c) egotaldi.

Estar (c), egon, izan. || Estar (el) (c), egote. || Estar colgando, pendiente, (-s), zintzilika (g,l), dingilizka (b). || Estar presto, (c...) prestatu, (b) prestau.

Este, esta, esto, (4), au. || Este, viento este (-s), ipar.

Estéril (-s), elkor. || Estéril (hembra no fecundada) (c),

ES

antzu. || Mujer estéril, matxoŕa.

Estese, (an) bego.

Esteva del arado, aresku.

Estiércol (Vid. Azkue), kortaitz, sits. || Estiércol, abono (c...), ongaŕi.

Estima, jaso, (4) ajola (g), (-g) axola.

Estimable, (bc) naigaŕi.

Estimar, aintzat artu, aintzakotzat artu (b,g), (c) eder-izan.

Estímulo, auŕerabide, l auŕerapen, auŕerapide (gc,bc) l lagungaŕi, pozgaŕi.

Estipendio, meza-sari.

Estirar, ten egiten (np), (c...) tiratu.

Estómago (pop.), (gc) sakel, (-s) urdail.

Estoque, (np) punzet.

Estorbar (-s), galarazi.

Estorbo, traba (np).

Estornudar, (np) usin egin.

Estornudo, usin.

Estrafalario, nabarmen.

Estrangular, urkatu.

Estrechar, estutu, (c...) meartu.

Estrella (c), izar. || Estrella de la mañana (-s), artizar. || Grupo de cinco estrellas, toilo.

EX

Estrépito, buŕundada, buŕundara.

Estribillo (c...), leloa.

Estribo de un puente, salmer.

Estropajo para limpiar el horno, ipitz, ipizki.

Estropeado (gc), maskal.

Estropeador, banatzaile.

Estropear, banatu, (-s) maspildu.

Estropeo, elbaŕi.

Estrobo, estropo (Vid. collar).

Estructura, egitura.

Estudiando (c...), ikasten.

Estudiante, ikasle.

Estudioso, ikasnai.

Estupidez (c...), tontokeria.

Estúpido, taket (np), (c) astotzar, (c...) tonto.

Eternidad, betiraute (b), betiraunde (g).

Eterno, de siempre (c), betiko.

En euskera, euskeraz.

Eventual, bada-ezpadako.

Evidencia (poner en), nabarbendu.

Evidente, agiri, (c) ezagun.

Exactitud, zintzotasun, zeatztasun (np).

Exacto, (4) doi, (bc) zintzo zeatz (np).

Examen, azter, bilakuntza (Añib.).

EX

Exangüe (c...), odolgabe.
Excelente, (an) mundukoa, bikain, I (l) pikain.
Excelentemente, bapo.
Excepto (c), ez.
Exclamar (c...), oiu egin.
Excremento (c), gorotz, kaka. || Excremento duro (c), mokordo. || Excremento de aves, zirin.
Excusa (-s), aitzaki (gc,l), atxaki (b).
Exigencias, eskabide.

EX

Existir (c), egon.
Explicación, adigari.
Explicar, azaldu.
Extracción, ateraldi.
Exterminio, (np) triskantza.
Extranjero, atzeriko.
Extraño, asko, (-l) andi.
Extraordinariamente, sobremanera, (2c) eruz.
Extraordinario, txitezko (np). || Extraordinario, incivil, (-s), nabarmen.

Voces no comunes a los dialectos bizkaino y guipuzcoano, de uso en tres dialectos.

E

EA

Ea (-b), ots.
Emigrar (-b), lura-galdu.
Enano (-b), ñaño.
Enderezarse (-b), xuritu (s,l), zutitu (g).
Endurecerse la cebolla u otra planta (-b), ziritu. || Endurecerse mucho la tierra, hacerse empedernida por hielos y nieves (-b), idortu.
Enemigo, (-b) etsai, arerio (b).
Enfermedad (b), eri. || Enfermedad de la boca (g), aoeri.
Enfermo (-b), eri. || Gravemente enfermo (-b), gaizki.

ES

Enjugar (-b), xukatu (l), txukatu (g), txukatü (s).
Ennegrecer (-b), belzatu.
Enojado (-b), mutur, mütür.
En seguida (-b), sari.
Entregarse (-b), eman.
Entristecerse (-g), biozkatu.
Envejecer (-g), zaartu.
Envidia (-b), bekaitz.
Envidiar (-b), bekaiztu.
Envidioso (-b), bekaizti.
Escardillo (-g), jorai.
Escuela (no ir a la) (-b), piper egin.
Espalda (-g), soinburu.

ES

Especialment e(-b) bereziki
Espina dorsal (-b), bizkaŕezur.
Espinazo (-b), bizkaŕezur.
Estorbar (-b), galerazi (s,l), galerazo (b).
Estrecho (-g), mear.
Estudiar (-g), ikasi.

EX

Excremento (-g), korotz.
Extender (-b), edatu.
Extendido, algo ancho (-b), xabal.
Extensamente (-b), zabal.
Exutorio (-b), txira, plantiri (b?).

Voces no comunes

E

EB

Ebanista (Db), arotz.
Edad viril, garerdi (b, Db), gizaro (g, Mend.).
Egoísmo (Db), berekoitasun.
El año pasado, igaz.
Elástico de lana, (b, Db) txamaŕote, lastikua (n).
Elección, aukera.
Embudo, onil.
Enardecimiento, cólera, sumin.
Encañada, mendarte.
Encender, izio (b), (an,g) piztu.
Encima, gaiñean.
Enemistad, etsaitasun (g), areriotasun (b).
Enero, (an,g) ilbeltz, urtaŕil (b).
Engañar, malmuzkatu (b), (g) ziria sartu.
Enjuto (b), mear, (g) zimel.
En mangas de camisa, maukutsean (an,b,g).
Enronquecerse, (b) gaŕamaztu, (an,g,l) maŕantatu.

EX

Entendimiento, adimen.
Entrecejo, (b) betondo, betozko (g).
Enviar, bialdu.
Envidia, ondamu.
Erguido (cuerpo), lerden.
Error, uts egin.
Escalera, eskilara.
Escuchar, aditu.
Esforzarse, ensayar, saiatu.
Espiga de maiz, artaburu.
Esposa, emazte.
Esputo, (b) goŕo, (g) karkax.
Estar ocupado en algo, jardun.
Este año, aurten.
Estrujar, (b) lauskitu, (g) lerdekatu.
Estudio, aplicación, alegin.
Extremo bajo de saya, pantalón, etcétera, (b) magal, petral (g).

F

FA

Fábrica (-l), ola.
Fabricación (-s), -gintza.
Fabuco, bellota de hayas, (c...), pagatxa, (-s) pago-ezkur.
Fácil, (-s) eŕaz, eŕez.
Facilidad, eŕaztasun, eŕeztasun.
Fácilmente (-s), eŕaz.
Factura, egitura.
Facultad, (c), esku, (an) esku-bide. || Facultad de elegir, aukera.
Facundia de un orador, etoŕi
Facha, jazkera.
Fachada, arpegi.
Faena, beargintza.
Fragmento o pedacito, etc., laŕi.
Fajina (c), meta, zama
Fajo (gc), txorta.
Falda, trozo de carne, etc., magal.
Faldeando, (np) zeŕetara.
Falta, (c...) uts-egin, utsune (c...), ez (c), bagetasuna.
Faltar (c), uts-egin.
Faltriquera (an), sakel.
Falucho, una especie de buque de cabotaje, bonbo.
Fallar, no poder más, ukatu (np).
Fallo, epai.

FA

Fama (c), ots.
Familia, etxaldi.
Familiar, (c) etxeko, etxetar
Familiarizarse (c), etxekotu.
Famosos, aotuak.
Fanega, anega. || Fanega de tierra (c), golde.
Fanfarronería, panpaŕeri.
Fangoso (c...), loitsu.
Fantasía (4), ames (b), amets (-b); (-s) kasket, apeta.
Fantasma (-s), mamu.
Farfullero (-l), motel.
Farineta (gc), morokil.
Fastidioso (2c), gogaikaŕi.
Fatiga, ahogo, itomen: (4) neke, (c...) nekaldi.
Fatigarse, (-s) nekatu, askatu (c) eten.
Fatigoso (c), nekagaŕi.
Fatuidad, (an) erokeri, erakeri.
Fatuo, (4) ero, kaskal; (4), gergel (b), ergel (-b).
Fauces, eztarzulo, autz
Favor (2c), mesede.
Favorecedor, laguntzaile (an)
Favorecer, alde egin.
Favoreciendo (seguir), agindu
Favorito, aldeko.
Faz, arpegi, (-l) aurpegi.

FI

Fe, siñiskera. || Fe, confianza, siñiste.

Febrero, (4), otsil, (-s) otsail.

Fecunda (hembra), umegin.

Fecundo (árbol), izakor. || Ganado fecundo, umekor.

Felicidad, (an) zoriontasun.

Feligrés, eliztar.

Felino (cosa de gato) c...), katuki.

Feliz, (4), doatsu, (an) zorioneko.

Feo (4), (-b) itsusi, (b) itxusi. || Feo, deforme, zatar.

Féretro ''ϵ, karkamo anda. || Camino para conducir féretros, andabide.

Ferrería (-l), ola.

Ferrocarril (c), burdinbide.

Ferrón (oficial de ferrería (2c), olagizon.

Fértil, (-s) gozo, I ekarti, ekartsu (b,g).

Fervoroso, gogotsu.

Fiado (al), epetan, zoretan (np).

Fibras (el hilo reducir a), lakaindu (g), lakandu (b).

Fibroso (c), zail, zail.

Fidelidad, zintzotasun.

Fiel (bc), zintzo.

FL

Fiemo, pekorotz (np), (c) gorotz.

Fiesta (-l), jai. || Día de media fiesta, jaierdi.

Figura, (-s) itxura.

Figurar (afán de), (an) nabarbenkeria.

Figurarse uno, eretxi.

Fijar (c), gogortu.

Fila, erezkada, erenkada, (-s) lerro. || En fila, erenkan.

Filamento, hebra de hilo, arizki.

Filiación (c...), semetasun.

Fimbria del vestido, ertz, (c) litsa.

Fin, atzen, (-s) azkena.

Fina (mujer), printzel (gc).

Finalizar (c), azkendu.

Fino, (bc) zintzo, (an) men.

Firme (poco) (-s), kili-kolo. || Firme, sano, (np) zintsu, sendo.

Firmeza (-s), sendotasun.

Fiscal (l), salatari.

Flaco, (-l) eral, (c...) mee.

Flacucho, erkin.

Flamígero (-l), gardun.

Flaqueza, argaltasun.

Flato (-s), gur-gur.

Flauta, flauta.

Fleje, (-s) zimintza (b), zimitza (l,g); zumitz. || Material

FO

de flejes, zumizgai (g), zumizgei (b).
Flejero, ailaragin.
Flete (2c), pleit.
Fletero (buque), lanchón de cabotaje, (np) pleitero.
Flexible, biurkor.
Flojedad (c), nagikeri.
Flojo, baldan, bandil, laza (gc). || Licor de poca fuerza, flojo, (2c), motel. || Flojo, no tirante, manu. || Flojo para el trabajo (-s), zuri (langile zuri), (gc) zabar.
Flor (-s), lore (g,l), lora (b).
Flujo, goraldi, jario. || Flujo y reflujo, gora-bera.
Fofo (4), año.
Fonda (c), ostatu.
Fogoso, (bc) sutsu.
Fondista, ostatari.
Fondo (c), ondo. || Fondo, calado, zingo. || Fondo de vasija (-s), ipurdi. || Sin fondo (c...), ondo-gabe.
Forastero, (an) kanpotar, (-l) añotz.
Formas (de buenas), moduzko. || Forma (c), egite.
Formal y muy calmoso (-s), sotil. || Formal, serio, ben. Hoy se usa casi exclusivamente con los derivados.

FR

Formalidad (-s), zentzutasun.
Fortuna (-s), zori.
Fortaleza (-s), sendotasun.
Fortalecerse (c...), indartu.
Forro (tela para), bonbazin (g), bonbazi (b).
Fornicación, andraketa.
Formalmente, benetan.
Fosa (c), obi.
Fósforo, arast.
Foso, zanja, zango.
Forzosamente (-s), beañez. || Forzosamente, quiera que no (an), nai ta nai ez.
Forzudo, indartsu.
Frágil, (4) auskor, (np) zatikor. || Frágil, de poca consistencia, zingle (Var. de zingil).
Fragmento de cualquier materia sólida, atal.
Francamente, con abundancia (2c), oparo.
Francés (c...), prantzes.
Francisco (bc), Patxi.
Franco, abundante, (bc) opatsu.
Franja de terreno, zirinda.
Franquearse (c...), zabaldu.
Franqueza (con), pařa-pařa. || Franqueza (-s), zabaltasun.
Fraternidad, anaitasun.

FR

Fraude, (gc) iruzur.
Frialdad, (an) oztasun.
Friático, (4) ozpera, (an,gc) ozkil.
Frío (4), otz. || Tener frío, (an) otz izan (np).
Friolento (4), ozpera.
Friolera, uskeri.
Friolero, (an) ozkor, (-s) ozbera.
Frondoso (c), abartsu. || Arbol frondoso, adartsu.
Frontal del ganado, bekokiko.
Frontón. etc., pelotatoki (np), pelotaleku (np).
Fritada, koipetsu (np).
Frívolo, chisgaravís, (an) txatxo.
Frecuencia (con), (bc) saŕi.
Frecuentemente, askotan.
Fregadera, aŕaska.
Fregar (tabla de), ikuzol.
Frenillo de la lengua (4), ari.
Frente (-s), kopeta. || Enfrente, auŕez. || Frente por frente, aurkez-aurke. || Frente, al par (c...), pare.
Fresa, maluki (Bot.).
Fresco, (c) gordin, (4) eze.
Frescura (c), ezetasun.
Fresneda, arboleda de fresnos (-s), lizardi.

FU

Fresno, (-s) lizar, (c...) leizar.
Frío (4), otz.
Frontera (c), muga.
Frunce (-s., zimur.
Fruncir, izurtu.
Fruta caída, (an) ondoko.
Frutero, lugar, etc., umotegi.
Fruto o hierba que crece en abundancia (c), etorkor. || Fruto que no madura, elkor.
Fuego (c), su. || Al fuego, surtara.
Fuente (-s), ituŕi. || Fuente, plato grande, eŕetilu. || Fuente que da salida a los malos humores del cuerpo (-s), ituŕi.
Fuelle (-l), auspo.
Fuerte, robusto, (c), gordin.
Fuerza (c), indar. || A la fuerza, indaŕean. || Por la fuerza, (c) indarka, indaŕez, (an) gogoŕean.
Fulano, (c...) zera, (-s) urlia.
Función de iglesia, elizkizun.
Funda de colcha (an), oazal.
Fundamento, zimentaŕi, asoin I aztaŕen (g), aztaŕondo (b), sustrai.
Fundidor, urtzaile.
Fundir, (an) urtu.
Furia, aseŕe-bizi.

FU
Furioso, sumin.
Furor, aseŕe-bizi (-s) sumin.
Fusil, makal.

FU
Fuste (hombre de poco), (an) txatxo.
Futesa, cosa de poco valor, txondor.

Voces no comunes a los dialectos bizkaino y guipuzkoano de uso en tres dialectos.

F

FA
Fácilmente (-b), aisa (s,l), aise (l,g).
Fallar (no poder continuar) (-g), uko egin.
Fama (-b), aipu.
Famoso (-b), aipatu.
Fascinar (-b), liluratu.
Fatuo, (-b) ergel, gergel (b)

FR
Fiestas (hacer), halagar (-b). balakatu.
Filo (-b), ao-gozo.
Filtrar (-g), **irazi.**
Fortuito (caso) (-b) ustegabe.
Frotar, (-b) maŕuskatu, (b) igortzi.

Voces no comunes

F

FA
Faja, geŕiko.
Fastidio, **gogorik eza.**
Fealdad, (c...) itxusitasun, (b) ezaintasun.
Filtro, coladera, irazki.
Fístula, (Db) plautiri.
Forraje, (b) **anabaka,** eltzekari (g).
Fragua, sutegi.

FU
Franqueza, largueza, (b, Db), apaztasun, eskuzabaltasun.
Freir, prejitu.
Fritada (Db) koipatsu.
Fuera, kanpo.
Fuerza vital, ánimo, adore (b), kemen (g).
Funda de almohada, buŕuko -azal (Db).

G

GA

Gabarra, gabaŕa.

Gacha (gc), morokil.

Gaita, instrumento de música, (np) zaŕabete.

Gaje del contrato, etc., obari.

Gajo de naranja, ajo, etc., atal. || Gajo en sus variadas acepciones, lakaiña.

Galán, galae, galai.

Galfarro (ave), (b) sapelaitz, (g) sapelatz.

Galería de mina, (np) meazulo.

Galerna, galaŕen.

Galope (a), lauoinka.

Galla, pala de anzuelo, gaŕanga.

Gallardo, jaso (gc).

Gallear (c...), oilartu.

Gallina, (c...) oilo, oiĺo, (-s) kokoko (Voc. pur.)

Gallina ciega (a la) ,juego de niños, itsu-itsuka. || Gallina clueca (-l), oilo-ĺoka. || Gallina de Indias (c...), indi-oiĺo. || Gallina de mar, sakiĺo. || Gallina enferma, (np) oiĺo-mika. || Gallina (persona a quien gusta la), (an) oilo-zale. || Paraje en que se recogen las gallinas, ota (bc).

GA

|| Gallina silvestre (-l), basoĺo.

Gallineta, ur-oiĺo.

Gallo (c), oilar, oiĺar. || Galio de mar (pez), itsasoilar (an).

Gamella, (an) ganbela, azpil. || Gamella para conducir mortero (especie de) (4), auntz.

Gamo (c...), orein.

Gamón (-s), basapoŕu.

Ganado vacuno (4), azienda, (-l) abelgoŕi.

Ganancia (c), irabazte.

Ganar, irabazi; poner de la parte de uno, eskuratu. || Ganar, (np) zipla. Se usa como interjeción.

Ganarle a uno todo (-s), garbitu.

Ganarse la vida (c), burua atara.

Ganas (con) (c), gogoz, gogotik. || Entrar en ganas, gogoak eman (an, **gc**), gogoak emon (bc).

Gancho (-l), kako.

Gandul, kirten, babalasto.

Ganga, suerte, (2c) eskualdi.

Gangoso, jinjau.

Ganso, ata; ansar, antzar.

Garbo (con), zartadan (np).

GE

Garfio, punta retorcida de un instrumento de hierro, (an) kizki.

Gargajoso, goŕoti.

Garganta, (an) eztaŕi.

Garlopa, instrumento de carpintería, (-s), garlopa.

Garrapata mayor, akeen (g), akien (b). || Garrapata menor, azkenzore. || Garrapata muy pequeña, kapar.

Gargüero, (an) intxaur.

Gastarse un líquido (c), ondartu.

Gastrónomo (-s), sabelkoi.

Gatillo de escopeta, katu.

Gato (c...), katu. || Gato macho, katar. || Gato montés (-s), basakatu.

Gavilla (-s), azao. || Gavilla de paja (-l), lastazao.

Gaviota, (-s) itxastxori, gabai. || Cierta gaviota, mariko || Gaviota muy pequeña de nuestra costa, txiŕi. || Gaviota negra, ur-oiĺo.

Gayano (pez), kaixero. || Gayano (vulg.), txiztu.

Gemido, antzi, (-s) auri.

Generación (-s), gizaldi.

Generaciones sucesivas dentro del parentesco, belaun.

Generalmente (-s), geienetan.

GO

Generoso (poco), esku-labur.

Genital femenino, (s) alu.

Gente, muchedumbre, (an) tai de.

Gentío, tropel, mordoskada.

Germen, púa, muin, muiña (np).

Gestero (persona que hace muchas muecas (-s), zinuti, zinutsu.

Gigante, eŕaldoi.

Gimiendo, dando ayes, aiezka

Gimoteando, fingiendo llanto, (np), negar-ziñuka.

Gitano, motzaile.

Gladiador, ezpatari.

Glándulas, guren. || Glándulas, paperas, sagu.

Glosopeda, aobizar.

Glotón, salo, (-s) sabelkoi.

Glotonería, (an) salokeri.

Gola (-s), goleta.

Goa (una de las dos mitades en que se divide la), totso.

Golondrina, elai, enara (an), (-s) enada. || Golondrina de mar, etc., miĺabaŕi.

Golosina, izki-mizki. || Golosina, entremés, izkirimiri.

Goloso, mizke (np).

Golpe, kolpe. || De golpe, zartadan (np). || Golpe (onomatopeya de un), dandan. || A golpes, zartadaka (np).

GR

Golpeadura (c), joaldi.
Golpear (c), jo, jokatu.
Golpecito, (bc) takada, zartada. || Golpecito (voz onomatopéyica que denota un), zapla.
Golpeo (c), joaldi.
Goma, producto resinoso de árboles (-s), txori - negar (g,b), txori-nigar (l)·
Gordo (c), gizen. || Gordo, parte adiposa de la carne (c), gizen.
Gordura, (an) gizentasun, (c...) loditasun.
Gorgojo de trigo y maíz (-s), zeden.
Gorra de niños (cierta), marmota.
Gorrino de tres a siete meses (-s), bargo.
Gorro cónico (-s), txano.
Gota, tistil.
Gota de lluvia, euri-tanta (bc), euri-tanto (g).
Gota que cae, (an) (bc) tanta.
Goteando, (an) tantaka·
Gotear, erion.
Gotera, tantaka (np).
Gozar (c), gozatu.
Gracia (c), esker, (4) doa, doe; (4), politasun (b,g), politasun (-b), gatz (c).

GR

Grande (4), andi.
Grosor, (np) lodiera.
Grueso (c), lodi.
Gruñendo, kuŕinkaka (np)·
Gruñido, (-s) gur-gur, (an) kuŕinka.
Grupa de animal, zera.
Grupo (formando) (c), sailean. || Grupo (an), mordoska. || Grupo de cinco estrellas, bostortz, bostoilo. || Grupo de personas ancianas, zaferia (np).
Guadaña (c...), sega.
Guano del Perú, txori-zimaur.
Guantes, esku-estalki.
Guapo, bapo, (c) galant.
Guardar, (c) gorde, (4) eduki (-b), euki (b)·
Guarrachada, caída ruidosa de un objeto, blaustada.
Guedeja, kartzeta. || Guedeja de pelo, (np) kizkor.
Guía, aufeko.
Guiar, biderakutsi, (c...) zuzendu.
Guija, piedrecilla menuda (-s), legar.
Guijo (-s), legar.
Grano maligno de la piel, berezko.
Grasa (-l), gantz. || Grasa del animal (-l), gantza. || Grasa

GR

de peces, sain, saiñ (bc). ||
Grasa derretida, goipe (l,s),
koipe (g,b).

Grasa y magra (-s), gizen-giar.

Grasienta (parte) (c), gizen.

Gratil, uno de, etc., sare-mutur (np).

Gratitud (c), esker, -on.

Gratuito, doarik.

Grava, (-), legar, ari-jo. || Montón de grava, armeta

Greña, txima. || Greñas, (bc) sapa.

Grieta, ziristu.

Grijo, kosko.

Grillo, kirkir, txiritxa (an,g). txiritxiri (b).

Gris, are. || Pelo o barba gris (c), urdin.

Grito (4), deadar (b,g), deiadar (s,l). || Grito, endecha (-s) auri, || Grito, llamamiento, deadar.

Grosera (persona) (c...), tresna.

Gracia, donaire, (an) politasun.

Gracioso, eskertsu, txistagari.

Grada o peldaño, (-s). maila. maila. || Grada de madera, (an) zurmaila. || Grada, escalera de pelo mal cortado, ozka (np).

Grado de parentesco (2c), maila, maila.

GU

Grama (2c), mugita.

Gramil, aparato para ensamblar mejor las maderas, galga.

Gramilla, ezpatondoko.

Grandazo y desmañado (hombre), kankailo.

Grande, (-s) lari, (-l) aundi, (c) andi.

Grandemente, andiro.

Grandeza, aunditasun, (-s) anditasun.

Granero en el molino, aizari.

Granillo, (an) bixika.

Granillos malignos de la piel, lengua, etc., basasto.

Granizo, abazuza, ari - ur. || Granizo menudo (np), txingor.

Granja con cuadra, etc., (an) saroi.

Grano de trigo, galgarau.

Guinda (cereza), kinda, (-s) ginda.

Guindilla, piper min.

Guiño. (2c) kiñu, keinu (l), kheiñu (s).

Guisado de bacalao y patatas (cierto), zurukutun.

Guisante (-s), ilar (g,l), irar (b).

Gustar (c...), on-izan. || Gustar algo, miaztu.

Voces no comunes a los dialectos bizkaino y guipuzkoano de uso en tres dialectos.

G

GA
Garrote (-b), urkabe.
Gavilla (-b), ezpal (s,l), espal (g).
Glotón (-g), sai.
Golpe (-b), tanpa.
Gracia (-b), politasun.
Grada (-b), mail.

GU
Grado (de buen) (-g), gogo onez.
Grito de alegría (-b), iṙintzi (g), iṙintzin (s,l).
Guante para pelota (-b), eskularu.
Guardar (-b), eduki (g,l,s), euki (b).

Voces no comunes

G

GA
Garbo, (b, Db) yas, (g) aṙeta, txairola·
Garduña (b, Db), (g) katagure, zuri (g?).
Gavilán (b, Db), mirotz, (g) gabirai.
Gaznate, (b, Db) gorgoil, (g) zintzur.
Gemelos, (b) bikiak, (g) bizkiak.

GU
Gentileza (Db), galantasun.
Gordinflón, (b) mamutz (Db), (g, an) potxolo.
Gorrillo (Db), txota.
Grajo, bela (b, Db), (g) iskixu.
Grano, (gc) ale, (bc) garau.
Guarda del tejado, (b) txapitula, (an, bn, g?) txapitela.

H

HA
Haba (c), baba· || Haba blanca, babazuri.
Haber (4), artzeko; (c) egon.
Hábil, diestro, (bc) moduzko;

HA
(b) pizu, (g) pijo o piju; artetsu.
Habilidad, arte. Habilidad de hablar, locuacidad, (bc) zar-

HA

ta-zarta. || Habilidad inexplicable, hechizo, patu.

Habitación (-s), bizitz (g,b), bizitze (l).

Habitante de un pueblo, bizi-lagun.

Hábito, costumbre, (np) oitura.

Habitual, oiturazko (np).

Hablador, charlatán, txolin.

Hablar, jardun.

Hablilla (2c), esamesa.

Hacedor (c), egile. || Hacedor, agente (c), -gile.

Hacendado, (np) ondasundun.

Hacendoso, (c) etxekoi, perkatx (b, g) perkax (an).

Hacer (c), egin. || Hacer (acompañando a verbos y nombres que designan acciones animales), eragin. || Hacer beneficios (c...), onegin. || Hacer decir, eraso. || Hacer el rodeo (4), inguratu. || Hacer fatigar (-s), nekarazi (g,l), nekarazo (b). || Hacer frente (s), gogor - egin. || Hacer hacer (4), eragin. || Hacer perder (-s), galarazi (g,l), galarazo (b).

Hacerse avaro (-s), zekendu. || Hacerse deudor (c...), zordundu. || Hacerse el remolón (-s), zabartu. || Hacerse im-

HA

puro (4), likistu. || Hacerse o llegar a ser igual o compañero de otro (c...), kidetu. || Hacerse picante (4), samindu. || Hacerse puerco, inmundo (c...), urdetu. || Hacerse rudo (-s), zakartu || Hacerse sórdido (-s), zekendu.

Hacia, (an,g) -rontz, (b,g) -runtz.

Hacienda (c...), ona, ondasun || Hacienda junto a la casa, etxe-bazter. || Hacienda propia, etxalde.

Haces de trigo, bal.

Hacha (4), aizkora.

Hachador, aizkolari.

Halagar, (-s) leundu, loxindau (b), loxindu (an,g).

Halago, palagu (np),

Hallarse (c), gerta.

Hambre, (an) tripa-zoŕi; (-s) sabel-zoŕi, (c) gose.

Harnero, araz, galbai.

Hartazgo, (np) sabelbetekada, sabelbete (gc), betekada, asebete.

Hasta, arteraiño, arte (c). || Hasta, diño (con pronombres de lugar y hasta de tiempo), ino, artean. || Hasta cuándo (c...), noiz arte. ||

HE

Hasta dónde (-s), (-s), noraino (l), noraiño (g,b)·
Hastiar a otros, gogait eragin.
Hastío, empacho, ok (np), (-s) kok, gogait.
Haya (4), pago (b,g), bago (l,s). || Haya, planta de haya, pagondo (an). || Haya brava no podada, pago lantzaka (g), pago laun (b).
Hayedo, pagadi (np).
Haz (c), egik; (-s) azao, (-l) eskuta (s), eskutada (b,g), lastabal (an). || Haz, porción atada de lino, gabiko.
Hebra de lino, albaiñu·
Heces (c), ondar. || Heces de los panales de cera (2c), sapar. || Heces de zurrapas (4), liga.
Hecha o puesta del juego, etcétera, (bc) orni.
Hechicero (c...), sorgin.
Hechizo, pato (np). || Hechizo, encanto, pamerialak (np)·
Heder, atsitu.
Hedor (-s). ats, kirats.
Hélice, género de conchas, etc., magurio.
Helo ahí (4), ořa.
Hembra, (an) eme. || Hembra del ganado, uřuza (b), uřuxa (g,l).

HE

Hencher una casa, astindu·
Hender, (an) printzatu (gc).
Hendidura, iřiñarte, inziřitu.
Heno, comida del ganado, sarale. || Heno, comida del ganado vacuno, saale. || Heno, planta de la familia de las gramíneas, albitz.
Heredero, oiñordeko; (4), jabegai (g), jabegei (-g).
Herencia, (np) seniparte, etoři.
Herida (c), zauri.
Herir (-s), zauritu·
Hermana de mujer, aizpa (g), aizta (b). || Hermana de varón (c), ařeba.
Hermanastra, ařeba-orde, ařeborde.
Hermano (-l), anai.
Hermosear (c), edertu.
Hermoso! (¡cuán!), lekutakoa. || Hermoso (c), eder, galant.
Hermosura, (an) edertasun.
Herrada pequeña, gaileta·
Herrador, peřatzaile (np).
Herradura (4), feřa (s,l), peřa (b,g).
Herramienta (-s), eřaminta.
Herrar, jantzi.
Herrero, eřementari.
Hervir (-s), irakin. || Hervir suavemente, (np) pilpil egin.
Hervor (-s), irakin.

HI

Hez de la leche, aŕoka, kaŕauka. || Hez de la leche buena, aŕauka.

Hiedra (c...), untz.

Hierba, berar, (-s) bedar (b), belar (g,l). || Hierbabuena (-s), menda, batan. || Cierta hierba medicinal, etc., pasma -b e d a r (b), pasma - belar (an, g). || Montoncitos de hierba, metatxol (b), metatxoro (g). || Hierbas medicinales, osabedar (b), osabelar (g). Hierbas para cerdos (unas), ezne-bedar (b), esne-belar (g). || Hierba que se emplea como remedio, etc., ustabedar, ustai-belar (g), uztai-bedar (b).

Hierro viejo, deshecho, txatar.

Hígado (c), gibel.

Higo (4), piko.

Hija (4), alaba.

Hijastra, alaba-orde, **alabaordeko.**

Hijastro, semeorde **(np), (an)** ugazeme (np).

Hijito (c...), **xeme.**

Hijo (c), seme. || Hijo a quien apenas aman los padres, casi desechado (-s), bort. || Los hijos (c), **seme-alabak.**

Hilacha, ilbitz, **altzi.**

HI

Hilaja, operación de hilar, ardazketa.

Hilandera, irula (b), irule (g)

Hilar (-s), irun.

Hilera, eŕezkada.

Hilo con que se coge y envuelve la madeja, alasai || Hilo de agua, etc., (-s) urnegar. || Hilo de coser, jostari. || Hilo de la conversación (4), ari. || Hilo de zapatero, pikari. || Hilo fuerte, hilo de bala, liztari. || Hilo para coser velas, belari. || Reducir a hilos la cuerda, lakandu (b), lakaindu (g).

Hilvanar, albaindu.

Hinchado (4), aŕo.

Hinchar, puztu.

Hincharse, azi, zagotu (np), (c) anditu, aunditu (-s). || Hincharse las plantas' y aun los animales, zabotu.

Hinchazón (-s), aŕotasun. || Hinchazón (la), anditua. || Hinchazón de las plantas, zabo. || Hinchazón **de** vegetales, (np), zago.

Hinojo, milu (an).

Hipo, (an) zotin.

Hipocondrio, (np) saiespe.

Hipoteca, baitura.

Hirviente, gori, (-s) irakin.

HO

Hisopo, (an) izepo.

Hito en hito (mirando de), begira-begira.

Hocicando (-s), musturka (b), muturka (l,g).

Hocico (c), mutur, mutür.

Hogaño (4), aurten.

Hoja caída (-s), orbel. || Hoja de un instrumento cortante (c), ao.

Hojarasca (-s), orbel.

Hola!, ¡kaisio!

Holgazán (-s), alper.

Hollín (-s), (an) kedar, kheder (l).

Hombrada (acción de un joven que quiere echársela de hombre, impropia de sus años), gizonkeria.

Hombre; varón, gizakume. || Hombre grandazo, desmañado (4), kankailo (b,g), kankail (s,l).

Hombría de bien (c...), prestutasun.

Hombro (c), soiñ, sorbalda.

Hombruna (-s), mari-mutiko (l), mari-mutil (b,g).

Hondonada, (np) mendi-bitarte.

Hongo (-s), ondo.

Honor, distinción honorífica, andigañ.

HO

Hora (c), ordu. || Hora (una) ordu bete (np). || Hora de almorzar (-s), gosalordu. || A todas horas, gau ta gaberdi. || Por horas (c...), orduka.

Horca, lugar de ejecución, (bc) urkamendi. || Horca, traba que se pone, etc., (an,c, bc), urka.

Horcajadas (llevar a un chico a), añetxiko.

Horizontal (dar un golpe de hacha en sentido), besazear.

Hormiga, (gc) txinduri.

Hormiguero, txinduri-pila (g), txinduri-pilo (b).

Hornada (c...), labealdi, eraldi.

Hornaguera, ari-ikatz.

Horno (4), labe (-b), laba (b). || Meter en el horno (c...), laberatu.

Horquilla de madera de cuatro púas que sirve para aventar el trigo, aizegile. || Horquilla pequeña de dos púas, orkatx.

Hospedarse (c), estatuz egon.

Hospedero, (an) estatari.

Hostigación, iza.

Hostigador, kiñakari (up).

Hoz, (-l) egitei, (an) egitai, (-s) igitai, podaza.

HU

Hozando, induzka, (-s) musturka (b), muturka (g,l).
Hozar, induztu.
Hoza u hociquea (puerco o jabalí que), induzkari.
Hoy en día, gaur-egunean. || Hoy, durante el dia (4), egun.
Hoyos (hacer), zulatu.
Hueco (c), utsune. || Huecos de un terreno donde se han arrancado plantas, aziondo. || Hueco en que se ajusta el eje del molino, (np) opil. || Hueco en que se hace la carbonera, txondor-zulo.
Huérfano, (-s) umezurtz, (-l) zurtz.
Hueso (4), azur (b), (-b).
Huésped, (c) arotz, ostatari.
Huevo, arautza. || Huevo del cual, etc., oilandarautz.
Huir, ux egin (c) ies (iges) egin.
Humanidad (s), gizatasun, gizontasun.
Humanitarismo, gizabide.
Humeante (-s), ketsu.
Humedad, ezkotasun, berderasun, (-s) bustitasun. || Temporada de humedad. bustite.
Humedecer, ezkotu.
Húmedo, (4), eze, (c) busti.
Húmero (4), besondo.
Humildad (-s) umiltasun.
Humilde (c...), umil.
Humillarse (-s), apaldu, umildu.
Humo (4), ke. || Columna de humo, kemordo, kepilo (np).
Humor (c), aldi. || Acceso de mal humor, saputzaldi, (c...) makuraldi. || Humor, disposición del cuerpo (s-), aldarte. || Humor, disposición del ánimo, umore. || Rato de mal humor, kaskaraldi.
Humorada (-s), kasketaldi.
Humores (los malos), odol-geldialk. || Humores. reuma (-s), umore.
Humoso (-s), ketsu.
Hundir (c...), ondatu.
Hundirse (c), ondoratu.
Huracán, remolino de viento, zurunbilo.
Huraño, saputz, perkain, zaputz, iñuska, (-s) motz.
Huso (c), ardatz.

Voces no comunes a los dialectos bizkaino y guipuzkoano, de uso en tres dialectos.

H

HA

Hábil (-g), artatsu.
Hacer perder (-g), galerazi (s,l), galerazo (b).
Halagar (-g), balakatu.
Halago (-b), balaku.
Hallar (-g), ediren (s,l), idoro
Harina, (-b) irin, (b) urun.
Henderse (-g), erdiratu.
Heredero (-b), premu (g,s), primu (l). || Instituir heredero a alguno) (-b), premutu (s,g), primutu.
Hermana de mujer (-b), aizpa.
Hermosamente (-b), ederki.
Hierro en espiral del huso (-b), koka.

HU

Hocico (-g), okotz (b), kokots (s,l).
Hoja (-b), osto, ori.
Hojas (cubrirse de) (-b), ostatu.
Holgadamente (-b), aseki.
Hombro (-b), besagain.
Hora, tiempo (-b), tenore.
Horca, garrote (-b), urkabe.
Hueso, (-b) ezur, azur (b).
Huevo (-b), afaultz (g,l), afaultze (s).
Huída (-g), ies.
Humedad (-g), busti.
Humilde (-g), apal.
Humillarse (-g), beeratu.
Humor o temple (-g), ari

Voces no comunes

H

HA

Habichuela, (b) indiababa, babarun (g), banabar (an).
Hacer caso, jaramon egin. || Hacer comentarios (Db), iruzkindu.
Hamaca, oasare (neol.).
Harina, (-b) irin, (b) urun.
Harnero, bai.

HE

Hastiarse, (b) gogaitu, (an,g) aspertu.
Helecho, (b) ire, (g) garoa, (an) iratzea.
Heredad, (b) solo, sero (an,g).
Hermanastro (bc), anai-orde.
Herrada, edafa (b), suil (g), pedafa, fefata (an).

HO

Hierro, (an,b) burdin, (g) burni.
Hija legítima, bidezko alaba (an,g), (b) bidezko albea. || Hija nutricia, ugazalaba.
Hijo legítimo, bidezko semea. || Hijo nutricio, ugaseme.
Hogar, (b) suete, (an,g) subazter.
Hora y media, orduterdi.

HU

Horquilla (an,g,b,l), urkula.
Hortaliza, (b) ortuari, eltzekari (g).
Hortelano, (b) ortulau, baratzai (g).
Hospital, gaixo-etxe (ncol.).
Huerto, (b) ortu, (g,an) baratz.
Hurón, (g, Iztueta) untxarta, udo (an).

I

IC

Ictericia (c...) oritasun.
Idas y venidas, atzera-auŕerak.
Idea (c), uste.
Idiota, (-s), kozka (c) zozo.
Iglesia (c), eliz.
Ignorante, ezjakin.
Igual (4), bardin (-g), berdin (g).
Igualarse (c...), kidetu.
Igualar y nivelar maderas para ensamblarlas, galgetan.
Igualdad de años (en), urtez -urte (an).
Ijada de atún, mendrezka
Iluminado (muy) (c), argitsu.
Iluminar (c), argitu.
Iluminativo, argigaŕi.
Ilusión (4), ames (b), amets (-b)

IM

Ilustración, argibide, irudi (c).
Imagen (-s), irudi.
Imaginarse, eretxi.
Impaciencia, (an) aŕotasun.
Impedimento (-s), eragozpen.
Impedir, (-s) galarazi (g,l), galarazo (b).
Impermeable, zia.
Impertinente, kupera' (b), kuperat i(g).
Importancia (4), antsi (-s), ansi (s). || Darse importancia, jaundu.
Importe (c), sari.
Imposibilitado (c), ezindu.
Imposibilitarse, (c) ezindu, oatu.
Imposible (c), ezin.
Impotencia (c), ezin.
Impotente ıc), ezindu. || Hom-

IN

bre impotente, (np) txistor. || Animal macho impotente, zistor. || Hacerse impotente para la generación una vaca que antes procreaba, beilikatu.

Impresionar, causar impresión, erasan. *Erasan zidan*, me impresionó.

Improviso, supitu.

Impulsión (movimiento de) (bc), zirkiñ.

Impulso (por propio), berekauz.

Inadvertidamente, (np) oartzaka.

Imbécil (4), ergel (-b), gergel (b).

Incandescente, gori.

Incisión (c), zarastada; sarastada. || Incisión (onomatopeya), sarast (bc).

Incitación, kiña (np).

Incitamiento, albokada.

Incitar, kiñatu (np), (c...) zirikatu.

Incivil (-s), nabarmen.

Inclinado (s), makur.

Inclinación, eraspen.

Inclinarse, obendu (np), griñatu.

Incluir (c), sartu.

Incomodarse, asaratu, sapoztu.

Inconstante, aldakor.

IN

Incredulidad, siñisgogortasun (np).

Increíble, siñisgaitz (g), siñisgatx (b).

Inculcar, ekin.

Inculpar a alguien, alatu.

Indecisión, ezmez, (c) ezbai.

Indeciso, (an) koloka. || Estar indeciso, ezmezean egon.

Indeterminación (c), ezbai.

Indiano (rico retirado de América) (c), indiano.

Indígena, (4), eriko, (c) eritar.

Indirecta, pulla, ziplada. || Indirecta u oblicuamente, zearetara (np).

Indiscreción, defecto del indiscreto (c...), nabarmentasun.

Indócil, biuri.

Indole (c), sena.

Indolencia, zabarkeria (np).

Indolente, faras, (c) sor. || Hacerse indolente, farastu.

Indomable (c), ezieziña.

Indulgencia, (np) parkamen.

Inenarrable, (an) esan-eziña.

Infancia (desde la), txikitatik (bc). || En la infancia, txikitan (bc).

Infierno, inpernu.

Inflamado (c), gartsu.

Inflamarse (-l), gartu.

Inflarse, puztu.

IN

Inflexible (c), zail, zail.
Influencia, (an) bitarte, bitartekotasun.
Influir, bitartetu.
Influyente (-s), bitarteko.
Informarse (c), argitu.
Infortunio, (an) ezbear, aŕiabar, (an) zorigaizto (np).
Infructífero, alper.
Ingenioso, esaeratsu, burutsu, asmari, (an) **asmatzaile**. || Ingenioso, de muchas ideas, ustetsu. || Ingenioso, sagaz, asmutsu.
Ingenuo, sincero (c), oso.
Ingratitud (c), eskergaizto.
Ingrato, eskerga (c) eskergaizto.
Inhabilitarse (c), ezindu.
Inhibir (c), eragotzi.
Iniciativa (por propia), berekabuz.
Iniquidad, (-s) bidebaga, bidebagakeri (an, g, l,), bidebage (b).
Injusticia, (-s) bidebaga, bidebagakeri (an, g, l,), bidebage (b).
Inmediato, uŕenago.
Inmenso (-s), neuŕigabe.
Inmortal, ilezkor.
Inmundicia, zataŕeria (np).

IN

Inmundo (4), likits.
Inquietarse, kezkatu (np).
Inquieto, eragin, urduri, zirin.
Inquietud, (-s) laŕitasun, (an) kezka, (an) eŕetasun.
Inquilino, maistar (b), maister (an,g).
Insecto, mamoŕo. || Insecto patilargo, etc., zapatari. || Insecto que destruye las habas (c), babazoŕi.
Inseguro, no afianzado (-s), kili-kolo, koloka.
Insensatez (an) zorakeri (np).
Insensato (c), zentzugabe.
Insensible (c), sor. || Insensible, apático, (c...) odolgabe.
Insidia (4), zelata.
Insignificante, kaizkar (V. vasc.), ziztrin (np). || Cosa insignificante, un poquito, iski, muskil.
Insípida (comida), (2c) motel.
Insistencia, zoramen, ekite, ekin.
Insistente, jarduntsu.
Insistir, ekin.
Inspiración de un poeta, etoŕi.
Instinto, ezaguera.
Instrumento (c), tresna. || Instrumento de madera para golpear y desgranar el maíz, para majar, etc., asto

IN

Insustancial (persona), txaldan.
Insustancialidad, memez, txaldankeri (np).
Intacto (estar) (c), osorik.
Integridad (c), osotasun.
Inteligente, (c) argidun, argi (c).
Intemperie, bisustu.
Intención, (-l) gogo; (4), ames (b), amets (-b). || Con mala intención, gaitz-ustean. || Intención del condicional, baldin. || Abrigar intenciones, (b, g?), urku-murku.
Intercesión, bitartekotasun, eskabide. || Intercesión, valimiento para conseguir algo, eskari.
Intercesor (-s), bitarteko.
Interesante, ardurazko.
Interés del capital, obari.
Interior, barun.
Intermedio, (an) bitarte. || El del intermedio, arteko.
Interpretar, adiarazi (g), adiarazo (b).
Interrupción del trabajo (-s), lanarte.
Intersticio, zirístu.
Intervalo, abagune. || Intervalo, coyuntura, tarte (np). || Por intervalos, (np) tarteka.

IZ

Intervenir, bitartetu.
Intestinos, este.
Íntimo, kutun.
Intrincamiento, zirimiri.
Intringulis, zirimiri.
Introducción de un objeto en otro (onomat. de), sast.
Inútil, (an, 2c) txotxolo, alper, alpereko, alperezko, (-s) alfer. || Conjunto de cosas inútiles, zabureri.
Inutilizar, alperekotu, gauza-eztandu.
Inválido, oatua.
Invención, (4) asmu, asmo.
Inventar, asmatu (g), asmau (b).
Inventor asmari, (an) asmatzaile.
Invernada, temporada de invierno, negute.
Invierno (c), negu.
Invocación (2c), oles.
Ir, fan, joan.
Irse al fondo (c...), ondoratu.
Ir al trabajo (c...), laneratu.
Ir a parar (-s), jo.
Iracundo, asarekor.
Irascible, de mal carácter, mutur-zorotz (np). || Irascible (-s), suminkoi, suminkor.
Izquierdo (c), ezker.

Voces no comunes a los dialectos bizkaino y guipuzkoano, de uso en tres dialectos.

IG

Igual (-g), bardin. || Casi igual (-g), bardintsu.
Igualmente (-b), orobat
Imbécil (-b), ergel.
Impaciente (-g), zazpiki.
Impedir (-g), galerazi (l,s) galerazo (b).
Impremeditación (-g), ezuste.
Imprudente en el hablar (g), aozabal.
Impuesto (-g), petxa.
Impulso (-b), abiadura.
Inadvertencia (-b), ustegabe.
Incomodado (-b), mutur, mütür. *Mutur gelditu dira.*
Indias, América (-b), Indi. Se usa en composición con al-

IN

gunos nombres que denotan productos importados de allí.
Infinito (-b), mugagabe.
Ingrato (-b), eskergabe.
Inmenso (-b), mugagabe.
Inopinadamente (4), ustegabe (-b), ustebage (b).
Inquieto (-g), kexu.
Insensato (-b), burugabe, burugabeko.
Intelectualmente (-g), gogoz.
Intención (4), amets (-b), ames
Interior (-b), barne.
Interno (-b) bañeneko.
Interrumpir (-b), autsi.
Intervalo (-g), arte.
Ítem (-b), orobat.

Voces no comunes

IN

Ilegítimo (el), sasikoa.
Imaginable, irudimen.
Imaginación, irudimen.
Imprecación, (b) arao, (g,an) madarikazio.
Incuria, (bc) itxitasun, utzitasun (g).
Infante o niño recién nacido, (b) sein, (an,g) aur.
Ingenio, argitasun.

IN

Injertar, (an,g) txertatu, (b) eztitu.
Inocencia (la), eŕurik eza erueza (g?, b?).
Insolencia, (c...) lotsagabekeria, (b) lotsabagakeria.
Intriga, amaño, azpikeri.
Intrigante (el), (b, Db) azpi-sapoa, (g, Bera-Mend.)

J

JA

Jabalí, cerdo montés, basaurde, (4) basurde.
Jabalina, txabalina (np)
Jabón, jaboi.
Jadeante. albetan.
Jalma, albarda ligera (c), txalma.
Jalón, mojón (c), mugaŕi.
Jamás (-l), sekula (afirm. y negat.); (-s) egundaino (g,l), egundo (b).
Jaral, (an) txara.
Jaro, beresi. || **Jaro** grande, sarobe.
Jarra, murko.
Jarro (-s), pitxar.
Jaula (4), kaiola.
Jefe, (4) nagusi, (c) buru.
Jerga, tela grosera (2c), kapa
Jergón, **lastaiar** (an,g), lastamaŕaga (b).
Jerigonza, mal vascuence, eu kalgaizto.
Jeringa, bisustura.
Jeta, hocico (c), mutur, mütür.
Jibia (pez, etc.), txoko. || Jibia (pez, etc., vulg. *rabudo*), potxa.

JU

Jilguero, kardantxilo (b), kardantxolo (g).
Jornalero, alogereko.
Jorobado (c...), konkor.
Joven (c), gazte. || Joven de brillante porvenir (-l), gizongai (g), gizongei (s,b).
Jubarba, elaŕi-edar (Bot.).
Juego, (c) joko, jolas. || Juego de adivinanzas (cierto), ikusi makusi. || Cierto juego de niños, kikiŕikika. || Juego de niños, estalketan.
Jugada, mano o partido en el juego, jokaldi. || Jugada, tanto a la pelota, etc., (an) eskualdi.
Jugador, jokari (c), jokalari (c), jokolari (-s). || Jugador de pelota, pelotari (np). || Jugador mañoso, tramposo, etcétera, aŕakero.
Jugar a la barra a pecho (4), besagain. || Jugar a lo largo (c...), luzean. || Jugar a nueces o acercarlas a un palmo de distincia, kastoŕean.
Jugarreta, engaño, trampa, tranpa (np).

JU

Juiciosamente (c...), zentzuz.
Juicio (c), zentzu.
Juicioso (c...), zentzudun, zentzuko, zentzuzko. || Hacerse juicioso, zintzotu.
Junco (4), ii.
Juntamente (c), batera.
Juntar, egotzi, batu, (-b) bildu.
Junto al hogar (-s), subazter (g), supazter (l), supaztar (b).
Junturas (-l), giltz.

JU

Jurisdicción, eskuera.
Justamente, bidez.
Justicia (c...), zuzenpide, zuzenbide.
Justo, (c) bidezko, doi (4).
Juventud, conjunto de jóvenes (c) gazteri. || Desde la juventud, gaztetandik (g), gaztetatik (b).
Juzgar (c...), uste-izan.

Voces no comunes a los dialectos bizkaino y guipuzkoano, de uso en tres dialectos.

J

JE

Jefe (-b), buruzagi.
Jefe de familia (-b), etxeko -jaun.

JU

Julio (-), uztail.

Voces no comunes

J

JU

Jaqueca, (b) bururengo. buruko miñ.
Jornal, aloger (b,g), lan-sari.
Jueves, (an, g) ostegun, (b) eguen. || Jueves gordo, (b) eguen zuri, (g) ostegun gizen.
Jugador de barra, palankari. || Jugador de bolos, bolakari.

JU

Julio, (an,g) uzta, (b) garagaril.
Jurar, zin egin.
Justillo, (b?) gorantz, (gc) gorontz.
Juventud (en abstracto), gaztetasun.
Juventud (época), (-l) gaztezaro.

L

LA

Labio (4), ezpain (-b), ezpan (b).
Labor (c), lan. || Día de labor (-l), astegun. || Labor ligera, uratu.
Laborioso, gogotsu.
Labrador, (an) nekazari.
Labranza, lurlan (np), nekazaritza (np).
Labrar piedras, tierras, (2c) landu.
Labrusca, uva silvestre (bc), txorimats. || Labrusca, vid silvestre, (np) sasimats.
Ladearse, obendu.
Ladera (c), egi. || Ladera estéril, egilor.
Lado (c), alde, (4) saiets. || Lado, costado, albo. || Lado, cerca de (c), ondo.
Ladrar, (an) saunka egin.
Ladrido (2c, an), saunka. || Ladrido de perro (-s), sainga (1), zaunka (g,b).
Ladrón (an, 2c), lapur.
Lagar, (-s) dolara (b,g), dolare (l); tolara.
Lagartija, (an) suangila; suraingila (b), surangila (an, g); sugelindara.

LA

Lagarto, (-s) musker, muskar (gc).
Lágrima, (2c) malko, (an) negar-malko.
Lamentable (c), negargari.
Lamer, (gc) milizka; miazka (g), miazkau (b).
Lamia (4), lamiña.
Lampazo, estropajo grande hecho de retales de paño, lanbas.
Lampris, (an) itsasoilar.
Lance (gc), lantz. || Lance en la siembra hecha a puño, iraña.
Lancha, chalupa (c...), txalupa. || Lancha de altura, besuguera, kaleru. || Lancha de mediana largura, etc., potin (np). || Lancha mediana, botakar (g), botakor (b). || Lancha pequeña, batel. || Lancha trainera, (bc) traiñeru.
Langosta de mar (cierta), abakondo.
Lanza (c), lantza. || Lanza de rastra, narria, arado, erdoka.
Lanzadera (palillo de), anezka -zotz.
Lanzar, jaurtigi (b), jaurtiki

LA

(an, g). aurtiki (-b), jaurtigi (b).
Largo (-s), luze.
Largura (-l), luzetasun (b, g), luzetarsun (s).
Larguirucho, (bc) luzanga.
Lascivia, lizunkeria, (-s) lizun.
Lascivo, aragikor.
Las más de las veces (s), geyenetan.
Lateral (rama), zeaŕadar.
Latido, antzi. || Latido del corazón, taupada.
Latiendo (-l), intzirika || Latiendo el corazón (-s), tupaka (g,l), taupaka (b).
Lazada, txibistilo (g), txibistin (b). || Lazada de un nudo, kibista.
Lazarillo, (bc) itsu-mutil, itxu-auŕeko, itsu-argi (np).
Laya (-s), lai.
Layador inferior, etc., zopaŕaneko, zotondoko. || Layador superior, etc., zopuruko, nabaŕeko.
Layar (-s), laiatu.
Lavado (-l), zurigarbi.
Lavar (-l), ikuzi, irauzi, babitu. Esta última voz parece alteración adecuada a la pronunciación infantil.

LE

Leal (c), leial.
Lealtad (c...), leialtasun.
Lectura (objeto de), irakurgai (l,g), irakurgei (s.b).
Leche -(s), esne. || Aficionado a la leche (-s), esnezale. || Cortarse la leche, (an, gc), zoratu. || Leche cuajada para hacer queso (4), matoi (g), matoin (-g). || Hembra que da mucha leche (2c), esne-bera. || Leche materna (c), bular, ugatz, titi. || Leche recién ordeñada, eŕebero.
Lechetrezna, hierba, etcétera, zornabedar (b), zornabelar
Lechuguilla, cuello (-s), goleta.
Lechuza, (gc) ontza.
Leer (c), irakuŕi, irakoŕi.
Legal (c), legezko.
Legión, rebaño, (np) talde.
Legislador, (c...) legegile, legegin (np).
Legítimamente (c), legez.
Legítimo (c). legezko
Legua, legua.
Legumbre, (an) egoskari.
Lejano (¡cuán!), lekutakua.
Lejos (4), lekutan.
Lelo, kaskal, (2c, an) txotxolo, txaldan (gc).

LE

Lengua (bc), min. || Lengua (órgano oral), mii (g), miin (b). || Lengua castellana (-s), erdera. || Lengua no vasca (4), erdara (-b), erdera (-s).

Lenguado (pez), lenguado.

Lenguaje, izkune.

Lenguaraz, (gc,an) petral.

Lenitivo, lo que hace olvidar otra cosa, azkari.

Lentamente, geldiro, (4) baraxe (b,g), batx, baratxe (b).

Lento, (an) geldi, (c) astidun.

Leña (c), egur. || Leña de ramas (c), adarki. || Leña de varias puntas que se usa para recoger pajas, virutas, etcétera, arbasta. || Leña gruesa, berdinga.

Leñador, egurgile, (an) egurgin.

Leño, egurki. || Leño o viga que se acarrea arrastrando, lor. || Leño propiamente dicho, parte central del árbol cubierta de líber, albura y corteza, (2c) giara. || Leño propiamente dicho, etc. (-s), zurgiara (b,g), zurgihare (s).

León, leoe, leoi; (-s), leoe, leoi (g,b), lehoin (l).

Lepra, (gc) legenar.

Leproso, legenardun (np).

LI

Levadura, azkari.

Levantar, (c) jaso, erakori, (c) goratu; altzatu (g), altzau (b). || Acto de levantar, jasoaldi.

Levantarse a mayores (c...), oilartu.

Ley (c), lege. || Ley del juego, jokalege. || Ley (en, según) (c), legez.

Lezna (-s), ezten.

Líbitum (ad), naierara.

Librar, jaregin.

Libre albedrío, aukera.

Librería (c...), liburutegi.

Librero, que tiene libros (c...), liburudun. || Librero, vendedor de libros (c...), libüru -saltzaile.

Libro (-s), liburu.

Lícito (c), lege.

Licor fuerte (cualquier), paitar (np). || Licor suave (gc), mistela.

Liebre (c), erhi. || Carne de liebre (c), erbiki.

Liendre (-s), bartz (b), partz (l, g).

Lienzo, (4) eun; (4) imisa (g), mihise (l,s), miesa (b). || Lienzo muy ordinario, txintxon (np).

LI

Ligadura, (-s) amaŕa; bilorta, biur (an).

Liga para coger pájaros, (gc) lika.

Ligera (hacer una cosa a la), ziŕiki-maŕaka. || Muy a la ligera, ziŕi-paŕa. || Trabajar a la ligera, ataŕapuzka.

Ligeramente asado (-l), eŕe-arin, eŕe-andi.

Ligereza, arintasun.

Ligero (4), arin. || Ligero de cascos, gogoarin, (gc) txolin. || Ligero de mollera, txoriburu.

Lija (pez), an) liza. || Lija (pez marino), (-s), lixa.

Limaco (-s), bare. || Limaco de mar (2c), itsasbare.

Limiste, cierta clase de paño, etcétera, limista.

Limitar, mugatu (c), mugaŕi tu.

Límite (c), mugatu.

Limón (np), limoe, limoi.

Limones del carro, arasa.

Limpia (-s), garbitze.

Limpiar, (c) garbitu, (an) zuritu.

Limpiamente, garbiro.

Limpieza, garbiketa (-s) garbitze; (an,g) garbidura, garbiduri (b).

LO

Limpio, (-s) garbi, txukun.

Linaje, descendencia, umetalde.

Linde (c), muga.

Lindo (-s), pitxi (puer.).

Linea (-s), leŕo. || Línea entre el saque y el rebote (c), eskaz.

Lino, (an) liño lino. || Cápsula o espina de lino, azkor. || Lino de inferior calidad, sapin. || Especie de lino que se sembraba por San Miguel, azkor. || Simiente de lino, linazi.

Líquido o agua (2c), mama.

Liso, (-s) legun, bardin (-g), berdin (g), leun (-s).

Lisonja (-s), legunkeri.

Listo (c), agudo.

Litigio (-s), auzi.

Litoral (-s) itxasbazter.

Liviano, asaduras, birika (-s).

Lividez (c...), ubeltasun.

Lívido (c), ubel.

Lizo (-l), bilbe.

Loba (c), otseme.

Lobezno (c), otsoko. (-s) otsokume.

Lobo (c), otso.

Loco, (4) ero, (an) zoro.

Locuacidad (onomat. que indica la) (bc), zarta-zarta.

Locura (4), erakeri (an, g, b), erhokeri (s). || Locura, insensatez, (an) zorakeri. || Ratos de locura, zoraldi.

Lodazal (gc), lokatza.

Lodo (c), loi.

Lograr, bururatu.

Loma, (c) bizkar, (c..) mendi-bizkar.

Lona, lienzo ordinario y grueso de que se hacen las velas, belaki.

Longaniza (4), lukainka. || Casco de longaniza, lukainkamutur.

Lonja, azoka.

Losa, (np) losa.

Lozano, (c) guri, mizke.

Lucero, estrella, argizar, (-s) artizar.

Lucha de carneros, etc., topeka (np).

Luchador (de aves) (c...), mokokari.

Luchando, buŕuka.

Luchar (c), eskuetaratu.

Luego (c), laster, ondo. || Luego de (c...), ondoan.

Lugar, (4) leku, (c) toki. || Lugar de (en), ordez (np). || Lugar de jóvenes (c), gaztetegi. || Lugar de personas ancianas o de cosas viejas, (np), zartegi. || Lugar de pesca como a una legua de la costa, baxura. || Lugar de pesca en alta mar, baizura. Lugar de sal, gatzaga. || principal (c), buru. || Lugar resguardado, abrigado, sarobe.

Lujo (4), apaindura.

Lujuria, (an) zikinkeri.

Lujurioso, aragikor.

Luna (-s), iĺargi. || Luna nueva, ilbeŕi (g), ilbaŕi (b) || Luna, gallo de mar, itsasoilar.

Lunar, oreiñ.

Lunático (-s), alditsu

Lunes (4), astelen.

Luto (bc), lutu.

Luxación, biuŕi.

Luz (c), argi. || Luz plena (-l), eguargi. || Sacar a luz, argitaratu.

Voces no comunes a los dialectos bizkaino y guipuzkoano de uso en tres dialectos.

L

LA

Labio (-b), ezpain.
Lana (-b), artile.
Lanzar (4), aurtiki (-b), jaurtigi (b).
Laurel (-b), eŕamu.
Leche recién ordeñada (-g), eŕebero (b,l), eŕabero (s).
Lejos (-b), uŕun.
Lengua (-b), mii. || Lengua extraña, no vasca, erdera (-s), erdara (-b).
Lentamente (-g), baratx, baratxe.

LU

Levantarse (-g), jaiki (b, l), jeiki (s).
Limar (-b), meatu.
Lindamente (-b), poliki.
Liso (-g), bardin.
Litro (-b), pinta.
Lobanillo (-g), lupu.
Lombriz en general (-b), zizari.
Lo que es (-b), dena.
Lucha (-b), boŕoka.
Luna llena, ilbete (b), ilargi bete (g,l).

Voces no comunes

L

LA

Ladrillo. adrilu.
Las cubiertas de la cama, (b, Db) oe - azalak, estalkiak (g, Mend.).
Lavandera, (b, Db) ikuzla, (arc.), garbitzaile.
Lavar, garbitu.
Lechera, esnedun.
Lechuga (b?, g?), uŕaza, litxua (pop.).
Legaña, (b) b e k a r, makar (an,g).
Libertad (neol.), askatasun.

LU

Libra, libra.
Liga para las medias. (b) kaltzamaŕa, (g, Mend.) zanko -lokaŕi.
Locomotora, (Db) suburbi.
Lugar de la venta, (b, Db) saltoki, (g, Mend.) saldutoki.
Lunes (b,g), astelen. || Lunes a Sábado Santo, (g) aste santu, (b) asteguren.
Luxación, (b) santiratu, zaintiratu (M.).

LL

LLA

Llaga (c), zauri.
Llama (-s), lama.
Llamamiento, (c) dei; (4), deadar (b,g), deiadar (s,l).
Llamando (c), deiez.
Llamar, (-l) deitu, (c) dei-egin, ots egin.
Llamarse (c), izena izan.
Llameante (-l), gardun.
Llanto (c...), negar.
Llave, giltze. || Llave, piedra última que cierra un arco, calera, etc., (-s), giltz.
Llegada, eldu.
Llegar (-l), eldu. || Llegar a ser rey (c), eregetu.
Llenar (c), bete.
Llenarse de engrudo, etc., oratu.
Lleno (c), bete, beterik. || Lleno de cuestas (c...), maldatsu. ||

LLU

Lleno de quehaceres (c...), lantsu. || Lleno de vainas (c...), lekatsu.
Llevar, eroan (b), eraman (g). || Llevar una carga al hombro (4), besagain.
Lloriquear, muxindu.
Lloriqueo, (c) maiña, muxin.
Llorón, negargile (np) (an), negarti. || Llorón, hablando de un niño (c...), marakari. || Llorón, tierno o fácil de llorar (2c), **negar-samur.**
Lluvia (-l), euri. || Lluvia muy fuerte (voz que denota el ruido de una), (np) zapar. || Columna de lluvia (c), zaldizko. || Epoca de lluvias (c), eurite
Lluvioso (c), euritsu.

M

MA

Machacar, zeatu.
Machete, aiotz.
Machorra, matxora.
Madeja (-l), **mataz.**
Madera (c), zur.
Madrastra, ugazama (gc), ama orde.

MA

Madre (c), ama. || Hacerse madre (c), amatu.
Madrilla, loina (b,g) (np), loira
Madrin, ama besoetako, ama ponteko.
Madrugada (c), goizalde.
Madrugador, goiztar.

MA

Madurar (-l), eldu.
Madurez (-s), umotasun.
Maduro (-s), umo. || No maduro, verde, eldu-bako (b), eldu-gabe (g).
Maestro, (-l) erakusle, (-s) irakaslari, maisua; irakasla (b), irakasle (g).
Magdalena, Matxalen.
Magra y grasa (carne compuesta de) (c), gizen-giar.
Magro (-l), giar.
Maíz (c), arto. || Maíz de la segunda siembra que como forraje se da al ganado, artaberde. || Maíz precoz (an) goizarto.
Majadero, asto (c), astotzar (c), astaputz (-l), kaiku (np).
Majar, gabikotu. || Majar el lino, etc., astotu.
Majestuoso, itsaltsu.
Mal (c), gaitz. || Mal de piedra, ari-min.
Mala fe (de), gaitzustean.
Malas (a), (an) gogorean.
Maldecir (-s), madarikatu.
Maldiciendo, biraoka.
Maldición, birao, birago.
Maldito (-s), madarikatu.
Malestar del cuerpo o desmadejamiento después de un día extraordinario, biamon.

MA

Maleta (4), pardel (b,g) fardel (b, l, s).
Maleza, sastrapa.
Malhechor, gaizkin.
Malo, defectuoso, txar.
Malucho, desganado, (np) zilimala.
Malva, malma.
Malvado, (c) gaizto, txeren.
Malviz (pájaro), birigaro.
Malla de red (4), maila, maila.
Mallón, cierta gaviota, (an) kaio.
Mama (-l), titi.
Mamar (-s), edoski (g,b), idozki (l). || Acto de mamar, batze.
Maná (c...), mana.
Manantial, ur-zulo, (-s) iturburu.
Manar, (c...) inotsi, jario, erion.
Mancadura, elbari.
Mancar, elbaritu.
Mancera, aresku.
Manco, mantxu, esku-il. || Manco, de brazo único, besobakar. || Quedarse manco, (an) esku-ildu.
Mancha, (-l) zetaka (g,b), zeta (s). || Mancha que deja en los dedos la corteza de la nuez, moskan. || Mancha de

MA

sudor en la piel, costra de la cara, platos, etc., erdoka.
Manchar, (np) zetakatu.
Mandar, agindu.
Mando supremo, agintaritza.
Manera (c), gisa. || Manera, abertura lateral de la saya, (an) manera. || De todas maneras, aṙet-zaṙet.
Manga (c), mauka. || Persona de manga ancha, mauka-zabal. || En mangas de camisa, maukutsean (np).
Mango del hacha, aizkorakirten.
Manida (fruta), umel.
Manifestación, autor.
Manifestante (c), erakusle.
Manifestar, (an) azaldu.
Manirse la fruta, umeldu.
Mano (c), esku. || De mano a mano, eskutik eskura. || De la mano (c), eskuko. || Mano de pintura, eskualdi.
Manojo (-l), eskuta (s), eskutada (g,b).
Manoseando (c), eskuka.
Manos (cualquiera de las), bosteko.
Manotada, eskukada.
Mansedumbre (c...), sotiltasun.
Manso (c), eme, (bc) otzan, (-s) sotil.

MA

Manta, burusi. || Manta antigua, áspera, buusi.
Manteca (-l), gantz. || Manteca de puerco dura, etc., (-l) gantza. || Manteca, grasa derretida (4), (an) koipe (b,g), goipe (l,s).
Mantel, (gc) mai-zapi.
Mantener (-l), elikatu.
Mantillas de niño, (an) oial.
Manual (c), eskuaṙa. || Manual, lo que está al alcance de la mano, eskuor.
Manzana (c), sagar. || Manzana bravía, pequeña (2c), sagar-makatz. || Manzanas conservadas, gordasagar.
Manzanal, sagasti (-s) sagardi.
Manzanilla (flor y hierba de), bitxilora.
Manzano, (-l) sagaṙondo.
Maña, arte, molde (c...). || Maña, destreza (4), maiña.
Mañana, (c) goiz, (4), biar. || De la mañana, goizeko (c). || Primera parte de la mañana (c), goiz.
Mañoso, artetsu.
Maquila, paga de la molienda (-l), laka.
Máquina en forma de cangrejo (cierta), kaṙamaṙo.
Mar (c...), itsaso.

MA

Marca, (np) marca. || Marca de la oreja del ganado (cierta), laiategi (np).
Marcha, (c...) abialdu, ibilera. || Mardha continua (onomatopeya), zapa-zapa.
Marchitarse (-s), zimeldu.
Machito, igar.
Marea arriba, maria-gora (np).
Mareas alta, ur bizi (np).
Marejada, itxaski (b), itsaski (g).
Maretón, itxaski (b), itsaski (g).
Marga, tupari (np). || Marga, lana burda, etc., (an) maraga.
Margen, faja de terreno, etc., (-s) zirinda (b,g), zerenda (g,l). || Margen, franja de terreno, etc., (-s), zerenda (g,l), zerendara (b).
Maricón, atsegizon.
Marido (c), senar.
Marido y mujer (c), senar-emazteak.
Marimacho, mari - motrailu (gc).
Marino (4), itsasgizon (-b), itxasgizon (b).
Mariposa, (b) txipilipeta, txipilota (g).
Mar (ir al) (c...), itsasoratu.

MA

Marmota (-s), musar.
Marraga, jerga (sege), kapa (2c).
Marrajo (pez), maraixu (bc), marraju (an,g).
Marrar (c), uts egin.
Marras (el de) (-s), arako.
Marro (al), kortabanaka. || Marro, juego de niños, tore.
Marta, (4) pitoxa (g), pitotxa (-g).
Martilleo, maluketa (np).
Martillo (-s), mailuka.
Martinete, gabi.
Martín pescador (-l), ur-oilo.
Mar tranquila, itsaso bare (c).
Más (-s), geiago.
Masa (4), ore. || Masa de injerto, ezti. || Masa grande, (np) oratzar.
Máscara, persona disfrazada, katamalo.
Más que nadie (c), geien.
Mastanzo (hierba), astamenda.
Mástil (s), masta.
Mata, mtılu.
Matar (-s), garbitu.
Materia (-s), zorna. || Materia de un objeto (c), -zko.
Material (4), gai (g,l), gei (b ,s). || Causa material, (c), -z.
Maternidad (-s), amatasun.

ME

Matorral, (an), sastrapa.
Matriz, bolsa del feto (c), umetoki. || Matriz, emasabel.
Matutino (de la mañana) (c), goizeko.
Maulla mucho (un gato que), maullador (c...), marakati.
Maullido (c), miao. || Maullido fuerte, (bc), marao.
Máxima, esaera.
Mayal, idaur. || Mango de mayal, idauresku, irabiur.
Mayo (c...), maiatz.
Mazmorra, ziega.
Mazo (-l), mailu. || Dando golpes de mazo (c...) mailuka. || Mazo de mano, etc., gabiko.
Mayando los gatos, miauka (2c).
Mecha (2c), metxa.
Mediación, bitarte, bitartekotasun (an). || Por mediación, **bitartez**.
Mediador (-s), bitarteko.
Media hermana, areba-erdi, areberdi.
Mediano, ertain. || Mediano central (c), erdiko
Media noche (-s), gauerdi
Mediar, bitartetu.
Medias, kaltzerdi. || A medias (-s), erdizka.

ME

Médico (-s), esndatzaile.
Medida (-s), neuri.
Media, -kada.
Medidor, neurtzaile.
Medio (c), erdi, bide || Medio de subsistencia, (np) ogibide.
Mediodía (c), eguerdi. || Cerca del mediodía, goiz beranduan.
Medir (-s), neurtu.
Meditar, ausnartu.
Medula de plantas (c), biotz.
Mejilla, papo.
Mejor, oba (b), obe (an) (4). || Mejor (adverbio), (2c) obeto.
Mejorar, (an) ondu. || Mejorar de posición, jaundu. || Mejorar lo que es bueno, obeagotu.
Mejor (a lo), onenean. || El mejor (c...), onen. || Hacerse mejor (c...), obetu. || Lo mejor (c...), oben.
Mejoría, gora. || Mejoría de un enfermo, goraldi.
Melindres (vivir sin), laztuta.
Melón, meloe, meloi (gc...).
Mella, koska (an), (4) ozka, akats. || Mella que se hace

ME

en las orejas de las ovejas (-s), kozka.

Mellar, (an) koskatu.

Mellarse una herramienta, koskatu.

Membrana de color negro, etcétera, bentana. || Membrana en que se envuelve la manteca y se conserva, gantzazal (an).

Membrillo (-s), irasagar.

Memo (gc), txaldan.

Memez, txaldankeri (np).

Memorable, (an) gogoangari.

Memoria (c), gogo. || De memoria, buruz.

Mencionar, aotu, aitatu.

Mendigo (c), eskale.

Menesteroso, (an) beartsu.

Mengano, berendia, sandia.

Menguado, kazkaz.

Menguar, beratu.

Menor (al por), zeero || Vender al por menor, (np) txikizka.

Mensaje (c), mandatu.

Mensajero (c), mandatari.

Menstrua, ilbera.

Mensualmente, ilero.

Menta (-s), menta. || Menta, hierba buena, batan

Mentar, aitatu.

Mente (c), gogo. || Venir algo a la mente, googak eman (gc), gogoak emon (bc).

Mentecato, aidur.

Menudencias, en cosas de poco valer (persona empleada en), zirimara (np).

Menudillos, pikatxa. || Menudillos de peces, (np), tripabaru.

Menudo, kaizkar; (an) ze, zee (np), xehe (s,l).

Mercader (-s), merkatari.

Mercado, azoka, (c...) merkatu.

Merced, (2c) mesede, doe, doai, (4), doa.

Merecer (c?), irabazi.

Mercurio (-s), zilar bizi (g), zilhar bizi (l), zidar bizi (b).

Mérito, (c) merezi, (c?) irabazi.

Merluza (-s), legatz (g,l), lebatz (b).

Mero, (c) uts, (c...) soil. || Mero (pez) (2c), mero.

Mes, (c) il, (4) ilabete (g,b), hilabete (l,s).

Mesa (4), mai (b,g), mahain (s,l). || Mesa de billar. (np) trukumai. || Mesa petitoria. eskalmai.

Mescolanza (an, 2c), naste.

Mesonero (an), ostalari.

Meter (c), sartu.

Mezclar, (-s) nasi.

MI

Mí (de), nizaz.

Mico (dar), pop., uts eman (g), uts emon.

Micdo, bildur.

Miedoso, lotsakor (np). || Miedoso, el que frecuentemente tiene miedo, bildurti.

Miel (c), ezti.

Mielga, pez marino, mielga (b), mielka (b).

Miembro viril, sakil.

Mientras (c), artean, bitartean.

Migaja, miŕin, (4) apur.

Mijo, artatxiki.

Mil (c), mila, miĺa.

Milagro (-s), mirakuilu; (np) mirari.

Milano (c...), miru.

Miles (a) (c...), miĺaka

Mil veces (muchísimas veces) (c...), miĺatan.

Mimbre (c), zume.

Mineral, (an) mea. || Mineral, hablando de aguas, ur metala o metal ura.

Minero (paraje), (an) meatoki (np).

Minuciosamente, (np) zearo. || Minuciosamente, al por menor, zeero.

Minuciosidad, pormenor (np) zeetasun (g,b) xehetasun (l.s).

Mío, mía (c), ene.

MO

Miquelete, (an) mikelete, praka-goŕi (np).

Mirada, begitada. || De falsa mirada, begi-lauso. || Mirada (se entiende torva generalmente), begirakun (g), begirakune (b).

Miramiento, (an) begirune.

Mirando (-s), begira.

Mirar (-s), begiratu.

Mirlo (c), zozo. || Mirlo macho, zozar.

Misa (c), meza.

Misántropo, bakarzale.

Miserable, (np) uŕi. || Miserable, tacaño (c), eutsi. || Miserable, digno de compasión, eŕukaŕi.

Miseria, uŕikeri.

Misiva (c), mandatu.

Mismo (en el) (c), berean. || Mismo (sufijo intensivo de palabras demostrativas) (c...), -txe. || Mismo (él), berak.

Misterio, eskutapen. || Misterios o decenas del Rosario (c), amaŕeko.

Mitad (c), erdi. || Mitad poco más o menos (casi la), erdikin.

Moco, muskil (np).

MO

Moda extranjera (según), erdera (Vid. vasc.).
Moderada (cantidad) (4), doi.
Modismo, esaera, (2c) esakera.
Modo, (c) gisa, (an) era, -era (sufijo). || Modo de decir (2c), esakera. || De ese modo, (an,g) ofela, (b) ofelan. || De otro modo, (-l), bestela. || Modo de vivir, trazas que uno inventa para ganar honradamente la vida, bizi-maiña.
Modrego, persona de poca actividad, (an) lotu.
Mofa, (2c) pufuts, (np) pufustada.
Mofarse, pufust egin (np).
Mofletes (-s), autz.
Mohino (2c) (an), muzin.
Moho (c), lizun.
Mojar (c), busti.
Mojón (c), mugafi.
Moler, io.
Molestarse, asefatu.
Molesto, jarduntsu.
Molinero (-s), efotari.
Molinillo para retorcer el hilo, etc., (an, gc), txabila.
Molusco (cierto), lapa.
Molleja, papardi (b), papardin (g).
Momento (c..), puska, -era (c); aresti, areisti. || Momento de acción (c), egiera. || Momento de acechar, de espiar (c...), zelataldi. || En aquel mismo momento (-s), orduantxe.
Monacillo, monaguillo, meza-lagun (b), meza-laguntzaile.
Mondar frutas, zuritu.
Moneda, txintxin.
Montaña (c), mendi.
Montañés (c), menditar. || Hacerse montañés (c), menditartu.
Montañosa o próxima a las montañas (parte) (c), mendialde.
Montañoso (c), menditsu.
Montaraz, (an) mendirakoi (np).
Monte (c), mendi. || Monte común, (np) usa. || Monte de mucha pendiente (c...), mendixut. || Ir o llevar al monte (c...), mendiratu. || Monte quemado (-s), otefe. || Monte que puede ser talado o cortado (4), artegi.
Montículo (-s), mendiska.
Montón, (2c, an) pilo (c) meta. || Montón de excremento, basura, fango, kakatza. || Montón de hierbas, etc., (2c)

MO

sorba. || Montón de tablas (c), oltza. || Montón de trigo, garimeta. || Montón pequeño de trigo, mutxur.

Montoncito, piloka.

Moño (4), moto.

Moquillo, muermo (2c), murmu. || Moquillo (-s), dindiri.

Mora (c...), masusta.

Morada, egotegi, bizitoki.

Morcilla, odoloste (np).

Morcillón, (gc) mondongo.

Mordedor (perro), eltzari.

Morder (onomat. de la acción de), kausk. Se dice de un perro pequeño.

Mordisco, kauskada.

Morillo (-s), su-burdiña (l, b), su-burni (g).

Morir, (4) il, (-s) garbitu. || Propenso a morir (4), ilkor.

Morro (c), mutur, mutür.

Morral (an, bc), mofal.

Mortero, almírez, motrailu, almaiz.

Mortificación, ildura.

Mortificante (c...), mingari.

Morueco, carnero padre, moixo.

Mosca, euli || Mosca de alas largas con aguijón. espara, ezpateuli. || Mosca negra

MU

grande, etc., mandeuli (2c), euli andi (an). || Mosca que pica y hace perder las carnes, eltxar.

Mosquero, eulizki.

Mosquito (-l), eltxo.

Mostrar (c), erakutsi.

Mota, brizna (bc), samar.

Motín, matxinada.

Movedizo, poco firme (-s), koloka.

Mover (c), erabili, eragin.

Moverse, zirkin egin (bc). || Moverse casi insensiblemente, (an) ziri-zara (np).

Movimiento, ziri. || Movimiento brusco para arrebaar una cosa (2c, an), brastadako, brastako (l). || Movimiento del agua, etc., (an, c), pilist -palast. || Suavidad de movimiento, (an) mara Se usa en onomatopeya.

Mu, txist.

Muchacha revoltosa amiga de andar entre muchachos (-s), mari-mutiko (l), mari-mutil (b,g).

Muchachito (c...), mutilko. || Muchachito que está creciendo, bargasta.

Muchacho (c...), mutil.

Muchas veces, (an) bostetan.

MU

Muchísimas veces, mil veces (c...), milatan.

Muchedumbre, gente, (an) (gc), talde. || Muchedumbre, número exorbitante, (bc) pikarderi.

Mucho, asko (-l); beredin (an, g), berein (b); ainbat, ainbeste, sendo, (an) bost. || Mucho (con palabras que indican cierta expansión, como las pasiones, líquidos, gases, etc.) (c), andi. || Mucho (denota incredulidad y equivale al castellano mucho), bost.

Mudable, (an) iraulkor, aldakor.

Mudar, (-s) aldatu, besteratu.

Mudas de ropa, ropa interior, aldagaŕi. || Las mudas de vestir, jantzi-erantzi.

Mudez, (an) mututasun.

Mudo (c), mutu. || Volverse mudo (c...), mututu. || Mudo, al dirigirse uno a| él (nombre que se da al), apa.

Mueca, (np) siñu.

Muela, piedra de moler (2c, an), eŕotaŕi.

Muelle (-s), epel.

Muérdago, bigura (-s), auki, migura.

MU

Muermo, moquillo (2c), murmu.

Muerte (4), eriotz.

Muerto (4), il. || Muerto de varios días, ilzar.

Muesca, (4) ozka, koska. || Hacer muesca, (an) koskatu.

Mugido de bestias (4), oŕo (-b), oŕoe (b).

Mugre de la ropa, tortika.

Mugriento, koipatsu.

Mujarra (vulg.), zarbo.

Mujer en general (-s). emakume || Mujer casada (c), senardun. || Mujer que tiene muchos hijos (-s), umetsu. || Mujer respecto del marido (c), emazte.

Mujol (pez), (bc) lasun.

Mula, (an) mandaeme (np).

Muladar, cuadra de mulas (gc), (an) mandategi.

Muleta, makulu.

Mulo (c), mando.

Multicolor (2c), kikiŕiki.

Multiplicar, ugaldu, (an) ugaritu (np).

Multitud (an, 2c), makiña. Se usa en sentido admirativo.

Mullido (c), guri.

Mundano (4), mundutar (g.b), mundutiar (s,l). || Mundano,

MU

aficionado al mundo (c...), mundukoi.
Mundo (c), mundu.
Muñeca (-l), anderea.
Murciélago (2c), saguzar.
Murmullo, (an) murmur (np). || Murmullo a solas o con otros (gc), marmar (an).
Murmurar (onomat. de), mařa -mařa. Murmurar de alguien, azpiak jan, azpijan.
Murria (c), maiña, muxin. ||

MU

Temporada de murria, saputzaldi.
Mus (juego) (c), mus. || Al mus (c), musean.
Música, soinu, soiñu (np).
Músico, instrumentista, soiñulari (np).
Muslo (c...), istar; (g,b) iztar (np), izter (l,b).
Mutuamente (-l) alkar.
Mutación, aldaketa. || Mutación (modo de, acto de), aldakera.

Voces no comunes a los dialectos bizkaina y guipuzkoano, de uso en tres dialectos.

M

MA

Madreselva (-b), ezkeřaien.
Maleta (-g) fardel.
Mal (-b), gaizki.
Malamente (-b), gaizki.
Maltratar (-g), pořoskatu.
Manga de agua (-b), adar.
Manzanilla (-b), kamamila (s,l), kamamilu (g).
Marta (4), pitotxa (-g) pitoxa (g).
Martes (-b), astearte, martitzen (b).
Marzo (-b), martxo.
Más que (-b), baizik.
Materia, (g) gai, (b) gei.

ME

Mayordomo (-g), zurmailu (b,l), zurmailü (s).
Medias (-b), galtzak.
Medir (-b), neurtu.
Memoria (de) (-g), gogoz.
Mención (-b), aipaera, aipamen. || Digno de mención (-b), aipagaři.
Mencionador (-b), aipari.
Mencionar (-b), aipatu || Acción de mencionar (-b), aipaldi.
Mentalmente (-g), gogoz.
Mente (sufijo adverbial) (-b), -ki.

ME

Mentira, (-b) gezur, (b) guzur.
Mentiroso (-b), gezurti.
Menudo (-b), txe (g), xehe (l, s).
Meter (acción de) (-g), dzaztada || Meter con fuerza de arrojo en alguna abertura o ángulo (ruido de) (g), dzast.
Mezcla (-g), naaste.
Mezquino, agarrado (-b), zail, zail.
Mies (-b), uzta || Epoca de mies (-b), uztaro.
Miga de pan (-b), biotz.
Mío (-g), ene, nere.

MU

Mitad (casi la) (-b), erditsu.
Mollejón, piedra de afilar (-g), eztera.
Momento (-g), jesus·
Mono (-g), ximino (s,l), tximino (b).
Morcilla (-b), odolki.
Moreno (-b), beltzeran.
Mortaja (-b), beztidura.
Moverse (-g), igitu.
Muela (-b), agin.
Muerte (-b), erio.
Mugido (-b), oŕo. || Mugido de bestias, (-b), oŕo, oŕoe (b).
Muy (-b), guziz.

Voces no comunes

M

MA

Macilento, (b) zuroli, (an, g) ori.
Madre e hija, ama-alabak·
Madre e hijos, ama-semeak.
Mal cuerpo, después de un día de mucho comer, biaramona.
Maldad (c...), gaiztakeria.
Mal de hígado, (g) gibeleko gaitza, (b) gibeleko gatxa.
Mandíbula, (b, Db) ormaza, matrailezur (g).
Manía, (b) detu, (an, g) aldia.
Manifiesto, agiri.

ME

Mantas de abarcas, (b) azkaiñeko, (g) mantaŕak, (an) zatak.
Mantón, (b) besana, (an, g) mantona.
Maravedí, marai.
Marea abajo, ur-beera.
Marmita, (b) topiña, (g) tupia·
Mármol, nabaŕi (neol.?).
Matrimonio, ezkontza.
Media azumbre, (b) txopin, pitxerdi (g).
Media hora, ordu-erdi.

MO

Medio brazo, beserdí.
Melancolía, (b, Db) kadentasun, barengo iluntasuna (g).
Melindroso, mizke.
Memoria, (b) gomuta, oroipen (g).
Merienda (b), afatsaldeko (g). || Merienda de campo, sasi-koipatsu.
Método curativo, (b, g?), osabide.
Miércoles, (b) eguasten, (g, an) asteazken.
Millón, (b) milinoe, (an, g) miloi.
Míope, begi-lausao.
Miopía, begilauso.
Modestia, moduztasun.

MU

Monasterio, convento, lekaretxe (neol.) (c...) komentu
Moneda de cinco céntimos, txakur txiki.
Moneda de diez céntimos, txakur aundi.
Moquero, sur zapi (b, Db), (g, Mend.) musu-zapi.
Morder, usigi (b), autsiki (an), ozka (g) egin.
Mortificar, mindu.
Muchacha, neska.
Muchachita, neskatx.
Muela, (b) matrailagın (an,g) agin.
Muelle, (b) nasa, (g) kai.
Músculo, nasargi.

N

NA

Nabarra (-s), Nafaroa (b,l), Naparoa (b,g).
Nabarro, (b,l) nafar, (g,b) napar.
Nabo (c), arbi. || Nabo (cabeza de), arbi-buru. || Planta de nabo, arbi-orpo. || Nabo tardío, berantarbi.
Nacer, (c) sortu, (an) jayo
Nacimiento, jayoera, jaiotza. || Dia de nacimiento, jayotegun.

NA

Nada, cosa alguna, ezer. || Nada, cosa que no vale nada. mantar.
Nadador, igelari.
Nada (en la), (an) ezer-ezean.
Nadar, igari (g), igeri (-g).
Nadie, iñor.
Nalga, mokor.
Naranja, larana, (-s), laranja. La jota tiene tres pronunciaciones.
Nariz (c), sur.

NE

Narrador (c), kontari, kontalari.

Narración, cuento (-s), kontu.

Narria (bc), naar.

Nasal (c...), sudufeko.

Natural (c), berezko. || Natural de (c), -tar. || Natural de abajo, betar. || Hijo natural, sasiko, sasikume (gc).

Nata de la leche (la) (c), gaiña.

Naturaleza (c...), izanez; (an) izatez. || Por naturaleza, izatez.

Naturalizarse (4), eŕikotu.

Naufragar (c...), ondoratu.

Navío (-s), itsasontzi.

Navegar con viento contrario, a orza u orzando, aurtzaka.

Necedad, (an) erokeri. (an) erakeri.

Necesidad, bear (4), (-l) ezinbeste (-s), premia (l,g), premiña (b). || Por necesidad, indaŕean.

Necio (4), ero.

Negación, (c) uko, ukamen.

Negar (c), ukatu.

Negativa, ezezko, (-s), ez.

Nervioso, odolestu (np), (c) odol-bizi, urduri.

Neto (c), uts.

Nevatilla, eŕeka-txori.

Ni (c), ez

NO

Nido (4), kabia (g), kafia (l), abia (b), habia (s).

Niebla (bc), laiño. || Niebla en parajes bajos, aiño. || Niebla que arrastra, laiño itsu.

Nieve (b), edur (b), elur (-b). || Nieve, un trozo de terreno (librar de), lurmendu

Ninguna manera (de) iñondik iñora, iñotara. || A ninguna parte, iñora. || En ninguna parte, iñon.

Niñería, umekeri (np).

Niño (c...), ume. || Niño natural, eŕiko.

Níspero, (4) mizpira, mizmira, mizpirondo. || Madera de níspero (c...), mizpiraki.

No (c), ez.

Noble (c...), prestu.

Nobleza (c...), prestutasun.

Nocturno, gautar.

Nocturno (pájaro) (2c), gau-txori.

Noche, (an) gau. || De noche, (an) gauaz. || La noche, gaba. || Buenas noches (4), gabon.

Nodriza, txatxa, (-s), iñude (b,g), unide (g,b).

Nombradía (c), ots.

Nombrar (-l), izentatu (l,g), izentau (b).

NU

Nombre (c), izen. || Nombre que se usa para llamar al carnero (gc), matxin. || Tener nombre (c), iz^ena izan.
Norte, (an) ifar; (4), ipar.
Nosotros (c), gu.
Notable (-s), nabarmen.
Notar, advertir (c), oartu.
Noticia, nueva (-s), albiste. || Noticia de defunción (4), ilbeŕi.
Notoriedad (-s), zabaltasun.
Novia (4), emaztegai (g.l), emaztegei (s,b).
Novilunio (-s), ilbeŕi.
Novillo, (4), zekor, idigai (g). idigei (b).
Novio (4), s^enargai (g,l), senargei (b,s).
Novia y novia (-s), ezkongai (l,g), ezkongei (b,s)
Novísimo (postrimería), azkenki.
Nube, odai (np), (-l) odei. || Nube de ojo, kandu, begi-lauso. || Cierta clase de nubes, kaiman. || Nubes de forma de terreno layado, laiatu. || Nubes grand^es, blancas, de trueno, trumon -adar. || Nubes que arrastra el vendaval, baldar.
Nudo, (-s) korapilo (b.g) koropilo (l); (-l) orapilo, orapilo. || Nudo de árbol, adabegi. || Nudo especial para atar cordeles, entzera, entzerada.
Nueve (-s), bederatzi. || Dar nueve a cada uno, (an) bederatziña. || Distribuir nueve en nueve, bederatziñakatu.
Nuevo (4), bafi (b), beŕi (-b).
Nuez, intxaur. || Nuez de corteza poco dura (-s), txori -intxaur. || Nuez redonda, etc. (gc), zeken-intxaur.
Nutrir, azi.

Voces no comunes a los dialectos bizkaino y guipuzkoano, de uso en tres dialectos.

N

NA

Nado (-g), igeri.
Nariz (-b), sudur.
Narrar (-b) kontatu (g,l), kontatü (s).

NE

Nata de la leche (-b), gain.
Negrilla (-b), ezkeŕaien.
Negro (-b), beltz, baltz (b).
Nevadas (grandes) (-b), elurte.

NO

Nieve (-b), elur, edur (b).
Nieves (época de) (-b), elurte.
Niñería (-b), aurkeri.
Niño (-b), niñi (voc. pueril). || Niño (-b), aur
Ni uno (-b), batere
Noticia (-b), beŕi.

NU

Novato (-b), asibeŕi.
Novicio (-b), asibeŕi.
Noviembre (-b), azaro.
Novillo (-b), ergi. || Novillo, buey joven (-b), ergi.
Nuera, (-g) eŕen, eŕan (b).

Voces no comunes

N

NA

Naipes (a), kartaka.
Navidad, Egubaŕi (b), (g, an) Egubeŕi.
Negocios, (b) garatzak, (an, g) artu-emanak.
Negro, (b) baltz, (an, g) beltz.
Nervio, (b) zanari, (g) zaiñari.
Nieto, (b) birloba, (g) biloba.

NU

Niñez (desde la), umetatik. || En la niñez, umetan.
Nitro, (Db) gatzu.
Nochebuena (día de) Gabon-eguna.
No poder, ezin.
Nunca, iñoiz ez.
Nutria, (b) igiribe, (g b?) urtxakur.

O

O

O (c), edo.
Obcecación (2c), itsumustu.
Obcecadamente, itsumustuan, itsumustuka (an).
Obediencia, subordinación, (np) menpetasun.
Obediente, esaneko, esangiñ (an, bc) men.
Obenques, cuerdas con que se levantan y bajan los mástiles, estaia.
Obesidad (c...), loditasun.
Objeto de conversación, esakizun. || Objeto de una súplica, eskakizun. || Objeto de venta (-s), salgai (g,l), sagei (b). || Objeto que se da a quien trae una buena nue-

OC

va, albiriste. || Objetos, enseres (-s), puska.
Obligación (c), egin-bide.
Obligar, (-l) erazi. (b) erazo.
Oblicuamente o indirectamente, zeaŕetara (np).
Oblicua (rama), zeaŕadar.
Obsceno, lizun (np). || Volverse obsceno (4), likistu.
Obscuridad (-s), iḻunbe (l,b), iḻunpe (g).
Observando, atisbando, (-s) kirika.
Observar, (c) oartu, (an) baŕundatu.
Obstáculo, katigutasun, (-s) eragozpen.
Obstetricia o arte de los partos, emagintza.
Obstinación, (an) itsukeri, (-s) seta.
Obstinado, (-s) setati; (-l) temati (b,g), tematsu (s).
Obstinarse, (-s) setatu, muŕustu. || Obstinarse porfiar (c), tematu.
Ocasión, (c...) zori, (an) une, (an) gertaldi. || Ocasión propicia, abagune.
Occidente, sartalde (np), mendebal (np).
Occipucio, (an) gaŕondo.
Ocicudo (c), mutur-beltz.

OF

Ociosidad, alperkeri.
Ocioso (-s), alper.
Octava (c), zortziko.
Octavo (c), zortzigaŕen.
Octubre (-s), uŕi.
Ocultar, ezkutatu (gc), ezkutau (b).
Oculto, an) ezkutuko, eskutu.
Ocupación, arazo.
Ocuparse, ekin, arazotu.
Ocurrir (4), buruak eman (-b), buruak emon (b).
Ochenta (2c), larogei.
Ocho (c), zortzi. || Ocho a cada uno, (an) zortziña. || De ocho en ocho, (an) zortziñan (np). || Las ocho, (an) zortzirak. || Ochos, cartas de juego, zortziak (np).
Ochocientos (4), zortzireun (b,g) zortziehun (l,s).
Odio (2c), goŕoto. || Odio reconcentrado, goŕoto bizi (gc), goŕoto goŕi (bc).
Odioso, goŕotagaŕi.
Odre, (an) zagi. || Odre, pellejo para contener vino o aceite (4), zagi (b,g), zahagi (l,s).
Oeste, mendebal (np)
Ofender, min eman (an,g), min emon (b).
Oficial tejero, que extiende las

OJ

tejas y **ladrillos** al sol (4), ezarle (-b), **ezarla** (b).

Oficio, (c) egintz, (-s) -gintza, (an) langintza. || Oficio, medio de subsistencia, ogibide.

Ofrecer, eskini, (an) opa (-s), eskaiñi (g,l), eskiñi (b).

Ofrecer y no dar, (c) tati-egin, atzerako egin.

Ofrenda, eskintza.

Ofrenda, eskintza. || Ofrenda, pan ofrecido en la iglesia, (an) olata.

¡Oh! (interjeción de dolor, de sorpresa), ¡oi!

Oidor (c), entzule.

Oír (c), entzun.

Ojal, (-s) boton-zulo (g,b), botonzilho (l).

Ojalá, ai, (4) al.

Ojeada, begiraldi.

Ojera, betazpi.

Ojete a que se ata la cadena, katebegi.

Ojo (c), begi. || Al ojo (c), begira. || Del ojo (c), begiko. || Cerca del ojo, betinguru. || Ojo de lazo, begi. || Golpe junto al ojo, betondoko. || Mal de ojo (-s), begizko. || Tierno de ojos, begi-bera. || De ojos tiernos, (an) begi-ezkel.

OR

Ola, olatu (np). || Ola profunda, baga.

Olmo, zumar (np).

Olor (-s), usai (g), usain (b,l). || Empezar a tener mal olor (bc), usaindu. || Olor y gusto a quemado, garmin-usain; ere-usai (g), ere-usain (b), garmin.

Olvidadizo, azkor.

Olvidar, aztu.

Ollaciega, itsu-lapiko.

Ombligo, (np) ziil.

Omoplato, (an) soinkurutz.

Once (-s), amaika.

Onza (4), ontza. || Onza de oro (moneda), (an) ontzako.

Operación, -keta.

Operario (c...), langile.

Opinar, uste-izan (c. .) eretxi.

Opinión (c), uste.

Oponerse, muŕustu (np), (-s) gogor-egin.

Oportunamente, adionez.

Oportuno, aukerako.

Oprimir (-s), trinkatu. || Oprimir, prensar mucho una cosa, trinka-trinka egin.

Ora... ora... (c), bai.

Oralmente, aoz.

Orden, (an) esan. || Orden, disposirión, modo, (an) era.

Ordenar, eratu, (an) moldatu.

OR

Ordenarse de diácono, etc., (an) ordendu.
Orden sagrada, como la de los sacerdotes, etc., ordea.
Ordeñar, batu.
Ordinario, de inferior calidad, basto.
Orearse, egurastu.
Orégano, oregano (np).
Oreja, belaŕi.
Orejas cortas (cerdo de), belarmotz.
Oreo, eguras.
Organizador (4), apaintzale.
Órgano genital del varón, buztan.
Orgullo, andikeri.
Orgulloso, andiputz.
Origen, etorbide, jatoŕi, (-s) iturburu.
Original, jatoŕizko.
Originariamente, jatoŕiz.
Orilla (2c), ertz. || Orilla de río o de mar (c), urbazter.
Orillo, una tira, etc., mendel.
Orina, osin, txiz.
Oriundo de (c), tar.
Oro (c), uŕe.
Oros y espadas (2c), uŕezpata.

OY

Oropéndola, kaŕastaŕo.
Ortiga (-l), **asun.**
Orujo de manzana (gc), pats.
Orza, aurtza. || Orza, tableta que se cuelga, etc., albortza.
Orzuelo, bekatxo.
Ósculo (-s), mosu (b), musu (g, l).
Oscurecerse (sólo de tiempo y ojos) (-s), lanbrotu. || Oscurecerse un lugar (c...), ilundu, ilundu.
Oscuridad (-s), iluntasun (b,g), ilhuntasun (l).
Oscuro (-s), ilun (b,g), ilhun (l).
Oso (4), artz.
Ostaga, cuerda gruesa, etcétera (-s), ustaga.
Ostigar, ziŕikatu.
Otoño (-s), udazken.
Otro (el del), besteko.
Oveja (r), ardi. || Oveja de tres años que no procrea (-l), artantzu (b,g), artantzü (s). || Oveja joven, arkazte.
Ovillo (-s), aril. || Hacer ovillos, arildu.
Oyente **(c),** entzule.

Voces no comunes a los dialectos bizkaino y guipuzkoano, de uso en tres dialectos.

O

OB

Obispo (-b), apezpiku.
Obra (comenzar a) (-b), abiatu.
Ocasión, tiempo (-b), tenore.
Ocio (-g), asti.
Ocuparse (-b), ari (g,l) haritu (s).
Oficio (-g), bizipide (l,s), bizibide (b).
Ojo (junto al) (-g), betondo. || De muchos ojos (-g), begitsu. || Persona que sufre mu-

OR

cho de los ojos) (-g), beteritsu.
Oler, percibir olores (-b) usnatu (g,l), üsnatu (s).
Olfateando los animales (-b), usnan (g,l) üsnan (s).
Olor (-b), uŕin.
Organizar (-b), antolatu.
Orina, (-b) pix; garnu (b), gernu (an,g).
Orinar (-b), pis-egin.

Voces no comunes

O

OB

Obrar, egin.
Octavo u octava parte, zortziren.
Ocurrencia, (b,g) burutasun.

OL

Oftalmia, enfermedad del ojo, beteri (Db).
Oído, entzumen.
Olfato, (b, Db) sumu, (g, Mendizabal) usaintza.

P

PA

Pabellón de la cama, (-s) oazeru, (c... oezeru.
Pabilo, babil.
Paciente (4), berakor. || Paciente, cachazudo, (4) berankor, berandukor.

PA

Pacificador (-s), bakegila (b), bakegile (l,g).
Pacífico, baketsu.
Pachorra (4), patxada.
Padecer (-s), nekatu. || Hacer padecer (-l), erakutsi.

PA

Padrastro, ugazaita (gc, an), aitaorde.
Padre (c), aita.
Padre e hijos (4), aita-semiak.
Padres, (2c) guraso. || Los padres (c), aitamak.
Padrino, aita besoetako, aita ponteko.
Pagador (c), pagatzaile.
Pagar, ordaindu, (c...) pagatu. || Pagar las deudas de una casa (-s), beretu.
Pago (c), sari, (np) ordain.
País de lobos (c), otseri.
Paises altos (4), goieri.
País Vasco, Euskaleri.
Paja de trigo, centeno, cebada (gc), lasto. || Montón de paja, (2c) lastameta, lastotza (np). || Pila de paja, (np) lastameta. || Paja trillada y golpeada (residuo de), agotz.
Pajar, (an) lastategi.
Pajarita (pájaro) (-l), ur-txori.
Pájaro (-l), txori.
Pala, (-s) para, pare. || Pala, utensilio de artesanos, pala. || Jugados de pala a la pelota, (np) palari. || Pala de anzuelo, pala. || Pala para jugar a la pelota, (np) pala.
Palabra, mu, txist.
Palacio (c), jauregi.

PA

Paladar, ao-sapai.
Palafustán, (an) traskal.
Palanca, palanka.
Palancana, aspil.
Palangre, tretza.
Palillo con que se atacan las bolitas de esparto en el sabuco, boloka-ziri.
Palito (c), zotz.
Paliza, seto de palos, olesi.
Palma de la mano (an, 2c), esku-azpi.
Palo, (-s) zigor, (c) makil; sardai. || Palo de cuya extremidad pende el martinete (el), (an, 2c), gabiardatz. || Palo del fuelle en las fraguas, auspoaga. || Palo largo (c), aga. || Palo que se emplea para retirar la ceniza de una calera, autsaga. || Palo que que se usa en un juego infantil, etc., kinkin. || Palo para arrastrar, etc. (2c), nardai. || Palo que sostiene las extremidades de una res muerta y extendida, bailesta. || Palos que, movidos por los pies, hacan mover toda la máquina del telar, beesubil. || Palo vertical, central de la pira de leña destinada a carbón, alkate. || Palos

PA

verticales que se colocan delante y detrás del carro (c), ezpata.
Paloma (-s), uso. || Paloma torcaz, basuso.
Palomar (-s), usategi.
Pamplina (-s), sapedar (b), sapelar (g,l).
Pan (c), ogi || A trueque de pan, otorde.
Pandero, atanbora. || Pandero sin sonajas ni cascabeles para algunos usos domésticos (cierto), arazko.
Pan de maíz o de trigo, (bc) papa. (Voc. puer.).
Pandereta (-s), atabal.
Panecillo que se hace para niños, (an) olata.
Panoja de maíz, artaburu. || Hoja que envuelve la panoja, artazoro.
Panorama, ikusgari.
Pantalón, (np) kaltza, (bc) praka.
Pantano, zingira. || Pantano (cenagal), istinga.
Pantorrilla (-s), zanko. || Pantorrilla, pierna, berna.
Pan y agua (estar condenado a), (gc) ur-ogi.
Panza, (an) gilbor. || Panza, abdomen, (np) zilbor.

PA

Panzada, asebete.
Paño (4), oial. || Paño burdo, zaiel. || Paños (fabricante de), oialgile (g), oialgin (b).
Pañuelo o trapo, (an) zapi.
Papa, Aita Santua.
Papada, okozpeko (b), okozpiko (g).
Papandrón (pez, etc.), botakar (g), botakor (b).
Papel (c), papera.
Paperas, enfermedad, etcétera, okaila. || Paperas, glándulas, sagu.
Papo, okaila. || Papo, papera, enfermedad de ovejas, etc., kokalde.
Papilla (-s), ai.
Papirotazo (-s), kozka.
Par, frente (c...), pare. || Par, dos (c), pare. || Cambiar o vender las cosas a la par, (an) buruz-buru.
Para (c...), -ntzat.. || Para ahora, oraingo. || Para cuando (c), -neko, (c...) orduko.
Paradera, txinbo.
Para el cielo (c...), zerurako.
Para entonces (c...), orduko.
Paraje (c), toki. || Paraje bajo la casa, otxabe. || Paraje junto a la iglesia, (an) elizalde.

PA

Para la iglesia (c), elizarako.
Paralítico (-l), erbal.
Paralizarse, oatu.
Para mí (c...), neretzat.
¿Para qué? (c...) ¿zertarako?
Para siempre (c), betiko.
Parcela (c...) puxka.
Parco en la comida, jangartzu.
Pardo, afe, (c) nabar, napar.
Parduzco, afeska.
Parear, poner de dos en dos, biñakatu.
Parece que (-s), bide.
Parecer, (-s) irudi, (c) iduri izan, eretxi; (-s) eritxi (b), iritzi (g,l).
Parecerse ((c), iduri izan.
Para pago (c...), saritako.
Parentesco, aidetasun. || Grado de parentesco, (an) belaun.
Parias, secundinas (-s), ur-zoro.
Parida (regalos que se hacen a la recién), amarkai.
Parido (cría que ha), umedun (np).
Pariente, aide. || Pariente lejano, istar-lengusu. || Parientes por afinidad, (an) ezkontzaide.
Paro azul (pajarillo), amilotx.
Párpado (-s), betazal.
Parra, pafa.

PA

Parte (a alguna), (an) norabait. || A parte alguna, iñora. || En parte alguna, iñon. || Parte alícuota, ornigafi. || Parte alta de una heredad, (an) zopuru (np). || Parte de la raíz (-s), eŕoki. || En alguna parte, nonbait (np). || En cualquiera parte, (an) non-nai. || Parte montañosa o próxima a las montañas (c), mendialde.
Partera (4),, emagin.
Partes iguales (a), ainbana.
Partidario, jafaitzaile.
Partidor?, el que parte, (c...), zatikatzaile.
Partir el corazón, (an) biotza ausi.
Parto, camada, (an) ŧabelaldi.
Pasada (fruta), umel.
Pasadera, arpausu.
Pasado mañana (c), etzi.
Pasar, igaro. || Pasar a uno el mal humor, argitu.
Pasarse la fruta de madura, umeldu.
Pascua (4), pasko (b, g), bazko (l, s).
Paseo, eguras.
Pasión, inclinación del ánimo (2c), griña.
Paso corto y ligero (onomat. de

PE

la marcha a), (an) tipi-tapa. || Paso, oinkada (np), ibilera. || De paso, bide-batez. || Pasos que se dan en un charco, etc., (an) zapla-zapla (np).

Pastoreo, artzaintza.

Pataché, cierta embarcación, patatx (np).

Patizambo, anka-zabal.

Pato de mar, itsasanzar.

Patriota, eŕikoi.

Paulatinamente, con calma, (an) maro (Vid. vasc.).

Pausadamente, baretxe, ezaŕian.

Pabellón, bóveda, zeru.

Pavesa (2c), geldo.

Pavo, (-s) indi-olar, (c...) indioilo.

Paz (4), bake (-g), pake (g).

Peana (-s), alki.

Peatón (-s), oiñezko.

Peca (2c), peka.

Pecado, pekatu, (4), bekatu.

Pececillo de mar (un), abalu (g), abalaio (b); mustu (np).

Pechina (bc), txirla.

Pecho (c), bular. || Pecho o más bien su parte alta (bc), **papar.**

Pedacito (c...), puxka.

PE

Pedales, tabletas que, etc., oiñol.

Pedazo, pusketa, (-s) puska, (-s) kasko, (-s) kosko. || Pedazo de madera, etc., liñabe. || A pedazos (c), zatika.

Pedernal (4), suaŕi.

Pedir, (an) eskatu. || A pedir de boca, naierara. || Pedir la mano para casar (-s), mandatu egin.

Pedo (4), uzker (-b), uzkar (b).

Pedrada, aŕikada. || A pedradas, aŕika.

Pedregal, aŕitza.

Pedregoso (c), aŕitsu, aŕizu.

Pedrisco, (4) aŕi, (4) aŕiabar, abazuza.

Pegajosa en general (toda materia) (c...), lika.

Pegar (c), jo.

Peine (c...), oŕaźi.

Peladilla, eŕekaŕi.

Pelado, kaskamotz.

Pelaire, artesano que hace la marga, maŕagero. || Pelaire que trabaja en lana no lavada, (an) kapagin.

Pelar patatas, zuritu.

Peldaño de piedra (-s), armail. || Peldaño o grada de madera, (an) zurmaila

Pelele (gc), txolin.

PE

Pelicula o membrana que envuelve el huevo, castañas, huesos (an, 2c), mintz.

Peligro, arisko.

Pelo, ule (b), ile (g) || De mucho pelo, sapatsu (np). || Tomar el pelo, adara jo.

Pelota (4), pelota (-l), pilota (l).

Pellejo, odre, (an) zagi.

Pellizcar, imurtxi.

Pellizco, (4), tximiko (b,s), ziniko (g,l); atximur, imurtxikada, atzamarkada, tximurtxi. || A pellizcos, tximurka.

Pena, (-s) arenkura.

Peña (4), aitz (g,l)), atx (b,s).

Penacho de aves, tontor.

Pendencia, atralaka.

Pendenciero, atralakari, kezkazale.

Pendiente (cuesta muy), pika. Pikan gora, cuesta arriba.

Péndulo de madera, etc., maratila.

Penetrabilidad (c...), sarkortasun.

Penetrante (c...), sarkor.

Penetrar, barundu.

Pensamiento (c), gogo, (4) asmu; gogorazio (g), gogoraziño (b), gogorapen (l,s). || Surgir un pensamiento, gogoak eman (an, g), gogoak emon (b).

Penúltimo, atzen-uren.

Peña alta (Toponimia), azkarai.

Penuria, ezaldia.

Pepita de aves, kio. || Pepita, (enfermedad de gallinas), (c...) pipita. || Ponerse una gallina enferma de pepita, mikatu.

Pepitoria, condimento, (an) ongari.

Pequeña (persona), (an) koskor. || Grupo de cosas pequeñas, (an) txikiteri. || Reducir el racimo a pequeñas ramillas, lakaindu (g), lakandu (b).

Pequeño (-s), txiki (b,g), tiki (l); (bc) txikar, (an) txiki, kaskar, kaizkar (Vid. vasc.).

Percha en que se posan las gallinas (bc), ota.

Perdedor, galtzaila (b), galtzaile (g).

Perder (c), galdu. || Perder afecto (-s), gogoa joan. || Hacer perder (-s), galarazi.

Perderse (-s), ondatu. || Pro-

PE

penso a perderse (c), galkor.
Perder una cosa (echar a), lardaskatu (g), lardaskau (b).
Perdición (bc), ondamendi.
Pérdidas y ganancias, galdu-irabaziak.
Perdonar (4), barkatu (-b), parkatu (b).
Perdulario (c), galgaŕi.
Perecedero (c), galkor.
Peregrino (-s), eŕomes.
Perejil, peresil (np).
Pereza (c), nagitasun, nagi. || Tener pereza (c), nagi-izan. || Pereza (vicio de la) (c), nagikeri.
Perezosamente (c...), nagiki.
Perezoso, (c) nagi, (-s) alfer, (-s) alper.
Perfectamente (-s), bete-betean.
Perjudicar (c), **gaitz-egin.**
Perjudicial **(c...), kaltegaŕi.**
Perjuicio (-s), kalte.
Perímetro de la casa, etcétera, orube.
Período, esaldi. || Período de días, -uŕen.
Peripuesto, bitxidun.
Peritóneo, estarteko.
Permiso (4), baimen. || Permiso, billete o cualquier otro medio para estar en alguna parte, egopide.

PE

Permitir (4), utzi (-b), itzi (b), itxi (bc).
Pernicioso (c), galgaŕi.
Pero, baia, baña (delante de una palabra).
Perplejo, indeciso, koloka.
Perplejidad, B-i?, g) zalantza.
Perro, txitxi, toto (voc. puer.), txakur (c...). || Perro de lanas, perro de aguas (-s), ur-txakur. || Perro lebrel, erbi-txakur.
Perseverancia (c), iraute.
Perseverar (-s), iraun.
Persiana, cerraduras de ventana, ziŕin-zaŕan.
Persona alguna, iñor.
Personalidad (c), buru.
Perspicaz, zoŕotz (-l), (an) zintzo.
Persuadir a uno, burutara eman (g), burutara emon (b). || Persuadir, zuritu (vid. vasc.).
Pértiga de derribar castañas, sadai.
Pertinaz (-s), **setati.**
Perversidad, biuŕikeri (an).
Perverso, biuŕi (an), (-s) biuŕi b,g), biguŕi (l).
Pervertidor (c...), okertzaile.
Pervertirse, biuŕitu, (c...) okertu.
Pesadez, astuntasun.

PE

Pesado, astun. || Hacerse pesado, bagitu, astundu.
Pesar, arrepentimiento, damu. || A pesar de (4), gora-bera.
Pesaroso, damuz.
Pescadería, arraindegi.
Pescado (4), afain (-g), arai (g).
Pescador (-l), afantzale.
Pesebre, (an) ganbela. || Pesebre de piedra, afaska. || Pesebre en que se tienen los quesos en agua, gazatanaska.
Pesimismo, etsipen.
Pesimista (-l), ukakor.
Peso (-s), pisu.
Pesquisa, azte.
Peste (c), izufi.
Pestillo (-s), krisket.
Petardo, engaño (c), ziri.
Petición, (an) eske.
Petirrojo, txantxangofi.
Pez (4), afain (-g), afai (g). || Pez blanco de entre peñas, boga. || Pez blanquecino, etc., lotxa. || Pez de cabeza grande, etc. (scorpene ou pythonisse), itxasapo (b), itsasapo (g). || Pez de ojos y dientes parecidos al gato, etc., itxaskatu. || Pez grande, etc., (bc), tronpa. || Pez grande cuyo dorso parece estar tachonado, tatxuela. || Pez insípido, etc.,

PI

sabi. Pez marino (c...), itxasafain, itsasafai. || Pez marino algo mayor que la sardina, etcétera, berdel. || Pez muy sabroso parecido al besugo, aligot. || Pez marino parecido al mero, txerna (np). || Pez mayor que el tonino, etc., moskota. || Pez negro, afain gaizto baltza (b), afaingaizto beltza. || Pez parecido al marrajo, karel. || Pez parecido al muble, korkoi. || Pez que persigue al volador, dorada. || Pez semejante a la raya, etcétera, vulgo chuchu (bc), paztanga. || Pez, substancia resinosa (c...), pike. || Pez (un) (vide., katxu y eskatxio) bufeo. || Pez marino (un), la pescadilla?, merlenka (b,g), (an) merlinka.

Pezón de la ubre (-s), titimutur.
Piadoso, Jaungoikotar.
Piando, txi-kloka (np).
Piar de los polluelos (onomatopeya del) (2c), pio.
Picacho, armo (b), armoka (g).
Picadura, tximurtxi.
Picando en un plato, picando en otro (andar probando cosas), milizka (gc).
Picante (c), min.

PI

Picaporte, kisket.
Picardía, (an) okereri.
Picatronco (2c...), okil.
Picaza (2c), mika.
Picotazos (a), lucha de pájaros (bc), pikoka; (c...), mokoka.
Picotear, hablar mucho (bc), txirtxir.
Pichón, (an) usakume.
Pidiendo, eske, eskean.
Pie (c), oin, anka. || Andar sobre un pie, txintxirika, txintxirinka. || Bajo el pie, oiñazpi (np). || Pie, parte comprendida entre los dedos y el tarso, oinorazi. || De pie, (an) zut. Interjeción. || Pie de catre, silla, adar. || Pie de mesa, mai-anka (gc). || Pie del monte, baren. Mendi-baren. || Pie, extremo interior, (c), oin. || Planta del pie, oin-sabai (np).
Piedra, (4) ari, ari-ur. || Piedra aguzadera, deztera || Piedras areniscas en medio de las cuales se hace la puerta para el horno, atakari. || Piedra cuya parte interior no está bien calcinada, biotz (vid. Azk.). || Piedra de afilar, (an) zoroztari. || Piedra de arroyo, erekari. || Piedra

PI

fundamental, (np) zimentari. || Piedra labrada, arlandu. || Piedra que se emplea para cocer la leche, eznari. || Piedra de arco (última) (-l) giltz.
Piedrecillas del hígado, gibel-ari.
Piel (4), azal (-s), axal (s); naru (bc), laru (an) (-b).
Pierna, extremidad inferior del animal, anka. || Pierna, pantorrilla, berna.
Pies (poner bajo los) (c), oinperatu.
Pieza de terreno (-s), landa.
Pifiar (c), uts-egin.
Pilonga (castaña), (np) txigol.
Pilongo, persona delgada y débil, mero.
Piloto (bc), pilotu.
Piltrafa de carne (s), izpi.
Pimpido, pez, etc., (gc), potzu.
Pimienta, (b) piper baltz, (g) piper beltz, piper beltx (an).
Pimiento (-l), piper. :|| Pimiento morrón, piper moro (an,g), piper motro (b); p'per andi.
Pináculo (-s), tontor.
Pinchar muchas veces (onomatopeya de) (-s), zizti-zaz, zizti-zazta.
Pingajo, prizkin. || Pingajo,

PL

colgajo que arrastra de un vestido, zirdin.
Pinta, (*tache*), izpilo.
Pintiparado (-s), bere-biziko.
Piojo, (c) zoŕi, (an) lapazoŕi.
Pipa, tonel (c...), pipa. || Pipa de fumar (c), pipa.
Pira de leña, etc., txondar. || Pira de leña para hacer carbón, txondor.
Pirata (c?), itxaslapur.
Piratería (c?), itxaslapuŕeta.
Pirosis, acedia, indisposición del estómago, etc., biotz-eŕe.
Piso del camino (estado del), oingiro.
Pita, (np) pita.
Pizarra, arbel, arbera. || Pizarra, cayuela (2c), tupa.
Placer (a), naierara.
Planta (-s), lanadare (g,l), landara (b). || Planta que tiene granos como el maiz, etcétera (cierta), inaŕondoko. || Planta del pie, (np) oiñazpi. || Planta de viveros, erpa. || Planta joven, ondozko. || Planta que tiene una espiga, etc., sugamats. || Planta tierna (c...), min.
Plantador (4), landatzaile.
Plantar (-s), landatu.
Plata (4), zilar (-b), zidar (b).

PO

Platija (pez de mar) (-s), platusa (b,g), platuxa (l).
Plato (-s), plater. || Plato, antiguamente de madera, (np) txaranbel. || Plato rústico de madera, txali.
Playa, (gc) ondartza, ondar.
Plaza (c), plaza. || Plaza, lugar del baile público, ibiltoki.
Plazo (4), epe.
Plazoleta (4), laŕain.
Plazos (a), epetan.
Plegar, tolestu.
Pleitista (-s), auzilari.
Pleito (-s), auzi.
Plenilunio, ilzar.
Pliegue, toloztura, (-s) izur. || Pliegue de la ropa (-l), aloz.
Plomo (-s), berun.
Pluma (c...), luma. || Montón de plumas, lumatza.
Plumazo, colchilla hecha de plumas, kosna.
Población de bosque, basauri.
Pobre, (an) beartsu. || Pobre, cuitado (c), gaiso. || Pobre hombre (2c), (an) txotxolo.
Pocilga, (an) itoi.
Pócima, edabe.
Poco, gutxi (an, gc), gitxi (bc). || Un poco, (gc) pitin, (an) samar. || Poco a poco, geldika, geldiro. || Poco más o

PO

menos (-s), inguru. || Hace poco tiempo, arestian.

Poda, (an) motzaldi.

Podador, iñustari.

Poder (4), al. || El poder, ala.

Poderoso, (4), aldun, altsu.

Podrido (c), ustel.

Podrirse (-s), usteldu.

Polainas rústicas, etc., azmantal (b), azmantar (b).

Polca, txiŕita, (bc) motoi.

Polilla (bc), sits.

Pólipo, itsalore (g), itxaslora (b).

Poltrón, antsibaga (b), antsigabe (g).

Polvillo de carcoma, zuŕun. || Polvillo de la harina, (an) lauso.

Polvo, auts.

Polla (-s), oilanda (b,g), oilanda (l). || Polla precoz, goiz oIanda.

Pollino, astakume.

Pollito, polluelo (-l), txita (g,b), txitxa (s).

Pollo (c)...) oilasko.

Ponderación (c...), gorapen.

Ponderar, andizkadu.

Ponedora de muchos huevos, aŕautzari.

Poner (c), ezaŕi. || Poner bajo los pies, (an) ostikopetu. ||

PO

Poner en remojo, beratu. || Poner huevos (-l), eŕun. || Poner límites, mojones (c). mugatu.

Ponerse de pie (-s), zutitu (g,l), zutindu (b).

Popa del buque, popa (np). || Popa de una embarcación, (an) txopa.

Poquito, pitxin (np), pizkin. || Un poquito, iski.

Por, a través, (an) zear (np).

Porción, (2c) piIo.

Por consiguiente (c...), orduan.

Por Dios, (an) aŕen.

Por el lado más favorable, betaz.

Por favor, aŕen.

Porfía, (4), leia, (-s), seta, (c) tema. || A porfía, alkaŕen leian, (an) leiaka (np), (an) zein geiago.

Porfiar (c), tematu.

Por lo demás (c), gañerakoan.

Por lo menos (-s), beinik-bein; gutxienaz (gc), gitxienez (bc).

Por medio, bidez.

Por necesidad (-l), ezinbestean (g), ezinbestez (b,s).

Por partes (c), zatika.

Porque (c), ta.

Portal (c), atari.

Portaluz (-s), argi-mutil.

PO

Portarse bien, gizabidean ibili.
Porte (de buen), (gc) jaso, (an) moduzko.
Por término medio de años, (an) urtez-urte.
Portero (-s), atezai (g), atezain (b,l).
Por ventura (4), menturaz. || Por ventura, quizás (c), benturaz.
Posada (c), ostatu.
Posadero, ostalari.
Posarse los líquidos, jalgi (b), jalki (gc).
Pos (en), ondoren.
Posible, eginkor. || Posible (sufijo que significa todo lo...) (4), ala. || En lo posible, en cuanto se pueda, albait. || En todo lo posible, ekinalean.
Posición que uno ocupa en la sociedad (-s), maila, maila.
Posterior (c...) ondoko. || El posterior, atzeren, atzerengo.
Posteriormente, aŕezkero.
Postillas, ampollas acuosas de la piel, oilaur.
Postrado boca abajo (-s), auspez.
Postrero en el juego y en el auŕ-esku, atzesku.
Postrimeria, azkenki.
Postulante, eskeko.

PR

Potencia, (4) al, almen.
Potranca (-s), beoka.
Potro (bc), moixal. || Potro, caballo joven, macho o hembra, moxal.
Poza, pozadera.
Pozo (bc), pozu. || Pozo, lugar del río (c), osin. || Pozos entre peñas, formad s de nieve derretida, baltsa.
Prado (-s), zelai.
Precio (c), balio.
Precipicio, amiltoki.
Precipitación, (an) urdurikei i
Precipitadamente (-s), itoka
Precipitarse (-s), amildu.
Preclaro (c), argidun, argitsu.
Precoz (c), goiz (se usa en composición con otra palabra); goiztar (c).
Predestinados, autuak.
Predilecto, kutun.
Predominar (-s), nausitu.
Preferir (c), naiago izan.
Premio (c), sari.
Prenda (4), bai.
Prendar un objeto, baitu.
Prender, atxitu.
Prendimiento, baitura.
Prensar (-s), trinkatu. || Prensar mucho una cosa, trinka -trinka egin.
Prensa del lagar, opil.

PR

Preñada, (4) aurdun, (-s) umedun. || Bestia preñada (c), ernari. || Mujer preñada (c), izor. (Suena mal.)
Preñez, (np) katigutasun.
Preparar (4), apaindu
Preparativo, (an) prestaera (np).
Preparativos, eŕegosiak.
Presa, (an) presa.
Presencia (a la vista), ikusbegi.
Presentarse, azaldu, aurkeztu.
Presente, obari.
Presidencia de la mesa hasta nuestros días, mai-buru. || Presidencia (de la mesa), cabecera, (2c), (an) maipuru.
Preso, katigu.
Prestamista (c...), prestatzaile.
Prestar, disponer, gertu.
Presto, gertu, (c) prest.
Presuntuoso, buru-eritxia.
Presuroso (c...), leiatsu.
Pretensión, uzi.
Pretexto, apuko, (4), adoba.
Primavera, udabaŕi (b), udabeŕi (g).
Primer baile del auŕesku, dantzauŕe.
Primero, auŕen, auŕenengo.
Primo, (an) lengusu. || Primo segundo, (gc) lengusu-txiki, bestelengusu.

PR

Principal, auŕen.
Principio, asi, asiera. || Principio de rama, renuevo, veta de árbol, arabegi.
Prisa (4), leia. || Cosa hecha de prisa (c...), leiazko. || De prisa, leiaka.
Proa de un buque (-s), branka.
Probablemente, (4) bear-bada, (-s) bide.
Probar con la lengua, miaztu.
Probidad (c...), prestasun.
Procedente de alturas, goitar.
Procedimiento, egitade.
Proclamas del |matrimonio, ezkondei, deiera.
Procreación, (np) umezketa.
Procreado (hembra de cualquier animal que haya), (bc) umazi.
Procurador, arduradun.
Procurar, (an) saiatu.
Prodigar, banatu.
Prodigio, mirari (np).
Pródigo, banatzaile; (4), (-l) ondatzaile, hondazale (s).
Productivo, e k a r t i, ekartsu. (b, g).
Producto, obari.
Profesión de partera, emagintza.
Profesor, irakasla (b), irakasle (g).

PR

Profundizar, sakondu (np).
Profundo (2c), sakon. || Poco profundo, (2c, an), me. || Sueño profundo, (an) zoro.
Profusión (onomat.) (2c), zapa-zapa. || Profusión de frutas, ugaritasun (np).
Progreso, auŕerapen, auŕerapide (gc, bc).
Prohibición (-s), eragozpen.
Prohibir (-s), debekatu (g,l), debekau (b); (c) eragotzi.
Prójimo, lagun-urko.
Prometer (4), agindu.
Prominencia, tontor (np). || Prominencia a parte del rabo del ganado, buztan-gailur.
Prominente, gailur.
Promotor (c), eragile.
Promover (4), eragin.
Prontitud (c...), lastertasun.
Pronto, (4), arin, (c) laster.
Pronunciar (4), ebagi (b), (-b) ebaki; (-s) erabagi (b), erabaki (an, g, l).
Propagandista?, el que extiende (c...), zabaltzaile.
Propenso (c), -bera. || Propenso a arrepentirse (-s), damukor.
Propiedad, egokitasun.
Propietario, (np) ondasundun.
Propina, eskupeko (an).

PR

Propio (-s), egoki.
Proponerse, (-s), erabagi (b), erabaki (an, g, l).
Proporcionado, (c) erako, adinon, adiñon.
Proporcionar, eratu, egokitu.
Propósito, (4), ames (b), amets (-b), (-s) erabagi, || Apropósito, (-s) bere-biziko, aukerako, erabaki (an, g, l).
Prorrogación (-s) luzapen.
Prosecución, esetsia.
Proseguir, etsetsi.
Prosperidad, gora.
Protección (4), estalpe.
Proteger (4), estalpetu.
Protuberancia de árboles, kipula.
Provecho, obari, (c) on (c...), ona.
Provechosas (las cosas), onaurki.
Proveer (-s), ornitu (an, g, l), ornidu (b).
Providencia (-s), ardura.
Provisión, orniakdi (np)
Provisto de punta de pico (c...), mokodun.
Provocación, aupada.
Provocador, aupari.
Prudencia (c...), prestasun.
Prudente, (c...) oartu, zur (np).
Prueba, (4) leia, argibide. (2c) agiri. || Prueba argumento.

siñisgaŕi. || Prueba de fuerzas, indarlei. || Prueba, ensayo, (an, gc) saio.
Prurito (-s), azgale.
Pseudo-cantero, (np) sasi-argin.
Pseudo-carpintero, sasi-arotz.
Púa (por ejemplo del arado), ortz. || Púa de injerto, mentu (gc), mendu. || Púa, germen, muin, muiña (np).
Publicar, argitaratu, azaldu.
Publicaciones del matrimonio, (proclamas?), elizdei.
Público, agiriko.
Pudor (2c), lotsa.
Pueblo (4), eŕi. || Pueblo (común de las gentes), (an) lagun-abar. || Pueblo de naturaleza, origen, asteŕi. || Pueblo extraño, atzeŕi. || Pueblo natal, jayoteŕi, oilo-lur (np).
Puente (c...), zubi. || Ojo de puente, (an) zubibegi (np).
Puerco, (an) lizun, (4) likits.
Puerro (c), poŕu.
Puerta (an), ate. || Puerta del horno (c...), labeate. || Puerta rústica, aŕate.
Puerto, kai. || Puerto de mar (c), portu.
Pues, (c), ta, (-s) bada.
Puesto que, -nezkero. || Puesto que, ya que, ezkero. Se aglutina al verbo conjugado mediante el relativo -n.
Puf, interjeción (4), pu.
Pulgada (-s), ontza. || Una pulgada, azbete (b), beazbete (g).
Pulgar (dedo), erpuru.
Pulido, txukun.
Pulmón (-s), birika.
Pulmonía, alborengo.
Pulpo, olagaŕo.
Pulso, (an) pultso (np) || Sembrar a pulso, puŕen.
Pulla, indirecta, zipla.
Pum (onomat. de la caída de un objeto pesado (bc), plaust.
Punta (c...), punta.
Puntal, (bc, an) ostiko. || Puntal de las bandas del tejado, eŕesuma.
Puntilloso, txiŕipitin, (-s) sentikor.
Punto más alto de una cumbre (c), gain-gain. || Púnto propicio (-s), zori.
Punzada (-s), sasta (l), sastada (b,g), (c...) zirikada.
Punzando (c...), zirika.
Puñetazo (dando), (an) ukabilka (np).
Puño (-s), ukabil.
Puramente (c), utsik.
Pura y exclusivamente (2c), soil-soilean, soil-soilik.

PU

Puro, (c) uts, (c...) soil.
Pus (-s), zorna.

PU

Pusilánime, txepel. || Hacerse pusilánime, txepeldu.

Voces no comunes a los dialectcs bizkaino y guipuzcoano de uso en tres dialectos.

P

PE

Pábilo (-b), muki.
Pagar (-b), saristatu.
Palabra (-b), itz, berba (b). || Dar palabra (-b), itzeman.
Panal de miel (-b), breska, oŕaze.
Pan grosero (-b), eŕes.
Pantalón (b), galtza.
Panza (-b), sabel-zoŕo.
Pañuclo de cabeza (-g), buruko.
Para qué? (-b), zertako?
Parece que (-b), bide.
Parida (recién) (-b), erdi-beŕi.
Particularmente (-b), bereziki.
Parto (dolores de) (-b), aurmin.
Pasar (-g), igaran.
Paso corto (a) (-g), toko-toko.
Pastizal (-b), laŕe.
Pasto (-b), ala.
Pastor (-g), zain, zaiñ.
Patíbulo (-b), urkabe.
Pausadamente (-b), toko-toko (voc. puer.).
Pecho, pechos (-b), titi (voc. puer.).
Pedo (-g), uzker.

PI

Peldaño (-b), mail.
Pclea (-b), boŕoka.
Pelotón, conjunto de personas sin orden y como en tropel (b), paŕasta.
Peña suelta (-b), arkaitz.
Pera (-g), madari.
Perdonar (-b), barkatu.
Perjuicio (-b), bidegabe.
Permitir (b), utzi, (B-berg.) itzi, itxi (bc).
Perspicaz (de ojo) (-b), begi-zoŕotz.
Pez (carne de) (-g), aŕainki.
Pezón (cada uno de los pezones de la ubre) (-b), eŕo.
Pico (-b), moko.
Pie (de) (-b), tente (voc. puer.); (-b), tuti (voc. puer.); (-b) xutik (l,s), zutik (l,g), zutunik (b).
Piedra de amolar (-g), eztera.
Piel (-b), laŕu.
Pienso (-b), zaldale (g), zaldare (l, s).
Pillar (-b), aŕapatu.

PR

Pinta (media azumbre) (-b), pinta.
Piojera (hierba) (-b), zoŕi-belar.
Pisotear (-b), ostikatu.
Plenamente (-b), aseki.
Poco a poco (-b), poliki.
Porción (-b), ano. || Porción, cantidad bastante considerable comparativamente a la totalidad (-b), paŕasta.
Por que (-b), zeren (conjunción causal).
Por qué? (-b), zertako?
Por sí mismo (-b), berenez.
Postizo (-b), gezur.
Premiar (-b), saristatu.

PU

Prendar (-g), baitu (b, l), bahitü (s).
Privar (-b), gabetu.
Probablemente (-b), bide.
Profesión (-g), bizipide (l,s), bizibide (b).
Promesa (-b), itz.
Pronunciar (-b), ebaki, ebagi (b).
Prudencia (-g), zuurtasun (b,l), zuhurtarzün (s).
Prudente (-g), zuur.
Púa, por ejemplo, del arado (-g), ortz.
Pum! (ruido de caída) (-b), tanpa.

Voces no comunes

P

PA

Paciencia, (b, Db) eroapen, (g, Mend.) eramankizun.
Padre nutricio ugazaita.
Panadero, (b) ogigin, (g) okin.
Panadizo, (b, Db) z o l i t u, (g, Mend.) eltur.
Pan de maíz, borona, arto.
Paño, mantilla para la iglesia, (b, Db) oial, (an) manteliña.
Pañuelo del cuello, (b) iduneko zapi, (g) lepoko zapi.
Paraje soleado, egutera. || Para-

PE

je sombrío, (b) aiñube, (g) laiotz.
Parálisis, elbaŕi.
Pared, orma, pareta (an,g).
Parroquiano, cliente, bezero.
Pastor, (an,g) artzai, artzain (b).
Peces de agua dulce, ur eztietako aŕaiñak (b), (g) ureztietatako aŕaiak.
Pechera, papar.
Pegar, adherirse, (b) inka, (g) itxasi.

PO

Peldaño de escalera, maiIa.
Peonada, gizelan.
Peral, (b) madari, (an, g) udare.
Percebe, lanperna.
Perdiz, eper.
Perro perdiguero, eper - txakur.
Pescadería, aŕaindegi.
Peseta, peseta.
Pestaña, (b) betule, (g) betiIe.
Piedra arenisca, areaŕi. || Piedra de fregar, fregadera, (b) dala, aŕaska (g, Mend.).
Pino, ler, piñu (pop.).
Platero, (b) zidargin, (g) zilargin.
Poco salado, geza.
Podar, iñausi.

PU

Polaina, (b) beŕna-zoro, zankozoŕo (g).
Pólvora, (Db), sutauts.
Postre, (b) onki, (g, Mend.) maiazken.
Preguntar, (b) itandu, galdetu (g).
Presunción, (b) buru eritxia, (an, g) aŕokeri.
Próximo, urko, (an, g) ondoko.
Proyecto, asmo.
Puchero, (b) lapiko, (an, g) eltze.
Puños de camisa, (b) eskutuŕetako, eskumutuŕetakoak (g).
Pupila, (b) batsein, (g) begiko nini.

Q

QU

Que (c), etz. Se usa solamente unido a "bai".
Qué?, (-l) ze, zer.
Quebradero de cabeza (c), buruauste. || Lo que da quebradero de cabeza (-s), buruauskaŕi (b, g), buru-hausgaŕi.
Quebradizo, zatikor, (4) auskor.

QU

Quebrantar (c), eten.
Quebrar, ausi, (-s) kok-egin.
Quebrarse (c), eten.
Quedarse, geratu. || Quedarse cadáver (-s), iloztu. || Quedarse jorobado (c), konkortu. || Quedarse un líquido en las heces (c), ondartu.
Que (de comparación) (4), baino (s, l), baiño (g, b).

QU

Queja (-s), eŕenkura, aŕenkura.
Quejigal (c), amezti, ameztoi, ameztui.
Quejigo (c), ametz.
Quejumbroso, (c) minbera, (an) minberakor.
Quemadura (c), eŕedura.
Quemando (c), eŕeten.
Quemar (c), eŕe.
Quemazón (c), eŕetasun.
Que o como (de comparación), zein, zeiñ.
Querer, (an) nai izan
Quesero, (an) gaztangin.
Queso, gaztai (b), gazta (g).
Quesos (tabla en que se curan), gaztanol.
Que te aproveche (4), on dai zula.
Que tiene sangre (c), odoldun.
Quicio de la puerta, hueco en que entra el espigón del quicial, opil (np).

QU

Quiebra, (an) kok.
Quién, quiénes (c), nor.
Quiénes (bc), nortzuk.
Quienquiera, zein-nai (np). || Quienquiera que sea, zein-nai (np).
Quieto (-s), geldi. || Estar quieto, geldirik.
Quietud (rato de) (c), egotaldi.
Quimera (4), ames (b), amets (-b).
Quince, amabost.
Quinientos, bosteun.
Quinto, boskaŕen. || Quinto, quinta parte, (an) bosten.
Quíntuple, compuesto de cinco, boskoitz (g), boskotx (b).
Quisquilla (-s), izkira.
Quisquilloso, (c) minbera, eŕetxin (an).
Quitar (4), kendu.
Quizás (c), benturaz, beâr bada.

Voces no comunes a los dialectos bizkaino y guipuzcoano, de uso en tres dialectos.

Q

QU

Quebrar (-b), autsi.
Que es (-b), dela.

QU

Queso (-b), gazna (l,s), gazta (g).
Quizás (si)... (-b), ote.

Voces no comunes

Q

QU
Quejido lastimero, (b) ulu, (g) antsi.

QU
Quinto (quinta parte), bosten.

R

RA
Raba (-s), mazi. || Raba, ovario de los peces, arbi.
Rabia, amoŕu, amuŕu, amoŕazio.
Rabiar, amuŕatu.
Rabo de ganado, izepo. || Rabo de liebre, (an) izepo.
Raca, aŕaka.
Racimo (gc), mordo. || Racimo de uva (una de las partes en que se divide el), lakaiña.
Raedura, kaŕaska.
Raíces muy delgadas del árbol (conjunto de) (2c), sabi.
Raigón de muelas y dientes (c), eŕo.
Raíz, (c...) ondo, (4) eŕo, sustrai. || Raíz, fundamento, aztaŕen (g), aztaŕondo (b).
Rajar (gc), prinzatu.
Rajita de leña, printza.
Ralde, peso de diez libras, eŕalde.
Rama (c), adar. || Rama con que se hacen silbatos, txis-tuki (np). || Rama deshojada, adaki. || Rama o ramas principales de un árbol (s), besanga. || Rama podrida en el mismo tronco (c...), nainigar. || Ramas que, retorcidas, sirven de ligadura, biurgai, (an, g) biurgei.
Ramaje (c), abar.
Ramillete (an, gc), mordoska.
Ramoso (c), abartsu.
Rango (-s), lepo.
Rapado, kaskamotz (an).
Rapar, cortar el pelo (c...), moztu.
Raposo, aizeri, (4), azeri, azari.
Raquítica, endeble (persona), miŕin.
Raquítico (2c), sistrin. || Raquítico, endeble, miŕizka, miŕiz (bc).
Raras veces, baraxe.
Raro, (c) andi, (c) bakan, banaka.
Rascándose (4), azka.

Rascarse (4), **atzegin**.
Rascazón, azkura (b), azkure (g).
Rascón, ur-oilo.
Rasgar una tela o papel (onomatopeya), (an) iŕist.
Rasgón, v. g., de vestiduras (-s), taŕatada.
Rasguño, uŕakada.
Raspador para la artesa, aŕaska.
Rasgueo, saŕastada. || Rasgueo (onomat.) (bc), saŕast.
Rasquera (-s), azgale.
Rata, aŕatoi, aŕatoe.
Rato (a cada), aldiro. || Rato de (c), aldi. || Rato de conversación, esaldi. || Rato de taciturnidad (-s), mutualdi. || Rato de ternura (-s), samuŕaldi. || Rato de trabajo, egoaŕi. || A ratos, aldiz. || Ratos más o menos duraderos de serenidad en días lluviosos, bitargi-une.
Ratón (c), sagu.
Rastra (4), are. || Rastra de maizales, artara (b), artare (g). || Rastra, red que llega al fondo, aŕast. || Rastra, trineo vasco o carro rústico sin ruedas (bc), naar.
eskuare.
Rastrillar la tierra, eskobaratu.

Rastrillo, eskobara, eskuara,
Rastro, (c) aŕasto, loŕatz (np), aztaŕen (g), aztaŕondo (b), (4) eŕesto. || Rastro (4), sarda (b), sarde (-b).
Rastrojo, galondo, galtzu.
Raya (traer a), (an) eskuperatu.
Raya (pescado de mar) (4), aŕai.
Rayaderas, cuatro piezas del telar, eŕayari.
Raza, (c...) kasta, (4) aŕaza.
Razón (sin), ezbide.
R defectuosa (hablar con), kiŕimaŕo.
Real (c), eŕegezko || Real (moneda), eŕeal.
Reanimarse, biŕbiztu.
Rebaño, (an) talde. || Rebano de ovejas, ardidi. || Rebaño de vacas, (an) beitalde.
Rebanada, seŕa, (c) seŕa.
Rebosando (c), gaiñezka, gañez.
Rebosar (c), gainez egin.
Rebotes que se hacen dar a una piedra en la superficie del río o del mar, sopa.
Rebuznando, aŕantzaka.
Rebuzno, aŕantza.
Recado (c), mandato.
Recalcitrante, huŕaño, saputz.

RE

Recelar, nabarmendu (np), nabarmendu.

Recelo, susmo.

Recepción (4), artze.

Receptáculo, (4) ontzi (b, g), untzi (s, l).

Receptor?, el que recibe (-s) artzaile, artzaile.

Recibe, el que (4), artzaile.

Recibir (4), artu.

Recibo de dinero (2c), agiri.

Recién (4), beri (-b), ari (b). ‖ Recién hecho, eginberi (g), eginbari.

Recientemente (lo más), oraiñengo.

Recobrar el juicio (c...), zentzuratu.

Recodo de camino, kikimako.

Recoger, atu, atzaitu. ‖ Recoger (tableta con mango en el centro que sirve para recoger escoria, broza, etc.), belaiki.

Reconvenir, alatu.

Recordar (hacer, gogora-erazi (g), gogora erazo (b).

Recreo, jolas.

Rectificar (c...), zuzendu.

Rectitud de costumbres (c...), prestasun.

Recto, (c) zuzen, (c...) prestu, (c) lerden.

RE

Recua, erenkoi (bc), erendu (an, g).

Recuerdo, eskumuiñ (gc), eskumun (b).

Recuperar lo perdido (4), kitatu.

Recurso (-l), elpide.

Reclinamiento, kuriskada.

Rechinante (se dice de puertas, cerrojos, etc.) (c...), kirinkari.

Rechoncho (-s), potzolo.

Redención (-s), erospen.

Redeño, bolsa cónica, pendiente de la punta de un palo, utensilio de pescadores (-s), salabardo

Redil, ilor, (4) artegi, aberetxe. ‖ Redil, casa de animales, (np) saletxe. Redil, casa de ganado, aparte del caserío, abeletxe.

Redonda (cosa), boronbil.

Redondear (c), biribildu.

Redondel, (an), larain.

Redondo (c), biribil.

Reducido a la nada, (an) ezer -ezean.

Refección ligera, comida ligera de funerales, ogi-ardao (b), ogi-ardo (g).

Reflejo, isla. ‖ Reflejo del sol

izla. || Reflejo del sol .en la playa, tierra, etc., **distiria**.

Refrán, esakera.

Refugio, (an) legorde. || Refugio, arboleda **espesa** u otro lugar sombrío que sirve de refugio al ganado, abaro. || Refugio bajo el alero de un tejado, sakape.

Refunfuñando, (bc) puŕustadan (-s), puŕustaka.

Refunfuñar, m a r m a r egon (np).

Refunfuño, muŕuskada, puŕustada (np).

Regalo, (-s) atsegin-sari, obari, (an) esku - erakutsi, (an) doai, opari.

Regalón, goloso, mizke.

Regalos hechos a las recién paridas, emarkai (g), emarkari (b).

Regata, eŕeten.

Regazo, (gc) magal, (-l) altzo. || Regazo o delantal lleno de algo, alzokada.

Región, (c) alde, (4) eŕi-alde, aldeera.

Regla (c...), zuzenbide.

Regocijo (2c), poz; (-s), poz (b, g), boz (l).

Regoldando, (an) koŕoka.

Regoldar, koŕok egin.

Regordete, **zapaŕote**, (-s) potzolo.

Regueldo, (an) koŕokada (np).

Regular, adinon, adiñon. || Regular, vulgar, lagun-abar.

Rehacer (c), biŕegin.

Reina (c), eŕegiña.

Reja del arado (-l), nabar.

Relámpago, tximista, (np,) oiñastaŕi; (4), tximixta (b,g), ximixta (l), xilimixta (s).

Relación, artu-eman (g), artu-emon (b).

Relincho de bestias, iŕintza.

Reliquia, (-s) ondakin, kondo (np).

Remar (acción de), boa.

Remate (4), buru.

Remediar (4), **estali** (-b), estaldu (b).

Remedio (4), sendagaŕi (-s), sendogaŕi (s). || **Remedio** para la salud, **indaŕbide**.

Remendar, adabatu (g), adabau (b), (4) adodatu.

Remero que mantiene una lancha, etc., orekari.

Remiendo, adabaki, arabaki, (-s), gogorgaŕi, (4) adoba. || Remiendo propio para reforzar (-s), gogorgaŕi. || Remiendo (sólo se usa en los derivados), araba.

RE

Remilgada (persona), que habla con afectación de cultura, suavidad, finura, eztimetxa, (an) legun.

Remolino de viento, sorgin-aize, zuṙunbiḷo. || Remolino, centro de donde parte el pelo (2c), galbar. || Remolino o confusión de gente, zuṙunbilo. || Remolón, flojo y tardío para el trabajo (gc), zabar (an). || Hacerse el remolón, (an) zabartu. || Remolón, retraído para el trabajo, (an) uzkur.

Remolque (c), atoi.

Rémora, uzkurtasun.

Remordimiento, (c) eṙedura, (-s) eṙenkura, (an) kezka; (-s), korapiḷo (b,g), koropilo (l).

Remoyuelo, especie de salvado, (an) birzai.

Remuneración, equivalente, ordain (Vid. vasc.).

Renacuajo (bc), sapaburu.

Rencor, giaṙe.

Rendija (-s) ziṙistu (b,g), ziṙitu (g,l); (an, gc) ziṙikitu, (an) iṙiñarte.

Rendimiento de cansancio (c), uko, (gc) pot.

Rendirse, darse por vencido,

RE

okatu. || Rendirse de fatiga, adikatu.

Renegado, puntilloso, txiṙipitin.

Renglón de escritura (-s), leṙo.

Renovar, eragin. || Renovar, echar escapos, garatu.

Renta, etoṙi.

Renuevo de árbol, etc. (-s), muskil. || Renuevo de plantas, lilika.

Reo (c...), obendun.

Reparar el daño, osotu.

Repentina (cosa), supitu.

Reposar, atseden.

Reposo, (c) egotaldi, (-s) geldi-aldi.

Réprobo, (an) zorigaiztoko.

Repudiar, abandonar las aves el nido antes de la procreación, sapoztu.

Repulgar (4), azpildu.

Repulgo, algain (g), algan (b). || Repulgo en la costura, azpildura.

Requesón (2c), gaztanbera.

Risa, paṙe.

Resaca, corriente, eṙesaka.

Resbaladizo, laban (np).

Resbalando, txiṙistaka (np).

Resbalar, txiṙist egin, iṙistatu (an,g), iṙistau (b), ziṙistatu

RE

(1) (-s). || Al resbalar (onomatopeya), iṛist.

Resbalón, (an) iṛistada; (-s), txiṛistada (g,b) ziṛıstada (l). || Resbalón (onomat. de la acción), txiṛist.

Reseco, duro (-s), eṛezar.

Resentido (c...), mindun.

Resentimiento, eṛesomin.

Resentirse (c), mindu

Reserva (en) (2c, an), isilear

Reservado (c), isil.

Residencia (de), egotez (an).

Residuo, (-s) ondakin, (c) ondar, abar. || Residuos, zabor (an). || Residuo de panales de cera (2c), sapar. || Residuo de piedrecillas en el calero, txirta. || Residuo de trigo después de trillado (gc), galtzikin. || Residuos de árgoma (-l), otabar. || Residuos de ramillas (gc), zotzabar.

Resina, eṛtxiña.

Resistencia (-s), zailtasun. Persona de mucha resistencia, katuki (np).

Resistiendo, poniéndose huraño, sapuzka (np).

Resistir (-s), gogor egin.

Resolución, buruzbide; erabagi (b). erabaki (an,g).

RE

Resolver (-s), erabagi (b), erabaki (an, g, l).

Resolverse, erabagi (b), erabaki (an, g, l); (2c) zirt edo zart.

Respetable, itzaltsu.

Respeto, (an) begirune.

Respingar, negarse una bestia a llevar carga, kilimolo.

Responder, (an) erantzun.

Resquicio, (an) tarte (np).

Restablecer, (an) lengoratu.

Restitución, biuṛera.

Restituir (-s), biurtu. || Restituir lo hurtado, osotu.

Resto, kondo (np).

Resuelto, (4) biozdun, bioztsu.

Retal análogo a la misma tela al que se le echa, bereki. || Retal de paño, zatal. || Retal, pedazo sobrante de tela, ziṛinda.

Retama (c...), isats.

Retejo, eṛetila.

Retirada, poco amiga del bullicio (persona) (c), etxekoi.

Retirado, dado al retiro (c), etxekoi.

Retirar (hacer) atzerazi (g), atzerazo (b).

Retiro bakartade

Retraerse, atzeratu.

RE

Retraimiento, uzkurtasun.

Retraso, atzerapen.

Reuma (-s), umore.

Reventar, (an) ler egin, lertu (np).

Reventón (-s), ler.

Reverencia (hacer) (ac), agur egin.

Revés (al), okerka (np). || Al revés, con lo de atrás para adelante, atzekoz aurera.

Revirar, volver (-s), erebidatu (l), erebidau (b), erebidatu (g).

Revisión, (an) ikusketa.

Revista, (an) ikusketa.

Revivir, birbiztu.

Revoltijo (an, 2c), naste.

Revoltoso, (an) petral (gc).

Revolver, irabildu, (-s) nasi; (c) erabili. Eragin: urari eragin, remover el agua; irabiatu (g), irabiau (b). || Revolver la tierra después de la siega, lurgoratu. || Revolver un líquido (el) (-s), naaste.

Revuelo de salvado, etc., zapero

Rey (c), erege.

Reyerta, erierta, ereieta

Reyezuelo, pajarillo, (an) txepetx.

Rezagamiento rabartasun.

RO

Rezagarse, (an) (-s) zabartu.

Ría, hilera de granos en la espiga, maila, maila.

Riada, avenida de aguas, uiol.

Ribera, eribera, (an) ugaran. || Ribera, junto al agua, ugalde (np).

Rico (c), aberats.. || Rico retirado de América (c), indiano.

Riesgo, arisku.

Rígido (c), zail, zail.

Rincón, (-s) baztar, (c) bazter, (c) zoko, zirikilu.

Riñendo, etiketan.

Riñón, (g) gultzurin, gultzurun (b)

Río (4), ibai.

Ripio, zatari. || Ripio, conjunto de ladrillos rotos, etc., (an), zatari

Risa (onomat. de la) (c...), kar.

Ristra, txirikorda; tutu. || Ristra de ajos, pimientos, maíces (4), korda.

Risueño (4), arai.

Rizado, kizkor.

Rizos de velas, eritz.

Roba (que no) (-s), esku-garbi.

Robar (bc), ostu.

Roble (-s), aritz.

Robledal, (-s) arizti, ariztegi.

RO

Robo, (²c) lapuŕeta, esku-aŕantza, (bc) lapuŕeri.

Robustecerse (c…), indartu.

Robustez (-s), sendotasun.

Robusto (-s), mardo (b,s), mardul (b,g), (c) gordin.

Rociar, intzatu (ms. Uriarte).

Rodaballo (pez de mar), eŕeboiĺo.

Rodapié, cortinilla que cubre los huecos del catre, eŕadapi.

Rodear (4), inguratu.

Rodete, buru-aurki.

Rodilla (-s), belaun. || De rodillas, belauniko.

Rodillo de piedra, alper.

Roer (gc), maŕaskatu.

Rogar, eŕegutu.

Rojez, (an) goŕitasun.

Rojizo (c), goŕizka.

Rojo (c), goŕi.

Roldón, ave marina, martin.

Rollizo, lozano, (gc), lozan.

Romadizo (2c), zuŕu.

Romero (-s), eŕomes.

Romo (c), motz.

Rompedizo (c), etenkor. || Rompedizo, fácil de rasgarse, uf-akor. Se dice de papeles y telas.

Romper, (c) eten, ausi

RU

Romperse una cuerda, (an) zart egin.

Roncando, zuŕuka.

Roncha, sangre coagulada (c), odoluri.

Ronquido, koŕonka.

Rosa silvestre, astalaŕosa.

Rosca, kiribil.

Roso y velloso (a), aŕet-zaŕet.

Rostro, (-s) begitarte, begi-bitarte.

Rota de afilar, deztera.

Rotura, quemaduras que se hacen en el campo destinado a la siembra, eŕetura.

Roya, goŕiña.

Royendo, maŕaska.

Rozar o revolver la tierra (gc), lurgoŕitu. || Rozar las tierras, azalatu.

Ruda silvestre, eŕuda.

Rudo, aketo. || Rudo, brusco, zakatz.

Ruego, (an) eŕegu, aŕen.

Rufián, andraketari.

Rugido, oŕoe (np).

Rugiendo, (an) oŕoaka, oŕozka.

Ruido (c), ots. || Ruido de arrastre, aŕast. || Ruido de bofetadas (onomat.), blist-blast. || Ruido de ebullición (del fondo), bol-bol. || Ruido

RU

de ebullición superficial (c), pil-pil. || Ruido del rasguño (onomat.) (-s), tarat. || Ruido de la campanilla (an), tilin-tilin. || Ruido del corazón (onomat. del), (np) taup. || Ruido del rechinamiento de dientes, etc., kiriz-karaz. || Ruido de pies, oiñ-ots (np). || Ruido de ramaje, abarots. || Ruido de una bofetada, de un objeto que cae con estrépito al agua, a un lodazal (onomat. que indica el), blaust. || Ruido de un martillo (onomat. del), taun-taun. || Ruido de un objeto pesado que cae y produce algún eco (onomat.), danga. || Ruido de zapatos (onomat.), kiriz

RU

-karaz. || Ruido estridente, abarots. || Haciendo ruido, oska (np). || Ruido que produce la hendidura de un objeto (onomat. del) (4), krask.

Ruin, bilau, mutur-zimur, (-s) kaskar, (-s) doilor, (c) eskas. || Persona ruin, (an) koskor; kakati.

Ruina, (an) ondamen, (bc) ondamendi.

Ruindad, bilaukeri, (-s) doilorkeria, kakazkeri, sapokeri (np).

Rumia, (-s) ausnar, ausmar.

Rumiar, (-s) ausnartu

Rumor (bc), zurumuru.

Ruta (c), bide.

Rutilante (estrella), kiñulari (izar).

Voces no comunes a los dialectos bizkaino y guipuzcoano, de uso en tres dialectos.

R

RA

Ración (-b), ano.
Raíz (-b), zain, zaiñ.
Rajarse (-b), zartatu.
Rana (-b) igel.
Raposo (-g), axeri.
Rasgando (-b), zarastaka.
Rasguño (-b), zarasta.
Rato libre (-g), asti.

RE

Recién (-b), -beri.
Recoger (-b), bildu.
Referir (-b), kontatu (g,l) kontatü (s).
Regalo (-b), emaitz.
Repollo (-g), azaburu.
Reprensión (-b), mokoka.
Repudiar (-b), utzi.

RO

Repulsa (-g), tufut.
Resistir a pie firme (-g), gogor egon.
Reunir (-b), bildu.
Revoltillo (-g), naaste.
Roca (-b), arkaitz.
Roer (-b), karaskatu.
Romper (-b), autsi.

RU

Rompimiento (-b), zarasta.
Ronquido (-b), zurunga (l,g), zurunka (s), zuruka (b?)
Roña. (-b), erdoi.
Ropa (-b), aropa.
Rozar tierras (-g), saratu.
Ruido de golpes (-b), zalapart.
Ruido de un golpe (-g), dzart.

Voces no comunes

R

RA

Ramilla, kima.
Ramos (día de), Eramu-egun.
Rayo, tximizta.
Razón al hablar, (b) berbabide, (g) izpide.
Recibidor, (b) angelu, (g) eskarat, (an, l, s), eskaratze.
Recompensa, sari.
Rectitud de costumbres, prestasun.
Red, sare.
Reflujo (b?, Db), berazkaldi.
Regadera, ureztontzi (neol.?).
Regar, ureztau (b), (g) ureztatu (Db).
Regarbo, (b) ganora, txairotasun (g?).

RE

Registrar, (b) arakatu, (g) miratu.
Reja, (bc) burdin-sare.
Relaciones de dar y tomar, (b) artu-emonak, (g) artu-emanak.
Relámpago, (g) iñusturi, (an) iusturi, oiñestu (b).
Relente, iñontz (b), intz (g?).
Remanso, ur geldia.
Respiración, (b) arnasa, (g) asnasa.
Reunir, batu.
Reyes (día de), Erege-egun.
Risa, pare.
Rocío, garu (bc), intz (an, g).

S

SA

Sábalo (-s), kolaka.
Sábanas y fundas, oazal (an,g), oien azal (b).
Sabedor (c…), jakile.
Saber (c), jakin.
Sabio (-s), jakintsun (g,l), jakintsu (b).
Sabroso (c), gozo.
Sacar (-s), atera.
Sacerdote, abade.
Saco, (c), zaku, zoŕo. || Saco de habas, baba-zoŕo. || Saco grande (c), **saka.**
Sacrificarse, (an) ukatu burua
Sacristán (c…), sakristau.
Sacudida, gora-bera.
Sacudimiento, astiraldi.
Sacudir, astindu. || Sacudir o golpear, por ejemplo un colchón para hincharlo (operación de), astinketa.
Satín, canal de molino, antapa.
Sagaz, asmutsu.
Sahorno, zanbro, (an) eŕesomin.
Sal (c), gatz.
Salado (c), gazi.
Salar (c), gazitu.
Saladero, depósito de salmuera, gatzunaska.

SA

Saladito, gaziantz.
Salar de nuevo, carne, tocino, etc., gazbeŕitu.
Salario, aloger.
Salero, gatzandel, (c) gatzontzi.
Salga lo que saliere (trabaja a), ziŕi-paŕa.
Sal gema (c), gaztaŕi.
Salida (c), abialdi.
Salinas, gatzaga.
Salir, (an) **kanporatu.**
Saliva, txistu.
Salmón (s), izoki (g), izokin (b l).
Salmonete (pez marino), barbarin.
Salón, gizategi.
Salpicadura (gotas de agua), txiŕipiztin (an, g), txipristin (bc).
Saltamontes, langosta del campo, matxin-salto.
Saltando, (an), saltoka (np).
Saltarín, saltokari (np).
Salto, (an) salto, jaiki. || Salto cuya longitud, etc., oinbaŕu. || Salto en falso, zapasalto.
Salud (-s), osasun.
Saludable (lugar) (bc), osasuntsu.

SA

Saludo (c), agur.
Salud (ponerse bien de), (an) ondu.
Salutación, eskumuiñ (gc), eskumun (bc).
Salvado (4), zai.
Salvar, gorde.
Salvarse, ir al Cielo (-s), zeruratu.
San, santo, san.
Sano (persona) (bc), osasuntsu.
Sanar (c), sendatu.
Sangrando (c), odoletan.
Sangrar (c...) odolustu.
Sangre (c), odol.
Sangre fría (a) (c...), odol -otzik. || Masa de sangre, odoltza.
Sanguinario (c...), odolzale.
Sanguíneo (c...), odoltsu.
Sano, firme, zintsu (np). || Sano, que tiene buena salud (-s), osasundun.
Santa, (an) santa.
Santiguarse, Aitearen egin.
Santo (c), done (casi en desuso).
Sañudo, sumin.
Sapo (4), zapo (g,b), apo (-b). Sapo, escuerzo (2c), sapo.
Saquito, alforja, (an) zakuto.
Sarampión, elgoŕi.

SE

Sardina (-s), sardiña.
Sarmiento (4), aien.
Sarna, atz.
Sarta o ristra de ajos, etcétera, txirikorda.
Sartén, (4) zartagin, zartai (g), zartarin (an,b), sartagiñ.
Satisfacción, (an) ordain (np), lasotasun.
Satisfacer, gogobetatu.
Satisfacerse, (np) lasotu, lasatu.
Satisfecho, lasa (np), laso.
Sauce, (-s) zumalakar, (-s) sarats (g,b), sahats (l), (an) sagats.
Sauco, intsutsa.
Sauquillo (Bot.), mausa.
Savia, ezne.
Saya (2c), gona.
Sazón (c), aro. || Epoca de sazón (-s), sasoi (b,g), sasoin (l).
Sazonado, (-s) umo, umau.
Sazonamiento (-s), umotasun.
Seriamente, benetan.
Secar, legortu.
Secarse (-l), agortu. || Secarse la ubre, quedarse sin leche una vaca, antzitu, (-s) antzutu.
Seco, (2c) legor. || Seco, marchito, (an) igar.

Secreta o muy reservada (persona) (c), mutu.
Secreto, isil-mandatu, (c) isil. || En secreto, aopean.
Secundina, (-s) ur-zoŕo, karen. || Secundina del animal (an), kaden.
Sed (c), egaŕi. || Sed, apagar la (c), egaŕia il. || Tener sed (c), egaŕi izan.
Sediento, propenso a la sed, egarbera.
Segador, igitari, galepaile, (an, gc), segari.
Segar, (gc) itaitu.
Seguida (en), (4) bereala.
Seguidor, jaŕaitzaile.
Seguir, (-1) jaŕaitu, antxitu.
Segunda hija de la casa (c), etxekalaba. || Segunda simiente en un mismo campo, biŕazi.
Segundo (c), bigaŕen.
Seguramente, nonbait.
Seguridad (-s), segurantza.
Seguro, (-1) segur (l,g), seguru (b); zigur. || A buen seguro, aurki.
Seis (c), sei. || El seis (c...), seiko. || Seis a cada uno, seiña (np)..
Seiscientos, seireun.
Selecto, (an) bana-banako.

Selva (-l), baso.
Sello, silu.
Semana (c), aste. || Cada semana (c), astero.
Semanalmente (c), astero.
Semanas de julio sin fiesta intermedia, mutxatxo - asteak. || Por semanas (c), asteka.
Semblante, arpegiera.
Sembrar, (an) erein; (-s), erein (g, b), erain (l).
Semejante, antzeko. || Semejante, de igual clase (-s), kideko.
Semejanza, antza.
Semen (4), azi.
Sementera (tiempo de), azaro.
Semidespierto (c), erdilo.
Semilla (4), azi.
Semillero, mintegi (np).
Sendero, bide-zidor (b), bide-zior, bide-txidor (b) bide-txior (g)
Seno (-s), kolko (b,g), golko (l); (-l) altzo. || Seno, en sentido de concavidad (c), utsune. || Seno, en el sentido de vientre (c), sabel.
Sensato (c...), zentzudun.
Sensibilidad (c...), minberatasun; konort.
Sensible (c), -bera. || Hombre sensible (-s), sentikor.

Sentarse (generalmente), jaŕi; apa, apax (voc. puer.).
Sentencia, erabaki (an, g, l), erabagi (b).
Sentenciar (-s), erabaki (an, g, l), erabagi (b).
Sentido (c), zentzu. || Sentido, sensibilidad, konort. || Perder el sentido, konkortu.
Sensual de la mujer (apetito) (bc), loka
Señal, marka (np).
Señor (c), jaun. || Hacerse señor, jaundu
Señora (4), andra (b), andre (-b).
Señorita, dama.
Separar, banatu, banandu, (an) banakatu
Separarse, bakartu, alde egin.
Septentrión (4), ipar.
Séptimo (c), zazpigaŕen.
Sepultar (bc), lurpetu.
Sepulturero, zulogile (an, g), zulogin (b).
Sequía, legorte.
Ser, izan; izate (an).
Ser bueno (c...), on izan
Sereno (cielo), ozkarbi (np).
Ser especial de cada persona (modo de) (c), izakera.
Serie, eŕenkada.
Serio, formal, ben. Se usa ca-si exclusivamente con los derivados.
Seroja, hoja caída (an, 2c), orbel
Serpiente, culebra g r a n d e (c...), sugetzar.
Serrano, pececillo de costa, kaŕaspio.
Serrín, seŕauts (np), zeŕauts.
Servidor, serbitzari.
Servidumbre, moŕontza.
Sesenta (c...), irurogei.
Seta (an, 2c), peŕetxiko. || Seta (cierta), (an) gibel-urdin. || Seta (cierta clase de) (gc), kuleto. || Seta de primavera, etc., zuza. || Seta, el más estimado de los hongos, (an) ziza. || Seta (nombre de cierta), gibel-ori.
Seto (4), esi. || Seto de palos, olesi. || Seto de piedra (-l), aŕesi.
Severidad (c), gaŕaztasun.
Sí (c), bai.
Sidra (4), sagar-ardo (s), sagardao (b), sagardo (g). || Sidra agria mezclada con dulce, gazi-gozo. || Sidra pura, sin mezcla de agua, buztino.
Siembra, ereintza. || Siembra de trigo, (an) galereite.

Siempre (c), beti. || Para siempre, (an) sekulako. || Siempre que..., -guztian.
Sien, loki.
Sierra (-s), zeŕa.
Siesta, después del mediodia, eguarte.
Siete (c), zazpi. || Siete a cada uno (4), zazpiña (g,b), zazpira (l,s).
Signarse, ziñatu (np).
Significación, adigaŕi.
Siguiente, uŕengo.
Silbador, txistulari (np).
Silbar, txistu egin (np).
Silbido, txistu (np).
Silbo, txilibitu (np).
Silencio, chito, ixo. || Rato de silencio, isiĺune. || Silencio, ixi.
Silencioso (c), isil.
Silvestre, aiĺara.
Silla, (-s), alki, aulki.
Sima (4), leza (bc), leze (-b), leize (-b).
Simiente de trigo (an, 2c), galazi.
Simpático, begiko, eskertsu, (c) maitagaŕi.
Simple, (c) uts, kaskal.
Simpleza (c), txotxakeri.
Simulando (-l), alegiaz.

Sin, bage, -tzaka (sufijo derivativo de verbos).
Sincero, ingenuo (c), oso.
Sin duda, aurki.
Sin igual (c...), paregabe, paregabeko.
Sin interrupción y con abuncia (c), saiĺean.
Sino... (4), baiño (an, 2c), baino (l,s).
Si no es, ezpada.
Sin punta o sin pico (c ..), mokogabe.
Sin substancia (persona sosa), (an) gelbera.
Sin vigor, muelle (-s), epel.
Sí (que) (4), baietz.
Siquiera (-s), beinik-bein.
Sirena (4), lamiña.
Sirga (2c), sirga.
Sitio en que se hace carbón (-s), ikaztoi. || Sitio soleado, egutera.
Sobaquillo (a), besabez (g), besape (b).
Sobar, abollar (-s), maspildu.
Soberbio (4), aŕo.
Sobre (de) (c), gañez. || Sobre gaiñean. || Sobre lo que uno puede, buruz gaiñetik.
Sobremanera, eŕuz.
Sobrepasar (4), garaitu.
Sobresaliente, txitezko (np).

SO

Sobresalir, (c) burua atara, nabarmendu.
Sobrino (4), iloba (-b), Ioba (b,s), loba (np).
Socala (vulg.), txanpel.
Socarrón, malmutz.
Socavar el suelo, azpiak jan, azpijan.
Sociedad, (an) gizarte.
Socorro (-l), elpide.
Sofoco (2c), itobear.
Soga, (c) soka, txikot, txikote (an).
Sojuzgar, menderatu (np) (c), azpiratu.
Sol (-s), eguzki.
Solanera, goiaga. || Solanera, viga maestra de un tejado, (an) goiabe.
Solariega (casa), oinetxe.
Solar, terreno para construir una casa, orube.
Solas (a), bakaŕean.
Solaz, jolas.
Soledad, bakartasun, bakartade.
Soler (4), oi. Se une a las flexiones del verbo y equivale al "soler" castellano.
Solicitud, azkartasun.
Solimán, sublimado corrosivo, (an) soliman.

SO

Sólo (c), bakar. || Sólo, puro (c), uts.
Soltar, jaregin.
Solterona, (an) neskazar. || Solterona que sirve en la iglesia, (an) serora.
Sombra, geriza, keriza.
Sombrero (bc), kapela.
Sombrío (c), itzaltsu.
Someter, (an) eskuperatu.
Sonajero, txintxiŕini.
Sonar la hora (c), jo.
Sonarse las narices, (an) zintz egin (np).
Sonido, soinu, soiñu (np). || Sonido de campanas (onomatopeya), din-dan.
Sonoro (sonido poco) (2c), motel.
Sonsonete (c...), leloa.
Soñolencia (-s), logura.
Soñoliento (-s), logura.
Sopa, sopa (np), (c) popa, zuku. || Sopa de bacalao, etc., (-s), zuŕuputun.
Soplando (c...), puzka.
Soplar (c...), putz-egin.
Soplo (c...), putz.
Soportar, (gc) jaso, (c) burutu, (an) iraun.
Sorber, (c...) zuŕupatu, (an) zuŕut egin.
Sorbido, (an) zuŕut, zuŕust (np).

SU

Sorda (becada), oilagor (bc).
Sordera (c), soŕeri. || Sordera ligera, goŕaize.
Sórdido (c), zeken.
Sordo (4), gor.
Sorgo, maíz silvestre, basarto.
Sorpresa, itsumustu, (4), (-b) ustegabe, (b) ustebage. || Sorpresa (en), itsumustuan (np), itsumustuka (an).
Sortija, elaztun, (-s) eraztun.
Sosa sin substancia (persona), gelbera.
Sospecha, susmo (np). || Sospecha vehemente o de incredulidad (exclamación de), mau-mau.
Sostén (-s), mutil.
Sostenedor, eusle.
Sostener (gc), jaso.
Sostenimiento, euspen.
Sota en el naipe, txanka (np).
Sotavento, aizebe, aizebera.
Sotechado (4), aterbe (-b), aterpe (b,g).
Stratus, nubes en forma de peces, balen-odeiak.
Suave, (-s), leun, (c) eme.
Suavidad, (an) gozotasun.
Suavizar (-s), legundu.
Subcinericia (cosa), zitar
Súbdito, menpeko (np).
Subir, igo.

SU

Súbita (cosa), supitu.
Subordinación, (np) menpetasun, menpe (np).
Subordinar, menpetu (np).
Subterfugio, igesbide.
Subvención, etoŕi.
Subyugar, (c) beretu, menderatu (np).
Succión, (onomatopeya de la), must (np).
Suceder, pasar, igaro.
Sucesor, oiñordeko.
Suciedad, lizuntasun, zabor, (an) zikintasun, zabor, (-s) zikinkeri, (-s) lizuntasuna, (c) loikeria.
Suciedades del lino, kaŕaska.
Suciedad o costra de platos, etc., nardaska. || Suciedad que se adhiere, etc., tortika. || Suciedad que expele la vaca recién parida, kate.
Sucio, (4) zikin, (an) lizun, (an) urde, (4) likits || Sucio, feo o desabrido (Voc. puer.) (-l), kaka.
Su, de él (c), bere.
Sudando, (an) izerditan.
Sudar (4), izerditu. || Propenso a sudar, (an) izerditsu.
Sudario, izerkari.
Sudor (c), izerdi. || Sudor pegajoso, izerlika.

SU

Sudoroso (-s), izerpera.
Suegra (4), amagiñaŕeba.
Suela (2c), zoru.
Sueldo, aloger.
Suelo, be. || El suelo, beia.
Suelto (-s), koloka.
Sueño, (c) lo, (c...) lo-aldi, (-s) lolo (voc. puer.) || Sueño incómodo, etc., (gc) lo eŕe. || Sueño ligero (-s), lo-kuku (b), lo-kukulux (l,g). || Sueño profundo, lo-zoŕo.
Suero, gazur, gatzun.
Suerte (-s), zori. || Suerte (a la buena), a la ventura (2c), galdu-gordean. || Suerte en el juego, etoŕi. || Suerte, ganga (2c), eskualdi. || Echar a suertes, zotz egin.
Sufrir, (an) iraun.
Sulfurosa (agua), ugats.
Suma, número total, kopuru.
Sumar (-s), bat-jo.
Sumo (a lo), buru-buru.
Superficial (4), gain.
Superficie (-s), azal, (c) gaiñalde. || Superficie de agua y de asuntos (4), azal (-s) axal. || Superficie que ocupa la casa ya construída, etxape.
Superfluo (c), gaiñezko.
Superior, (c) gañeko, (4) nagusi, (c) goren. || Superior, de más arriba (c), goragoko. || Superior, lo que está en el punto más elevado (c), gaiñeko.
Súplica, (an) eŕegu, aŕen, eskabide.
Supremo, prominente, gaiĺur.
Sur, (c) egoalde, egoe, egoi (4), ego.
Surco de las ruedas, burteŕesto (b), burteŕestu (g). || Surco formado, etc., (gc) zotaska.
Sur, parte meridional, (4), ego. || Viento sur, (4), ego, eguaize.
Susceptibilidad (c...), minberatasun.
Suspiro, antzi, (an) zizpuru (np).
Sustituto, ordezko (np).
Susto (-s), ikara.
Sutil (2c), me.
Suyo (en él) (c), berean.

Voces no comunes a los dialectos bizkaino y guipuzkoano de uso en tres dialectos.

S

SA

Saliva (-b), ao-gozo.
Sapo (-b), apo.
Sea (-b), dela.
Seducir (-b), liluratu.
Según (-g), -naz (sufijo relativo de conjugación; v. g., dakustanaz.)
Sensato (-g), zuur.
Serpol (-g), apio.
Sietemesino (-g), zazpiki.
Sien (-b), lo. Se usa en plural: loak, las sienes.
Signarse (-g) z,eiñatu (b,l), zeinhatu (s).
Sima (-g), leize.
Sino (-b), baizik.
Siquiera (-b), ezpere.

SU

Sobrenombre (-b), izengoiti
Sobre todo (-b), guziz.
Sobrino (-b), iloba.
Sol (-b), iguzki.
Soltar, (-g) eskatu, (-b) lazatu.
Sombrío (paraje) (-b), itzalpe.
Sonoro (-b), ozen.
Sonrosado (color), (-b), zurigoŕi.
Soñando (-b), ametsetan.
Soñar (-b), amets egin.
Sorpresa (-b), ustegabe.
Sotechado, (-b) aterbe, aterpe (g, b).
Suero (-b), gaztangaxur.
Superior, (-b) nausi, buruzagi.
Supremo (-g), goren.

Voces no comunes

S

SA

Sábado, (b) zapatu, larunbat (an, g).
Sábana, (b) izara, (an,g) maindire.
Sabañón, ospel.
Sabiduría, (bc) jakituri, (an, gc) jakinduri.
Sentimiento, (b) naibaga, (an,g) naigabe.

SI

Septiembre, irail.
Séptuple, zazpikoitz, zazpikotx
Sexto, seiren.
Séxtuple, seikoitz, seikotx.
Siglo, eunki.
Sillero, (b, Db) aulkigin, (g, Mend.) alkigin.
Sillón, (Db) katadera.
Simiente, azi.

SO

Sin fuste, (b) tentel, (g) ero.
Soltero, (an,g,l) ezkongai, (b) ezkontzaga.
Solterón, mutil zar.
Sombrerero, (b) kapelagin, (g) txapelgin (g, Mend.).
Sonarse las narices, zintz egin (Db).

SU

Sonrisa, iri-bare (b), (g) iri-par.
Sopera, (Db) zuku-ontzi.
Sopor, amodorramiento, (Db) kokorotasun.
Suegra, (b) amagiñaraba, (g) amagiaraba.
Suegro (b) aitagiñaraba, (g) aitagiaraba.

T

TA

Tabaco (c...), tabako.
Tábano, espara. || Tábano, mosca verdusca (2c), ezpada. || Tábano, insecto, etc., (2c), ezpada.
Tabaquera, (c), toxa (2c) pipontzi.
Tabla (c...), ol. || Tabla en que se lleva el maíz al molino, artol. || Tabla o mesa donde se maja el árgoma (-l). otaska.
Tablero, tabla que se usa para marcar las pieles destinadas a hacer abarcas, abarkol.
Tacañería (c...) zurkeri.
Tacaño, uri (np), (2c) eutsi.
Tacón del calzado, (an). takoi.
Taimado, malmutz.
Tajo, akats. || **Tajo para cortar hierro,** epaiki.
Taladrar, (an) zulatu.

TA

Taladro, taratulo. || Taladro barrena grande (-s), taratelu (l), taratulo (b, g).
Talante (de buen), betaz.
Tal como éste, onelako.
Talento (de) (c), **argi.**
Talón, orpo.
Talle (bc), lazo.
Taller, lantegi. || Taller de zapatería (-s), zapatagintza. || Taller, lugar **del** trabajo, -gintza.
Tallo de la flor de maíz, artagan (b), artagara (g). || Tallo del haba, babalasto. || Tallo, envoltorio de la parte superior del maíz, artalora.
Tamaño, piła.
Tambaleando, okerka.
También (c), baita.
Tamborete, tanbulet.

TA

Tamboril, (-s) tuntun, (bc) tanbolin.

Tamborilero, txanbolin. Se usa como apodo.

Tambor que se toca con dos palillos (-s), atabal.

Tampoco (4), ezta.

Tan (c), ain. || Tan..., como ese, ofen. || Tan..., como éste, onen.

Tangarte (vulg.), tangarte (np).

Tan grande como, besteko.

Tanino (-s), tortika.

Tanto, onenbat. || Tanto como, beste, ainbeste, aiña, adiña. || Tanto como ese (-s), ofenbat. || Tanto como éste, onenbeste (np). || Tanto en el juego del mus (un), (c), amareko. || Tanto, una cantidad como esa, ofenbeste.

Tañendo las campanas, bilin-balaunka.

Tapa (-s), tapa.

Tapar (c...), tapatu.

Tarasca, mujer, etc., (2c), taraska.

Taravilla (-s), maratila.

Tarde (4), berandu (b,g), berant (l,s).

Tardío, (4) berankor, berandukor.

TE

Tardo (hacerse), bagitu. || Tardo para andar, bagi.

Tarea, arlo. || Tarea que debe hacerse en tiempo restringido (4), sail.

Tarín (pájaro), tarin (np).

Tarja (moneda), txanpon.

Tartamudear (c...), moteldu.

Tartamudez pasajera originada por causa accidental, moteltasun.

Tartán, tela de lana, etc., zirikiton.

Tarugo, ildoki.

Tasajo, zezin.

Tate (4), ¡ut! (Interjeción de repulsa.

Taulón, tintoleta (np).

Taza (2c), katilu.

Té (c...), te.

Tea (-s), zuzi, esku-zuzi.

Techo (2c), suelo.

Teja (c), teila, teila.

Tejado (c...), teilatu.

Tejedor (-l), eule (g b), ehüle (s).

Tejer (cierta pieza de la máquina de), irazkitoki

Tejería, (-s) teilagintza, teilaetxe (np).

Tejero (4), teilagin (-s), teilagile (s).

Tejo (4),, agin.

TE

Tejón, (an) azkonar.

Tela de araña (-s), amaraun (b,l), amelaun (g).

Tema, porfía (c), tema.

Temático (2c), muker.

Temblor (-s), dardar.

Temblando, dardaiz.

Temible, bildurgafi.

Temor, bildur.

Temperatura (c), aro.

Temperie (c), aro.

Tempero (c), aro.

Tempestad (4), ekaitz.

Tempestad de granizo o de nieve, mataza. || Tempestad de lluvias y nieves o granizo, eraso.

Templar (el tiempo, las comidas) (4), ausi.

Temple, (-s) epeltasun, (c) aldi. || Temple, buen ánimo, beta. || Temple de un instrumento cortante, gozo.

Temporada de invierno, negute.

Temporada de nieves, edurte (b), elurte (-b) (4). || Temporada o serie de temporales (-s), ekaizte.

Temporal duro y prolongado, berdete.

Temprano, goizetik, (c) goiz.

Tenacidad (-s), zailtasun

Tenaz (-l), burugogoŕ, (c) zail,

TE

zaiĺ. || Tenaz y de mucho carácter, (an) setatsu.

Tender (c...), tiratu.

Tendero, dendari,

Tener (4), euki (b), (-b) eduki. || Tener pesar (-s), damu -izan.

Tentación, zirikada (np).

Tentáculos del pulpo, jibión, etc., eŕo.

Tentando (c...), zirika.

Tentar (c), zirikatu (np).

Tentativa, (an) saialdi (np).

Tepe, (4) zotal, (4), zoi. || Tepe, pedazo de tierra, etc. (Vulg. tormo), zoi.

Tercero, (an) irugaŕen.

Tercianas, ozbero.

Tercio (c...), iruki.

Terco, (bc) temati, (-s) zital, (gc) zipotz, (-s) kazkar, (-s) setati. || Terco (hacerse) (-s), zitaldu.

Término (c), muga. || Término medio (por), batez-beste.

Ternera de diez meses (-l), bigantxa.

Ternero (-l), txal (g,b), txahal (s).

Ternura (-s), samurtasun.

Terquedad, (-s) zitalkeri, zaputz (np), (an) itsukeri. ||

TI

Terquedad (acto de), burugogorkeri.

Terremoto, (-s) ikara, (-s) lufikara.

Terreno quebrado del fondo de los arroyos, etc , zuloune (g), zulounekada (b).

Terriblemente, ikaragaŕiki (an, g), ikaragaŕiro (b?).

Terrón, soki, **zokor.**

Tesoro, depósito de fruto, dinero (4), gordailu (-l), gordailu (l).

Testarudo, (-s) kazkar, (gc) zipotz.

Testerada (c…), tope.

Testigo ocular, ikusla (b), ikusle (an, g).

Testimonio, autor (Vid. vasc.). || Testimonio, prueba, siñisgaŕi.

Tía (2c), izeko.

Tibia, hueso de pierna, bernazur.

Tibio (4), epel.

Tiemblo, ofikara. || Tiemblo, (an) lertxun (Bot.).

Tiempo (c), aldi. || A tiempo, adionez. || Tiempo atrás hasta lo presente (c), aspaldi. || Tiempo, estado atmosférico, (an) **eguraldi.** || Hace ya tiempo (-s), aspaldi-

TI

yon. || Por mucho o largo tiempo (-s), luzaro.

Tienda, **denda.**

Tientas (a), itsumustuan (np), itsumustuka (an). || Tientas (a), con tiento, kontuz.

Tierno, (c) guri, (-s) samur. || Tierno, propenso a la ternura (-s), samurkor.

Tierra (c…), lur. || Tierra arcillosa (c), buztin lur. || Tierra blanda, lubera. || Tierra extraña, erbeste. || Tierra (se dice en contraposición al mar) (2c), legor. || Tierra segada de …(-s), -ondo. || Tierra sembrada de lino, liñondo. || Tierras llanas (-s), lur zelaiak.

Tieso, ailert.

Tigre, katamotz.

Tijeras para esquilar machos, mandaguraiza (gc), mandartazi (b).

Tilo (c), ezki.

Tímido, lotsati, ikarakor. || Tímido, propenso al temor, bildukor. || Tímido, corto de carácter, lotsor.

Timón (-s), lema.

Tinaja, tiña (np). || Tinaja pequeña, tiñako (np)

Tino (-s), **kontu.**

TO

Tinta (c), tinta.

Tintorera (vulg.), tintoleta (np).

Tiña (4), ezkabi.

Tío (-s), oto, oto (Voc. puer.).

Tirando (an, 2c), tiraka.

Tirano, gaizkin.

Tira o arrastra bien (animal que), (an) tirakalari.

Tirar (c...), tiratu.

Tiro (c), tiro.

Tísico (-s), etiko. || Ponerse tísico, (an) etikatu.

Tizón·(enfermedad del maíz), astaputz.

Tobera, aizebide.

Tobillo (bc), orkatila.

Tocamiento (c), eskuka

Tocar (-s), ikutu (b, g), ukitu (g, l). || Tocar su fin (hablando de rentas), ondartu. || Tocar (un instrumento) (c), jo. || Tocar, izena. Se usa al llamar a uno que lo sea.

Tocino (an), urdai.

Todavía, oraindik, oraindaño (g), oraindiño (b).

Tollo (-s), toil.

Toma (c...), no.

Tomado (lo), artua.

Toma o recibe (el que), artzaile.

Tomar (4), artu. || Tomar en boca, aotu.

Tonel, (c...) pipa, (gc) upel.

TO

Tonino, izurde.

Tontamente (c...), tontoki.

Tontería (c...), tontotasun, tontokeria.

Tonto, (-l) astaputz (c...) tonto.

Topar, encontrar, topatu (an, gc), topau (b).

Tope (c...), tope.

Topera (bc), sator-pilo.

Topes (a), topeka (np).

Topo (-s), sator.

Torcedor (c...), okertzaile.

Torcedura, (c...) makurtasun bior.

Torcerse (c...), okertu.

Torcida, mecha (2c), metxa.

Torcido, (-l) oker, biurri (4).

Tordo (c), zozo.

Tordo acuático, ur-gozo.

Toreando, (an) zezenka (np).

Torero, (an) zezenkari.

Tormenta (gran), eramaitza.

Tormento (4), oiñaze.

Tornadizo, aldakor.

Tornar, iruli.

Tornillo que oprime la prensa del lagar (-s), ardatz.

Torno (c...), tornu.

Toro (c), zezen. || Carne·de toro (c), zezenki.

Torpe, baldar, (c...) tonto. || Torpe de malos modales,

TR

(an, g) moldakaitz, (bc) moldakatx.

Torpeza, moldagaiztasun, (c...) moldegaiztasun.

Torre (-l), toŕe.

Torrente, uiol.

Torta (-s), opil. || Torta de maíz muy delgada (-s), talo. || Torta de pan mezclada con huevos, aŕautzopil. || Torta que se cuece entre llamas, gaŕopil.

Tortilla de huevos, (an) aŕauztalo.

Tórtola, usatortola.

Tos (c), eztul.

Tostado, (an) kiskal.

Tostar, birberotu, (-s) kiskaldu (b,g), kiskaildu (l).

Tostarse, (an) kiskaldu. || Tostarse, abrasar, kiskaldu.

Torzal, etc., itsuta.

Traba, traba (an).

Trabajador (c...), langile.

Trabajar (c), lan-egin. || Trabajar de cualquier manera, sin finura (-s), zizti-zazta.

Trabajo, (c) lan, (an) langintza, bear. || Trabajo campestre (c...), mendi-lan. || Trabajo, fatiga (4), neke. || Trabajo mutuo que se hace entre vecinos (2c), auzolan. || Rato de (c), lanaldi.

Traducción, biurkera.

Traducir, biurtu. || Traducir al vascuence, euskeratu.

Traer (c), ekaŕi. || Hacer traer (4), erakaŕi.

Traficante (c), salerosle.

Traficar (c), salerosi.

Tráfico, (c) salerosi, azoka.

Tragar (4), irentsi (-b). iruntsi (b).

Trago (-s), zuŕut, (b,g) xuŕut (l). zuŕust. || Trago de licor, txuŕunpanplin (muy trivial).

Traidor, txeŕen

Traición, (c?) saldu, (gc) iruzur.

Trajinería, azoka.

Trama de doce hilos, biderdi. || Trama de lana (-l), bilbe. || Trama de veinticuatro hilos, bide.

Trampa para coger pájaros (an), tranpa.

Tranca de la puerta, ataga. || Tranca de puertas, tranga.

Trance apuro, istilu, estualdi.

Tranquilidad, cachaza, mana.

Tranquilo, mana, ezne.

Transitorio (bc), igarokor.

Trapo (2c), mantar. || Trapo o pañuelo, etc., (an) zapi.

TR

Traquino (pez, etc.) (gc), salbeo.
Tras, parte posterior, atze.
Trasero (-s), ipurdi.
Trasladar, (an) biraldatu, igaro.
Trasplantar, (an) bira.datu, (-s) birlandatu.
Trasquilador (gc), motzaile (an).
Trastorno (c), gora bera, gora beera.
Trasto viejo, (an) zarkin.
Tratar bien o mal (4), artu.
Trato (c...), tratu.
Traule (Vulg.), traol.
Través (a), zear.
Traviesa, leño largo y grueso (gc), langa.
Traza, (c) itxura, (c) m.olde, (4) eresto.
Trébede, trebera (np).
Trébol, irusta. || Trébol encarnado, etc., pagotxa.
Trece (-s), amairu.
Trecho (-l), une (b,g) une (s) || Trecho vacío (c), utsun.
Tremendo, ikaragari (an).
Trepatroncos (pájaro), (an) sagu-txori.
Tres (4), iru (b,g), hirur. || A razón de tres (-s), iruna.
Trescientos (4), irureun.
Tres clases (paños de), irutariko oialak. || El tres (c), iruko. De tres en tres, (an) irunaka. || Tres veces, irutan.
Treta (4), maiña.
Trigal, garitza (an).
Trigo (-s), gari. || Trigo barbado, galatz. || Polvo de trigo (an, 2c), galauts. || Trigo (segunda cosecha de), birgari. || Trigo (de segunda siembra por no haber brotado la primera), birgari. || Trigo tendido antes de desgranado, bala.
Trinchera rodeada de zanjas (gc), lubaki.
Trinquete (juego) (c...), trinket. || Trinquete, vela delantera de una lancha, trinket.
Tripa (2c), tripa.
Tripacallos, (an) esteki, (an, 2c) tripaki.
Tripada, asebete, (gc) sabelbete, sabelbetekada.
Tripas de ovejas (-s), tripotx.
Triple, compuesto de tres, irukonde.
Triplicar, irutu.
Triste, betilun, (-s) gogoilun.
Triunfo (-s), garaipen.
Tronco, enbor, (c...) ondo. || Tronco de árbol, (an) moskor.

TR

|| Tronco de junto al fuego (2c), subil.
Troncho, kirten. || Troncho de berza, azaondo. || Troncho de una pera, manzana, muskin.
Trono, aulki.
Tronzar en cuatro partes (-s), laurgitu.
Tropel (-l), bolada. || Tropel, gentío, mordoskada.
Tropezando, itsumustuan (b,g), itsumustuka (an).
Tropiezo, estropo. || Dando tropiezos, zirkun - zarkun. || Dando tropiezos por efecto del vino, zabuka.
Trovador, improvisador (-s), bersolari.
Trozo (-s), kasko. || Trozo no grueso, zatal.
Trucha (-s), amoŕai (g,l), amuŕaiñ (b).
Trueque (c), truk.

TU

Tú, (c...) ori, (4) i.
Tuerto, begi-bakar.
Tumbar, (c) etzan, (-s) luŕeratu.
Tumbos (caer dando), bilin-balaunka.
Tumor, (-s) anditsu, tontor. || El tumor, anditua. || Ciertos tumores, kaskazabal.
Tumulto, zaŕapaŕa, zaŕamar.
Tundir a golpes (onomat.), dinbi-danba.
Túnica, bata de niñas muy ajustada al cuerpo, gonagontz (g), gonagorantz (b)
Turbina, turtakoi (g), turtukoi (b).
Turbulento, zirin.
Turel (pez) (-s), txitxafo.
Turno (c), aldi. || Por turno (-s), aldizka.
Tusa, txokor.
Tuyo (4), ire.

Voces no comunes a los dialectos bizkaino y guipuzkoano de uso en tres dialectos.

T

TA

También (-g), ere.
Tampoco (-b), ere.
Tan... como ese (-b), oŕen.
Tan... como (-b), bezain.
Temor (-b), beldur.
Tía (-b), izeba, izeko (b).

TI

Tibio (-b), zeŕepel.
Tiempo (a), a la hora justa (-b), tenorez. || Tiempo, ocasión (-b), tenore. || Tiempo desocupado (-g), asti.
Tímido (-b), beldurti.

TR

Todavía (-b), egundaino (g, l), egundano (s).
Todo (-b), guzi, guzti (b).
Tonto (-b), zozo.
Trabajo, el trabajar (-b), lantze.
Tragar (-b), irentsi; (-b) iretsi, iruntsi (b).
Trasladar (-g), igaran.
Traspasado mañana (-g), etzidamu.

TU

Tributo (-g), petxa.
Trigueño (-b), belzaran.
Trompo (-b), ziba (g,l), zibot (s).
Tropel (-b), pafasta.
Trueno (-g), ihurtzuri (!,s), juzturi (b).
Tuteando (-g), ika.
Tuyo (-b), ere.

Voces no comunes

T

TE

Taberna, (b) ardandegi, taberna.
Tabernero (Db), ardangizon.
Tallo, paja, lasto.
Tarde (la) (c), afatsalde.
Tartamudo (el), (an, g) totela, tatalea (b).
Teatro, antzoki (neol.)
Tedio, asco, (b) iguin, (g) igui.
Tejer, (g), eo, (b) eundu.
Tejido eun.
Temblón, lertxun.
Temporada de lluvias (c...), eurite. || Temporada de invierno, negute.
Tenazas, tenazak.

TU

Tenedor, lauortz, tenedorea (pop.)
Terminar, acabar, amaitu.
Ternilla de las fosas nasales, surmintz (Db).
Testamento, azken-nai.
Tío, osaba.
Tizón (-s, an), ileti.
Tordo, zozo.
Tormenta, (g) ekaitz, ekatx (b)
Trapo de cocina, (g) zatar, (b) mafas.
Tristeza (la), gogo iluna, tristura (pop.).
Tutor, aita-orde.

U

UB

Ubre (c), eŕape.
Ultimamente, lo más recientemente, orañago. ǁ Último (4), azken. ǁ El último, atzerren, atzerengo. ǁ Último, en toda clase de ideas, atzen.
Umbral, brinbel. ǁ Umbral de una puerta, zapata (np).
Una (a) (c), batera. ǁ Una cosa así (-s), oŕenbat.
Único (4), bakotx (-g), bakoitz (g); (c) bakar.
Uno (c), bat. ǁ Uno a cada uno (c), bana. ǁ Uno con otro, (an) batez beste. ǁ Uno en uno (de) (-s), banaka. ǁ Uno mismo (c), buru. ǁUno mismo, la persona que habla, norbera.
Unos cuantos, batzuk-batzuk. ǁ

UV

Unos lugares, etc. (en), batzutan.
Urdidero, (an) iraztaska.
Urdir el lienzo en el telar, irazi.
Urta (Vulg.), txelba (np).
Usted (-c), zu, zuk.
Usufructo (c), gozamen.
Usufructuar (c), gozatu
Usurpar derechos (c), eskua kendu, esku-artu.
Utensilio (c), tresna.
Utero, urdail (np).
Util (-s), gauza.
Utrero (el), novillo joven (c...), idisko.
Uva (4), mats (g, b), mahats (l, s). ǁ Uva (racimo de), masmordo. ǁ Uva silvestre, itsu-maats.

Voces no comunes a los dialectos bizkaino y gipuzkoano, de uso en tres dialectos.

U

UN

Uncir (-b), uztartu (l, g), üztartü (s).
Ungir (-b), gantzutu.

UN

Único (-g), bakotx, bakoitz (g).
Unos... (-b), bezalatsu.
Untar (-b), gantzutu.

Voces no comunes

U

Urraca, picaza (2c), mika.

V

VA

Vacación (día de) (-s), opor.
Vaca que entra fácil en celo (-s), susarabero. || Vaca silvestre, laŕabei (np).
Vaciar (4), ustu (-s), hüstü (s). || Acto de vaciar, utsaldi.
Vaciedad (...), ustasun.
Vacío (c), uts. || Vacío en el juego (quedarse), soildu. || Estar vacío (c), utsik. || Vacio y lleno (c), uts-bete.
Vacuna, goŕiña. || Vacuna, goŕiña sartu (g), goŕiñea sartu (b).
Vado, (4) urmeune, (an?) urme, (-l) meune.
Vagabundo (c), arlote.
Vago (-s), alper.
Vahido, buruko ariña.
Vaina (c...), leka.
Vaivén, salto que hace el carro al chocar con obstáculos, trango.
Valiente, eŕudun, bioztsu, (4) biozdun.
Valimiento para conseguir algo, (an) eskari.
Valioso, baliotsu; balios (s, l) (4), balioso (b,g).
Valor, eŕu.
Vallado, etc., luesi.

VA

Valle (c), aran.
Vamos! (c), tira.
Vamos a ver (c), ea.
Vanidad, andikeri, aŕokeri.
Vanidoso, buru-eritxia.
Vano, andiputz, (4) aŕo. || En vano, alpeŕik.
Vara, zarta, (-s), zigor. || Vara, etc., sardai. || Vara, cana (c), kana. || Vara, lanza del carro, pertika (np).
Varapalo, palo largo, etc., (-s), zardai (g, l), zardain (b).
Varazo, zartadako (np), zartada (np).
Varios (4), batzu (l, s) batzuk (b), batzuek (g).
Varón, gizonezko, (an) gizakume.
Vascófilo, euskalzale.
Vascongado, (an) euskeldun, euskaldun (an).
Vascuence, (an) euskera.
Vasija, murko.
Vaso, receptáculo (4), ontzi (b, g), untzi (s, l).
Vástago (-s), muskil. || Vástago que se trasplanta (-s), aldaska. || Echar vástagos (-s), muskildu. || Vástago tierno, etc. (-s) muskil.

VE

Veces, -tan. Se agrega a los numerales. || A veces, (an) batzutan, (-s) batzuetan. || Cinco veces, (an) bostetan. || Muchas veces, saŕitan, (bc) saŕi.
Vecindad (4), auzo.
Vecino, auzo, alboko.
Vega, ibar.
Veinte (-l), ogei.
Vejez (bc), zartzaro.
Vela de buques (c), bela.
Velarse (-s), lanbrotu || Velarse con la niebla (hablando del tiempo), lanbrotu.
Veleidoso (-s), alditsu.
Veloz (4), arin.
Vena (4), zain (-b), zan (b).
Vencedor (-s), garailari.
Vencejo, elai.
Vencer (4), garaitu.
Vendaval (-s), mendebal.
Vendar los ojos (-s), itsutu.
Vendedor (-l), saltzaile (g, b), saltzale (s).
Vender (c), saldu.
Vendimia, mordoketa.
Venera (bc), txirla.
Venerable (?), agurgaŕi.
Venga usted, venga él, betor.
Venida (2c), etoŕera.
Venir (-s), etoŕi. || Venir a las manos (c), eskuetaratu.

VE

Venta, (c) saltze, salmenta (an).
Ventaja, gora, alde, obari.
Ventajosamente (c) gainezka.
Ventajoso, eroso.
Ventana (c), leio.
Ventarrón, aizete.
Ventilado (paraje), aizetsu.
Ventisca, ventisquero, remolino de agua y viento y nieve, etc., bisuts.
Ventisquero?, lugar donde se arremolina la nieve (c), aize-leku.
Ventura (-s), zori. || A la ventura (2c), galdu-gordean. || Por ventura, ausaz, (4) menturaz.
Ver, ikusi, (4) ekusi.
Verano (c), uda.
Veraz (4), egiati (l, s), egiti (b, g).
Verdad (c), egi.
Verdadero (-s), egiazko (b,l) egizko (g).
Verde (c), berde, (4) eze, ori -urdin (np); eldu-bako (b), eldu-gabe (g).
Verdugo (c), boŕero, (an) urkatzaile.
Verdusco (4), berdeska (b), berdexko (-b). || Verdusco, color verde alegre, berdezka.
Verga de lancha, berga. || Ver-

ga, miembro genital del hombre, txitxil, zakil.

Vergonzoso, lotsagaŕi (np).

Vergüenza (2c), lotsa. || Rato de vergüenza, lotsaidi. || Tener vergüenza, lotsa izan (np).

Vericueto, (an) estrata, estarta.

Ver (modo de) (c...), ikuskera. || Que está por ver (-s), ikuskizun.

Verraco, apote, apota, (-s) apo. || Verraco, palabra despreciativa dirigida a una persona, apota.

Verruga, enor, (an) garitx.

Verter (-s), itzuli.

Vértice (c...), punta. || Vértice, extremo superior (-l) goien.

Vértigo (2c), zorabio.

Veso, marta, (4), pitoxa (g), pitotxa (-g).

Vestíbulo (c), etxe-sartze.

Vestido (4), jantzi (b. g), jauntzi (s, l).

Vestidura, (-s) soiñ, soiñeko.

Vestigio, (4) eŕesto, (c) aŕasto, aztaŕen (g), aztaŕondo (b).

Vestir (4), jantzi (b. g), jauntzi (s, l).

Vestirse, jantzi. || Acto de vestirse, jazte. || Modo de vestirse, jazkera. || Vestirse y desnudarse (la doble operación de), jantzi-erantzi.

Vestuario, casa en que se mudan ropas, etc., aldaetxe.

Veta, acierto para hacer algo, eskualdi.

Vez (c), aldi. || Alguna vez (c...), noizbait. || Cada vez, aldiro. || En vez de..., (an) beaŕean. Se usa con un verbo infinitivo. || En vez de, (an) ordez (np). || Otra vez, uŕengo. || Una vez (4), bein. || Una y otra vez (bc), ostera ta ostera.

Viaje (-s), ibilte.

Viajero, bideazti, bidazti, (-s) bideazko.

Vianda, (c) jaki, (4) janari.

Vianda?, cosa de comer (c), jaki.

Vibración (-s), dardara

Vicegerente, ordezko (np)

Viciarse, obendu.

Vicio, oben. || Vicio que toma una cuerda por haber estado mucho tiempo arrollada en sentido determinado, biuŕi.

Victoria (-s), garaipen.

Victorioso, garailari.

Vid (-s), matsaien. || Vid silvestre (4), basamasti, basamats.

Vida (c) bizi; (4), bizitz (g,b), bizitze (l, s).

Viejo, (an) zar.

Viejos y jóvenes, zargazte.

Viento (4), aize.

Viento norte (4), ipar. || Viento cálido, aize eŕe. || Viento nordeste, enbat. || Viento este (-s), ipaŕaize. En la costa "ipar" no es norte, sino este. || Viento norte, kanpaize (np). || Viento sureste, galgoi.

Vientre (2c), tripa, (c) sabel.

Viga (4), abe.

Vigía, atalayero (2c), talayero.

Vigilar (-s), zaindu (b, l), zaitu (g).

Vigor, kemen.

Vigoroso (4), azkar.

Vil, canalla, gizatxar.

Vileza, (an) zatarkeria, sapokeri.

Vilorta, (an) biur.

Villa, ciudad, población reunida, (an) uri.

Villanía, zatarkeri (an), biłaukeri, (-s) doiłorkeria.

Villano, biłau, (-s) doiłor.

Vinagre (c...), ozpin.

Viña (4), masti (an, b, g), mahasti (s, l).

Violencia indar. || Con violencia (c), indarka.

Violentamente, indaŕez.

Virazón, vendaval arremolinado, que viene tras del NE. (-s), bidasoi (b, g), idasoin (l).

Virgen María (la Santísima), Andra Maria (b), Andre Maria (g).

Virrey, (an) eŕege-ordeko.

Viruela, napaŕeri (b, g), nafaŕeri (an).

Viruta, txiribiri, kizkor.

Visita (c...), ikustaldi.

Víspera, egunauŕe.

Vista (sentido de la), ikusmen.

Vivas (aguas), uŕbizi.

Vivero (gc), muintegi.

Viveza (-s), bizitasun.

Vividor, burugin. || Vividor, activo y ahorrador, económico, bizi-nai.

Vivienda (-s), bizitz (b,g), bizitze (l).

Vivir (c), bizi. || Vivir con estrechez, apurado, casi en la miseria, gogor bizi.

Vivo, (-s) bizi, (c) bixkor, urduri. || Vivo, descarnado (-s), goŕi. || Vivo, despejado (c),

VO

iratzafi. || Ser vivo (c), bizidun.
Viudo, viuda (c), alargun.
Vocación (c), dei.
Volador (pez), bolador.
Volando, egan.
Volar, (an) egabanatu, egaatu.
Volcar, (-s) itzuli, (c) irauli, iruli.
Voltereta, (-s) itzulipurdi, txilipurdi. || Dando volteretas, itzulipurdika.
Voluble, aldakor.
Voluntad, (-s) borondate, (-s) gura.
Voluntariamente (de grado) (c) gogotik.
Volver en sí (c...), zentzuratu.
Volverse avaro (-s), zekendu. || Volverse friolero (-s), ozberatu. || Volverse lívido (c...), ubeldu.

VU

Vomitar, erebesatu (g), erebesau (b).
Vómito, erebesa.
Vos, berori, bedori, (c) zuk.
Vosotros (c), zuek.
Voy (-s), noa.
Vuelco, bira. || Vuelco de lancha o de buque, (np) tirabira.
Vuelo, (an) egada. || Vuelo de un tejado, kaneria.
Vuelta, bira. || Dar vuelta, iruli.
Vueltas con la cabeza, etc., txilipurdika. || Dando vueltas, (-s) bira-biraka, biraka.
Vuestro (c...), zuen.
Vulgar, como la generalidad, lagun-abar.
Vulgo, (an) lagun-abar (np).

Voces no comunes a los dialectos bizkaino y guipuzkoano, de uso en tres dialectos.

V

VE

Vaca (-b), bei.
Vaciar (-b), ustu.
Veces (a) (-b), batzuetan.
Vejez (-b), zahartze (l, s), zartze (g).
Velocidad (-b), abiadura.

VI

Vena (-b), zain, zaiñ; zan (b).
Ventrera (-b), petral.
Verbal (-b), itzezko.
Vertiente (-b), isuri.
Viejo (-g), zaar.
Vigilante (-g), zain, zaiñ.

VO

Volcán (-g?), garmendi.
Volea (-b), besagain.

VO

Voluntad (mala) (-b), gogo gaixto.

Voces no comunes.

V

VE

Vejiga, (b) puxika, (g) maskuri, (an) pixontzi.
Velo del paladar, ao-sabai.
Ven, (b) erdu, (an, g) etoŕi.
Venado, basauntz.
Venda, atadura, lokaŕi.
Venganza, asperkuntza (neologismo?).

VO

Ventanilla (b, Db), leiotiĺa, (an, g) leiatiĺa.
Viento sur, egoa.
Viernes, (an, g) ostiral, (b), bariku.
Vino (b) ardao, (an, g) ardo.
Virtud, onbide, birtute.
Volver (an, g) itzuli, (b) bira egin.

Y

YE

Y, (c), ta, eta.
Ya (c), ba.
Yacer (c), etzan.
Ya que (an), -nezkero.
Yaro, aro (-s), aŕe-bedar (b), (-b) eŕe-belar.
Yegua, bior, (-s) beor. || Yegua joven (-s), beoka.
Yema de huevos (-s), goŕingo. || Yema del dedo, ermami.
Yerba (-s), belar (g. l), bedar (b).

YU

Yerno (-s), sui (l, g), suin (b).
Yerro (c...), uts-egin.
Yerto, igar.
Yesca (c?), ardai. || Yesca interior del árbol, iro. || Yesca, trozo podrido de un árbol, ildoki.
Yeso, ielso, (-s) igeltsu.
Yo (c), nik.
Yugo, buztaŕi (b), uztaŕi (-b).
Yunque, (b, g) txingura, (an) txingure.

Voces no comunes a los dialectos bizkaino y guipuzcoano, de uso en tres dialectos.

Yugo (-b), uztaŕi.

Z

ZA

Zafarse, alde egin.
Zafio, aketo.
Zaguán, vestíbulo, ateondo.
Zalamero, koipatsu, koipetsu.
Zambo, (an) istar-zabal, anka-zabal, (c?) makur.
Zambullidura, (gc) murgil, mus. Algunos dicen "mux".
Zambullirse, (4), urpetu (-s), (s) hurpetü, murgildu.
Zancajo, (an) zankaŕoi.
Zángano, alper. || Zángano de abeja, erlamando.
Zanja, (an) urbide. || Zanja, foso, (an) zango.
Zanquilargo (c...), zankaluze.
Zanquibano, casi sin pantorrillas (c...), zankame.
Zapatero, (c...) zapatagiĺe, (-s) zapatagin, zapatari. || Zapatero (vulg.), un pez, zapatari

ZU

(np). || Zapatero (oficio de), zapatagintza.
Zapato (-s), zapata.
Zape! (al gato) (-s), zapi!
Zaranda, arza.
Zarandear, artzatu.
Zarcillo, belaŕietako, belaŕitako.
Zarza (s), sasi. || Zarza, planta rastrera (-s), laar.
Zas! (onomat. de la bofetada) (s), plast!
Zoquete, pedazo grande de tronco de pan, etc., baldo (b), baldoka (g).
Zorro, azari.
Zumbido de ruedas como de cordelería, buŕun.
Zurdas (a) (c), ezkerka.
Zuro, txokor.
Zurra, acto de zurrar, (an) zuŕaldi (np). || Zurra (c...), olo. Se usa en plural.

Voces no comunes a los dialecto s bizkaino y guipuzkoano, de uso en tres dialectos.

Zalamería (-b), balakaldi. | *Zorro* (-g), axeri.

Voces no comunes.

Zamarra, txamaŕa.
Zambra, hartzago, betekada.
| *Zambullido,* (b) must, urpeka.
| *Zarcillo,* joŕai.

DICCIONARIO
VASCO-CASTELLANO

A

AB

Abade, sacerdote.

Abagune, intervalo, coyuntura, ocasión propicia.

Abaildu, abatirse de cansancio.

Abakondo, cierta langosta de mar.

Abalu (g), abalaio (b), cierto pececillo de mar.

Abaro, refugio, arboleda espesa u otro lugar sombrío que sirve de refugio al ganado.

Abar, (c) ramaje, (2) residuos de leña.

Abarkari (c), cuerda con que se ajustan las abarcas.

Abarketa, alpargata.

Abartsu (c), frondoso, ramoso.

Abaŕots, ruido del ramaje mecido por el viento, ruido estridente.

Abazuza, pedrisco, granizo.

Abe (4), viba.

Abeletxe, redil casa de ganado apartada del caserío.

Abelgoŕi (-l), ganado vacuno.

Abendu, advierto; ave de rapiña que se cierne inmóvil.

Aberastu (c), enriquecerse.

Aberats (c), rico.

Aberatz (c), rico.

AD

Abereki (c), bestial.

Aberetu (c), embrutecerse.

Aberetxe, redil, casa de ganado apartada del caserío.

Aberetxo (g), aberetxu (b), bestezuela.

Abi, arándano.

Abortz, orza, tableta que se cuelga en una lancha para dificultar su vuelco cuando va a la vela.

Abots, el ruido de la boca en la masticación.

-Ada, la acción misma además de la exclamación y el ruido. Sufijo que se agrega a algunas interjecciones y palabras puramente onomatopéyicas, como también a algunos otros nombres para denotar la acción misma, además de la exclamación y el ruido

Adabaki, remiendo.

Adabau (b), adabatu (g) remendar, componer.

Adakera (b), adalera (g), cornamenta.

Adaki, rama cortada.

Adakitu, deshojar ramillas de una rama.

AD

Adar, (c) rama, (c) cuerno, pie de catre, silla.
Adara jo, tomar el pelo, chancearse.
Adardun (c), cornudo.
Adarkari (s), acorneador, cornúpeto.
Adarkatu (-s), acornear, cornear.
Adarki (c), leña de ramas, en contraposición de "ondoki", material de cuerno.
Adar-motz, corniquebrado.
Adar-oker (-l), cornituerto.
Adar-txordo, cornigacho.
Adartsu, frondoso (árbol).
Adarzabal (-s), corniabierto.
Adiarazi (g), adiarazo (b), interpretar.
Adigari, significación, explicación.
Adikatu, rendirse de fatiga.
Adin (c), edad.
Adinon, adiñon, acomodado, proporcionado, r e g u l a r. || Adinon dago (b), está regular de salud, ni bien ni mal.
Adintsu (c), de mucha edad.
A d i o n e z, oportunamente, a tiempo.
Adiskide (c), amigo.
Adiskidetasun, amistad.
Aditu, entender.

AI

Adoba (4), remiendo, pretexto.
Adobatu (4), remiendo.
Aga (c), palo largo.
Agekari, apaleador.
Agerkera, aparición.
Agertu, aparecer, descubrir.
Agin (4), tejo.
Agindu, mandar, proseguir favoreciendo, (4) prometer.
Aginpide, autoridad.
Agintaritza, mando supremo.
Agiñak oskitu (g), koskitu (b), producir dentera.
Agiri, evidente, prueba, documento, recibo de dinero.
Agiriko, público.
Agotz, residuo de paja golpeada y trillada.
Agudo (c), agudo, listo, ligero.
Ai, ojalá. || Ai baletor, ojalá viniera, (-s) papilla.
Aida, interjeción a la vaca para incitarle a que adelante.
Aide, pariente.
Aidetasun, parentesco.
Aidur, mentecato, sin brío.
Aie, aje, dolencia.
Aiezka, dando ayes, gimiendo.
Aila, botón de hilo.
Ailara, silvestre.
Ailaragin, flejero, el que se dedica a hacer flejes
Ailert, alerta, tieso.

AI

Ailurbe (-s), alholva.

Ainbana, a partes iguales.

Ainbat, mucho. *Ainbat lasteŕen,* cuanto antes, lo más antes posible.

Ainbeste, tanto como, mucho.

Aingeru (-s), ángel.

Aingeru-bedar (b), aingeru-belar (g), angélica, hierba aromática y temprana que se pone sobre las lagas.

Aingeru-kanpaia, campana menor de la torre.

Aingira (-l), anguila.

Aintzat artu (g), aıntzakotzat artu (b), tomar en consideración, estimar, apreciar.

Aintzigar, escarcha.

Aiotz, machete.

Aiseatu, aixeatu, azuzar.

Aita (c), padre.

Aita besoetako, padrino.

Aitamak (c), los padres.

Aita-semiak (4), padre e hijo o hijos.

Aitaorde, padrastro.

Aita ponteko, padrino.

Aitaren seme, tanto padres como hijos. Aita Santua, Papa.

Aiton (g), *aitobe* (b), abuelo.

Aitatu, mencionar.

AK

Aitearen egin, santiguarse.

Aitu, estar atento, atender, entender.

Aitzaki (l, g), *atxaki* (b), excusa, pretexto.

Aitzur| (s), *atxur|* (g, b)| (-l), azada.

Aizalde, barlovento.

Aizari, granero en el molino.

Aize (4), viento.

Aizebe, sotavento.

Aizebera, sotavento.

Aizebide, tobera, ventilador, caño por donde entra el aire en una fragua.

Aize eŕe, viento cálido.

Aizegile, horquila |de madera de cuatro púas que sirve para aventar el trigo.

Aize laster (c), corriente de aire.

Aize-leku (c), lugar donde se arremolina la nieve.

Aizeri, raposo.

Aizete, ventarrón (an).

Aizetsu, paraje ventilado (an).

Aizkolari, hachador.

Aizkora (4), hacha.

Aizkorakirten, mango de hacha.

Aizpa (g, an), *aizta* (b), hermana de mujer.

Akats, tajo, mela, cacho.

AL

Akeen (g), *akien* (b), garrapata mayor.

Akenzore garrapata menor.

Aketo, rudo, adusto, zafio.

Akuilu, aguijón. *Akula*, aguja, cierto pez.

Akulu, aguijada, aguijón.

Al (4), poder, potencia, ojalá.

Ala (4), sufijo que signifira todo lo posible. *ekaŕiala,* cuanto se puede traer.

Alaba-orde, alaba-ordeko,| hijastra.

Alako, como aquél.

Alargun (c), viudo, viuda.

Alargundu (c), enviudar.

Alarguntza (c?), viudez.

Alasai, hilo con que se recoge y envuelve la madeja, para que ésta no se enrede.

Alatu, atormentar (an), reconvenir, venir, inculpar a alguien.

Alaz egin, hacer alto (se dice mucho de las lanchas que han llegado ya al lugar de la pesca).

Alba, alba. Albetan dago (b, g) está dando las últimas boqueadas o| respirando fatigosamente (esto también se dice de un sano).

Albaindu, hilvanar.

AL

Albaiñu, hebra de hilo.

Albait, en lo posible, en cuanto se pueda (an).

Albaka, albaraka, albahaca, planta anua de la familia de las labiadas.

Albakera, bonito, pez parecido al atún.

Albandorratz, aguja salmera o para hacer colchones.

Albesteko, agregado a una comitiva, etc.

Albetan, jadeante, en agonía.

Albiño,| brazo de hilo según sale de la roca.

Albiñotu, enhebrar.

Albiriste, objeto que se da a quien trae una buena nueva.

Albista (b), *albiste* (g, l) (-s), noticia, nueva.

Albitz, heno, planta de la familia de las gramíneas.

Albo (an), costado, lado.

Albokada, incitamiento.

Alboke, alboroque o ligero refrigerio con que se sellan algunas compraventas (an).

Alboko, vecino.

Alborengo, pulmonía.

Aldaetxe, vestuario, casa en donde se mudan las ropas los aldeanos para| ir a la iglesia.

AL

Aldagarí (an), mudas de ropa, ropa interior.
Aldaka, carnazas.
Aldakera,| modo de mutación, acción de mutación.
Aldaketa, mutación, cambio (operación que se hace al efecto).
Aldakor, tornadizo, voluble, inconstante, mudable.
Aldapa (-s) cuesta.
Aldarte (-s), humor, disposición.
Aldaska |(-s), vástago que se trasplanta, retoño.
Aldats, aldatz, cuesta.
Aldatu (-s), mudar, cambiar.
Aldatzaile (-s), cambiador.
Alde (c), lado, región, a favor de...
Alde, comparación (an), diferencia, ventaja.
Aldean, a cuestas, cerca, en comparación.
Alde egin (an), separarse, zafarse; favorecer.
Aldeera, cercanía, región.
Aldeko, favorito.
Alderdi, costado.
Aldi (c), tiempo, época, rato, vez, turno; temple, humor.
Aldi (c), acto, como sufijo del verbo.

AL

Aldiro (an), cada vez, a cada rato.
Alditsu (-s), veleidoso, lunático.
Aldiz, a ratos.
Aldizka (-s), por turno.
Aldun (b, g), ahaldun (, l) (4), poderoso, apoderado
Alegiaz (-l), simulando, en broma.
Alfer (-s), perezoso, inútil.
Alferik (-s), en vano.
Algadoi (an), algodón.
Alagain (g), *algan* (b), punto por encima en la costura, repulgo.
Algara, carcajada.
Aliaitza (an), grito de angustia.
Aligot, pez muy sabroso, parecido al besugo, de cabeza más pequeña.
Alik, indeterminado de *al,* potencia.
Alkandora, camisa de hombre.
Alkar (-l), mutuamente
Alkarren leian, a porfía.
Alkate (c), alcalde. | Palo vertical a cuyo derredor se forma la pira de leña destinada a carbón.
Alamaiz (an), mortero, almirez
Almandorátz, aguja salmera.

AM

Almen, potencia.

Aloger, salario, sueldo, alquiler.

Alogereko, asalariado, soldado en el más genuino sentido de la palabra, jornalero.

Aloz (-l), dobladillo, pliegue de la ropa, alforza.

Alper, rodillo, piedra cilíndrica que se emplea para alisar y afirmar las carreteras; zángano (an); infructífero (árbol); (-s) perezoso, (-s) vago, (-s) holgazán.

Alperkeri, ociosidad.

Alpeŕcko, inútil.

Alpeŕekotu, inutilizar.

Alpeŕezko, inútil.

Alpeŕik, en vano.

Altara (b), *altare* (g), altar.

Altu, alto.

Altsu (an), poderoso.

Altxiŕi (an), cagarruta.

Altza (4), aliso.

Altzatu (g), *altzau* (b), levantar.

Altzi, hilacha.

Altzo (-l), seno, regazo.

Alu (-s), genital femenino.

Alzokada, delantal o regazo lleno de algo.

Ama besoetako, madrina.

Amabika, a docenas.

AM

Amabiña, doce a cada uno.

Amabost, quince.

Amagiñaŕeba (4), suegra.

Amaika (-s), once.

Amairu (an), trece.

Amalau (an), catorce.

Amandre (an), abuela.

Amaorde, madrastra.

Ama ponteko, madrina.

Amar (4), diez.

Amarkai, regalos que se hacen a la recién parida.

Amaŕa (-s), ligadura.

Amaŕatu (-s), atar.

Amaŕeko (c), un tanto, un misterio o decena del rosario.

Amaŕen, diezmo.

Amaŕetako, almuerzo frugal.

Amasei (c), dieciséis.

Amatasun (-s), maternidad.

Amatu (c), hacerse madre.

Amazulo, casero, hombre que sale poco de casa.

Amelaun (g), *amaraun* (b, l), tela de araña.

Ames (b), *amets* (-b (4), ensueño, intención, propósito, ilusión, fantasía.

Ametz (c), qutjigo, carballo.

Amildu (-s), derrumbarse, precipitarse, derrocar.

Amilka (-s), derrumbándose.

Amiltoki, precipicio.

AN

Amilotx, paro azul (pajarillo).
Amor (-s), cesión, acción de ceder.
Amoŕatu, rabioso.
Amoŕazio, rabia.
Amu (-l), anzuelo.
Amuŕai (-s), trucha. Amuŕain (b).
Amuŕatu, rabiar.
Amuŕu, rabia.
Amustu (an), desafilarse, embotarse.
Amuts, desafilado, embotado.
Amuzki, cebo, carnada en salmuera, para pescar.
An (4), allá.
An (c), en.
Anai (-l), hermano.
Anaitasun (an), fraternidad.
Anda, féretro.
Andaide, camino para conducir féretros.
Andera (b), *andere* (g, s), señorita.
Andi (c), chocante, raro, mucho con las palabras que denotan cierta expansión como las pasiones, líquidos, gases, etcétera (4); grande.
Andigai (g), **andigei** (b, l), propenso a crecer.
Andigaŕi, honor, distinción honorífica.

AN

Andikeri, orgullo, vanidad.
Andiko, el más apartado.
Andinai (4), ambición, ambicioso.
Andiputz (an), vano, orgulloso.
Andiro, grandemente, en gran escala.
Anditasun (-s) grandeza, acrecentamiento.
Anditu (c), engrandecer, hincharse.
Anditua (an), la hinchazón, el tumor.
Anditsu (-s), tumor.
Andizale, ambición, ambicioso.
Andizkatu, ponderar, encomiar (an).
Andoil, andullo, mazo de tabaco en hoja.
Andra (b), andre (-b), señora.
Andra Maria (b), Andre Maria (g), la Santísima Virgen.
Andraketa, fornicación.
Andraketari, rufián.
Anega (an), fanega, medida de áridos.
Anezka-zotz, palillo de lanzadera.
Angula, cría de anguila.
Anil (c), añil.
Anka (an), pie, pata, pierna, extremidad inferior.
Anka-zabal, zambo, patizambo.

AN

Ankazur (b), ankaezur (g), espinilla, hueso de la pierna.
Anpolai, cereza ampollar.
Anpulo, burbuja, ampolla.
Ansi (-s), antsi (s) (4), cuidado, importancia.
Antapa, saetín, canal del molino.
Antoisin, acetre, vasija pequeña para agua.
Antoxin, acetre, bacineta.
Antuxin, acetre, bacineta.
Antsi (s), cuidado, diligencia.
Antsiadun, antsidun, cuidadoso, diligente.
Antsibaga (b), antsigabe (g), poltrón, abandonado.
Antsigar, escarcha.
Antxe (an), allí mismo.
Antxina (-l), antiguamente.
Antxiñako, antiguo.
Antxiñatar, antepasado.
Antxitu, coger, alcanzar, seguir.
Antxoba, anchoa (pescado).
Antxume, choto, cabrito recién nacido.
Antz, semejante.
Antzar, ansar, ganso.
Antzar-begi, dos cortes por el extremo paralelos.
Antzeko, semejante.
Antzeman (g), antzemon (b), calcular.

AP

Antzeratu, imitar.
Antzi (an), latido, gemido, suspiro.
Antzigar, escarcha.
Antzitu, quedarse sin leche una vaca, secársele la ubre.
Antzu (c), estéril, hembra no fecundada.
Ao (4), boca, (c) hoja de un instrumento cortante.
Aobizar, glosopeda o pústulas que salen al ganado vacuno en la lengua (an).
Aopean, en secreto, en voz baja.
Aoratu (4), poner en la boca.
Ao-sapai, paladar, cielo de la boca.
Aotan artu (an), citar.
Aotik atera (an), proferir.
Aotu, tomar en boca, mencionar.
Aotuak, famosos, en boga.
Aoz (an), oralmente.
Ao-zabal, barco sin cubierta, como eran antiguamente los de cabotaje.
Apa, nombre que se da al mudo al dirigirse a él, (an) sentarse.
Apa-apa, andando (Voc. puer.).
Apain (4), elegante.

AR

Apaindu (4), adornar, preparar.
Apaindura (4), adorno, lujo, arreglo, compostura.
Apaintzale (4), organizador.
Apakin, charcos que quedan a la orilla del mar o del río, al retirarse las aguas.
Apal, anaquel, tableta de armario o alacena o estante, bajón en la música.
Apaldu, (-s) cenar, humillarse.
Apal-ordu, hora de cenar.
Apari (-s), cena.
Apatz, cuezo mayor en que se cuaja la leche.
Apax (Voc. puer.), sentarse.
Apeo, columna.
Apeta, capricho, fantasía.
Apota (-s), verraco, puerco padre, palabra despreciativa dirigida a una persona
Apote, verraco.
April, abril.
Apuko, pretexto.
Apur (4), migaja.
Ara (an), allá, he allí.
Araba, remiendo. Hoy solamente se usa en los derivados.
Arabar (c), alavés.
Arabaki, remiendo.

AR

Arabegi, principio de rama, renuevo, veta de árbol.
Aragi (c), carne.
Aragikor, lascivo, lujurioso.
Aragiz batu (b), aragiz bildu (g), tener coito.
Arakaitz, carne podrida que brota de las llagas.
Araki, cebón, animal capado.
Arakin (-s), carnicero.
Arakintza, carnicería.
Arako, para allí.
Aran (c), valle. || Aran (-b), okaran (b, an) (4), ciruelo.
Arantzabaltz (b), arantzabeltz (g), espino negro.
Arantzuri, espino blanco.
Arasa, armario, espetera, alacena; limones del carro.
Arategi, carnicría.
Aratu (4), arar los campos, llegar.
Arazo, ocupación.
Arazotu, ocuparse.
Arbatza, cabrío, armazón del tejado.
Arbasta, leña de varias puntas que se usa para recoger paja, virutas, etc.
Arbazta, cabrio, armazón del tejado.
Arbel, pizarra.

AR

Arbera, pizarra.
Arbi (c), rabo; raba, ovario de los peces.
Arbi-buru, cabeza de nabo.
Arbi-orpo, planta de nabo.
Ardai (c?), yesca, (c) cierto agárico sin tallo
Ardangela, despensa.
Ardao (b), *ardo* (g), vino.
Ardatz (c) eje, (c) huso, (-s, an), tornillo que oprime la prensa del lagar.
Ardazketa (an), hilaje, operación de hilar.
Ardi (c), oveja.
Ardidi, rebaño de ovejas.
Ardura (-s), cuidado, diligencia, providencia.
Arduradun, encargado de algo, procurador, cuidadoso.
Ardurati, arduratsu, diligente, cuidadoso.
Ardurazko, interesante.
Are (-s), arena, (4) rastra.
Are-ari (b. D.) (g. L.), piedra arenisca.
Aresku, esteva del arado, mancera.
Arestian, hace poco tiempo.
Aresti, areisti, momento.
Are-etxe, armazón de la rastra.

AR

Argal, débil.
Argaldu, debilitarse.
Argaltasun, flaqueza.
Argi (c), luz, claro, inteligente, de talento.
Argiaren begia (an), la aurora.
Argibide, ilustración, documento, prueba.
Argidun (c), preclaro, inteligente.
Argigari, iluminativo.
Argi-mutil (-s), porta-luz.
Argin (4), cantero.
Argintza (an), cantería.
Argiro (an), claramente.
Argitaratu (an), publicar, sacar a luz.
Argitasun (c), ilustración, claridad (c), (4) lucidez.
Argitu (c), aclarar, iluminar, informarse; (2), pasarle a uno el mal humor.
Argitsu (c), preclaro.
Argizai, cera.
Argizar (an), lucero, estrella de la mañana.
Argose, animal en celo.
Ari (4), hilo de coser, (4) hilo de la conversación, (4) frenillo de la lengua; *ez ari,* como quien no hace nada, (-s), carnero, a aquél.

AR

Ari (c), sufijo que denota profesión o, por lo menos, la afición favorita.

Arikatu, fatigarse mucho.

Ariki (an), carne de carnero.

Ariko, carnerazo.

Aril (-s, an), ovillo.

Arildu, hacer ovillos.

Arilkai (an), devanadera.

Arima (-g), ánima (g), alma.

Arin (4), pronto, ligero, veloz.

Arintasun, ligereza, agilidad.

Aritz (-s), roble.

Arizpi, hebra de hilo, filamento.

Ariztegi (an), robledal.

Arizti (-s), robledal.

Ar-joa (-s), agusanado.

Arkazte, oveja joven.

Arkotx, cerda que no engendra.

Arkume (an), cordero que se alimenta de la madre

Arlandu, piedra labrada.

Arlantz, aristas de trigo.

Arlantza, oficio de cantero.

Arlo, tarea, cuestión.

Arlote (c), vagabundo, desarrapado, andrajoso.

Armail (-s), peldaño de piedra.

Armera, cornamenta.

Armo (b), armoka (g), picacho.

Arnasa, aliento.

Arnegu (4), blasfemia.

AR

Aro (c), sazón, época, tempero, temperie, temperatura.

Arotz (-s), carpintero.

Arpausu, hilera de piedras que sirve para atravesar una corriente de agua.

Arpegi, faz, fachada, cara.

Arpegiera, semblante.

Arpio, arpeo, rizón.

Arpoi, arpón.

Artabae, cedazo para cerner harina de maíz.

Artaberde, maíz de la segunda siembra que como forraje se da al ganado.

Artaburu, panoja de maíz.

Arta-koskola, cáscara de maíz.

Artadi, encinal (an).

Artagan (b), artagara (g, an), tallo de la flor de maíz.

Artajorai, escardillo.

Artakaskar (g), artamatxar (b), espiga de maíz.

Artalde (4), rebaño.

Artalora, tallo envoltorio superior del maíz.

Artara (b), artare (g), rastra de maizales.

Artatxiki, mijo.

Artazorro, hoja que envuelve la panoja.

Arte, encina, maña, habilidad.

AR

Artean (c), pleonasmo de *arte*, hasta.
Artean (c), mientras.
Artegi (4), redil; monte que puede ser talado o cortado.
Arteko, el del intermedio.
Arteraiño, hasta.
Artetsu, mañoso, hábil (c); lugar abundante en encinos.
Artizar, lucero (-s).
Arto (c), maíz, borona.
Artol, tabla en que se lleva el maíz al molino.
Arto-marko, cierto instrumento de labranza.
Artu (4), tomar, recibir, tratar bien o mal.
Artua, lo tomado.
Artu-eman (g), artu-emon (b), relación, trato.
Artxintxor, chinas.
Artxo, cordero que se alimenta de la madre.
Artz (4), oso.
Artzai (g), artzain (-g). pastor.
Artzaile (-s), el que recibe o toma, recipiente.
Artzaintza, pastoreo.
Artzatu, cribar, zarandear.
Artze (4), recepción.
Artzekodun (4), acreedor.
Artzeko (4), haber.
Arza (an), zaranda.

ARR

Arzulo (an), covacha.
Aŕago (an), crisol, cavidad que en la parte inferior de los hornos sirve para fundir el mineral.
Aŕaindegi, pescadería.
Aŕaingaizto beltza, baltza (b), pez negro.
Aŕainzuri, escualo, pez de mar grande y dañino.
Aŕaka, raca, palitroque como un codo de largo, que se fija a la verga de una lancha.
Aŕaka, raca, palitroque como metro de largo que se fija a la verga de una lancha para que la vela no sea llevada del viento; (an), jugar a nueces a acercarlas a un palmo de distancia.
Aŕakero, jugador m a ñ o s o. tramposo, etc.
Aŕai (g), aŕain (-g) (4), pescado, pez.
Aŕamaskada, arañazo.
Aŕan (an), cencerro.
Aŕantza (an), rebuzno.
Aŕantzaka (an), rebuznando.
Aŕantzale (-l), pescador.
Aŕapatzaile, arrebatador.
Aŕaska, pesebre de piedra, fregadera; hierro con que se limpia la artesa.

ARR

Aŕaskaŕi, arrebol de la tarde.
Aŕast, ruido de arrastre; fósforo; rastra, red que llega al fondo.
Aŕastaka, arrastrando.
Aŕasto (c), rastro, vestigio.
Aŕastu (-s), hacerse de noche.
Aŕate, puerta rústica de campo, provista de alguna que otra grada de piedra y un palo atravesado.
Aŕatoe, afatoi, rata.
Aŕats (c), noche.
Aŕatsalde (c), la tarde.
Aŕatz (an), barril para la lejía sin fondo, hecho de corteza de árbol, que se pone sobre la fregadera de piedra.
Aŕaultz (b), aŕautz (b, g) (4), huevo.
Aŕauka, hez de la leche buena.
Aŕauasi, bostezo.
Aŕautza, huevo.
Aŕautza-azal (an), cáscara del huevo.
Aŕautzari, ponedora de muchos huevos.
Aŕautzopil (an), torta de pan mezclada con huevos.
Aŕauztalo (an), tortilla de huevos.
Aŕaza (4), raza.
Aŕazko, harnero, cedazo re-mendado de piel de perro o de oveja; cierto pandero sin sonajas ni cascabeles, del cual se sirven en las aldeas para algunos usos domésticos.
Aŕe, gris, pardo.
Aŕeba (c), hermana de varón.
Aŕeba-erdi, aŕeberdi, media hermana.
Aŕen, ruego, súplica; (an), por favor, por Dios!
Aŕera, agogida.
Aŕenkura (-s), queja, pena, cuidado.
Aŕeska, parduzco.
Aŕeske, animal hembra en celo.
Aŕesi (-l), seto de piedra.
Aŕeta, atención, cuidado.
Aŕetxe, casa de piedra.
Aŕetxiko, llevar a un niño a horcajadas o sentado sobre el hombro.
Aŕetu, enturbiarse las aguas.
Aŕet-zaŕet (an), a roso y velloso, de todas maneras.
Aŕezkero, posteriormente, de entonces acá.
Aŕi (c), piedra; pedrisco.
Aŕitsu, afizu (c), pedregoso.
Aŕiabar (4), pedrisco.
Aŕigarri (4), admiral.
Aŕika (c), a piedras.

AS

Aŕitu (c), admirarse.
Aŕitsu, pedregoso.
Aŕitza (an), pedregal.
Aŕitzar (an), bloque de piedra.
Aŕi-ur, piedra, granizo.
Aŕo (4), fofo, vano, soberbio, hinchado.
Aŕoa, arroba.
Aŕoka, hez de la leche.
Aŕokeri (an), vanidad.
Aŕosa (g), larrosa (b), rosa.
Aŕotasun (4), hinchazón, estado de dilatación de los cuerpos.
Aŕotu, envanecerse.
Aŕotz (c), huésped, (-l), forastero.
Aŕoztu, desterrar.
Asaba, antepasado.
Asaŕatu, incomodarse, airarse, encolerizarse.
Asaŕkor, iracundo.
Asaŕe (-s), ira, cólera.
Asebete, hartazgo, tripada, panzada (an).
Asentsio-bedar (b), asentsio-belar (g), ajenjo.
Aseŕakor, arisco.
Aseŕatu, molestarse.
Aseŕe (-s), enfado, ira, enfadado.
Aseŕe-bizi, furia, furor.
Asetasun (-s), hartura.

AS

Asi (4), comenzar.
Asibaŕi (b), asibeŕi (-b), novicio, novato.
Asiera, comienzo.
Aska (-s), pesebre, cubeta.
Askatu, fatigarse.
Asko, extraño, (-l), mucho.
Askotan, frecuentemente.
Askoz (g), askozaz (b), con mucho, con mucha diferencia.
Asmabide, discurso, facultad de discernir.
Asmari, inventor, ingenioso.
Asmatzaile (an), inventor, ingenioso.
Asmatu (g, an), asmau (b), inventar.
Asmo, invención, propósito, proyecto.
Asmu (4), pensamiento.
Asoin, cimiento, fundamento.
Aspaldi (c), tiempo atrás hasta lo presente.
Aspaldiyon, hace ya tiempo.
Aspaldiko, de esta temporada (sic Azkue).
Aspeŕaldi, aburrimiento.
Aspertu (an), aburrirse.
Aspil, palancana.
Astailar, áfaca.
Astaki, asnal.
Astako, borrico.
Astakume (an), pollino.

AS

Astalarosa, rosa silvestre.

Astalka, dando corcovos.

Astamenda (an), mastanzo, hierba buena silvestre.

Astaputz, tizón, enfermedad del maíz, (-l), majadero, (-l) tonto.

Astazaia (g), astazain (b), pastor de burros, asnerizo.

Aste (c), semana, (4), comienzo.

Astegun (-l), día de labor.

Asteka (c), por semanas.

Astelen (4), lunes.

Astero (c), cada semana, semanalmente.

Asteri, pueblo de naturaleza, de origen.

Astidun (c), lento. *Astigar* (-l), arce.

Astiñaldi, sacudimiento

Astindu, henchir una cosa, sacudir.

Astingari, envanecedor.

Astinketa, operación de sacudir o golpear; por ejemplo, un colchón, una alfombra, almohada, etc., para hincharla.

Asto (c), burro, caballete, majadero.

Astoa, instrumento de madera para desgranar el maíz, para majar y ablandar el lino,

AT

para sostener las duelas al añisarlas, etc.

Astoama (-s), burra.

Astotu, entontecerse, majar el lino.

Astotzar (c), burrazo, estúpido, majadero.

Astun, pesado; alacha (cierto pez).

Astundu, hacerse pesado, agravarse.

Astuntasun, pesadez.

Asun (-l), ortiga.

Asuri (b, g), axuri (s) (-l), cordero recién nacido.

Ata, ganso.

Atabal (—s), tambor que se toca con dos palillos, pandereta.

Ataburu (g, b), atalburu (an), dintel de la puerta.

Ataga, tranca de la puerta, (an) cancilla, puerta rústica del redil y de los campos.

Atakari, piedras areniscas en medio de las cuales se hace la puerta para el horno.

Atakume, anadón.

Atal, gajo de naranja, ajo, etcétera; fragmento de cualquier materia sólida.

Atalo, especie de castaña tardía y dulce.

AT

Atanbora (an), pandero.
Atari (an), portal, atrio.
Atarapuzka, (trabajar) a la ligera.
Ataska, compuerta.
Ate (an), puerta.
Ateondo, zaguán.
Atera (-s), sacar.
Aterbe (-b), aterpe (b. g) (4), albergue, sotechado.
Ateraldi, extracción.
Aterarte (an), escampe, acción de escampar.
Atertu (4), escampar.
Atezai (g), atezain (b), portero.
Atoian eroan (b), atoian eraman (g), llevar a remolque una nave.
Ator (-s), camisa de mujer.
Atralaka, pendencia. (Etxe .utsa, atralaka utsa).
Atralakari, pendenciero.
Atreka, atracar (una lancha).
Atun (c), atún.
Ats (-s), hedor.
Atsakabe, aflicción.
Atsede (an), descansar, reposar, descanso.
Atseen (an), descanso.
Atsegin (an), descansar: (-s) placer, agrado; (-s) amable, agradable.

AT

Atsegiñez, con gusto.
Atsegingari, agradable.
Atsegin-sari (-s), regalo.
Atsegintsu, muy agradable.
Atsekabe (-s), aflicción.
Atso (c), anciana.
Atsogizon, maricón.
Atsotu (c), envejecerse una mujer.
Atsitu, heder.
Atximur, pellizco.
Atximurka, a pellizcos.
Atxitu, alcanzar a uno, coger, prender.
Atxur, azadón.
Atxurkula (b), atxurkulu (g), arpón o azada de dos púas.
Atxurlari, cavador.
Atxutu, escarda, azada pequeña.
Atz, sarna.
Atzamarkada, pellizko, arañazo.
Atzandel, dedil.
Atzaparka (4), escarbando.
Atzarteko, una enfermedad del ganado.
Atze (an), tras, parte posterior.
Atzean (an), detrás.
Atzegin (4), rascarse.
Atzekoak (an), los de detrás.
Atzekoz aurera, al revés, con lo de atrás para adelante.

AU

Atzeman (-b), atzemon (b), (4) alcanzar, (4) coger, (-b) cosechar.

Atzen, fin, último en toda clase de ideas.

Atzen uŕen (an) penúltimo.

Atzera, atrás.

Atzera-auŕerak, atrasos y adelantos, idas y venidas.

Atzerakako egin, ofrecer y no dar.

Atzerapen, retraso.

Atzeratu (an), atrasarse, retraerse.

Atzerazi (g), atzerazo (b), hacer retirar.

Atzeren, atzerengo, (el) posterior, (el) último.

Atzeŕi, pueblo extraño (an).

Atzeŕiko (an), advenedizo, extranjero.

Atzesku, el postrero en el baile llamado *auŕesku* y en los juegos.

Atzo (c), ayer.

Au, (4), este, esta, esto; boca.

Aueri, enfermedad de la boca.

Aukada, bocanada.

Aukera (an), libre albedrío, facultad de elegir.

Aukerako (an), a propósito, oportuno.

Aukeratu (an), elegir

AU

Auki, muérdago.

Aul (4), débil.

Auldu (4), debilitarse.

Aulki, silla, trono.

Aundi (-s), grande.

Aunditasun, grandeza.

Aunditu (-s), hincharse.

Auntz (c) cabra, (4) especie de gamella para conducir mortero.

Auntzai (g), auntzain (b), cabrero.

Aupada, desafío, provocación.

Aupari, desafiador, baladrón.

Aurdun (4), preñada, embarazada.

Auri (-s), endecha, gemido, grito.

Aurkez-aurke, frente por frente.

Aurkeztu, presentarse.

Aurki, en seguida, a buen seguro.

Aurpegi (-l), cara, faz.

Aurten (4), ogaño, este año.

Aurtiki (-b), jaurtigi (b) (4), lanzar, arrojar.

Aurtza, orza, cierta tabla que se cuelga del costado de la lancha para navegar de bolina.

Aurtzaka, navegar en viento contrario.

AU

Auŕe, parte anterior. *Jan-auŕean,* antes de comer.

Auŕeko, delantero, guía antepasado.

Auŕen (an), primero, principal.

Auŕenengo, primero, delantero.

Auŕera, adelante.

Auŕerabide, aliciente, estímulo.

Auŕerako, para adelante, para casa.

Auŕerakoan, en adelante.

Auŕerapen, auŕerapide (bc, gc), progreso, adelanto; aliciente, estímulo.

Auŕeratu, adelantarse, ahorrar dinero.

Auŕerengo, el delantero, el más atrevido.

Auŕesi, carácter de una persona.

Auŕesku, el delantero (en baile de su nombre, la mano). Un baile especial del País Vasco.

Auŕetik, por delante.

Auŕez, enfrente (auŕez - auŕe, frente por frente), anticipadamente.

Auŕeztu, anticiparse.

Auŕikera, cornamenta.

Ausaz, por ventura.

Ausi, (4) templar (el tiempo, las comidas), quebrar, romper; arrancar transversalmente una piedra.

AU

Ausi-osoak, las alternativas o vaivenes de la fortuna.

Auskor (4), quebradizo.

Ausmar (-s), rumia.

Ausnar (s), rumia.

Ausnartu, (-s) rumiar, considerar, meditar.

Auzotar (an) vecino.

Auspaz (b), auspez (g), de bruces.

Auspo (-l), fuelle.

Auspoaga (an), palo del fuelle en las fraguas.

Auspoketa, acción de dar al fuelle.

Austeŕegun (an), día de Ceniza.

Austoki, depósito de ceniza.

Autor, confesión, testimonio, manifestación. Se usa mucho más en los derivados.

Autormen, acto, *procés verbal,* confesión, declaración.

Auts, polvo.

Autsaga, palo largo que se emplea para retirar la ceniza de una calera.

Autz (-s), mofletes.

Autu, conversación.

Autuak, los elegidos, los predestinados.

Autulari, conversadora, persona

AZ

aficionada a andar en corrillos y **tertulias.**

Autz, fauces, (an) mofletes, carrillos.

Auzi (-s), pleito, litigio.

Auzilari (-s), pleitista.

Auzo, vecino, (4) vecindad.

Auzolan (2c), trabajo mutuo que se hace entre vecinos alternando sus campos y costeando cada cual a los invitados (an).

Auzotegi (2c, an), barrio, cofradía.

Auzpez (-s), postrado boca abajo, de bruces.

Axola (-g), ajola (g), apuro (4), (-g) caso que se hace de una persona.

Ayen (4), sarmiento.

-Az (sufijo), con. *Esanaz,* con decir, diciendo.

Aza (c), col, berza.

Azal (-s), piel, corteza, superficie.

Azalatu, binar, arar ligeramente, rozar tierras.

Azaldu, manifestar, explicar, publicar; presentarse; entusiasmarse; amotinarse.

Azalezko, cosa hecha de cortezas.

AZ

Azalora (b), azalore (g. 1) (-s), col bretón.

Azaloztu, descubrir y refrescar (algunos con agua) la cubierta de la pila de leña al hacer carbón.

Azaltsu, cortezudo.

Azaluratu, escardar las tierras.

Azao (-s), haz, gavilla.

Azaondo, troncho de berza.

Azaro, sementera, tiempo a propósito para sembrar

Azbete (b), beazbete (g), una pulgada. *Iru atz* (b), *iru beatz,* tres pulgadas.

Azeri (4), raposo, zorro: persona astuta.

Azgale (-s), prurito.

Azi (4), criar, educar, crecer; semen; (an) nutrir, hincharse.

Azienda (4), ganado vacuno.

Aziera (an), educación, crianza.

Aziondo, huecos de un terreno donde se han arrancado plantas.

Azka (4), rascándose.

Azka ta puzka, haciendo todos los esfuerzos.

Azkar (4), vigoroso.

Azkarai, nombre muy usado en la topografía que significa *peña alta.*

AZ

Azkari, lenitivo, lo que hace olvidar una cosa; levadura.

Azkartasun, solicitud, diligencia.

Azkasi, acacia.

Azken (4), último.

Azkendu (c), finalizar.

Azkenki, postrimería, novísimo.

Azkonar (an), tejón.

Azkor, cápsula o espiga de lino; especia de lino que se sembraba por San Miguel; olvidadizo.

Azkura (b), azkure (g), rasquera.

Azmantal (b), azmantar (g), polainas rústicas con que se calzan las abarcas.

Azoka, lonja, mercado: trajinería, tráfico.

Azpedar (b), azpelar (g) colquico, azafrán de los prados que

AZ

se emplea para curar la rascazón, matar piojos, etc.

Azpi (c), debajo, dominio.

Azpijan, azpiak jan, socavar el suelo, murmurar de alguien.

Azpigañ, hierbas, etc., con que se hace la cama del ganado.

Azpil (an), gamella.

Azpildu (4), repulgar.

Azpildura, repulgo en la costura.

Azpira (-s), abajo.

Azpiratu (c), sojuzgar.

Azpitik, por debajo; clandestinamente.

Aztarka (b), aztañka (g), escarbando.

Aztañen (g), **aztañondo** fundamento, raíz.

Azte, crecimiento.

Azter, pesquisa, examen.

Aztu, olvidar.

Azukre (-s), azúcar.

Voces no comunes a los dialectos bizkaino y guipuzkoano que se usan en tres dialectos.

A

A

Abiatu (-b), echar a andar; comenzar a obrar; **aviarse**.

Adar (-b), **manga de agua**

Aipagañ (-b), **digno de mención**.

Aipaera (-b), mención.

Ai

Aipaldi (-b), acción de mencionar.

Aipamen (-b), mención.

Aipari (-b), mencionador, citador.

AR

Aipatu (-b), mencionar, citar; célebre, famoso.
Aisa (-b), fácilmente.
Aitortu (-b), confesar.
Amabireun (-g), mil doscientos.
Amets egin (-b), soñar.
Ano (-b), ración, porción.
Aoeri (-g), enfermedad de la boca.
Ao-gozo (-b), saliva; filo.
Aotz (-g), cascabillo de trigo.
Aozabal (-g), imprudente en el hablar.
Apal (-g), humilde.
Apalkeri (-g), bajeza.
Apcz (-b), sacerdote.
Apezpiku (-b), obispo.
Apio (-g), serpol.
Apiril (-b), abril.
Argi-lo (-g), el sueño que se hace por la mañana después de la salida del sol.

AZ

Arkaitz (-b), roca, peña suelta.
Artile (-b), lana.
Arainki (-g), carne de pez.
Arapatu (-b), arrebatar, pillar.
Arosin (-g), bostezo.
Aseki (-b), plenamente. holgadamente.
Asiberi (-b), novicio, novato.
Aski (-b), bastante.
Astearte (-b), martes.
Atzeman (-b), cosechar.
Auleri (-b), debilidad.
Aur (-b), criatura, niño.
Aurkeri (-b), niñería.
Aurmin (-b), dolores de parto.
Ausarta (-b), osado, valeroso.
Autsi (-b), quebrar, romper; interrumpir.
Azaro (-b), noviembre.
Azkartasun (-b), fortaleza.

Suplemento de voces no comunes.

A

A

A (b), aquel.
Abuztu, agosto.
Adiera (b), atención.
Adimen, entendimiento.
Aditu, escuchar, (g) comprender.
Adore (b), fuerza vital, ánimo.

AI

Adrilu, ladrillo.
Agin (an, g), muela.
Aginka (b, Db), dentellada.
Agiri, manifiesto.
Aiñube (b), paraje sombrío.
Aise (an), comodidad.

AR

Aitagiaŕaba (g), aitagiñaŕaba (b), suegro.
Aita-orde, tutor.
Alarao (b), alarido.
Alargun, viudo, viuda.
Aldia (an, g), manía.
Aldigaizto (b), desmayo.
Aldundi (neol.), Diputación.
Ale (g), grano.
Alegin, estudio, aplicación.
Alkigin (g, Mend.), sillero.
Aloger (b, g), jornal.
Ama-alabak, madre e hija.
Amagiaŕaba (g), amagiñaŕaba (b), suegra.
Amaitu, terminar, acabar.
Amaŕen, décimo o diezmo.
Ama-semeak, madre e hijos.
Anabaka (b), forraje.
Anai-orde (bc), hermanastro.
Angelu (b), recibidor.
Antsi (g), quejido.
Antzoki (neol.), teatro.
Ao-sabai, velo del paladar.
Apari-izki (g, b), colación.
Apaztasun (b, Db), franqueza, largueza.
Arakatu (b), registrar.
Arana (an, g), ciruelo.
Arao (b), imprecación.
Ardao (b), vino.
Ardandegi (b), taberna.
Ardangizon (Db), tabernero.

AU

Ardo (an, g), vino.
Areaŕi, piedra arenisca.
Areriotasun (b), enemistad.
Argitasun, ingenio.
Arnasa (b), respiración.
Arotz (Db), ebanista.
Artaburu, espiga de maíz.
Arto, pan de maíz, borona.
Artu-emanak (g), artu-emonak (b), relaciones de dar y tomar (an, g).
Artzai (an, g), pastor.
Artzain (an, b), pastor.
Aŕaindegi, pescadería.
Aŕaska (c, Mend.), piedra de fregar, fregadera.
Aŕatsalde (c), (la) tarde.
Aŕeta (g), atención, garbo.
Aŕokeri (an, g), presunción.
Askari, merienda.
Asmo, proyecto.
Asnasa (g), respiración.
Asperkuntza, venganza.
Aspertu (an, g), hastiarse.
Aspil, **barreño.**
Asteazken (an, g), miércoles.
Astelen (g, b), lunes.
Asteguren (b), Semana Santa.
Aste Santu (g), Semana Santa.
Ate (b), ánade.
Atz (b), uña.
Atzazal (b), uña.
Aukera, elección.

AZ

Auikigin (b, Db), sillero.
Aur (an, g), infante o niño.
Aurten (4), este año.
Auts, ceniza.
Azi, simiente.
Askatasun (neol.), libertad.
Azkaiñeko (b), mantas de abarcas.

AZ

Azken-nai, testamento.
Azpikeri, intriga.
Azpi-oial (Db), alfombra.
Azpi-sapoa (b, Db), azpikari (g? Bera-Mend.), (el) intrigante.

B

B

Ba (c), sí, dubitativo, afirmativo, categórico; (c), ya.
Baba, alúbia (c), haba, (-s), ampolla que se levanta en la piel.
Babalasto, valla de haba; (an), gandul, muchacho grandote.
Babatu (c), encallecer las manos.
Babatsu (c), calloso.
Babazori, insecto que destruye las habas.
Babazoro, saco de habas; el apodo que se da al alavés.
Babazuri, haba blanca.
Babil (an), pábilo.
Babitu, lavar (parece alteración adecuada a la pronunciación infantil).
Bada (-s), pues.
Bada-ezpadako, eventual.
Bada-ezpadan (4), por si acaso.

BA

Bae (4), criba de mallas anchas (pronúnsiase casi generalmente *bai.*
Baga, ola profunda.
Bage, sin, desprovisto.
Bagetasun, falta, carencia.
Bagetu, despojar, *priver.*
Bagi, tardo para andar.
Bagitu, hacerse tardo, pesado.
Bago (4), haya.
Bai, cedazo (c), sí, (c) ora... ora..., len-bai-len, cuanto antes (-s), (4) prenda, (4) empeño.
Baia, pero.
Baialde, armazón del cedazo y tambor.
Baietz (c), que sí, apuesto a... etoŕi baietz, apuesto a que viene.
Baiezko, consentimiento.

BA

Baigile, cedacero.
Bailera, barrio, barriada.
Bailesta, palo que sostiene las extremidades de una res muerta y extendida.
Baimen (4), permiso, consentimiento.
Baiña (an), pero (delante de una palabra). Aunque (pospuesto).
Baiño (an), que (comparación).
Bait (4)), sufijo que denota algo indeterminado.
Baita (c), también.
Baita ere (c), también.
Baitu (an), prendar un objeto; apoderarse de ganado ajeno en terreno propio hasta comparecer el dueño y resarcirse de daños.
Baitura, hipoteca, prendimiento.
Baizura, lugar de pesca en alta mar.
Bakan (c), escaso.
Bakar (c), único, solo.
Bakartada (an), soledad, retiro.
Bakartasun (an), aislamiento, soledad.
Bakartu, aislarse, separarse.
Bakarzale, misántropo.
Bakařean (an), a solas.
Bakařik (4), solamente.
Bake (-g), pake (g), (4), paz.

BA

Baketsu, pacífico.
Bal (c), haces de trigo.
Bala, trigo tendido antes de desgranado.
Baldan, abandonado, flojo, desaliñado.
Baldar, destartalado, torpe; nubes pesadas que arrastra el vendaval.
Baldin (an), su oficio es dar más fuerza a la condición.
Baldo (b), baldoka (g), astilla grande, zoquete, pedazo grande de tronco, de pan, etcétera; gaznápiro, hombre torpe, zoquete.
Bale (-s), ballena.
Balei (an), ballena; si hubiera.
Balio (c), valor, precio.
Baliotsu, valioso.
Balitz (c), si fuera.
Balioso, balios (4), valioso.
Balkoi, balcón.
Baltsa, pozos entre peñas, formados de nieve derretida; (4), nieve aporcachada.
Bana (c), uno a cada uno, distinto.
Bana-banako (an), selecto.
Banaka, raro (-s), de uno en uno.
Banakatu separar, apartar, diseminar.

BA

Banako, especial.

Banandu (an), separar, divorciar, diferenciar, desbaratar.

Banatu (an), diseminar separar, divulgar, esparcir, prodigar; destrozar, contundir, estropear.

Banatzaile, pródigo, despilfarrador; divulgador; (an), estropeador.

Bandil, abandonado, flojo, desaliñado.

Bapatean (-s), al mismo tiempo.

Bapo, muy bien, excelentemente; elegante, guapo.

Barakuŕilo, caracol.

Baranda (-l), balcón, balaustrada.

Barau, ayuno (-s).

Baraurik, en ayunas.

Barauts (-s), espuma de la boca.

Baraxe, raras veces, lentamente.

Barbarin, salmonete, un pez marino.

Bare (-s), limaco, (c) bazo, (an) calma en la mar.

Baretxe, pausadamente.

Bargasta, cerda de unas cuatro arrobas; muchachito que está creciendo.

Barkatu (-s), parkatu (a), (4), perdonar.

Barko (lo), de anoche.

BA

Baŕen, pie, extremo inferior. Mendi-baŕen, extremo inferior del monte.

Baŕota, barrotes, armazón de una lancha.

Baŕun, dentro, interior.

Baŕundatu (an), barruntar observar.

Baŕundu, penetrar.

Baŕutegi, cercado.

Baŕuti, terreno acotado.

Basaiotz, dalle.

Basakatu (an), especie de gato montés, parecido al gato ordinario y cuya cola es larga y gruesa como la de los gatos de Angola (l).

Basalan, desbaste de árboles cortados en la selva; confección de carbón.

Basamats (4), vid silvestre.

Basamortu, desierto.

Basapoŕu (-s), gamón.

Basarbi (-s), bunio.

Basarto, sorgo, maíz silvestre.

Basasto (an), asno silvestre · granillos malignos de la piel lengua, etc.

Basaurde, jabalí silvestre.

Basauri, población del bosque.

Baseŕi, pueblo silvestre aldea.

Basetxe, casa de aldea

Baso (-l), selva.

BA

Basoilo (c), gallina silvestre.
Basto, ordinario, de inferior calidad.
Basur (-s), cieno de los bosques.
Basurde (4), jabalí.
Basuso, paloma torcaz.
Bat (c), uno.
Batan, menta, hierba buena.
Bateko (c), el as.
Batel, lancha pequeña.
Bateo, Bautismo (palabra del castellano antiguo.
Batera (c), a una, juntamente.
Batez beste (an), por término medio, uno con otro.
Batu, recoger, ordeñar.
Batzaila (b), batzaile (g), económico, ahorrador.
Batzaitu, recoger.
Batze, acto de mamar. *Bildotsa batzen da ardiari*.
Batzu (l, s), batzuk (b), batzuek (g), (4), unos, varios
Batzutan (an), a veces. en unos lugares.
Batzuetan (-s), a veces
Batzuk-batzuk (an), unos cuantos.
Bazkalapari, comida tardía, como la de los carboneros, a media tarde.
Bazkaldu (-s), comer al mediodía.

BE

Bazal-ondo (c), tiempo después de comer.
Bazkal-ordu (-s), hora de comer.
Bazko (l, s), pazko (g, b) (4), Pascua.
Baztar (-s), rincón, orilla.
Bazter (c), rincón, orilla.
Be, (-s), balido.
Bear, (4), necesidad, trabajo.
Bear-bada (4), probablemente.
Beargintza, faena.
Bearean, en vez de... Se usa con un verbo infinitivo.
Beartsun (an), pobre, menesteroso.
Beatzartcko (an), enfermedad del ganado.
Bedar (b), belar (-b) (4), yerba.
Bedeinkatu (an), bendecir.
Bederatzi (-s), nueve.
Bederatziña (an, g, b), bederatzira (l), (-s), nueve a cada uno.
Bederatziñaka (b, g), bederatzikada (l) (-s), de nueve en nueve.
Bederatziñakatu (b, g), bederatzirakatu (l) (-s), distribuir de nueve en nueve.
Bederatzireun (c), novecientos.
Bedinkatu, bendecir.
Bedori, ese mismo, vos.

BE

Bedořek, activo de *bedori* en sus dos acepciones.
Beela (g), beelan (b), en seguida.
Beerako, diarrea; para abajo.
Beesubil, uno de los palos que movidos por los pies hace mover toda la máquina del telar.
Begi (c), ojo, ojo de lazo.
Begi-bakar (an), tuerto.
Begi-bera, tierno de ojos.
Begi-bitarte, rostro.
Begi-ezkel (an), de ojos tiernos; bizco.
Begiko (c) del ojo, simpático.
Begi-lauso (an), de falsa mirada; nube de ojo.
Begira (c), al ojo, (-s) mirando, (-s) esperando.
Begira-begira, mirando de hito en hito.
Begiraun (g), begirakune (b), mirada. En Gc. generalmente se entiende por torva mirada.
Begiraldi, ojeada.
Begiratu (-s), mirar.
Begirune, respeto.
Begitada, mirada.
Begitarte (-s), rostro, espacio comprendido entre los dos ojos.
Begizko (-s), mal de ojo.

BE

Begiztatu, avistar, divisar.
Bego (an), estése.
Bei (an, g), beei (Mogel, b) vaca.
Beia, el suelo.
Beia jo, arruinarse.
Beilikatu, hacerse impotente para la generación una vaca que antes procreaba.
Bein (4), una vez.
Bein-banan (-s), sucesivamente.
Beinbat, por cierto.
Beinik-bein (-s), siquiera, por lo menos.
Beitalde (an), rebaño de vacas.
Beka (an), balando.
Bekada, balido.
Bekain (-s), ceja.
Bekatu (4), pecado.
Bekatxo (an), orzuelo.
Bekokiko, frontal del ganado.
Bekorotz (c), boñiga.
Bekozko, ceño, mal ceño (según algunos).
Bela (4), cuervo, (4) corneja, (c) vela de buques; (an) en seguida.
Belaiki, tableta con mango en el centro que sirve para recoger escoria.
Belaki, lona, lienzo ordinario y grueso de que se hacen las velas.

BE

Belamika (an), corneja.
Belar (g, l), bedar (b), hierba.
Belari, hilo para coser velas.
Belarluze, cerdo de orejas largas.
Belarmotz, cerdo de orejas cortas.
Belaŕi, oreja, agalla.
Belaŕi-bedar, jubarda, brusco Bot.).
Belaŕietako, belaŕitako, zarcillo.
Belaŕiondoko, bofetada.
Belaŕondo, carrillo.
Belaŕondoko (an), bofetada.
Belatxinga, corneja.
Belaun (-s), rodilla.
Belaun-gozo, agilidad.
Belaunkatilu, choquezuela.
Belaunpe (an), corva.
Belauntxoko (an), corva.
Ben, formal, serio. Hoy se usa casi exclusivamente con los derivados.
Benetan, seriamente, formalmente.
Beñola, en cierta ocasión.
Bentana, membrana de color negro que recubre interiormente parte del estómago de algunos peces.
Benturaz (c), por ventura, quizá.
Bcoka (-s), potranca, yegua.

BE

Beor (-s), yegua.
Bera (c), propenso o sensible a alguna pasión (c); él, aquél mismo, abajo. Egarbera, sediento, propenso a la sed.
Berak, el mismo, aquél (activo).
Berako (an), para abajo.
Berandu, tarde (an). *Gau beranduan* (an), en las últimas horas de la noche. *Goiz beranduan*, a media mañana.
Berandukor (an), tardío, cachazudo, paciente.
Beranga (b), beranka (g), castaña que madura por noviembre.
Berankor (4), tardío, cachazudo.
Berantarbi, nabo tardío.
Beŕar, hierba.
Berari, a él.
Berariaz (-s), especialmente.
Beraris, especialmente.
Beratasun, blandura.
Beratu (c), ablandar, (c) aplacar; menguar, disminuir, poner en remojo.
Berde (c), verde.
Berdeska (b), (an) berdexko (-b) (4), verduzco.
Berdeska (an), tiempo crudo.
Berdel, pez marino, algo mayor

que la sardina y cuya carne es muy ligera.

Berdetasun, humedad.

Berdete, temporal duro y prolongado.

Berdezka (an), color verde, alegre, verduzco.

Berdinga, leña gruesa.

Berdoztu (an), chamuscar.

Bere (c), su.

Bereala (4), en seguida.

Berean (c), en el mismo, en el suyo.

Bere biziko (-s), escogido, pintiparado, de perlas.

Beredin (an, g), berein (b), mumucho, muchos. Se antepone siempre a la palabra que afecta.

Beregandu (an), atraer.

Beregi (c), egoísta; demasiado abajo.

Berekabuz, por propia iniciativa.

Berekauz, por propio impulso.

Bereki, retal análogo a la misma tela a la que se le echa.

Berendia, mengano.

Bereraz (c), a lo suyo.

Beresi, jaso.

Beretu (c), apropiarse, (c) subyugar, (-s) pagar las deudas de una casa.

Beresko, grano maligno de la piel, (c) natural, (c) espontáneo.

Berga, verga de lancha.

Berna, pierna, pantorrilla.

Bernazur, hueso de la pierna, tibia.

Berniz (4), barniz.

Bero (c), caliente; calor.

Beroen (c), lo más caliente.

Berogarri (-l), abrigo.

Beroki (-s), abrigo (ropa).

Berokitu, abrigarse en algún lugar.

Berori, ese mismo.

Berorek, activo de *berori* en sus acepciones: primera, ese mismo; segunda, usted mismo.

Berotu (c), calentarse, animarse, disponerse, calentar.

Bertakotu (an), aclimatarse.

Bertan, alí mismo, en la misma...

Bertatik, desde allí; en seguida.

Bertsolari (-s), trovador improvisado.

Berun (-s), plomo.

Beruntz (g), berutz (b), hacia abajo.

Beruzko, diarrea.

Beŕiketa (l, g), baŕiketa (b) (-s), charla.

Beŕogei (-l), cuarenta.

BE

Besabez (g), besape (b), a sobaquillo.

Besagain (-b), besagan (b) (4), volea, hombro, jugar a la barra a pecho, llevar una carga al hombro.

Besanga (-s), rama o ramas principales de un árbol.

Besarka (c), abrazo.

Besarkada, abrazo.

Besarkatu (c), abrazar

Besarte (c), entre los brazos.

Besartekada, carga sostenida en el sobaco.

Besartetu, abrazar.

Besazear, jugar a la pelota cortándola o rasándola; dar un golpe de hacha en sentido horizontal.

Besigu, besugo.

Besiguen eŕege, pez parecido al besugo, más rojo y de ojos grandes.

Beso (c), brazo.

Besobakar (an), manco, de brazo único.

Besoetako, ahijado.

Besokada (an), una brazada.

Besomotz (-s), manco, de brazos cortos.

Besondo (4), húmero.

Beste, (-l) otro, tanto como

Beste oŕenbeste (g, b), otro tanto (hablando de objetos cercanos y también de colocados a mediana distancia.

Besteko, (el) del otro; por otra parte (en ciertas frases); tan grande como. *Ezta asko Magdalenaren damua bestekoa.*

Bestela (-l), de otro modo.

Bestelako, diferente.

Bestelengusu, primo segundo.

Bestera, al contrario; al otro.

Besteratu, bestetu, convertirse, mudarse.

Besteren, ajeno.

Beta, temple, buen ánimo.

Betagin, colmillo.

Betar, natural de abajo

Betargi, alegre.

Betaz, por el lado más favorable; de buen talante.

Betazal (-s), párpado

Betazpi, ojera.

Bete-betean, (-s) perfectamente; convencido, confiado. *Bideak betean datoz,* vienen llenando los caminos.

Betekada, hartazgo.

Beterik (c), lleno.

Betiko (c), de siempre, para siempre.

Betilun, triste.

Betinguru, cerca del ojo, contorno del ojo.

BI

Betiraunde (g), betiraute (b), eternidad.
Betondoko, golpe junto al ojo.
Betor (an), venga usted, venga él.
Bezinta, ceja.
Bi (4), dos.
Bia, el dos en el juego de naipes.
Biamon (an), día siguiente a uno cualquiera; malestar del cuerpo o desmadejamiento del después de un día extraordinario.
Biar (4), mañana.
Biaramon (-s), biharamun (s) (4), el día siguiente a uno cualquiera.
Biatz (an), dedo.
Bidaldi (an), caminata.
Bidaro (an), estado del piso del camino.
Bidazti, viajero.
Bidasoi (b, g), bidasoin (l, s) (4), virazón, vendaval arremolinado que viene tras del N.-E.
Bide, c a m i n o (c), ruta, (c) medio; (-s) corro; trama de veinticuatro hilos; causa ocasional.
Bidealdi, caminata.
Bideazko (-s), viajero. **Bideazti**, viajero.

BI

Bidebaga, bidebagakeri, bidebage (b) (-s), injusticia iniquidad.
Bide-batez, de paso.
Bidegin (an), caminar.
Bidekoe (Uri.), cama de campana.
Bidelaster (-s), atajo.
Biderakutsi, guiar.
Bideratu, encaminar.
Biderdi, trama de doce hilos.
Bidetxidor (b), bidetxior (g). sendero.
Bidez, páso, de camino; ustamente; por medio de... (c) legalmente.
Bidezai (g), bidezain (b), caminero.
Bide zidor (b), bide zior (g), sendero.
Bidezko (c), justo, equitativo.
Bietan, grito con que un jugador de pelota incita a otro a que guarde bien el puesto a las dos paredes.
B gantxa (-l), ternera de diez meses.
Bigun (b), biguñ (g), blando.
Bigura (-s), muérdago.
Bikain, excelente.
Biko (4), el dos.
Bikoita, doble.

Bikonde, doble, compuesto de dos.
Bikoti, doble.
Bikutz, doble
Bila, bila (4), en busca de.
Bilbe, (-l) trama de lana, lizo.
Bildots (4), cordero que empieza a alimentarse por sí mismo.
Bildur, miedo, temor.
Bildurgari, temible.
Bildurkor, tímido, propenso al temor.
Bildurti, miedoso, el que frecuentemente teme.
Bildurtu, atemorizarse.
Bilin-balaunka, caer dando tumbos; las campanas tañendo.
Biloiz (an), desnudo.
Biluxi (b), biluzi (g, l) (-s), desnudar.
Bilhatu (l, s), bilatu (b, g) (4), buscar.
Bilakuntza, examen (Añi.).
Bilau (an), desleal, villano, ruin (muy usado).
Bilaukeri, villanía, ruindad.
Bina, biña (an), dos a cada uno.
Biñaka (an), de dos en dos.
Biñakatu, parear, poner de dos en dos.
Biñan, de dos en dos.
Bior, torcedura; yegua (an).

Biorzai (g), biorzain (b) dulero, pastor de yeguas.
Biotz, (4) corazón, (c) medula de plantas; piedra cuyo interior no está bien calcinado; cuatrillo, remiendo del sobaco.
Biotz-aldi, corazonada.
Biotza ausi, conmover, partir el corazón.
Biotz-bera (4),, de corazón blando, clemente.
Biotzeko min, epilepsia.
Biotz-ere, pirosis, acedia, indisposición del estómago por agriarse la comida.
Biotz-zale, apasionado
Biotz-zaletu, apasionarse.
Biozdun (4, resuelto, valiente.
Bioztsu valiente, resuelto.
Bira, vuelta, vuelco.
Bira-biraka (-s), dando vueltas.
Birago, maldición.
Biraka, dando vueltas.
Birao, anatema, maldición, blasfemia.
Biraoka, maldiciendo.
Birberotu, tostar.
Birbiztu, revivir, reanimarse.
Biren, de dos (posesión).
Birgari, segunda cosecha de trigo o trigo de segunda siem-

bra por no haber brotado la primera.

Biribil (c), redondo.

Birigaŕo, malviz (pájaro).

Birika (-s), pulmón, asaduras, liviano.

Bırlandatu (-s), trasplantar.

Birzai (an), remoyuelo, especie de salvado.

Biŕaldatu (a n), trasplantar; trasladar.

Biŕazi, segunda simiente en un mismo campo.

Biŕegin (c), rehacer.

Bisots, aire helado.

Bisustu, intemperie.

Bisustura, jeringa.

Bisusturte (-s), año bisiesto.

Bisuts, ventisca, ventisquero, remolino de agua y viento, nieve, etc.

Bitan (an), en dos (maneras, lugares, veces, días, etc.).

Bitargi-une, ratos más o menos duraderos de serenidad en días de lluvia.

Bitarte (an), intermedio, mediación; influencia, ayopo; coyuntura.

Bitartean (c), mientras, entre

Bitarteko (-s), mediador, intercesor, influyente.

Bitartekotasun (an), mediación, intercesión, influencia.

Bitartetu, intervenir, influir, mediar.

Bitartez (an), por mediación.

Bitxidun, peripuesto, acicalado.

Bitxilora, flor y hierba de margarita.

Bitu, duplicar.

Biur (an), ligadura, vilorta.

Biurgai (an, g), biurgei (b), ramas que, retorcidas, sirven de ligadura.

Biurgurutz, atadura de dos lazadas.

Biurkai (g), biurkei (b), ataduras hechas con ramas de árboles, con las cuales se sujetan y sostienen los palos de un carro.

Biurkera, traducción.

Biurkor, flexible.

Biuŕera, restitución.

Biuŕi (4), torcido, (4) enrevesado, (4), torva mirada, (an), perverso; indócil; luxación; (an), vicio que toma una cuerda por haber estado mucho tiempo arrollada en sentido determinado.

Biuŕikeri (an), perversidad.

Biuŕitu (an), pervertirse.

Biurtu, traducir.

Bixika (an), divieso, granillo.

BL

Bixkor (c), ágil, muy vivo.
Bizar (c), barba, barbilla de la merluza; (an), arista de las plantas.
Bizardun (c), barbudo.
Bizar-kentzaile, barbero.
Bizi (c), vida, (c), vivir, (-s). ágil.
Bizi-alargun (-s), esposos divorciados.
Bizidun (c), animal, ser vivo.
Bizien, cáncer.
Bizikera, modo de vivir, conducta.
Bizi-lagun (an), cohabitador; habitante de un pueblo.
Bizimaiña, alimento, alimentación; modo de vivir, trazas que uno inventa para ganar honradamente la vida.
Bizinai, vividor, activo y ahorrador, económico.
Bizitasun (-s), viveza.
Bizitoki, morada.
Bizitz (-s), vivienda, habitación.
Bizkar (c), espalda; loma.
Bizkor (-s), ágil.
Bizkortasun (-s), actividad.
Blaust (an), onomat. del ruido de una bofetada, de un objeto que cae con estrépito al agua o a un lodazal.
Blaustada, bofetada; caída rui-

BO

dosa de un objeto, guacharrada.
Blist-blast (an), voz onomatopéyica que indica el ruido de varias bofetadas.
Boa, acción de remar.
Boga, pez blanco de entre peñas.
Bokart, anchoa (pez de mar).
Bola, bola de madera que se maneja en el juego de bolos.
Bolada (-l), tropel, gran cantidad.
Bolador, pez volador.
Bol-bol (an), ruido de la ebullición (onomat.). Diferénciase de *fil-fil*, *txir-txir* y algún otro ruido semejante en que *bol-bol* es del fondo.
Bolin, boliña, bolinas cuerdas para estirar las velas por delante.
Bolo, dinero que en algunos pueblos se desparrama por las calles después de un bautizo.
Boloka-ziri, palillo con que se atacan las bolitas de esparto en el sabuco.
Bonbazin (g), bonbazi (b), tela para forro.
Bonbil, garrafón, botijo cilíndrico de tierra, pintado de

BO

negro, de dos asas y cabida de unas ocho azumbres (hidria hoy en desuso).

Bonbo, una especie de buque de cabotaje, falucho.

Bon-bon (-s), gasto profuso.

Boronbil, esfera, cosa redonda.

Borondate (-s), voluntad.

Bort (-s), bastardo, hijo a quien apenas aman los padres, casi desechado.

Boŕo (an), persona o animal que crece tarde.

Boskaŕen, quinto.

Boskoitz (g), boskotx (b), quíntuple, compuesto de cinco.

Bosna, cinco a cada uno.

Bosnan, de cinco en cinco.

Bost, mucho, en admiración denota incredulidad y equivale al castellano "mucho"; (-l), cinco.

Bostaŕika (an), juego de niños "a las cinco piedras"

Bostcko, cualquiera de las manos.

Bosten (an), quinto. quinta parte.

Bostetan (an), a las cinco (horas); en cinco, en los cinco (lugares); cinco veces; muchas veces.

Bosteun (an), quinientos.

BR

Bost oiloak (an), grupo de cinco estrellas.

Bostortu, arar con el *bostortz.*

Bostortz, arado de cinco púas. (4), grupo de cinco estrellas.

Bota (-l), echar.

Botakar (g), botakor (b), padrón, pez parecido al chicharro, más esbelto y duro; lancha mediana en proporciones, que se usa cada día menos.

Botoe, botón (ale); está en desuso.

Botonzulo, ojal, agujero del botón.

Boz (-l), poz (b, g), (s), regocijo, alegría.

Bozadera, poza, cisterna, aljibe.

Branka (-s), proa del buque.

Brasa, braza, cuerda para extender la vela.

Brast (-s), onomat. que indica la acción de arrancar bruscamente un objeto.

Brastadako, movimiento brusco para arrebatar una cosa.

Brastako (l), brastadako (g, b) (-s), movimiento brusco para arrancar un objeto

Brau (4), onomat. de la caída, de ruido de golpe: aparición

BU

repentina, acción brusca y momentánea.

Breka, breca, un pez de mar.

Brinbel, umbral, parte inferior o escalón, por lo común de piedra, y contrapuesto al dintel en la puerta o entrada de una casa.

Bular (c), pecho, leche materna.

Bular itxi, constipado sin tos.

Bulda (an), bula.

Bultz (an), empuje.

Bultzada, empuje.

Bultz-egin (an), empujar.

Burbiña, curbina, pez de mar, muy sabroso, de ojos pequeños, escama roja.

Burdinbide (c), ferrocarril.

Burduntzali (an), cucharón; propiamente significa cuchara de hierro.

Burduntzi, asador, instrumento de hierro.

Burduntzi-zulo, agujero redondo en la oreja del ganado lanar.

Burgatoi, curva, pieza de hierro que sujeta los bancos en los bordes de la lancha.

Burla (c), burla.

Buru (-s), buru (s), (4) cabeza, espiga; lugar principal, cabecera (c); (c), jefe; (c), cima,

BU

(4) cabo, (4) remate, (c) personalidad, uno mismo (c).

Burua atera (c), sacarse la vida, sobresalir.

Burua bat egin, equipararse.

Buruak eman (-b), buruak emon (b) (4), ocurrir una idea.

Buru-arin, casquivano, de cabeza ligera.

Buru-aurki, rodete.

Buruauskari (b, g), buruhausgari (l) (-s), quebradero de cabeza.

Bururauste (c), quebradero de cabeza.

Buru-buru, a lo sumo.

Buru-eritxia, vanidoso, presuntuoso.

Burugin, vividor.

Burugogor (-l), tenaz.

Burugogorkeri, tenacidad, acto.

Buruki, trozo o carne de cabeza.

Buruko ariña, el vahído.

Burukoratz (an), alfiler para prender mantillas y pañuelos.

Buru-moztu (-s), decapitar.

Buruntzi, aro superior de un cesto.

Bururatu, concebir una idea; lograr, ejecutar.

BU

Bururdi (4), colcha o colchilla de pluma, edredón.
Burusi, manta.
Buru-soil, calvo.
Burutara eman (g), burutara emon (b), persuadir a uno.
Burutik, delirante.
Burutik beerako (4), constipado.
Burutik egin, delirar.
Burutsu, ingenioso.
Burutu (c), aguantar, soportar; espiga.
Buru-utsik (an), descubierta la cabeza.
Buruz, de memoria.
Buruzale (an), cómodo, egoísta.
Buruzbide, resolución, determinación; consejo.
Buruz-gora (c), cabeza arriba.
Buru-zulo, agujero por donde el ganado saca la cabeza en la cuadra.
Buruzko (c), trabajo de cabeza.
Buru-zuri (c), de cabeza blanca.
Bureo, un pez. (Vid, Katxu y Eskatxio).
Buŕiketa (an), burriquete, velas pequeñas de las lanchas.

BU

Buŕuka, luchando.
Buŕun, zumbido de ruedas como de cordelería.
Buŕundada (b, g), buŕundara (g, b), estrépito, alharaca; bravata.
Buŕuntzali (-s), cuchara de hierro.
Busti (c), húmedo, mojar.
Bustialdi, baño.
Bustitasun (-s), cola.
Bustite, temporada de humedad.
Butroe, botrino.
Buusi, manta antigua, áspera.
Buztan (c), cola, órgano genital del varón.
Buztan-gaiłur (an), prominencia o parte alta de la cola del ganado.
Buztan-ikara, aguzanieves (pájaro).
Buztaŕi (b), uztaŕi (-b) (4), yugo.
Buztin (4), arcilla.
Buztin-lur (c), tierra arcillosa.
Buztino, sidra pura, sin mezcla de agua.

Voces no comunes a los dialectos bizkaino y gipuzkoano que se usan en tres dialectos.

B

BA

Baitu (l, b), bahitu (s) (-g), prendar.
Balakaldi (-b), zalamería.
Balakatu (-b), halagar, hacer zalamerías.
Balaku (l, s), palagu (g) (-b), halago; caricia.
Baratx, baratxe (-g), lentamente.
Baratxuri (-b), ajo.
Baratz (-b), huerto.
Bardin (-g), igual, liso.
Bardintsu (-g), casi igual.
Barne (-b), interior.
Batere (-b), ni uno.
Beeratu (-g), bajar; humillarse.
Begitsu (-g), de muchos ojos.
Begizorrotz (-b), de ojo perspicaz.
Bekaitz (-b), envidia.
Bekaizti (-b), envidioso.
Bekaiztu (-b), envidiar.
Beldur (-b), temor.
Beldurti (-b), tímido.
Beltzaran (-b), moreno, trigueño.
Belzatu (-b), ennegrecer.
Berenez (-b), por sí mismo.

BE

Berezi (-b), separar.
Bertz (l, s), pertz (g), (-b), caldero.
Beŕi (-b), nuevo; noticia.
Besoz-beso (-g), de bracete.
Beteritsu (-g), persona que sufre mucho de ojos.
Betondo (-g), junto al ojo.
Bezain (-b), tanto.
Bezala (-b), como (modal).
Bezalako (-b), como (cualitativo).
Bezalakoxe (-b), de la misma cualidad.
Bezalatsu (-b), aproximadamente, casi casi; unos...
Beztidura (-b), mortaja.
Beztitu (-b), amortajar.
Bide (-b), parece que; probablemente.
Bildu (-b), recoger, juntar, reunir.
Biotz (-b), miga de pan.
Biozkatu (-g), descorazonarse; afligirse; entristecerse.
Birla (-b), bolo.
Bizipide (l, s), bizibide (b) (-g), profesión, oficio.

BR

Bizkaŕezur (-b), espinazo, espina dorsal.

Boŕoka (-b), lucha, pelea; certamen.

Breska (-b), panal de miel.

BU

Buruko (-g), pañuelo de cabeza.

Buruzagi (-b), jefe, superior.

Busti (-g), humedad.

Suplemento de voces no comunes.

B

BA

Babaŕun (g), habichuelas.
Bai, harnero.
Baltz (b), negro.
Banabar (an), habichuelas.
Baranda, barandilla.
Balcón, baranda.
Baratxuri (-b), ajo.
Baratz (an, g), huerto.
Baratzai (g), hortelano.
Baraua autsi (g), desayunar.
Bariku (b), viernes.
Barua ausi (b), desayunar.
Barusaru-eguna (b), día de abstinencia.
Baŕengo iluntasuna (g), melancolía.
Baŕuko kaltzak (b), calzoncillos.
Basauntz, venado.
Baseŕitar, aldeano.
Batu, reunir.
Bazka (b, Db), chambra.
Beatz (an, g), dedo.
Begiko nini (g), pupila.

BE

Begiko-lauzo, miope, miopía.
Bekar (b), legaña.
Bela (b, Db), grajo.
Beltz (an, g), negro.
Berakatz (b), ajo.
Berazkaldi (b? Db), reflujo.
Berbabide (b), razón en la conversación.
Berekoitasun (Db), egoísmo.
Bereratasun (bc), comodidad.
Beŕna-zoŕo (b), polaina.
Beroen (b), calentura.
Besaba (b), mantón.
Beserdi, medio brazo.
Bestabeŕi (an), día de Corpus.
Betauŕekoak, anteojos.
Betekada, zambra, hartazgo.
Beteri (Db), oftalmia, enfermedad de los ojos.
Betiĺe (g), pestaña.
Betondo (b), entrecejo.
Betozko (g), entrecejo.
Betule (b), pestaña.
Betsein (b), pupila.

BO

Bezero, parroquiano, cliente.
Bialdu, enviar.
Biaramona, mal cuerpo después de un día de mucho comer.
Bidebaŕi (b), bidebeŕi (g), carretera.
Bidezko alaba (an, g), hija legítima.
Bidezko alabea (b), hija legítima.
Bidezko semea, hijo legítimo.
Biloba (g), nieto.
Bira egin, volver.
Birloba (b), nieto.
Birtute, virtud.
Bizkiak (g), gemelos.
Bolakari, jugador de bolos.

BU

Bosten, quinto (quinta parte).
Burdin (an, b), hierro.
Burdin ori, bronce.
Burdin-sare (bc), reja.
Burko (b), almohada.
Burni (g), hierro.
Buru eritxia (b), presunción, presumido.
Buruki (g), almohada.
Buruko miñ (an, g), jaqueca.
Buru-muŕi (b), calvo.
Bururengo (b), jaqueca.
Burutasun (g, b), ocurrencia.
Buŕuko-azal (Db), funda de almohada.
Buurdiko (Db), colchón.

Z

ZA

-Z (c), sufijo que significa manera, modo, "en, de, por vez": *Egunez,* de día; *asteartez,* en martes; *lenengoz,* por primera vez; *boskaŕenez,* por quinta vez.
Zahagi (l, s), zagi (b, g), (4), odre, pellejo para contener vino o aceite.
Zaar (-g), zar (b, g) (4), viejo, anciano.
Zaartu (-g), zartu (g) (4), envejecer.

ZA

Zabal (c), ancho; abierto.
Zabaldu (c), ensanchar; abrir; franquearse; esparcir.
Zabalik (c), abierto.
Zabalkote (b), zabalote (g), muy ancho.
Zabaltasun (-s), anchura; notoriedad; abertura; abundancia; franqueza.
Zabaltzaile (c...), el que extiende.
Zabalune, trecho de ensanche.

ZA

Zabar (an, gc), remolón, flojo y tardío para el trabajo.
Zabarkeria (np), indolencia.
Zabartasun, rezagamiento; desidia.
Zabartu (an, -s), rezagarse, hacerse el remolón; descuidarse; entorpecerse para el trabajo.
Zabo (an), hinchazón de plantas.
Zabor (an), suciedad; escombros; residuos.
Zabotu (an), hincharse las plantas y aun los animales.
Zabu, columpio; (np) balanceo.
Zabuka, dando tropiezos por efecto del vino.
Zabuŕeri (gc), zaboŕeri (an, b), desperdicios; conjunto de cosas inútiles.
Zagi (b, g, an) zahagi (l, s) (4), odre, pellejo para contener aceite o vino.
Zago (np), hinchazón de vegetales.
Zagotu (np), hincharse.
Zai (4), salvado.
Zaiel, paño burdo.
Zail (c), correoso, fibroso, coriáceo; duro; aguantadizo; rígido; duradero; tenaz, inflexible.

ZA

Zailtasun (-s), tenacidad; resistencia.
Zain, zañ (-b), zan (b), (4), vena.
Zaindu (b, l), zaitu (g) (-s), vigilar.
Zainga (l), zaunka (g. b) (-s), ladrido de perro.
Zakar, (-s), torpe, (-s), tosco; broza, desperdicios.
Zakarkeri (np), broza
Zakartu, (-s) hacerse rudo; ajar, gastarse una cosa.
Zakatz, brusco, rudo.
Zakil (an), verga, miembro viril.
Zakuto (an), alforja, saquito.
Zalantza (b-i?, g), duda, perplejidad.
Zaldar (an), divieso.
Zaldi (c), caballo.
Zaldidun (c), el que' tiene caballo.
Zaldiz (z), a caballo.
Zaldizko (c), jinete; columna de lluvia.
Zaldun, (...), caballero; el caballo, una de las cartas de naipes.
Zale (c), aficionado.
Zaletasun (an, np), afición.
Zaletu (c...), aficionarse.
Zaltegi, caballeriza.

Zama (c...), carga.

Zamarikatu (c...), cabalgar.

Zamatu (np), cargar.

Zan (an), difunto.

Zanbro, sahorno; (an) enfermedad de nabos, berzas y cereales producida por el calor y la sequía.

Zanga, foso, zanja.

Zankabe, parte de la pierna opuesta a la rodilla por donde se dobla.

Zankalodi (c...), de pierna gruesa.

Zankaluze (c...), zanquilargo.

Zankame (c...), zanquivano, casi sin piernas.

Zanakaŕanka, juego de niños al cox-cox, a la pata coja, al pin pin.

Zankaroi (an), hueso del pie que forma el talón, zancajo.

Zanko (-l), pantorrilla; tallo.

Zanpatu (g, l), zapatu (l, s), zapaldu (b, g) (4), calcar; aplastar.

Zapal (np), aplastado; chato.

Zapaldu (np), aplastar; calcar.

Zapalune (np), parte cóncava o comprimida de un plato.

Zapar (np), voz onomat. que denota el ruido de una lluvia muy fuerte.

Zapaŕote, regordete.

Zapasalto, salto en falso; claro, sitio pasado por alto sin sembrar.

Zapata, (-s) zapato; (-s) contrafuerte entre un machón o pilar y las vigas que en él se apoyan; umbral de una puerta.

Zapatagile (c...), zapatero.

Zapatagin (-s), zapatero.

Zapatagintza (-s), oficio de zapatero; taller de zapatería.

Zapatari (np), zapatero; insecto patilargo que sobrenada en los arroyos; un pez, ¿es la mujarra?, vulg. zapatero.

Zapa-zapa (2c), voz onomatopéyica que indica profusión, abundancia; marcha continua.

Zapero, revuelto de salvado que se da de alimento a las aves de corral y cerdos.

Zapi, (-s) ¡zape!; (an) pañuelo, trapo, lienzo que las personas traen consigo.

Zapla (an), voz onomat. que denota un golpecito.

Zapla-zapla (an), onomat. de los pasos que se dan en un charco o arroyo o agua de poco fondo.

ZA

Zapo (g, b), apo (s, l) (4), sapo.

Zaputz (an, np), huraño, esquivo.

Zar (b, g), zaar (-g) (4), anciano; viejo; se usa también en composición con algunos verbos, especialmente con *jan, janzar naiz*, hace mucho tiempo que he comido.

Zarba, barda, leña con hojas y ramillas.

Zarbo, un pez marino, vulg. mujarra.

Zardai (l, g) zardain (b) (-s), esbelto; varapalo largo que se destina a varios usos, como varear los árboles, formar parras, tender la ropa, etcétera.

Zare (c...), cesto.

Zargañi, buen consorte

Zargazte, viejos y jóvenes.

Zarkin (an), trasto viejo.

-Zaro (c...), época.

Zart (-s), quebraduras de objeto duro, por ejemplo un cristal.

Zartada (np), golpecito, varazo.

Zartadaka (np), a golpes.

Zartadako (b, g) (l), (-s), bofetada; varazo.

ZA

Zartadan (np), de golpe; con garbo.

Zartain (an, b), zartai (g), sartén.

Zarta-zarta (bc), onomat. que indica la locuacidad, la habilidad de hablar; con actividad.

Zartegi (np), lugar de cosas viejas o de personas ancianas.

Zart egin (an), romperse una cuerda.

Zartu (an), envejecerse

Zartzaro (np), vejez.

Zartze (an, b, gc), el envejecer.

Zaŕabete (np), gaita, instrumento de música.

Zaŕamar (np), tumulto.

Zaŕapaŕa (np), tumulto.

Zaŕeria (np), grupo de personas ancianas.

Zaŕast (-s), onomat. que designa la acción de cortar un objeto.

Zatal, trozo no grueso; retal de paño.

Zatar (np), feo, deforme; cochino, asqueroso.

Zatardun (an), andrajoso.

Zatarkeria (an, np), deformidad; vileza, bajeza. canallería.

ZE

Zatateria (np), inmundicia.
Zatari (an, np), ripio, conjunto de ladrillos rotos y otros materiales desechados.
Zati (c), pedazo, parte, porción.
Zatika (c), a pedazos; por partes.
Zatikatu (c...), despedazar.
Zatikatzaile (c...), el que parte, el que destroza.
Zatikatze (c...), destrozo.
Zatior (np), frágil; quebradizo.
Zatitu (c), dividir; despedazar.
Zato (an), odre pequeño, botarrón.
Zaunka (np), ladrido de perro.
Zauri (c), herida; llaga.
Zauritu (-s), herir.
-*Zaz* (an, np), sufijo mediativo o instrumental que significa *de, con.*
Zazpi (c), siete.
Zazpigaren (c...), séptimo.
Zazpiko (c...), el de siete; el que tiene siete.
Zazpiña (b, g), zazpira (l, s) (4), siete a cada uno.
Ze (b, g), zehe (l, s), (4) menudo; ¿qué, pues?
Zear (np), a través, por.
Zearbide (ab, gc), camino al sesgo, camino torcido.

ZE

Zearka-mearka (np), caminar de mala gana y en zig-zag.
Zearo (np), minuciosamente.
Zeatadar (an), rama oblicua, rama lateral.
Zearetara (np), faldeando; bordeando; atravesando; indirectamente, oblicuamente.
Zeatu, (4) azotar; (4) castigar; machacar, desmenuzar.
Zeatz (np), exacto.
Zeatze (c...), castigo.
Zeaztasun (np), exactitud.
Zebatu (-s), enderezar; dominar; domesticar.
Zeden (-s), gorgojo del trigo y del maíz.
Zee (np), menudo.
Zeero (np), al por menor; minuciosamente.
Zeetasun (g, b), xehetasun (l,s) (4), menudencia, pormenor (4); exactitud.
Zearbide (b, g), zeiharbide (l, s) (4), atajo.
Zegazta, persona espigada, delgada y ágil.
Zegen (np), carcoma.
Zein, zeiñ, (c...), cuán; cuál; que o como (de comparación). *Bere gaizkia ain sari entzun dezake sein ongia,*

ZE

puede oir tan pronto su mal como su bien.

Zein baino zein (-s), a cual más.

Zein geiago (an, np), cual más, a cual más, a porfía.

Zein-nai (np), quienquiera, quienquiera que sea.

Zeiñatu (l, b) zehinatu (s), ziñatu (g) (4), signarse.

Zekale (g, s, b?), zekele (l) (4), centeno.

Zeken (c), avaro, sórdido.

Zekendu (-s), volverse avaro, hacerse sórdido.

Zeken-intxaur (gc), nuez redonda, dura y carnosa, difícil de ser descarnada.

Zekor (4), novillo.

Zekortu (np), cruzar el ganado vacuno.

Zelai (-s), prado.

Zelata (4), insidia; asechanza; acecho.

Zelataka (np), acechando.

Zelataldi (cZ), momento de espiar, de acechar.

Zelatari, (-s) espía; (c) centinela.

Zelatean (np), acechando.

Zena (s, l), zana b, g) (4), difunto.

ZE

Zenbakaŕen (-s), el cuantésimo.

Zenbat (-s), cuánto; ¿cuántos?

Zentzatu (c...), escarmentarse.

Zentzu (c), sentido, juirio.

Zentzudun (c...), sensato, juicioso.

Zentzugabe (c), insensato.

Zentzuko (c...), juicioso.

Zentzuratu (c...), volver en sí, recobrar el juicio.

Zentzutasun (-s), cordura; formalidad.

Zentzuz (c...), juiciosamente.

Zentzuzko (c...), juicioso; cuerdo; avispado.

Zepa (-s), escoria, heces del mineral de hierro que quedan endurecidas en el horno de la fundición.

Zer, (c) qué, (c) cosa; (c) cuál; (c...) fulano.

Zera, grupa de animal; espalda de la persona.

Zerbait (-s), algo.

Zertarako (c...), para qué?

Zertu (c), efectuar.

Zeru, (-s) cielo; pabellón, bóveda.

Zeru goien (np), cielo empíreo.

Zerurako (c...), para el Cielo.

Zeruratu (-s), ir al Cielo, sal-

ZE

varse; llevar al Cielo, salvar.

Zerutar (an, b, g), zerutiar (l) (-s), celestial. Se dice también de personas piadosas.

Zeŕa, (c) rebanada; (-s) sierra.

Zeŕa-etxe (-s), armazón de la sierra.

Zeŕari (-s), aserrador.

Zeŕatoki, aserradero, lugar en que trabajan los aserradores.

Zeŕatu (-s), aserrar.

Zeŕauts (b, g), zeŕazahi (l) (-s), serrín.

Zeŕenda (g, l), zeŕendara (b) (-s), margen; franja de terreno en que se ha segado o ejecutado algún otro trabajo.

Zetaka (b, g), zeta (s) (-l), mancha.

Ze katu (np), manchar.

Zetu (an), desmenuzar.

Zezen (c), toro.

Zezenka (an), toreando.

Zezenkari (an), torero (np)

Zezenketa (np), corrida de toros.

Zezenki (c), carne de toro.

Zezensari (c), salario que se da por echar un toro a una vaca.

ZI

Zezentoki (an, np), redondel.

Zezen-txakur (b), zezen-zakur (an, g) (np), perro dogo.

Zezial, cecial, merluza en salazón.

Zezin (an), tasajo, cecina, carne salada.

Zia, (np) ciar, remar hacia atrás; impermeable.

Zibo, columpio.

Zibot (np), capullo del gusano.

Ziburu, columpio.

Ziega (an), mazmorra, calabozo.

Zigar (-s), arador (insecto).

Zigor (-s), azote; vara, palo.

Zigoŕada (an), castigo.

Zigur (np), seguro, cierto.

Ziil (nj), ombligo.

Ziildu (np), brotar las plantas, cubrirse de botones.

Zikin (4), sucio.

Zikindu (-s), ensuciar.

Zikinkeri (-s), suciedad; (an) lujuria.

Zikintasun (an), suciedad.

Zikirio, centeno.

Zikutz (np), avaro.

Zilar, ziłar (-b), zidar (b) (4), plata.

Zilbor (np), panza, abdomen.

Zildai (an), cocar y también estrobo.

ZI

Zilimala (np), desganado, malucho.

Zilar bizi (g), zilhar bizi (¹), zidar bizi (b) (-s), azogue, mercurio.

Zimaŕoi, atún primerizo de aletas cortas; vulg. cimarrón.

Zimel (np), tierra dura, poco fértil.

Zimeldu (-s), marchitarse.

Zimendu (c...), cimiento.

Zimestaŕi (np), fundamento, piedra fundamental.

Zimintza (b), zimitza (l, g) (-s), fleje.

Zimur (-s), arruga; frunce.

Zimurtu (-s), arrugar, arrugarse.

Zingaro, pantano aguazal, laguna.

Zingo, fondo, calado.

Zingulu-zangulu, andar arrastrando los pies.

Zinta (c...) cinta.

Zinta-l edar (b), zinta-belar (g), cierta planta, espadaña.

Zintsu (np), sano, firme.

Zints (an), voz con que se excita al niño a que se suene.

Zintz egin (an, np), sonarse las narices.

Zinizo (bc), exacto, fino fiel;

ZI

(an), perspicaz; (an), económico.

Zintzotasun, exactitud fidelidad.

Zintzotu, corregirse, hacerse juicioso.

Zinuti, zinutsu (-s), gestero, que hace muchas muecas.

Zinzilika (l, g), dingilizka (b) (-s), colgando, pendiente.

Zipla (np), ganar.

Ziplada, indirecta, pulla; ganar (se usa como interjeción).

Zipli-zapla (np), onomat de abofetear.

Zipotz, espiche, estaquilla con que se cierra el agujero de una cuba;)gc), terco, testarudo.

Zirau (-s), culebra ciega.

Ziraun, ciega (pop.), especie de culebra delgada muy negra e inofensiva. Algunos lo traducen como víbora.

Zirdin (an), pingajo, colgajo que arrastra de un vestido.

Zirgabide (c...), camino por donde se halan los barcos.

Zirgari (c...), sirguero, sirguera.

Zirgatu (c...), halar los barcos por medio de una maroma.

ZI

Ziri (c), petardo; clavija; engaño; cuña.

Zirikada (...c), punzada, (np), tentación.

Zirikatu (c...), hostigar, azuzar; incitar, tentar.

Zirimara (np), persona ocupada en menudencias en cosas de poco valor.

Zirin (c...), diarrea; excremento de aves; bullebulle, inquieto, turbulento.

Ziritu (-s), endurecerse la cebolla u otra planta.

Ziri-zara (np), moverse casi insensiblemente, deslizarse (an)

Ziri-ziri (an), moverse casi insensiblemente, deslizarse.

Zirkilu, rincón, escondrijo

Zirkiñ (bc), movimiento de impulsión.

Zirkiñ-egin (bc), moverse.

Zirkun-zarkun, dando tropiezos; (andar) de ceca en meca.

Ziŕi, movimiento; empujones que se dan los jóvenes de ambos sexos.

Ziŕiboŕo (-bc), borrón.

Ziŕikatu (np), tentar, hostigar.

Ziŕiki-maŕaka (an), (hacer una cosa), a la ligera.

Ziŕikiton (an), tartán, tela de lana a cuadros o listas cruzadas de diferentes colores.

Ziŕikitu (an, b, g), ziŕitu (l) (-s), rendija.

Ziŕinda (b, g), zeŕenda (g, l) (-s), (an) margen, franja de terreno; retal, pedazo sobrante de tela.

Ziŕin-zaŕan (s), onomat. del ruido de zapatos al andar y también del arrastre de un cuerpo pesado; persiana, cerraduras de ventanas.

Ziŕi-paŕa (np), alboroto; (trabajar) a salga lo que saliera.

Ziŕistada (l, g), txiŕistada (b, g) (-s), resbalón.

Ziŕistatu (l), txiŕist egin (g, b) (-s), resbalar.

Ziŕistu (b, g), ziŕitu (l) (-s), rendija.

Zirt edo zart (2c), con decisión; decidirse, resolverse.

Zisku, bolsa.

Zistor, animal macho impotente para la procreación.

Zital (-s), bellaco; despreciable; terco.

Zitaldu (-s), hacerse terco, bellaco.

Zitalkeri (-s), bellacada, terquedad.

Zitar, (cosa) asada al rescoldo.

ZI

Ziur (np), seguro, cierto.

Ziza (an), seta, el más estimado de los hongos.

Zizibaza, ceceo.

Zizpuru (an), suspiro.

Zizti-zazta (-s), trabajar), sin finura.

Ziztrin (np), cosa insignificante; delgaducho.

Zka (c), sufijo que indica palidez de un color. *Goŕizka* (c), rojizo; *Orizka,* amarillento; *zurizka* (c), blanquecino.

Zo (l), so (g, b) (-s), voz con que se hace detener a los animales de carga, especialmente a los asnos.

Zoi, (4), tepe, pedazo de tierra que se saca con las leyes o con la azada; vulg., tormo. (np), compañeros layadores.

Zoko (c), rincón.

Zokor, terrón.

Zopaŕeneko, el layador interior; el que en una fila de layadores ocupa el lugar más bajo.

Zopuru (an, np), parte alta de una heredad en declive.

Zopuruko, el layador que ocupa el lugar el lugar más alto en una fila de operarios.

ZO

Zorabio (2c), aturdimiento, atolondramiento; vértigo.

Zoragaŕi (c...), deleitable; encantador; enloquecedor.

Zoragaŕitasun (an), entusiasmo (an).

Zorakeri (an), insensatez, locura en sentido moral.

Zoraldi (an), ratos de locura.

Zoramen, insistencia.

Zoratu (an), enloquecer, enloquecerse; (gc), cortarse la leche.

Zordun (c), deudor.

Zordundu (c...), hacerse deudor.

Zori (-s), suerte; fortuna; ventura; acaso; punto propicio.

Zorigaizto (b, g), zorigaitz (l, g), (-s), infortunio, desgracia (an).

Zorigaiztoko (an, np), desventurado; réprobo.

Zorioneko (an), bienaventurado, feliz.

Zoriontasun (an, np), felicidad, bienaventuranza.

Zoritsu (-s), afortunado.

Zor izan (an, np), deber, adeudar.

Zorna (-s), materia, pus.

Zornabedar (b), zornabelar (an,

ZO

(g), lechetrezna, hierba parecida al cardo, senecio?

Zoro (an, np), loco.

Zorotasun (an, np), demencia

Zorpeko (an) deudor.

Zorpetu (np), acribillarse de deudas.

Zortzi (c), ocho.

Zortziak (an, np), los ochos de cartas del juego, cuyo valor es de ocho por cada uno

Zortziña (an, np), ocho a cada uno.

Zortziñan (an, np), de ocho en ocho.

Zortzirak (an, np), las ocho.

Zortzireun (an, b, g) zortziehun (l, s) (4), ochocientos.

Zoru (2c), suela.

Zoŕi (c), piojo.

Zoŕibedar (b), zoŕibelar (-b) (4), albaraz, hierba piojera.

Zoŕiketa (-s), espulgo, acción de picotear las plumas.

Zoŕo (c), saco.

Zoŕotz (c...), afilado, (-l), perspicaz, (-l), agudo.

Zoŕotzaile (b, g), zoŕoztaile (l) (-s), afilador.

Zoŕoztu (cZ), afilar.

Zotal (4), tepe, pedazo de tierra que arrancan las layas.

Zotaska, surco formado por arado entre dos hazas (an, gc).

Zotin (an), hipo.

Zotz (np), espiche; se usa irónicamente al negar en redondo lo que a uno se le asegura. ¡Bai zotza!

Zotzabar, residuos de ramillas.

Zotz egin (np), echar a suertes, a palillos.

Zozar, mirlo macho.

Zozo (c), tordo, mirlo; idiota, bobo.

Zu (c), vos, usted.

Zuari, cuerda de lana burda; se destina a atar abarcas, a marcar con greda los troncos que se han de aserrar, etcétera.

Zuaritz, árbol bravío.

Zubi (c...), puente.

Zubibegi (an, np), ojo de puente.

Zuek (c...), vosotros

Zuen (c...), vuestro.

Zuk (c),, vos, usted, tu.

Zuketz (c...), en tratamiento de vos.

Zuku, sopa.

Zulatu (np), hacer hoyos; agujerear, taladrar.

Zuldar (an), barro, granillos de la piel.

ZU

Zulo (an, np), agujero.

Zulogile (an, g), zulogin (b), sepulturero.

Zuloune (g), zulounekada (b), terreno quebrado del fondo de los arroyos.

Zumalakar (-s), sauco.

Zumalikar (c...), sauce.

Zumar (an), olmo.

Zume (c), mimbre.

Zumitz, fleje.

Zumizgai (g), zumizgei (b), material de flejes.

Zur (c), madera; (bc), económico; (np), prudente, discreto despeado.

Zuraritz (np), árbol bravío.

Zurazka (np), duerna, dornajo de madera.

Zurgiara (b, g), zurgihare (s) (-l), leño propiamente dicho; literalmente, parte negra del madero o del árbol.

Zurigarbi (-!), colada, lavado.

Zurikeri (4), adulación, haraganería.

Zuringo (-s), clara, albúmina del huevo.

Zuritu (c), blanquear; (-l), ajustar cuentas; persuadir, convencer. *Enauk zurituko*, no me convencerás: mondar frutas, pelar patatas, deshojar maíces; (an), limpiar.

Zuritzaile (g, l), zuritzaila (b), zuritzale (l, s) (4), blanqueador, albañil.

Zurkeri (c...), tacañería.

Zurmaila (an), peldaño o grada de madera.

Zurtu (np), azorarse, asombrarse.

Zurtz (-l), huérfano.

Zuraldi (an), zurra, acto de zurrar.

Zuru (2c), romadizo.

Zuruka (np), roncando

Zurukutun (np), cierto guisado de bacalao y patatas.

Zurumuru (bc), rumor.

Zurun, polvillo de la carcoma.

Zurunbildu, arremolinarse.

Zurunbilo, huracán, remolino de viento; remolino o confusión de gente.

Zurundu, carcomerse, apolillarse un árbol.

Zurupatu (c...), sorber.

Zuruputun (-s), sopa de bacalao que se toma en las sidrerías frecuentadas por los marineros.

Zurust (an), trago; sorbido.

Zurut (an), trago; sorbido.

Zurut egin (an), sorber.

ZU

Zut (an), interjeción que significa "de pie, derecho".
Zutik (g, l), zutinik (b) (-s), de pie.
Zutitu (g, l), zutindu (b) (-s), enderezarse, ponerse de pie.
Zuza (an, np), seta de primavera, de superior calidad.
Zuzen (c), recto, derecho.

ZU

Zuzendu (c...), enderezar; rectificar; corregir; arreglar; guiar; encaminar, dirigir.
Zuzentasun, zuzentarzun (c...), rectitud; justicia.
Zuzentzaile (-s), director; enderezador.
Zuzi (-s), tea.

Voces no comunes a los dialectos bizkaino y guipuzkoano que se usan en tres dialectos.

Z

ZA

Zahartze (i, s), zartze (g) (-b), vejez.
Zabalki (-b), extensamente.
Zail (-b), mezquino agarrado.
Zalapartan (-b), desordenadamente.
Zaldale (g), zaldare (l, s) (-b), pienso.
Zanga-zanga (-b), beber haciendo ruido en la laringe.
Zartatu (-b), quebrarse, rajarse, cascarse.
Zazpiki (-g), sietemesino, impaciente.
Zeiñatu (l, b), zeinhatu (s) (-g), signarse.
Zeren (-b), porque (causal).
Zernai (-b), cuaquier cosa.
Zertako (-b), para qué?, por qué?

ZE

Zerepel (-b), tibio, calentito.
Ziba (g, l), zibot (s) (-b), trompo.
Zintzur (-b), garganta.
Zizari (-b), lombriz en general.
Zola (-b), suelo.
Zugaitz (-b), árbol.
Zuandor (-b), cornejo común.
Zurgai (l), zurgei (b, s) (-g), árbol que promete mucha madera.
Zurigoŕi (-b), color sonrosado.
Zuritu (-g), comprobar una verdad, averiguar un suceso.
Zuurtasun (b, l,) zuhurtazün (s) (-g), cordura, prudencia, economía.
Zizailu (l), zizailu (g), zuzulu (s) (-b), escaño.

Suplemento de voces no comunes.

Z

ZA

Zaindu (b, l), cuidar.
Zaintiratu (g), luxación.
Zaiñari (g), nervio.
Zaitu (an, g), cuidar.
Zanari (b), nervio.
Zankolokaŕi (g, Mend.), liga para las medias.
Zankozoŕo (g), polainas.
Zaparda (b, Db), barbo.
Zapatu (b), sábado.
Zatak (an), mantas de abarcas.
Zatar (g), trapo de cocina.
Zazpikoitz, séptuple.
Zazpikotx, séptuple.

ZU

Zematu (b), amenazar.
Zidargin (b), platero.
Zilargin (g), platero.
Zimel (g), enjuto.
Zin egin, jurar.
Zintzur (g), gaznate.
Ziria sartu (g), engañar.
Zolitu (b, Db), panadizo.
Zortziren, octavo o una octava parte.
Zozo, tordo.
Zuku-ontzi (Db), sopera.
Zurbil (b), macilento.

D

DA

Dama, señorita.
Damu, pesar, arrepentimiento.
Damu izan (-s), tener pesar, arrepentirse.
Damukor, (-s), propenso a arrepentirse.
Damutasun (c), arrepentimiento.
Damutu (-s), apesadumbrarse.
Damuz, pesaroso.
Danba (-s), estallido (onomat.)
Danbalada (b), danbalaka (g)

DA

(an), cabezada, balanceo del hombre; carro, buque, etc.
Dandan, onomat. de un golpe, etcétera.
Danga (onomat.), ruido de un objeto pesado que cae y produce algún eco.
Dantza (c), baile.
Dantzari (c), bailarín.
Dantzauŕe, la primera suerte o primer baile del *auŕesku*.
Dar, sufijo patronímico.

DI

Dardaiz, temblando.

Dardar (c), temblor (onmat.)

Dardara (-s), vibración.

Deabru, diablo.

Deadar (g, b), deiadar (l, s) (4), grito, llamamiento.

Debekatu (l, g), debekau (b) (-s), prohibir.

Dei (c), vocación, llamamiento; la llamada de la campana.

Dei egin (c), llamar.

Deiera, llamamiento.

Deiez (c), llamando.

Denbora (g, l s), denpora (b), tiempo.

Denda, tienda.

Dendari, tendero.

Desegin, deshacer, destruir.

Deus (4), algo.

Dik (s), variación de *-tik.*

Diko, emendiko, el de la parte de aquí.

Dinbi-danba (onomat.), tundir a golpes.

Din-dan (onomat. (-l), sonido de campanas; (-l), campada.

Dindiŕi (-s), moquillo.

Diño,, hasta (con nombres de lugar y hasta de tiempo, esto último quizá indebidamente.

Diru (-s), dinero.

Dirudun (-s), adinerado

Distiria (b, g), distira (l), (-s),

DO

brillo; reflejo del sol en la playa, tierra, etc. (an).

Doa (4), don, gracia, merced.

Doai, merced, regalo.

Doarik, gratuito.

Doatsu (4), feliz, bienaventurado.

Dobera, depósito de granos en el molino.

Doe, don, gracia, merced.

Doi (4), justo, exacto, cantidad moderada.

Doi (4), variación de *doe* en *doia,* el don.

Doitu (c), ajustar, proporcionar.

Doilor (-s), ruin, villano.

Doilorkeria (-s), ruindad, villanía.

Doilortu (-s), arruinarse, desmembrarse, envilecerse.

Doke-dokeka, andar sobre un pie.

Dolara (b, g), dolare (l) (-s), lagar.

Domino (an), cierto cesto grande en que caben como unas treinta astillas de aparejos de besugos.

Done (c), santo, casi en desuso.

Dorada (an), pez que persigue al volador.

Dotore, elegante.

DU

Dotoreri, elegancia.
Driza, driza, cuerda con que se izan las velas.
Duan, debalde.
Duin, capaz, digno.
Dukat, ducado.
Dun (c), indica posesión.

DU

Dunba, cencerro del ganado, tiene boca más estrecha que la base.
Dura (c), sufijo de acción.
Durdu, durdo, cierto pez de mar.

Voces no comunes a los dialectos bizkaino y guipuzkoano que se usan en tres dialectos.

D

DE

Dela (-b), sea.
Dena (-b), lo que es.
Dzast (-g), onomat. del ruido de meter con fuerza de

DZ

arrojo un objeto en alguna abertura o ángulo.
Dzastada (-g), acción de meter.

Suplemento de voces no comunes.

D

DA

Dala (b), piedra de fregar, fregadera.
Detu (b), manía.
Diputazioa (pop.), diputación.
Domeka (an, b), domingo.

DU

Duintasun, capacidad, dignidad.
Duro (an, g), duro, moneda de cinco pesetas.

E

EA

Ea (c), vamos.
Ea bada (c), ea, pues.
Ebagi (b), ebaki (-b), pronunciar, (4), cortar.
Edabe, pócima; alimento casi

ED

líquido que se da al ganado.
Edale (an), bebedor.
Edan (c), beber.
Edari (c), bebida.
Edate (c), el beber.

Ede (c), correa.
Eder (c), hermoso; complacencia, aprecio, agrado.
Edergañi (c), adorno, aderezo, alhaja.
Eder izan (c), estimar.
Edertasun (an) hermosura.
Edertu (c), hermosear, embellecer.
Ederzale (an), el aficionado a buscar cosas bellas.
Edeŕa sartu (an), engañar.
Edo (c), o (conjunción).
Edoski, mamar.
Eduki (-b), euki (b) (4), guardar, tener.
Edur (b), elur (-b) (4). nieve.
Edur-euri, agua nieve.
Edurte (b), elurte (-b), temporada de nieves.
Ega (an), ala, alera.
Egaatu, volar.
Egabanatu (an), volar.
Egabera (an), avefría.
Egada (an), vuelo.
Egaluze (an), bonito atún de aletas largas.
Egan, volando.
Egañi (c), sed; ansia, deseo vehemente.
Egañi izan (c), tener sed.
Egatz, aletas.

Egazpi (an), axila, sobaco (de las aves).
Egazti (b, g), egaztin (l), (-s), ave.
Egi (c), demasiado (sufijo).
Egi (c), verdad, ladera de los montes.
Egiati (l, s), egiti (b, g) (4), veraz.
Egiatu (-s) comprobar, cerciorarse de.
Egiaz (-l), en verdad.
Egiazko (l, b). egizko (g) (-s), verdadero.
Egiaztu (-s) comprobar, cerciorarse de.
Egiera (c), acción, acto; momento.
Egik (c), haz.
Egikera (an), modo de obrar, conducta; acto, acción.
Egile, egiĺe (c), agente, hacedor, creador.
Egileor, choza, cortijo cubierto; ladera estéril.
Egilor, choza, cortijo cubierto.
Egimen, acto.
Egin (c), hacer, (-s), apostar.
Egin-bearra (an), deberes.
Egin-barri (b) egin-berri (g), recién hecho.
Eginbide (c), obligación.

Eginkor, posible; persona activa.

Egintz (c), acto; oficio.

Egñade, procedimiento.

Egitai (an), hoz.

Egitci (-l), hoz.

Egiteko (c...) los deberes.

Egiti (an), veraz.

Egitura, estructura, factura.

Ego, aleta de peces; (4), viento Sur, Sur, parte meridional.

Egoaidatu egoairatu (g c), ventilar, aventar.

Egoañ, cachaza; rato de trabajo.

Egodun, alado.

Egoe, Sur.

Egoera (c), estancia.

Egoi, Sur.

Egokañ (an), acomodable, aplicable.

Egoki (-s), conveniente, adecuado, propio.

Egokitu, acomodar, proporcionar, ajustar.

Egon (c), estar, haber existir, atenerse.

Egopen, estancia.

Egopide, permiso, billete o cualquier otro medio para estar es alguna parte; conversación, entretenimiento o algo que hace permanecer.

Egosarin (an), manjar mal cocido.

Egosbera, cosa que fácilmente se cuece, fácil de cocer.

Egosgaitz (l, g), egosgatx (b) (-s), difícil de cocer.

Egosi (c), cocer.

Egotaldi (c), reposo, rato de quietud, estancia.

Egote (c), el estar.

Egotegi, morada.

Egotez (an), de residencia.

Egotzi, adherir, juntar.

Eguaize, viento sur.

Eguantz, aurora.

Eguargi (-l), día claro, plena luz.

Eguarte, entre día, después del mediodía, siesta.

Egun (an), cien; (c), día, (4), hoy, durante el día.

Egunauñe, víspera.

Egundaino (l, g), (-s), jamás.

Egundo (b).

Egundu (an), amanecer.

Egunean-egunean, todos los días.

Egunero (4), diariamente (an), todos los días.

Egunez (-l), de día.

Egun-sentia (an), aurora.

Egur (c), leña.

EL

Eguraldi (an), tiempo, estado atmosférico.
Eguras, oreo; paseo, esparcimiento.
Egurastu, crearse.
Egurgile, leñador.
Egurgin (an), leñador.
Egurki, leño, árbol.
Egur-laurgi (b), egur-laurki (g), astilla gruesa rectangular.
Egutera, sitio soleado
Eguzki (-s), sol.
Eiza (4), caza.
Ekaitz (4), tempestad.
Ekaizte (4), temporada o serie de temporales.
Ekañi (4), traer, dar.
Ekarti, ekartsu, fértil, productivo.
Ekin, ocuparse, inculcar, insistir; insistencia.
Ekinaldi, envite, acometida que se da al trabajo.
Ekinalean, en todo lo posible.
Ekintza, empresa.
Ekite, insistencia.
Ekusi, ver.
Elai, golondrina; vencejo.
Elaia-bedar (b) elaia-belar (g), celicdonio.
Elaztun, sortija.
Elbañi, mancadura, estropeo.
Elbañitu (an), mancar.

EL

Eldu (-l), llegar, (-s), madurar; agarrar, llegada.
Eldu-bako (b), eldu-gabe (g) verde, no maduro.
Elgoñi, sarampión.
Elikatu (-s), mantener, alimentar.
Eliza (c), iglesia (templo y conjunto de fieles cristianos).
Elizalde (an), paraje junto a la iglesia.
Elizakoi, devoto (an).
Elizarako (c), para la iglesia.
Eliz-dei, publicaciones de matrimonio.
Elizkizun (an), función de iglesia.
Eliztar, feligrés.
Eliz-zale, devoto.
Elkor, (-s), tierra estéril, costanera; fruto que no madura.
Eloñarantza, endrino.
Eloñi (4), espino.
Eloñi txuri (g, s), eloñi zuri (b, l) (4), espino blanco.
Eltur, carne podrida que sale del medio de una herida.
Eltzari, (perro) mordedor.
Eltxar, caries; mosca que pica y hace corromper las carnes.
Elur (-b), edur (b) (4), nieve.

EM

Elurte (-b), edurte (b) (4), temporada de nieves, grandes nevadas.

Emagintza, profesión de partera, arte de los partos u obstreticia.

Emaitz (-b) emoitz (b) (4), dádiva, (-b) regalo.

Eman (-b), emon (b) (4), dar, entregarse (-b), colocar (-b), colocarse (-b).

Emarkai (g), emarkari (b), regalos hechos a las recién paridas; convite de mujeres solas que se da con tal motivo.

Emasabel, matriz.

Emazte (c), mujer, mujer respecto del marido.

Emaztedun (c), casado.

Emaztegai (g, l), emaztegei (b, s) (4), novia.

Eme, (an) hembra; (c) suave, (c) blando, (c) manso.

Emen (-s), aquí.

Emendatu (g), emendau (b), apagar.

Emengoxe, de aquí mismo.

Emeretzi (-s), diecinueve.

Emeretziña (b, g), emetzira (l) (-s), diecinueve a cada uno.

EP

Emeretziñaka, por grupos de diecinueve.

Enara (an), golondrina.

Enbat, viento de N-E.

-*En bat* (an), alguno. *Egunen bat,* algún día.

Enbido, envite de dos tantos que hace un jugador de "mus".

Enbite, juego de envite.

Enbor, tronco.

Ene (c), mío.

Engalas, capa o paño de agua que cubre los cristales en invierno.

Enkaila, encallar.

Enor, verruga.

Entenga, clavo de siete pulgadas o más de largo.

-*Entzat* (c), para.

Entzera, entzerada, nudo especial para atar cordeles.

Entzule (c) oyente, oidor.

Entzun (c), oír.

Eo, variante de *edo,* que significa *o.*

Epai, fallo, sentencia; corte, cortadura.

Epaiki, tajo para cortar heirro.

Epail, marzo.

Epaila (b), epaile (g) cortador de carne de tejas, de árboles.

Epe (4), plazo.

Epel, tibio (4), (-s) muelle, sin vigor; (-s) enclenque.

Epeldu (c), entibiar.

Epeltasun (-s), temple.

Eper (4), perdiz.

Epetan, a plazos, al fiado.

Era (an), orden, disposición, modo.

-Era, sufijo de adjetivos que denota las dimensiones de los cuerpos. *Lodiera*, grosor; modo. *Ibilera, biziera* (an); suf. direc. a: etxera, a casa (c).

Erabagi (b) erabaki (an, l, g) (-s), decidir, resolver sentenciar; pronunciar; proponerse, resolverse; propósito, resolución, sentencia; cortar.

Erabildu (an), ajarse.

Erabili (c), hacer andar, mover, revolver, usar.

Eragila (b), eragile (g), eficaz.

Eragile (c), promotor.

Eragin significa *hacer,* no sólo cuando es auxiliar de verbos, sino también cuando acompaña a nombres que designan las acciones animales, como la risa, el llanto, el trabajo; mover; revolver, renovar. *Urari eragin,* remover el agua; dislocar; activo, inquieto:

Gizon eragiñak dira, son hombres inquietos.

Eragiteko, acción de terciana o cuartana.

Eragotzi (c), prohibir, inhibir.

Eragozpen (-s), prohibición, impedimento, obstáculo.

Eraile (c), asesino.

Erakari, (4) hacer traer, (c) atraer.

Erakatsi (c), enseñar.

Erakeri (b, g), erhokeri (s, l) (an) fatuidad, (an) necedad, locura (an, 4).

Erako (4), conforme, proporcionado.

Erakori, levantar.

Erakusle, (c) manifestante, (-l) maestro.

Erakutsi, (c) mostrar, (c) anunciar, (c) enseñar, (-l) padecer.

Eramaitza, gran tormenta.

Eran, beber.

Erantsikuna, añadidura.

Erantsi (an), añadir, apegar, adherir.

Erantzi, desnudarse.

Erantzun (an), cumplir, responder. *Egikizunari erantzun,* cumplir los deberes

Erasan, derrengadura; causar impresión. *Erasan zidan,* me impresionó.

Eraskin, añadidura

Eraso, hacer decir; (an) tempestad de lluvias, de nieves o granizo; acometer.

Erasoaldi, acometida.

Eraspen, inclinación.

Eratsi (b), eratxi (g), bajar, derribar.

Eratu, proporcionar, ordenar.

Eraz, cómodamente.

Erazko, conveniente, adecuado.

Erazi (g, s), erazo (b) (-l), obligar.

Eraztu, arreglar.

Erantzun (-s), erhaztun (4), sortija.

Erbal (-l), flaco, paralitico, débil.

Erbatz, aresta, púas de lino.

Erbeste, tierra extraña

Erbi (c), liebre.

Erbiki (c), carne de liebre.

Erbikume (c), lebrato, gazapo.

Erbiñude, comadreja.

Erbitan, cazando liebres.

Erbitara, a cazar liebres

Erbi-txakur, perro lebrel.

Erdaldun (c), gente que no habla la lengua vasca: extraña a la lengua.

Erdara (-b), erdera (-s), toda lengua no vasca, lengua castellana (4); según moda extranjera, a la manera de los extraños.

Erdi (c), centro, medio, mitad.

Erdiko (c), central, mediano.

Erdi-lo (c), semidespierto.

Erdikin, casi la mitad, poco más o menos.

Erdirako, aparcería.

Erdoka, lanza de la rastra, de la narria, del arado; mancha de sudor en la piel, costra de la cara, platos, etc.

Erein (b, g), erain (l), (-s) sembrar (an).

Ereintza, siembra,

Eretxi, parecer, dictamen; imaginarse, figurarse uno, opinar, parecerle.

Erion, manar, destilar, gotear.

Eriotz (4), muerte.

Eriotza (b), eriotze (-b) (4), muerte, acto de morir.

Eritxi (b), iritzi (g, l) (-s), parecer.

Erki, un arbusto.

Erkin, desmazalado, flacucho.

Erlabio, avispa.

Erlakazten (b), erlakizten (an, g), cirro, divieso sin ojo.

Erlakume (an), enjambre.

ER

Erlamando (an), zángano (de abeja).
Erlategi (c), coimenar.
Erlatoki, colmenar.
Erle, abeja.
Erlebatz (an), enjambre.
Erlekume (an), enjambre.
Erlepilo, **enjambre.**
Erleume (l), erlekume (b g), enjambre.
Ermami, yema del dedo.
Ernai, despejado, despierto.
Ernaldu (-s), cubrir la hembra.
Ernari (c), bestia preñada.
Erne (an), brotar.
Ernekaitz (b), ernekatx (b), planta enclenque.
Ero (4), loco, fatuo.
Eroan (b), eraman (g, s), ereman (l) (4), llevar.
Erokeri (an), fatuidad, necedad.
Erosi (c), comprar.
Erosle (4), comprador, redentor.
Eroso, cómodo, ventajoso; cómodamente.
Erospen, (c) compra, (-s), redención.
Eroste (c), compra redención.
Erostun (c), comprador.
Erpa, planta de viveros.
Erpuru, dedo pulgar.

ERR

Ertain, mediano, ni grande ni pequeño, ni gordo ni flaco, etcétera.
Ertz, esquina, orilla, borde; fimbria del vestido.
Erua, el fatuo, el loco. Var. de *eroa*.
Eŕadapi, rodapié, cortinilla que cubre los huesos del catre (an).
Eŕagin, combustible.
Eŕai (c), entraña.
Eŕaiari, rayaderas, cuatro piezas del telar.
Eŕalde, ralde, peso de diez libras.
Eŕaldi (c), hornada.
Eŕaldoi, gigante.
Eŕamu-eguna (4), día de Ramos.
Eŕape (c), ubre.
Eŕatz (4), codeso.
Eŕauli (-s), cantárida.
Eŕaz (-s), fácil; fácilmente.
Eŕaztasun, facilidad.
Eŕe, (c) quemar; **asar** (c), escarmentarse.
Eŕe-andi, ligeramente asado.
Eŕeal, moneda que vale un real (an).
Eŕe-arin (-l), ligeramente asado.

ERR

Eŕebedar (b), **eŕebelar** (an, g, l) (-s), aro, yaro.

Eŕebero (an, 4), leche recién ordeñada.

Eŕebesa, vómito.

Eŕebesatu (g), eŕebesau (b). vomitar.

Eŕebidatu (l), eŕebidatu (g), eŕbidau (b) (-s), volver, revirar.

Eŕeboilo, rodaballo (pez de mar).

Eŕedura (c), quemazón, remordimiento.

Eŕege (c), rey.

Eŕege-orde, eŕege-ordeko (an), virrey.

Eŕegetu (c), llegar a ser rey.

Eŕegezko (c), real.

Eŕegiña (c), reina.

Eŕegosiak, preparativos; trabajos de cocina.

Eŕegu (an), ruego, súplica.

Eŕegutu (an), rogar.

Eŕeieta, reyerta.

Eŕeka (c), barranca de un río o arroyo, arroyo.

Eŕekañ, canto rodado, peladilla, piedra de arroyo.

Eŕeka-txori, aguzanieve, nevatilla.

Eŕekatu (-l), arrastrar tierras (hablando de aguas torrenciales).

Eŕekin (-s), combustible.

Eŕementari, herrero.

Eŕeminta (-s), herramienta.

Eŕendu, cojear.

Eŕen egin, cojear.

Eŕenka, cojeando.

Eŕenkada, fila, serie.

Eŕenkan, en fila.

Eŕenkatu (an), enfilar.

Eŕenkoi (b), eŕenku (an, g), recua.

Eŕenkura, (-s) queja, (-s) remordimiento, cojera.

Eŕenteria, aduana.

Eŕesaka, corriente, resaca.

Eŕesomin (an), sahorno; resentimiento.

Eŕesto (4), rastro, traza, vestigio.

Eŕesuma, puntal de las bandas del tejado.

Eŕetasun, (-s) quemazón; impaciencia, inquietud

Eŕeteila, retejo.

Eŕeten, (c) quemando; (2c) acequia, regata.

Eŕetilu (an), fuente, plato grande.

Eŕetxin (an), resina: quisquilloso.

Eŕetura, rotura, quemaduras

ERR

que se hacen en el campo destinado a la siembra.

Ere-usai (g), eŕe-usain (b), olor y gusto a quemado.

Eŕez, fácil.

Eŕezar (-s), reseco, duro.

Eŕezka (2c), a continuación.

Eŕezkada, hilera, fila.

Eŕezkako, consecutivo.

Eŕeztasun, facilidad.

Eŕi (4), pueblo, (c), compatriota (en este sentido es palabra vulgar).

Eŕia, arriar.

Eŕialde (4), comarca, región.

Eŕibaŕen (2c), barrio, parte de una población.

Eŕi-baso, ejido, monte común de los pueblos.

Eŕibera, ribera.

Eŕierta, reyerta.

Eŕiko (4), indígena; niño natural.

Eŕikoi, patriota.

Eŕikotu (4), naturalizarse.

Eŕitar (c), compatriota, (c), indígena.

Eŕiz, rizos de vela.

Eŕo (4), raíz, (c), raigón; tentáculos del pulpo, jibión, etc.

Eŕoki, (-s), parte de la raíz.

Eŕomes (-s), peregrino romero.

Eŕondo, consecuencia

ES

Eŕosagar (-s), endurecimiento de los pezones de la ubre.

Eŕota (4), molino; cuajo de las aves.

Eŕotari (4), molinero.

Eŕotari (an, 2c), muela, piedra de molino.

Eŕu, brio; valor; consecuencia. Parece ser *eŕo*.

Eŕuda, ruda silvestre.

Eŕudun, culpable; brioso, valiente denodado.

Eŕukaŕi, miserable, digno de compasión.

Eŕuki, compasión.

Eŕuki izan, compadecer. Eŕuki det, le tengo compasión.

Eŕukior (bc), eŕukitsu (g), compasivo.

Eŕun (-l), poner huevos.

Eŕuz (c), sobremanera, extraordinariamente.

Esaera, máxima, dicción, dicho, modismo.

Esaeratsu ingenioso, decidor, ameno.

Esaka, diciendo. *Txarto esaka*, hablando mal, murmurando.

Esakera (2c), modismo, modo de decir, refrán.

Esakizun, objeto de conversación.

ES

Esaldi, período, rato de conversación.
Esale, decidor.
Esamesa (2c), hablila, dicharacho.
Esan (b, g), eran (l, s), decir consejo (an), orden (an).
Esaneko, obediente.
Esan-eziña (an), inenarrable
Esangiñ, obediente.
Esate, el decir; ejemplo. Se dice en la locución *Esate baterako,* por ejemplo, lit.: *para un decir* y en su equivalente *esaterako.*
Esateko (an), para decir; digna de decirse.
Esegi (b), eseki (an, g), colgar.
Esetsi, acometer; proseguir.
Esetsia, la persecución.
Esi (4), seto, vallado.
Esilar, cambrón, cambronera.
Eskabide, súplica demanda, exigencias; intercesión.
Eskakizun, objeto de una súplica.
Eskale (c...), mendigo.
Eskalmai, mesa petitoria.
Eskalo (an, gc), eskailo (bc), bermejuela (pez de río).
Eskama, escama de peces.
Eskarda, aleta dorsal.

ES

Eskari (an), valimiento para conseguir algo, intercesión.
Eskarpa, aro superior de un cesto.
Eskas (c), escaso, ruin, corto.
Eskatu (an), pedir. Eskaz (c...) línea entre el saque y el rebote.
Eske (an), petición, pidiendo.
Eskean (an), pidiendo.
Eskeko, postulante.
Esker (c), gracia, agradecimiento.
Eskera cerradura de seto que se hace metiendo plantas en tierra casi juntas.
Eskerdun (an), agradecido.
Esker-erakutsi (4), agradecimiento, acción de gracias.
Eskerga, enorme, desmedido, atroz, ingrato.
Esker-gaizto (c), ingratitud.
Eskergaiztoko (c), ingrato.
Esker-on (c), gratitud.
Esker-oneko (c), agradecido.
Eskertsu (c), agradecido: gracioso, donoso, simpático.
Eskini, ofrecer.
Eskintza, ofrenda.
Eskobara, rastrillo.
Eskobaratu, rastrillar la tierra.
Eskola (c), escuela.
Eskorta (an), corral cerrado he-

cho de seto, hecho en el campo para conservar castañas. etcétera.

Eskota, escota, cierta cuerda de las lanchas.

Esku (c), mano; derecho; facultad; delantero en el juego.

Eskua emon (an), prestar apoyo.

Eskualdi (an), jugada, tanto en pelota, etc.; mano de pintura; abundancia de recursos; (2c), suerte, ganga; veta, acierto para hacer algo.

Eskua kendu (c), usurpar derechos.

Eskuar, al alcance de la mano

Eskuara, rastrilo.

Eskuare, rastrillo. *Esku-artu* (an), usurpar derechos

Eskuaŕa, manual.

Esku-aŕantza, robo.

Esku-azpi (anc, 2c), palma de la mano.

Eskubide (an, 2c), derecho; autorización; facultad.

Eskuera, jurisdicción; alcance de la mano.

Esku-erakutsi (an), muestra de cariño.

Esku-estalki (an), guantes.

Eskuetararu (c), venir a las manos, luchar.

Esku-gain (-s), dorso de la mano.

Esku-garbi (-s), persona sin vicio de robar.

Esku-il (an), manco.

Esku-ildu (an), quedarse manco.

Eskuka (c), manoseando; tocamiento.

Eskukada, manotada.

Eskuko (c), de la mano.

Esku-labur (an), poco generoso.

Esku-liburu (c), libro manual.

Eskumuiñ (gc), eskumun (bc), besamanos; encomienda, recuerdo, salutación.

Eskumutur (-s), muñeca.

Eskuor, manual, lo que está al alcance de la mano

Eskupeko (an), propina

Eskuperatu (an), traer a raya, someter.

Eskurakoi, dócil, domesticable.

Eskuratu (c), conseguir; (c), domar; (c), convencer; ganar, poner de la parte de uno, captar.

Eskuta (s), eskutada (b, g) (-l), haz, manojo.

Eskutatu (g), eskutau (b), esconder.

Eskutik eskura (an), de mano a mano.

ES

Eskutu, oculto.

Esku-zuzi (-s), esku-zuze (s) (4), tea, antorcha.

Esna, despierto.

Esnatu, despertarse.

Esne (-s), leche.

Esnezale (-s), aficionado a la leche.

Espara (b, g), espari (s), (-l), tábano; mosca grande de alas largas con aguijón.

Esparoi pez espada que persigue a los toninos o delfines; tiene la mandíbula superior en forma de espada.

Espi, espina de los peces.

Estaia, obenques, cuerdas con que se levantan y bajan los mástiles.

Estali (-b), estaldu (b) (4), cubrir, encubrir; remediar; disimular; cubrir el macho a la hembra.

Estalketan, juego de niños que consiste en ocultar entre varios un objeto que le traspasan de mano en mano, mientras uno lo busca.

Estalki (c), cobertera, velo.

Estalpe (4), cobertizo; protección, abrigo.

Estalpetu (4), proteger

Estarta, vericueto, entrada.

ET

Estarteko, peritoneo, membrana que recubre las paredes del intestino.

Estarzulo, fauces.

Estarxa (an), cuerda delgada de que se sirven los pescadores en sus faenas.

Este (anc, 2c), intestino.

Estebete, embutido.

Estegori (anc 2c), esófago.

Esteki (an), callos, tripacallos.

Estrabia (g), estramiña (b), rastel especie de balaustrada que parece una escala colocada horizontalmente para contener el heno o la paja que comen las caballerías c los bueyes.

Estrata (an), vericueto

Estropo, tropiezo; estrovo, rosca que sujeta el remo al escálamo (estrovo).

Estu (an), apurado, apretado, constreñido; catarro constipado.

Estualdi, trance de apuro.

Estukuntza (an), apuro, aprieto.

Estutasun, aprieto, angustia apuro.

Estutu (an), estrechar, apurar.

Et (2c), interjección que se usa en un momento de apuro o presenciando un efecto de interés; y se dice por ejemplo, cuando alguien está a punto de caerse de una cucaña marítima, maroma; cuando un pájaro pica el grano del cepo, etc.

Eta (c), y.

Eten (c), quebrarse, (c), fatigarse, (4), romper, (4), quebrantar.

Etenkor (c) quebradizo.

Etika (-s), tísico.

Etikatu (an), ponerse tísico.

Etiketan, disputando, riñendo.

Etorbide, origen; caudal de dinero.

Etorkor (c), condescendiente.

Etorpide, forma o traza de crecimiento.

Etorrera (2c), advenimiento, venida.

Etori (-s), venir; inspiración de un poeta; facundia de un orador; renta, subvención, herencia, suerte en el juego.

Etsi (4), apreciar, estimar (en composición); (an). desesperar, desahuciar, desconfiar

Etsipen, aceptación; consentimiento; pesimismo, desengaño.

Etxabe, paraje bajo la casa.

Etxadi, familia.

Etxalde, casa de aldea, hacienda propia.

Etxape, superficie que ocupa la casa ya construída, a diferencia de *oru, orube,* que indica el solar de una casa por construir.

Etxarte (c), callejón entre dos casas.

Etxe (c), casa.

Etxe-bazter, hacienda contigua a la casa.

Etxeko (c), familiar.

Etxeko andra (b), etxeko andre (gc), etxeko andere (l, s) (4), ama de casa.

Etxekoi (c), persona retirada, dada al retiro; hacendoso económico.

Etxekon, coinquilino, vecino que vive bajo el mismo techo, en vivienda contigua.

Etxekotu (c...), familiarizarse.

Etxe-ondo (c), contornos de un edificio.

Etxeratu (c...), conseguir, llevar a casa.

Etxe-sartze (c...), entrada en la casa, vestíbulo.

Etxetar, familiar.

Etxura (-s), traza.

Etzaleku, dormitorio alcoba o

EU

cualquier otro sitio destinado a dormir.

Etzan (c), acostarse, yacer, tumbar; consistir.

Etzatoki (an), alcoba o cualquier otro sitio destinado a dormir.

Etzi (c), pasado mañana.

Eule b. g), ehule (s) (4), tejedor.

Euli, mosca; persona cobarde.

Euli, mosca grande zumbadora que daña las carnes.

Eulizki, mosquero.

Eun (4), cien; lienzo.

Euri (-l), lluvia.

Euri-erauntsi, avenida de aguas, aguacero.

Euri-jasa (an), avenida de aguas, aguacero.

Euri-tanta (bc), euri-tanto (g), gota de lluvia.

Eurite (c...), época de lluvias.

Euritsu (c), lluvioso.

Euskaldun (an), vascongado, que posee la lengua vasca.

Euskaleŕi (an), País Vasco.

Euskalgaizto, jerigonza, mal vascuence.

Euskalzale, vascófilo.

Euskaŕi, agarradero; apoyo; asa.

Euskeldun (an), vascongado, que posee la lengua vasca.

EZ

Euskera (an), vascuence, lengua vascongada.

Euskeratu, traducir al vascuence.

Euskeraz (an), en vascuence (hablar o escribir).

Eusle, sostenedor, el que sostiene.

Euspen, sostenimiento.

Eutsi, asir, agarrar; (an, 2c) tacaño, miserable.

Eutsia, cuerda, la cuerda o hilo con que se sostiene la madeja.

Ez (c), no; negativa; ni; excepto; carencia.

Ezaguera, instinto; conocimiento, conhorte.

Ezagun (c), conocido; persona a quien se ha tratado poco; evidente.

Ezagutu (c...), conocer; conocer carnalmente.

Ezagutza (l), ezagutze (s), ezaguera (b, g) (4), conocimiento.

Ezalda!, exclamación que vale por "yo lo creo que no"

Ezaldia, penuria.

Ezarian (an), pausadamente.

Ezarle (-b), azarla (b) (4), ofi-

EZ

cial que extiende los ladrillos al sol; apostador.
Ezaŕi, (c) colocar, (c) poner, (²c) añadir.
Ezbai (c) duda, indecisión, indeterminación.
Ezbear (an), infortunio, desgracia.
Ezbide, sin razón. *Ezbidean dago,* no tiene razón
Eze (4), húmedo, fresco, verde.
Ezer (an), nada, cosa alguna.
Ezer-ezean (an), en la nada, reducido a la nada, en agua de cerrajas.
Ezereztatu (gc), ezereztu (bc), aniquilar.
Ezetasun (c), frescura.
Ezetz (c), que no.
Ezetza (c), negativa.
Ezezagun, desconocido.
Ezezko, negativa.
Ezi (4), domar.
Ezieziña (c...), indomable.
Ezik (c), condicional negativo del infinitivo: *Esanezik,* en caso de no decir.
Ezin (c), impotencia; imposible.
Ezinbeste (-l), ezinbertze (l) (-s), necesidad.
Ezin .bestean (g), ezinbestez (bc, sc) (-l), por necesidad.

EZ

Ezindu (c), inhabilitarse, imposibilitarse; imposibilitado, impotente.
Ezin-ikusi (4), envidia.
Ezjakin, ignorante.
-*Ezkero* (an), sufijo que significa "en caso de, después de" y se une al infinitivo y aun a los nombres, omitido el verbo por elipsis; puesto que, ya que, y se aglutina al verbo conjugado mediante el relativo *-n. Zu zarean ezkero,* ya que sois vos.
Ezkabi (4), tiña.
Ezkel (-s), bizco, de ojos revirados.
Ezker, (c) izquierda; (an, 2c) zurdo.
Ezkerka (c), a izquierdas, a zurdas.
Ezki (c), álamo, tilo o chopo.
Ezkonbeŕi (g, l), ezkonbaŕi (b) (-s), recién casado.
Ezkondei, proclamas del matrimonio.
Ezkondu (c...), casarse.
Ezkongai (g, l), ezkongei (b) (-s), novio o novia.
Ezkontza (b), ezkontze (g, l) (-s), casamiento.
Ezkontzaide (an), parientes por afinidad.

EZ

Ezkontzazko (an), conyugal.
Ezkorta (an), aprisco sin techo.
Ezkotasun, humedad.
Ezkotu, humedecer.
Ezkur (-s), bellota.
Ezkurdi, arboleda que produce bellotas.
Ezkutapen, misterio.
Ezkutatu (gc), ezkutau (b), ocultar, esconder.
Ezkutu, escondrijo.
Ezkutuan, a escondidas.
Ezkutuko (an), oculto.
Ezmez indecisión. *Ezmezean egon,* estar indeciso.
Eznari, piedra arenisca que, rusiente, se mete en la leche para cocerla.
Ezne, (c) leche; tranquilo; savia.
Ezne-bedar (b), ezne-belar (g), unas hierbas para cerdos.
Ezne-peretxiko (gc), eznaperetxiko (b), seta cuyo zumo es parecido a la leche; no se come.
Ezordu (an), deshora.
Ezpata (an), si no es; tábano, mosca verdusca (2c).
Ezpain (-b), ezpan (b), labio.
Ezpara (2c), tábano, insecto que con sus picaduras molesta a las caballerías y otros animales.
Ezpata (c), espada; gladiolo, espadaña; palos verticales que se colocan delante y detrás del carro.
Ezpatari, gladiador; agramador, operario que maja el lino.
Ezpatatu, agramar el lino o cáñamo.
Ezpateuli, mosca grande de alar largas con aguijón.
Ezpatondoko, gramilla vertical de cerca de un metro de altura, con pie, donde se colocan los manojos de lino o cáñamo para agramarlos.
Ezpel (c), boj.
Ezpeleta (c), bojedal.
Ezpi, aguijón de peces.
Ezta (4), tampoco.
Eztabada (l, s), eztabaida (g, b) (4), disputa; duda.
Eztai (-s), eztei (-b) (4), boda.
Eztanda, estallido.
Eztandu, anonadar. *Gauza eztandu,* inutilizar.
Eztari (an), garganta.
Ezten (-s), lezna; aguijón.
Ezti, (c...) miel; masa de injerto.
Eztimetxa (an), persona remil-

EZ

gada que habla con afectación de cultura, suavidad, finura.

Eztitasun (an, b, g), eztitarzun (s) (-l), dulzura.

Eztizale, amante de la miel.

EZ

Eztul (c), tos.

Ezur (-b), azur (b) (4), hueso.

Ezurte, año de escasez.

Ezuŕuts (1 g), azuŕuts (b) (-s), esqueleto.

Voces no comunes a los dialectos bizkaino y guipuzkoano que se usan en tres dialectos.

E

ER

Edarazi (-b), abrevar.

Edatu (-b), extender.

Edergailu (g), edergailu (s, l) (-b), adorno, aderezo.

Ederki (-b), hermosamente.

Ediro (b), ediren (l, s) (-g), hallar.

Egal (-g), ala de sombrero.

Eraiki (-b), hacer levantar.

Eraman (s, g), ereman (l) (-b), llevar.

Erauntsi (-b), chubasco, gran aguacero.

Ere (-b), también; tampoco; aplicado a los interrogativos indica cierta universalidad.

Eritu (-b), caer enfermo.

Erori (-b), caer.

Erorte (-b), caída.

Erstuta (s), estura (b, l) (-g), apretura.

ETX

Eŕamu (-b), laurel; Domingo de Ramos.

Eŕebero (-g), leche recién ordeñada.

Eŕen (-g), nuera.

Eŕes (-b), comuña, pan grosero.

Eskaratz (-b), recibidor, sala de visitas en una aldea.

Eskatu (-g), soltar.

Eskergabe (-b), ingrato.

Eskuaga (-b), palanca de madera con que se levantan las piedras.

Eskulaŕu (-b), guante para la pelota.

Eskuzabal, (-b) palma de la mano; (-g) dadivoso.

Etxeko-jaun (-b), jefe de familia.

Etxe-zain (-g), mayordomo.

EZ

Etzidamu (-g), traspasado mañana.
Ezkeŕeaien (-b), madreselva, correhuela, negrilla.
Ezpal (-b), gavilla.

EZ

Eztera (-g), mollejón, piedra de afilar.
Ezti-aldi (-b), momento de calma.

Suplemento de voces no comunes.

E

ED

Edaŕa (b), suil (g), herrada.
Edontzi (neol.), copa.
Egin, obrar.
Egoa, viento sur.
Egospen (g, Mend.), digestión.
Eguasten (b), miércoles.
Egubaŕi (b), egubeŕi (an, g), Navidad.
Eguen (b), jueves.
Eguen zuri (b), jueves gordo.
Egutera, paraje soleado.
Eiotea (Db), digestión.
Ekaitz (g), ekatx (b), tormenta.
Elbaŕi, parálisis.
Eltur (g, Mend.), panadizo.
Eltze (an, g), puchero.
Eltzekari (g), hortaliza, forraje.
Emazte, esposa.
Entzumen, oído.
Eo (g), tejer.
Eper, perdiz.
Eper-txakur, perro perdiguero.

ES

Erañegun (b), anteayer.
Eralgi (bc), eralki (g), cerner.
Eramankizun (g, Mend.), paciencia.
Eranegun (an, g) anteayer.
Erdu (b), ven.
Erki (Db), álamo.
Ero (g), sin fuste.
Eroapen (b, Db), paciencia.
Erori (an, g), caer.
Eŕamu-egun, día de Ramos.
Eŕege-egun, día de Reyes.
Eŕiko etxe (g, an), casa del Ayuntamiento.
Eŕueza (g?, b?), (la inocencia.
Eŕurik eza, la inocencia
Eskeñi (g), amenazar
Eskilaso (Db), arrendajo.
Eskilara, escalera.
Eskumutuŕetakoak (g), eskutuŕetakoak (b), los puños de la camisa.

EU

Eskuzabaltasun, franqueza, largueza.
Eskuzale (Db), barandilla.
Esnedun, lechera.
Estalkiak (g, Mend.), las cubiertas de la cama.
Etoŕi, ven.
Etsaitasun (g), enemistad.
Etsi, desengañar, desahuciar.
Eun, cien.
Eundu (b), tejer.
Eunen (neol.), céntimo o centésimo.

EZ

Eunki (Db), siglo.
Eurite (c...), temporada de lluvias.
Ezaintasun (b), fealdad.
Ezin, no poder.
Ezkongai (an, g,), soltero.
Ezkontsari (g Mend.),
Ezkontza, matrimonio.
Ezkontzaga (b), soltero.
Eztaŕiko min, laringitis.
Eztitu (b), injertar.

F

FA

Fan, ir.
Faŕas, indolente, desaliñado, abandonado.
Faŕastu, hacerse indolente.
Flauta, flauta.

FU

Feŕa (l, s), peŕa (b, g) (4), herradura.
Fuŕa (an), voz con que se llama a las gallinas.

Suplemento de voces no comunes.

Feŕata (an), herrada.

G

GA

Gaba, alteración eufónica de "gaua", la noche.
Gabai, gaviota.

GA

Gabaŕa, gabarra.
Gabi (an), martinete o mazo grande de herrería.

GA

Gabiardatz (an, 2c), el palo de cuya extremidad pende el mazo o martinete.

Gabiko (an), mazo de mano con que se maja el lino; porción atada de lino.

Gabikotu (an), majar.

Gabon (4), buenas noches.

Gai (l, g), gei (b, s) (4), material.

Gaileta, acetre, herrada pequeña.

Gailu, callo, dureza que se forma en las manos, pies, etcétera.

Gailur, prominente, supremo.

Gain, (4) altura, (c...) cumbre, (c...) cima; (c) nata de la leche; (c...) superficie.

Gain-gain (c), el puesto más alto de una cumbre.

Gain-igar (c...), rama perdida en el mismo tronco.

Gañalde (c), cerca de la cumbre; superficie.

Gañean (c), en la cumbre; sobre.

Gañekoa (c), el sobrante.

Gañerako (c), lo destinado para arriba.

Gañerakoan (c), por lo demás.

Gañez (c...), rebosando.

GA

Gañez-egin (c), rebosar.

Gañez eragin (c), hacer rebosar.

Gañezko (c), de añadidura; superfluo.

Gañezka (c), rebosando; ventajosamente.

Gaiso, (c) cuitado, (c) pobre; enfermedad; (2c) enfermo.

Gaisobera, enfermizo.

Gaisoki (b), gaisokor (b), enfermizo.

Gaisorik, enfermo.

Gaisotu, enfermar.

Gaitz (se pronuncia "gatx" en l, s, b, (c) mal, (c) dolencia, (c) enfermedad; (4) difícil; tierra dura (an).

-*Gaitz* (c), sufijo que denota dificultad y aún imposibilidad moral.

Gaitz egin (c...), perjudicar.

Gaitzizen, apodo.

Gaitzustean, de mala fe, con mala intención.

Gaizkin, malhechor, tirano; diablo.

Gaizpera, enfermizo.

Gaizto (c), malvado (tierra) dura.

Galae, galai, galán.

Galant (c), bello, corpulento,

GA

guapo, de agradable presencia, hermoso.

Galarazi (l, g), galarazo (b) (-s), hacer perder; impedir; estorbar.

Galaŕen, galerna.

Galatz, trigo barbado.

Galauts (an, 2c), polvo de trigo.

Galazi, simiente de trigo.

Galbaia (an, g, h), harnero, criba.

Galbar (c), remolino, centro de donde parte el pelo.

Galburu (an), espiga de trigo.

Galda, caldo de metal.

Galdatu, caldear.

Galdu (c), perder; corromperse las costumbres y los alimentos.

Galdu-irabaziak, pérdidas y ganancias.

Galdu-gordean (2c), a la ventura, a la buena suerte.

Gale (c), ansioso.

Galepaile, segador.

Galeper (an), codorniz.

Galereite (an), siembra del trigo.

Galga (an), gramil, aparato para ensamblar mejor las maderas.

GA

Gal-gal (-l), onomat. de la ebullición.

Galgarau, grano de trigo.

Galgaŕi (c), pernicioso, arruinador; perdulario.

Galgetan, igualar y nivelar maderas p a r a ensamblarlas

Galgoe, galgoi, viento sureste.

Galkor (c), propenso a perderse, perecedero.

Galondo, rastrojo o tallo que queda en tierra después de segado el trigo.

Galtzaila (b), galtzaile (gc), perdedor.

Galtzairu (-s), acero.

Galtzarbe (gc), galtzarpe (b), sobaco.

Galtzu, rastrojo.

Galtzikin (gc), residuo de trigo después de trillado

Gana (an), hacia. Se une a nombres de seres animados.

Ganbariltze (g), ganbaruntze (b), clavos, puntas de París.

Ganbela (an), pesebre, gamella.

Gandur gresta de aves.

Ganeko egunak (bc), gaiñeko egunak (b, gc), los días siguientes.

Gantza (-l), manteca de puerco dura y salada; grasa de animal o enjundia.

GA

Gantzazal (an), membrana con que se envuelve la manteca y se conserva.

Gara, escapo, bohordo, cierto tallo herbaceo.

Garagar (c), cebada.

Garai (c), alto.

Garailari (-s), victorioso, vencedor.

Garaitu (4), vencer, sobrepasar.

Garatu, renovar, echar escapos. Se dice hablando de plantas como cebollas, berzas, nabos.

Garbae, g a r b a i, arrepentimiento.

Garbi (-s), limpio.

Garbidura (an, g), garbiduri (b), limpieza, aseo.

Garbiketa, limpieza.

Garbiro, limpiamente.

Garbitu (c), limpiar; (-s), ganarle a uno todo; (-s) matar; (-s), morir.

Garbitze (-s), limpia, limpieza.

Gardu (-l), cardo.

Gardubera (-l), cardo dulce de los campos.

Gardun (-l), flamígero, llameante.

Gari (-s), trigo.

Garimeta, montón de trigo.

Garitza (an), trigal.

GA

Garitx (an), verruga.

Garlinga, garlinga, especie de cajón, fijo en el centro de la lancha, en que se mete el mástil.

Garmin (2c), olor y gusto a quemado.

Garmin-usain, olor y gusto a quemado.

Garondo (c...), serviz.

Gartu (c...), inflamarse.

Gartsu (c...), inflamado.

Gartza, juego de muchachos que consiste en alejar moneda a golpes de otra.

Garanga, galla, pala de anzuelo; carlanca, collar con unas puntas de los perros.

Garondo cerviz, occipucio

Garopil, torta que se cuece entre llamas.

Garatz (-s), agrio.

Garazpera (c), carraspera, cierta aspereza en la garganta.

Garaztasun (c), severidad.

Garaztu (c...), agriarse.

Gatz (c), sal; figuradamente, "gracia, ingenio, inteligencia".

Gatzaga, salinas, lugar de sal.

Gatzagi (4), cuajo.

Gaztandel, salero.

Gatzartu (-s), cecina.

GA

Gatzarí (c), sal gema.
Gatzemaila (b), gatzemaile (g), cocinero.
Gatzontzi (c), salero; depósito de sal.
Gatzun, suero; agua en que se hace disolver la sal.
Gatzunaska, saladero, depósito de salmuera.
Gatzuntzi (s, l), gatzontzi (b, g) (4), depósito de sal.
Gau (c...), noche.
Gauaz (an), de noche.
Gauerdi (an, s), media noche.
Gaur-egunean, hoy en día.
Gaurdin, cielo estrellado.
Gaurgero, para ahora. *Gau ta gaberdi,* a todas horas.
Gautar, nocturno.
Gautu (c...), anochecer.
Gauza (-s), cosa; útil.
Gauza-eztandu, inutilizar.
Gazberritu, salir de nuevo tocino, **carne,** etc.
Gazi (c), salado.
Gaziantz, saladito.
Gazigarí (an) aperitivo.
Gazigozo, sidra agria mezclada con dulce.
Gazitu (c), salar.
Gazta (an, g), gaztai (bc), queso.
Gaztaiña (c...), castaña.

GE

Gaztaiñondo (-s), castaño.
Gaztanaska, pesebre en que se tienen los quesos en agua.
Gaztanbera (2c), requesón.
Gaztangin (an), quesero.
Gaztanol, tabla en que se curan los quesos.
Gazte (c), joven.
Gaztela (c), Castilla.
Gaztelar, castellano.
Gazteri (c), la juventud, conjunto de jóvenes.
Gazterik (c), siendo joven.
Gaztelu (c), castillo.
Gaztetandik (g), gaztetatik (bc), desde la juventud.
Gaztezaro (-l), época de la juventud, (c...), más que nadie; (an), mayor cantidad que nadie.
Gazur, suero.
Gazuratu (an), acedarse la leche.
Geeli, carne fresca de vaca y buey.
Geiago (c...), más; (-s), en adelante.
Geiegi (c...), demasiado; (an), demasiada cantidad.
Geien (c...), más que nadie; (an), la mayor cantidad, más cantidad que nadie.

GE

Geienetan (-s), generalmente, las más de las veces.

Geigañ (an), aumento, suplemento, apéndice. Se dice, por ejemplo, al hablar de un hueso que dan los carniceros además de la carne que se les ha pedido.

Geitu (an), añadir, aumentar.

Gela (-s), cuarto, aposento.

Gelbera (an), persona sosa, sin sustancia.

Geldi (-s), quieto, (-s) estancado; (an), lento.

Geldi-aldi (-s), cesación, reposo.

Geldika, poco a poco.

Geldirik (an), (estar) quieto.

Geldiro, poco a poco, lentamente.

Gelditu (-s), detenerse.

Geldo (2c), pavesa; persona de poca energía.

Geli, (an), carne fresca; carne de vaca.

Geratu, quedarse.

Gergel (b), ergel)-b), (4), fatuo imbécil.

Geriza, sombra.

Gero (c), después.

Gero ta gero, al fin y al cabo.

Gerta (c), hallarse.

Gertaldi (an), ocasión.

GI

Gertu, presto, dispuesto; disponer, prestar.

Gertutu, disponer.

Geñi (4), cintura.

Geñikotu (b, g), geñikatu (s), (-l), ceñirse, ceñir.

Geundu cubrirse de cataratas (los ojos).

Giar (-s), magro, carne viva.

Giañe, amargo recuerdo.

Gibel (c), hígado.

Gibel-añi, piedrecillas del hígado.

Gibeleratu (c), dar o llegar al hígado.

Gibelori (an), nombre de cierta seta.

Gibelurdin (an), nombre de cierta seta.

Gilbor (an), panza.

Giltz (-l), llave; (-l), articulación; (-s), última piedra que cierra un arco; artejo de las plantas, huesos, etc. (-l).

Giltzañi, llave, piedra última que cierra un arco.

Giltze, llave.

Gile (c...), sufijo que se adhiere a algunos nombres hacedor.

Gin (c), sufijo que se adhiere a nombres y denota agente.

Ginda (-s), cereza guinda.

GI

Gintza, taller, lugar de trabajo (an); (-s), fabricación; (-s), oficio; (-s), agencia.
Gisa (c), manera, modo.
Giza (c), hombre.
Gizabide, conducta, modo de portarse; humanitarismo.
Gizabidean ibili, portarse bien.
Gizagaiso (c) pobre hombre, cuitado.
Gizaixo, pobre hombre, cuitado.
Gizakoi (c), mujer propensa a hombres.
Gizakume (an), hombre, varón.
Gizaldi (-s), generación.
Gizalege (an), conducta buena o mala, pero de ordinario indica buena.
Gizarte (an), sociedad.
Gizatasun (-s), humanidad.
Gizategi, salón.
Gizatxar (an), canalla vil.
Gizatxarkeri (an), canallada
Gizen (c), gordo, cebado, parte grasienta de la carne.
Gizen-giaŕa (-s), parte compuesta de magra y grasa.
Gizentasun (-s), gordura.
Gizonez, civilmente.
Gizonezko, varón.
Gizongai (g), gizongei (s, b) (-l), joven de bellas prendas

GO

a quien se augura brilante porvenir.
Gizonkeria, acción de un joven que quiere echárselas de hombre, impropia de sus años.
Gizontasun (-s), humanidad.
Go (-s), variante de *ko* después de *n.*
Gogaikaŕi (an, 2c), fastidioso.
Gogait, hastio.
Gogait egin (2c), aburrirse.
Gogo (c), mente, (c), pensamiento, (c) deseo, (-l), intención, (c...), voluntad, (c), recuerdo, (c), memoria, (c) apetito.
Gogoa berotu (c), animarse.
Gogoa joan (-s), perder el afecto.
Gogoa bete (2c), empalagar, llenarle a uno de disgustos.
Gogoak eman (g), gogoak emon (bc), surgir un pensamiento, venir algo a la mente; entrar en ganas.
Gogoangaŕi (an), memorable.
Gogoarin (an), casquivano, ligero de cascos.
Gogo beroz (c), con ánimo.
Gogobetatu, satisfacer, aburrirse.
Gogoilun (-s), triste.

GO

Gogo otzez, gogo otzaz (c), sin entusiasmo.

Gogor (c), duro, cruel.

Gogor bizi da, vive con estrechez, apurado, casi en la miseria.

Gogora-crazi (g), gogora-erazo (b), hacer recordar.

Gogoraziñoe, gogoraziño (b), gogorazio (g), pensamiento.

Gogor-egin (-s), resistir, oponerse, hacer frente.

Gogorgari (-s) remiendo, contrafuerte.

Gogortasun (c...), dureza.

Gogortu (c), endurecerse; (4), fijar.

Gogorean (an), a malas por fuerza.

Gogotan artu (an), tomar algo o emprenderlo con empeño, considerar.

Gogotik (c), de grado, con ganas.

Gogotsu, aplicado, laborioso, atento; fervoroso.

Goi (an), altura; arriba. En esta acepción le acompaña siempre algún sufijo casual.

Goiabe (an), solanera, viga maestra de un tejado. ,

Goiaga, solanera, viga maestra de un tejado.

GO

Goian (an), arriba.

Goibeak, goiberak, los vecinos de diversos pisos de una casa; tejado y cimientos de una casa.

Goien (-l), vértice, extremo superior de una cosa; arriba.

Goieri (4), países altos.

Goipel (l, s), koipel (b, g) (4), manteca grasa derretida.

Goitar, procedente de alturas; apodo con que se designa al castellano.

Goiz (c), mañana; temprano; precoz. En esta última acepción se usa en composición con otra palabra.

Goizalde (c), madrugada.

Goizale (2), ambicioso.

Goizarto (an), maíz precoz.

Goiz, beranduan, cerca del mediodía.

Goizetik temprano.

Goizkori (an), arrebol de la mañana.

Goiznabar, crepúsculo matutino.

Goizoilanda, polla precoz.

Goiztar (an), madrugador; precoz.

Golatu (an), oveja enferma de papera; enfermarse de papera.

GO

Goldaketan (an), arando.
Goldolari (an) arador.
Goldatu, arar.
Golde (c), arado; fanega de trigo.
Goleta (-s), cuello, lechuguilla, gola
Golko (l), kolko (b, g) (-s), seno.
Goma (c), goma.
Gona (2c), saya.
Gonagontz (g), goragorantz (b), túnica, bata de niñas muy ajustada al cuerpo.
Gonauntz, corpiño.
Gor (4), sordo.
Gora (c), arriba; (c...), caro, de subido precio; ventaja, adelanto, mejoría, prosperidad.
Gora beera, gora bera (c), alteraciones, trastornos, altibajos.
Goragoko (c), superior, de más arriba.
Goraldi, flujo; mejoría de un enfermo.
Gorapen (c...), elevación, (c), ensalzamiento, (c...), ponderación, (4), crecimiento de luna.
Goratu (c), levantar; (2c), ensalzar.

GO

Gordailu (b, g), gordailu (l, s) (4), tesoro; depósito de furto, dinero.
Gordasagar, manzanas conservadas.
Gorde (an), salvar; (c), guardar, (c), conservar; (-s), lugar abrigado.
Gordeka (-s), jugar a escondidas.
Gordin (c), fresco, robusto, fuerte.
Gordinik (c), en estado crudo.
Goren (c), apogeo, cumbre (c); el más alto;; (c) superior.
Gori, ardiente, hirviente, incandescente.
Gorosti (c), acebo.
Gorotz (c), fiemo, excremento.
Gorpu (bc), gorputz (an, g), cadáver.
Gorputz (-s), cuerpo.
Gorputzaldi (-s), estado del cuerpo malo o bueno
Gortu (an), ensordecer.
Goŕaize, sordera ligera
Goŕi (c), vivo, cruento, descarnado; rojo.
Goŕingo (-s), yema del huevo.
Goŕiña, roña, enfermedad del **trigo y del maíz; vacuna.**

GO

Goŕiña (g), goŕiñea (b) sartu, vacunar.

Goŕitasun (an), **rojez.**

Goŕitu (c), enrojecer.

Goŕo, flema, gargajo; cabeza de azada, hacha, laya.

Goŕoti, gargajoso.

Goŕoto (c), odio.

Goŕotagaŕi, odioso.

Goŕoto bizi (gc), goŕoto goŕi (bc), **odio reconcentrado.**

Gosaldu (-s), almorzar.

Gosalondo (-e), luego de almorzar.

Gosalordu (-s), hora de almorzar.

Gosari (-s), almuerzo.

Gose (c), hambre.

Gosetu (c), cobrar apetito.

Gozagaŕi, condimento.

Gozakaitz (an, gc), **gozakatx** (bc), **desabrido, colérico;** (tierra) dura.

Gozamen (c) usufructo.

Gozaratu (an), **acariciar.**

Gozaro (an), dulcemente.

Gozatu (c), usufructuar, gozar de usufructo; (c), gozar; (an), abonar tierras.

Gozo (c), dulce, (c), sabroso, (-s), fértil; (-s), blando; (-), de fácil manejo; tem-

GU

ple de un instrumento cortante.

Gozotasun (an), dulzura, suavidad.

Grimu, bayas de muérdago.

Griña (2c), pasión, inclinación del ánimo.

Griñatu, inclinarse.

Gu (c...), nosotros.

Gugana, a nosotros (con dirección).

Gultzuŕin (g), gultzuŕun (b), riñón.

Gura (-s) voluntad, deseo.

Gura (an), deseoso, curioso.

Guraso (2c), padres.

Gurdi, carro.

Guren (an), glándulas, bubones.

Gur-gur (-s), flato, gruñido.

Guri (c), mullido rollizo, tierno, lozano.

Gurkada, carretada.

Gurtardatz, eje de carro.

Gurtede (an), correas del carro.

Gurzil, eje del carro.

Gutxi (an, gc), **gitxi** (bc), poco.

Gutxitu (gc), gitxitu (bc), disminuir.

Gutxienaz (gc), gutxienez (bc) por lo menos.

Guztia, todo.

GU

Guztia beaŕean (-s), con grande escasez.

Guztian, siempre (que). Erea dan guztian, siempre que haya oportunidad.

Voces no comunes a los dialectos bizkaino y guipuzkoano que se usan en tres dialectos.

G

GA

Gabetu (-b), privar; abstenerse.

Galerazo (l. s), galerazo (l) (g), hacer perder.

Gatx egin (-g), dañar.

Gazna (-b), queso.

Gaztangaxur (-b), suero.

Gerezi (-b), cereza.

GO

Gezur (-b), postizo; mentira.

Gogo onez (-g), de buen grado.

Gogor-egon (-g), permanecer constante; resistir a pie firme.

Gogoz (-g), mentalmente, intelectualmente; de memoria.

Goren (-g), supremo

Suplemento de voces no comunes.

G

GA

Gabirai (g), gavilán.

Gabon-eguna, día de Nochebuena.

Galantasun (Db), gentileza.

Galdara (b), caldera.

Galdetu (an, g), preguntar.

Gailur, viga superior del tejado.

Gainean, encima.

Gaixo-etxe (neol.), hospital.

Gaiztakeri (c...), maldad.

Ganora (b), garbo.

Garagaŕil (b), julio.

Garatzak (b, Db), negocios.

GA

Garau (bc), grano.

Garbitu lavar.

Garbitzaile, barrendero, lavandera.

Garerdi (b?), edad iril.

Garoa (g), helecho.

Garondo, cerviguillo.

Garu (bc), rocío.

Gaŕamaztu (b), enronquecerse.

Gatzu, nitro.

Gaztetasun, juventud (en abstracto).

Gaztezaro (l). juventud (época).

GO

Gertatu (an, g), suceder.
Geŕiko, faja.
Geza, poco salado.
Gibeleko gaitza (g), mal de hígado.
Gibeleko gatxa (b), mal de hígado.
Gizaro (g, Mend.), edad viril.
Gizelan, peonada.
Gogaitu (b), hastiarse.
Gogo, aplicación.

GU

Gogo iluna, (la) tristeza.
Gogorik eza, fastidio.
Gogorkeri, crueldad.
Gomuta, memoria.
Gorantz (b), justillo, chaleco.
Gorgoil (b, Db), gaznate.
Gorontz (gc), justillo.
Goŕo (b), esputo.
Guritasun, delicadeza.
Gurtu (neol.), adorar.

I

I (4), tú; sufijo que significa *a*.
Ibar, vega.
Ibiltari (2c), andarín.
Ibilte (-s), viaje.
Ibiltoki, plaza, lugar del baile público.
Ibilera (2c), medio de andar, paso, andanza.
Ibilli (-s), andar.
Idaur, mayal.
Idauŕesku, mango del mayal.
Ide (c), sufijo que equivale al sufijo castellano *con*.
Idi (c), buey.
Idigai (g), idigei (b), novillo.
Idisko (c...), utrero, novillo joven.

IG

Idozki (l), edoski (b, g), (-s), mamar.
Iduri, cisco, carbón muy menudo.
Iduri izan (c), parecer, parecerse.
Ielso (an), yeso.
Igeltsu (-s), yeso.
Ifar (an), norte.
Igar (an), seco, marchito, yerto.
Igaro, pasar, trasladar, atravesar; pasar, suceder.
Igarokor (bc), efímero, transitivo.
Igaŕi, acertar, adivinar.
Igaz (an), el año pasado.

IK

Igel (an), estar en celo la burra o la yegua.
Igelari, nadador.
Igeri (g), igari (g), nado.
Igesbide, subterfugio.
Igesi (an), huyendo.
Igitai (-s), hoz.
Igitai (-s), hoz.
Igitari, segador.
Igo, subir.
Igoera, ascensión acto de subir.
Ii (4), junco.
Iji-aja (-s), escarnio.
-*Ik* (c), sufijo que denota a a veces *modalidad de estado,* un acto incidental, indeterminación.
Ikara (-s), terremoto, susto.
Ikaragarri (an), tremendo.
Ikaragariki (an, g), ikaragariro (b), terriblemente.
Ikarakor (an), tímido, asustadizo.
Ikasaldi, -curso, tiempo dedicado al estudio.
Ikasi (4), **estudiar, aprender.**
Ikasle (an), estudiante
Ikasnai, estudioso.
Ikaste (c...), estudio.
Ikasten (c...), estudiando.
Ikastun (an), estudiante aprovechado. Indica a la vez aplicación y aprovechamiento.
Ikatz (4), carbón.
Ikazbizi (-s), ascua.
Ikazgin, carbonero.
Ikazlarain (g), ikazlarin (b), carbonera, era en que se hace el carbón.
Ikaztoi (-s), carbonera, sitio en que se hace carbón.
-*Iko,* sufijo de verbo infinitivo que forma el adjetivo verbal de pretérito. Se hace cuando al infinitivo le sigue algún artículo.
Ikusbegi, presencia (a la vista).
Ikusbegian dago, está a la vista.
Ikusgari, panorama, espectáculo.
Ikusgura (an), curioso, inclinado a ver.
Ikusi (4), ver.
Ikusi ezin (c...), no poder; envidia.
Ikusi-makusi, juego de adivinanzas, en que por la primera sílaba hay que acertar la palabra.
Ikusi-makusika, juego de adivinanzas, en que por la primera sílaba hay que sacar la palabra.

IL

Ikuskera, modo de ver
Iku^sketa (an), revisión, revista.
Ikuskizun, (-s) que está por ver; espectáculo, objeto de visión (bc).
Ikusle (s, g), ikusla (b), testigo ocular.
Ikusmen, sentido de la vista.
Ikusmira, curioso; curiosidad.
Ikutu, tocar.
Ikuzi (-l), lavar.
Ikuzol (an), tabla de fregar.
Il (4), muerto, morir.
Ilbera (an), cuarto menguante; menstrua.
Ilberi (-b), ilbari (b), (an, 4), noticia de defunción; (an) (-s novilunio.
Ilbitz, hilacha.
Ildoki, tarugo, zoquete, pedazo de madera corto; trozo podrido de un árbol, yesca.
Ildura, (an) adormecimiento de algún miembro; mortificación.
Ilgora (2c), cuarto creciente.
Ilintxa (an, 2c), carbón mal cocido.
Ilkor (4), propenso a morir, mortal.
Ilzar, plenilunio; muerto de varios días.

IN

Ilabete (g, b), hilabete (l, s) (4), mes.
Ilar (l, g), irar (b) (-s), guisante.
Ilargi (-s), luna.
Ile (g), ule (b), pelo.
Ilero, mensualmente.
Ileta, entierro, conducción de cadáver (2c); cuita; quejido en general.
Ilezkor, inmortal.
Iloba (-b), loba (an, b, s) (4), sobrino.
Iloe, féretro.
Ilor, redil.
Ilotz (g, b), hilotz (l, s) (4), cadáver.
Iloztu (-s), quedarse cadáver.
Ilun (g, b), ilhun (l) (-s), oscuro.
Ilunbe (b, l), ilunpe (g) (-s), oscuridad.
Ilundu, ilhundu (c...), oscurecerse un lugar.
Ilunkera (an), anochecer.
Iluntasun (b, g), ilhuntasun (l) (-s), oscuridad.
Iluntze (an), anochecer.
Imurtxi, pellizcar.
Imurtxikada, pellizco.
Imutxa, chinche.
Indar (c), fuerza, violencia.

IN

Indarbide, remedio para la salud.

Indarka, por fuerza, con violencia.

Indarlei, prueba de fuerzas.

Indartu (c...), fortalecerse, robustecerse.

Indartsu (an), forzudo.

Indiano (c), indiano, rico retirado de América.

Indioilar (-s), pavo (ave).

Indioilo (c...), pavo, gallina de Indias.

Industu, hozar, mover y levantar la tierra con el hocico (se dice de cerdos y jabalíes).

Induzka, hozando.

Induzkari, puerco o jabalí que hoza, que hociquea.

Inguru (c), contorno; (c), circunferencia; (-s), casi, poco más o menos.

Ingurumari, contornos, derredor.

Inka, escozor.

Ino, sufijo casual que significa "hasta" (an).

Inotsi (c...), manar.

Inpernu, infierno.

Inpirio, cantidad exorbitante.

Intsusa, sauco.

Intxaur (an), garguero; nuez; nogal.

IP

Intzatu (uri), rociar.

Intziri (-l), chillido, grito agudo.

Intzirika (-l), latiendo.

Intziŕitu, hendidura.

Iñaŕa, brezo, y por extensión, toda escoba.

Iñaŕondoko, cierta planta que tiene granos cimo el maíz; sirve su hoja para curar diviesos, su zumo para cortaduras; sus raíces son como gajos de ajo; se creía en buena tierra.

Iñaustari, podador.

Iñon (an), en parte alguna, en ninguna parte.

Iñondin iñora, de ninguna manera, por más esfuerzos que se hagan.

Iñor (an), persona alguna, nadie.

Iñora (an), a parte alguna, a ninguna parte.

Iñotara, de ninguna manera.

Iñude (2c), nodriza.

Iñuska, huraño, esquivo, espantadizo.

Iñutu, cría niños ajenos.

Io, moler.

Ipar (4), Norte; (4), viento Norte; (-s), Este; (-s), viento Este.

IR

Iparaize (-s), viento Este. En la costa *ipar* no es Norte, sino Este.

Ipitz, estropajo para limpiar el horno; se hace con hierbas por lo general.

Ipizki, estropajo para limpiar el horno; se hace con hierbas por lo general.

Ipurdi (-s), trasero; fondo de vasija.

Ipurtol, banqueta, tabla sobre la cual se sienta el tejedor.

Ipurtxuntxur, cadera.

Irabazi c), ganar; ganancia; mérito (c?), merecer (c?).

Irabazte (c), ganancia.

Irabazteko (c), para ganar.

Irabiamen, batimiento

Irabiatu (g), irabiau (b), revolver; batir.

Irabildu, revolver.

Irabiur, mango del mayal.

Irakaslari (c), maestro

Irakasle (g), irakasla (b), maestro, profesor.

Irakaspen (-s) enseñanza.

Irakaste (c), enseñanza.

Irakatsi (-s), enseñar.

Irakialdi, ebullición.

Irakin (-s), hirviente, hervir, hervor.

Irakori, levantar.

IR

Irakoŕi, leer.

Irakurgai (4), objeto de lectura.

Irakuŕi (c), leer.

Irar (b), ilar (l, g), (-s), guisante.

Irasagar (-s), membrillo.

Iratxo (b, g?), duende.

Iratzaŕi (4), despertar, (c), despierto; (c), despejado.

Iraulkor (an), mudable.

Iraun (-s), durar; (-s), perseverar; aguantar, sufrir, soportar.

Iraunkor (c), constante.

Iraupen (c...), duración.

Iraute (c), duración; perseverancia; constancia.

Irauzi, lavar, por ej., una jarra.

Irazaŕi (an), despertar.

Irazi (an), urdir el lienzo en el telar.

Irazkitoki, cuarta pieza de la máquina de tejer.

Iraztaska (an), urdidero.

Ire (4), tuyo.

Iren, castrado.

Irendu, castrar.

Irentsi (an, -b), iruntsi (b), iretsi (-b), tragar, devorar.

Irentzaila (b), irentzaile (g), capador.

IR

Irin (-b), urun (b), harina.
Iritzi, dictaminar; censura.
Iro, yesca interior del árbol a diferencia de *ardagai*, que es yesca de la corteza.
Irtidigi (b), irtidiki (g), entreabrir.
Iru (g, b), hirur (l, s) (4), tres.
Irudi (-s), imagen.
Irugaŕen (an), tercero.
Iruki (c...), terno.
Iruko (c), el tres (en el naipe).
Irukonde, triple, compuesto de tres.
Irula (b), irule (g), hilandera.
Iruli, volcar, tornar, dar vuelta.
Irun (-s), hilar.
Iruna (-s), a razón de tres a cada uno.
Irunaka (an), de tres en tres.
Irurcun (4), trescientos
Irurogei (c...), sesenta.
Irusta, trebol.
Irutan (an), tres veces.
Irutariko oialak, paños de tres clases.
Irutu (an), triplicar.
Iruzur (b, gc), fraude, traición.
Iruzur egin (2c), engañar a un tercero.

IT

Isil (c), silencioso, secreto, reservado.
Isilik (c), en silencio.
Isil-mandatu, confidencia, secreto.
Isilume, hijo bastardo.
Isilune, rato de silencio.
Iski, un poquito, cosa insignificante. *Apari iski bat*, una cena muy ligera.
Iskindegi (b), iskindoi (g), caponera, gallinero.
Isla, reflejo.
Ispiliku, espliego.
Ispilu (2c), espejo.
Istar-lengusu, pariente lejano.
Istar-zabal (an), zambo.
Istilu, apuro, trance.
Istinga, pantano, cenagal.
Istingor, becacín.
Isuri (4), derramar.
Isuski-gaŕatz, agracejo (un arbusto)
Itaitu, segar.
Ito (4), ahogar; (4). ahogarse; (c), ahogado.
Itobear (²c), sofoco.
Itoi (an), pocilga.
Itoka (-s), precipitadamente.
Itokaŕi, apuro extremado.
Itomen, ahogo, fatiga.
Itundu, convenirse, arreglarse (np).

ITS

Iturburu (-s), manantial de origen.
Ituŕi (-s), fuente; fuente que da salida a los malos humores del cuerpo.
Itsasalde (2c), costa.
Itsasantzar (2c), pato de mar.
Itsasbare (2c), limaco de mar.
Itsasabelar (g), itxasbedar (b), alga o hierba marina.
Itsasgizon (l, g), itxasgizon (b) (-s), marino.
Itsaslore (g), itxaslora (b), pólipo.
Itsaso (c...), mar.
Itsaso-bare (2c), mar tranquila.
Itsasoilar (an), lamprís, luna, gallo de mar (pez).
Itsasontzi (-s), navío.
Itsasoratu (c...), ir al mal.
Itsasoŕatz (c), brújula.
Itsastxori (-s), gaviota.
Itsatsi (gc), itxatxi (an), adherir, apegar.
Itsu (l, b), itxu (g) (-s), ciego; aficionado en extremo.
Itsu-argi (np), lazarillo.
Itsu-itsuka (np), a la gallina ciega, juego de niños.
Itsukeŕi (an), cegedad, obstinación, terquedad.
Itsu-lapiko, alcancía, olla ciega

ITX

en la que los niños guardan su dinero.
Itsu-maats, uva silvestre.
Itsumen (b), itxumen (an, g), ceguedad.
Itsumustu, sorpresa; (2c), obcecación.
Itsumustuan (b, g), itsumustuka (an), en sorpresa; obcecadamente; tropezando; a tientas.
Itsu-mutil (bc), lazarillo.
Itsustu (c?), afear.
Itsusi (-b), itxusi (b) (4), feo.
Itsuta, torza o aro hecho de un vegetal muy correoso que se destina a unir los palos de una enramada.
Itsutasun (-s), ceguedad.
Itsutu (-s), cegar, obcecarse, vendar los ojos.
Itxadon, aguantar; esperar.
Itxadopen (np), esperanza.
Itxaron, esperar, aguardar.
Itxasaingira (2c), congrio.
Itxasapo (b), itsasapo (g), pez de cabeza grande, de dientes afilados, de piel delgada.
Itxasaŕain, itsasaŕain (c...), pez marino.
Itxasbazter (-s), litoral
Itxaskabra, cabracho, pez marino muy rojo, de cabeza

voluminosa; se defiende con el aguijón.

Itxaskatu, pez de ojos y dientes parecidos a los del gato, de cola larga, su hígado sumamente grasiento o aceitoso; se usa como remedio contra la tiña.

Itxaski (b), itsaski (g), marejada, maretón.

Itxeden, utxedon, aguardar.

Itxi, cerrar.

Itxidigi (b, gc), (an), itxidiki, entreabrir.

Itxon, esperar.

Itxuauŕeko, lazarillo.

Itxurapen (-s), apariencia, figura.

Itzai (g), itzain (-g) (4), boyero.

Itzaitza (g), itzaintza (b, l) (-s), oficio de boyero.

Itzaltsu (c), sombrío; respetable, majestuoso.

Itzar, despierto.

Itzaŕi (-s), despertarse.

Itzuli (-s), verter.

Itzulipurdi (-s), voltereta.

Itzulipurka, dando volteretas.

Itzundu, deshojar las ramas.

Iza (an), caza; hostigación, azuzamiento.

Izakera, modo de ser especial de cada persona.

Izakor, árbol fecundo.

Izan (c), ser; estar; haber.

Izanez (c...), por naturaleza.

Izar (c), estrella.

Izate (an), ser, naturaleza.

Izatez (an), por naturaleza.

Izeko (2c), tía.

Izen (c), nombre.

Izena, tocayo. Se usa al llamar a uno que lo sea.

Izena izan (c), llamarse, tener por nombre.

Izenordeko, apodo.

Izentatu (s, g), izentau (b) (-l), nombrar.

Izepo (an), hisopo; rabo del ganado; rabo de liebre.

Izerdi (c), sudor.

Izerditan (an, 2c), sudando.

Izerditsu (an), propenso a sudar.

Izerditu (an), sudar.

Izerkari, sudario.

Izerlika, sudor pegajoso.

Izerpera (-s), sudoroso.

Izi (s, l), izu (g, b) (4), espantoso.

Izikoi (l, s), izukoi (b, g) (4), espantadizo.

Izitu (l, s), izutu (b, g), (4)

IZ

amedrentar; (-l), espantarse.
Izki-mizki, golosina.
Izkira (-s), quisquilla, camarón.
Izkirimiri, golosina, entremeses de una comida
Izkune, lenguaje.
Izla, reflejo del sol en la playa, tierra, etc.
Izoki (g), izokin (an, b, l) (-s), salmón.
Izor (c), mujer preñada.
Izoŕandi (-s), adelantada en el embarazo.
Izoŕatu (-s), quedar en cinta. Estas palabras suenan mal en B. y G.

IZ

Izpi (-s), brizna de leña; filamento, fibra.
Izpilo, pinta.
Izpitu, cortar la carne en hilos.
Iztar (g, b), izter (l, b) (-s), muslo.
Iztari (an), cazador.
Izu, espanto.
Izugaŕi (an), espantoso; espantajo de pájaros.
Izukoi, espantadizo.
Izukor, espantadizo. *Izur* (-s), dobladillos pliegues.
Izurde, tonino, delfín, cerdo de mar.
Izurtu, doblar.
Izutu, espantarse; espantar, ahuyentar.

Voces no comunes a los dialectos bizkaino y guipuzkoaino que se usan en tres dialectos.

I

ID

Idor (-b), árido, seco.
Idortu (-b), endurecerse mucho la tierra, hacerse empedernida por hielos y nieves.
Iduneko zapi (b), pañuelo del cuello.
Igande (-b), domingo.
Igaran (-g), pasar; trasladar.
Igel (-b), rana.
Igeri (-b), nado.

IN

Igi (-g), moverse (indeterminado de *igitu*).
Iguzki (-b), sol.
Ika (-g), tuteándose.
Ilbete (b), luna llena.
Iltze (gc), itze (l, s) (-b), clavo.
Ilargi bete (g, l) ilbete, luna llena. Ib.
Ileŕi (-b), cementerio.
Indi (-b), Indias, América. Se

ITZ

usa como componente de algunos nombres que designan productos importados de allí.

Iraka (-b), cizaña.
Irazi (-g), colar; filtrar.
Ireki (g), ideki (l, s) (-b), abrir.
Iretsi (-b), tragar, devorar.
Istil (-b), charco.
Itz (-b), palabra; promesa.

IZ

Itzalpe (-b), paraje sombrío.
Itz eman (-b), dar palabra.
Itzezko (-b), verbal.
Ihurtzuri (l, s), juzturi (b) (-g), trueno.
Izeba (-b), tía.
Izengoiti (-b), apodo, sobrenombre.
Izka (-b), discutiendo.

Suplemento de voces no comunes.

I

IG

Igaz, el año pasado.
Igiribe (b), nutria.
Igui (g), asco.
Iguin (b), tedio, asco.
Ikuilu (c), cuadra.
Ikuste argaleko (g, **Mend.**), cegato.
Ikuzla (b, Db), lavandera.
Ilbeltz (an, g), enero.
Ilar (g), arbeja.
Ileti (-s), tizón.
Ilunabaŕa, crepúsculo.
Indiababa (an, b), habichuela.
Inka (b), pegar, adherir.
Iñoiz ez, nunca.
Intz (g ?), relente, (an, g), rocío.
Iñausi, podar.
Iñauteri (g), carnaval.

IX

Iñontz (b), relente.
Iñusturi (g), relámpago.
Iperdi (b), culo.
Ipurdi (an, g), culo.
Irail, septiembre.
Irar (b), arbeja.
Irate (an), helecho.
Irazki, filtro, coladera.
Ire (b), helecho.
Irin (-b), harina.
Irudimen, imaginación.
Iruzkindu (Db), hacer comentarios.
Iŕi-baŕe (b), sonrisa.
Iŕi-par (g), sonrisa.
Iskixu (an, g), grajo.
Itandu (b), preguntar.
Itsuki (b, Db), cegato.
Ixasate (an, g), ánade.

ITZ

Itxasi (an, g) ,pegar, adherir.
Itxitasun (bc), incuria.
Itxusitasun (cZ), fealdad.
Itzuli (an, g), volver.

IZ

Iusturi (an), relámpago.
Izara (b), sábana.
Izio (b), encender.
Izpide (g), razón al hablar.

J

JA

Jaube (b), jabe (s, l, g) (4), dueño.
Jabegai (g), jabegei (-g) (4), heredero.
Jaboi, jabón.
Jai (b, g), jei (s) (-s), fiesta.
Jaiegun (an), día de fiesta.
Jaierdi (an), día de media fiesta.
Jaiki (b, l, g), jeiki (s) (4), levantarse.
Jainkoa (c...), Dios.
Jaio (an), nacer.
Jaioera, nacimiento.
Jaiotari (sic), pueblo natal.
Jaioteŕi, pueblo natal.
Jaiotetxe, casa natal.
Jaiotza, nacimiento.
Jaki (c), vianda, (c), comestible; comidilla de la conversación.
Jaki-eragin, hacer durar.
Jakile (c...), sabedor.
Jakin (c), saber.

JA

Jakingua (anc, bc), curioso, ansioso de saber algo.
Jakin nai, curioso, ansioso de saber algo.
Jakintsu (b), jakintsun (g, l) (-s), sabio.
Jakite (c), saber, conocimiento, ciencia.
Jala (b), jale (an, g), comilón.
Jalgi (b), jalki (gc), posarse los líquidos.
Jalki (an), desgranarse los árboles.
Jan (c), comer.
Janaldi, comida, tiempo destinado a comer.
Janari (4), alimento, comida, vianda.
Janarte (c), hasta comer.
Jangartzu (gc), parco en la comida.
Jangoiko (an), Dios.
Jantzi (4), vestir; (2c), vestirse; herrar.
Jantzi-erantzi, las mudas de

JA

vestir; la doble operación de vestirse y mudarse la ropa.

Jardun (an), hablar.

Jarduntsu, charlatán; molesto, insistente.

Jaregin, soltar, librar, desprender.

Jario (an), derramarse, manar; emanación, flujo.

Jarion, derramarse; emanación.

Jartoki, asiento.

Jaŕaitzaila (b), jaŕaitzaile (b, g), seguidor, partidario.

Jaŕi (an), colocarse, acomodarse. Generalmente, sentarse.

Jaso (an, b, g), jasan (l), (-s), soportar; (2c), cargar, sostener; gallardo, airoso, de buen porte; estima, aprecio.

Jasoaldi (²c), acto de levantar.

Jateko (-s), para comer; (c), comestible.

Jatoŕi, origen, ascendencia.

Jatoŕiz, originariamente.

Jatoŕizko, original.

Jatsi (-l), bajar.

Jaun (c), señor.

Jaundu (c), apoderarse; hacerse señor, mejorar de posición (an); darse importancia.

Jaungoiko (an), Dios.

JO

Jaungoikotar (b, g), Jaunkotiar (l) (-s), piadoso.

Jauntxo (gc), jauntxu (bc), cacique, persona que en los pueblos ejerce excesiva influencia.

Jauregi (c), palacio.

Jaurtigi (b), jaurtiki (an, g), lanzar, arrojar.

Jazkera, modo de vestirse, facha.

Jazte, acto de vestirse.

Jinjau, gangoso.

Jipoe, chaqueta de lienzo grueso; por extensión, toda chaqueta. Hoy se usa mucho más su variante eufónica.

Jipoi, chaqueta.

Jipoia berotu, azotar a alguien, lit.: calentar la chaqueta.

Jo (c), pegar, (c), golpear, (-s), sumar, (-s), ir a parar; (c), tocar un instrumento, (c), sonar la hora.

Joaldi (c), golpe, golpeadura.

Joan (-l), ir.

Joanetorri (-s), ida y vuelta.

Jokalari (c), jugador.

Jokaldi, jugada, mano o partida en el juego.

Jokalege, ley del juego.

Jokari (c), jugador.

Jokatu (c), jugar, golpear.

JO

Joko (c), juego.
Jokolari (-s), jugador.
Jolas, juego, solaz, recreo.
Joŕa, escardadura.
Joŕatu (c), escardar.
Josi (c), coser.
Joskura (an, 2c), costura.
Josle (s, g), josla (b) (-l), costurera.

JO

Jostaldi (c...), tiempo de coser.
Jostari, hilo de coser.
Jostoŕatz (an), aguja de coser.
Jostotzara, cesto de costura.
Jostun, costurera.
Jostura (-g), joskura (g, b) (4), costura.

Voces no comunes a los dialectos bizkaino y guipuzkoano que se usan en tres dialectos.

J

Jangabe (-b), sin comer.

Suplemento de voces no comunes.

J

JA

Jakinduri (an g), sabiduría.
Jakituri (bc), sabiduría.
Jan-edana, banquete.
Jan-uŕi (b, Db), dieta.
Jaramon egin, hacer caso.
Jas (b), garbo.

JA

Jardun, estar ocupado en algo.
Jatzi (b), bajar.
Jausi (b), caer.
Jazo (b), acontecer.
Jotxi (g), caer.

K

KA

Ka, sufijo de acción que se traduce por un gerundio o por la preposición *a*: *aŕika*, a pedradas.
Kabia (b), abia (b, s), kafia (l) (4), nido.

KA

Kabila (-s), clavija.
Kada, cacareo.
Kada, sufijo que significa efecto, golpe: Aŕikada, pedrada; medida: burkada, carretada, carro lleno de, etc.

KA

Kaden (an), secundina o membrana que cubre el feto del animal.

Kai, puerto.

Kaiku, (-s), cuezo, cuenco o tazón de madera para recoger la leche dornazo; majadero.

Kaiman, nubes que van poco a poco de noroeste al norte anunciando mares alborotados; aparecen en otoño.

Kaiñabera (c2), caña.

Kaiñaberadi, cañaveral (np).

Kaio (an), mallón, cierta gaviota de las mayores; su color es entre blanco y ceniciento.

Kaiola (4), jaula.

Ḱaisio, fórmula de saludo familiar y llano.

Kaixero, gayano (un pez).

Kaiza, caja, baúl.

Kaizkar, pequeño, menudo, insignificante. Esta palabra a las personas es algún tanto despreciativa.

Kaka (-l), voz infantil que significa toda cosa sucia o desabrida o perjudicial y, principalmente, el excremento: (c), excremento.

Kakarazka (-s), cacareando; cacareo.

KA

Kakati (c2, an), cagón; persona ruin, de sentimientos poco nobles.

Kakatsu (-s), cagón, persona de sentimientos poco nobles.

Kakatza, montón de excremento, basura, fango.

Kakazkeri (an), villanía, ruindad.

Kako (-l), gancho.

Kakotu (b, g), khakotu (s) (-l), (l), agacharse, (-l), encorvarse (-l), tomar la forma de gancho; arquearse la espiga de trigo, de puro madura.

Kala, sitio de pesca en mar abierto (b).

Kala-berun, chombo, pedazo grande de plomo que se fija al aparejo de pescar merluzas, lijas, etc.

Kalamatika (l), kalamatrika (b, g) (-s), clamor en la conversación.

Kalamu (l), kalamo (g), kalamu (b), kalamu (s) (4), cáñamo.

Kale, (2c), calle; emboque, agujeta en el juego de bolos; es decir, la bola por entre los dos sin derribar ninguno.

KA

Kaleru, lancha de altura, besuguera.

Kalte (-s), daño, perjuicio.

Kalte-egin (c), dañar.

Kaltegaŕi (c...), perjudicial.

Kaltza, pantalón, calzón.

Kaltzairatu, calzar o poner calzas de acero o hierro a instrumentos como azadas, layas, rejas de arado.

Kaltzairu, acero.

Kaltzerdi, media.

Kamuts (l, g), amuts (g. b) (-s), desafilado (herramienta).

Khamustu (l), kamustu (g), amustu (b, g) (-s), desafilarse, embotarse.

Kana (-l), cana, vara.

Kanabera (-b), kañabera (b) (4), cañavera.

Kandelerio (bc), kandelero (an, g), fiesta de la Candelaria.

Kandu (an), nube de ojo.

Kanela (c), canela, corteza de canelo.

Kaneria, vuelo de un tejado.

Kankail (l, s), kankailo (an, g, b) (4), hombre grandazo y desmañado.

Kanpaize, viento norte (np).

Kanpantoŕe, campanario.

KA

Kanpo (c), exterior, parte de fuera.

Kanpo-eder, persona afable con forasteros o extraños.

Kanporatu (an), salir (np).

Kanpotar (an), forastero.

Kanta, canción.

Kantario (c), cantor.

Kantatu (l, g), khantatu (s), kantau (b) (4), cantar.

Kapa (an, 2c), marraga, jerga.

Kapagin (an, pelaire que trabaja en lana no lavada.

Kapar (an), garrapata muy pequeña.

Kapela (bc), sombrero.

Kapirio (an, 2c), cabrio, cierto madero en el armazón del tejado.

Kar (c), onomat. de la risa.

Karabi, calero.

Kardae, cimarrón, pez grande, malo y de mucho instinto.

Kardantxilo (b), kardantxolo (g), jilguero.

Kardu (4), cardo.

Kare (2c), cal.

Kareaŕi (an), piedra caliza.

Kare baltz (b), kare beltz (g), cal negruzca. Algunos dan este nombre al cemento.

Karel, borde de las lanchas;

KA

pez parecido al marrajo, bastante menor.

Karen (an), secundina, bolsa del feto de personas y animales.

Kari, sufijo compuesto de *ka* y *ari;* indica agente profesional.

Kariotu (c), encarecer.

Karkamo, féretro.

Karobi, calero (l).

Káramaŕo (np), cierta máquina de hierro en forma de cangrejo que se usa para quitar basura del fondo de los ríos.

Kaŕaska (c), crujido; suciedades del lino; raedura.

Kaŕaspio, serrano, pececillo de la costa.

Kaŕastaŕo, oropéndola, pájaro mayor que la malviz

Kaŕauka hez de la leche.

Kaska (np), cráneo.

Kaskaiñeta, **castañeta,** ruido de cascabel imitado con los dedos en el baile.

Kaskal (np), cáscara; simple, fatuo, lelo.

Kaskamotz (np), pelado, rapado.

Kaskar, cráneo; **(-s),** ruin, pequeñuelo.

KA

Kaskaŕaldi **(an), rato** de m**ǝ**l humor.

Kartola (np), jamuga, cartolas, asientos que se ponen sobre las caballerías.

Kartzeta, guedeja.

Kaskaŕeko, cosque, golpecito en cráneo.

Kaskazabal, tumores del ancho de una moneda que tienen los niños en la cabeza.

Kasket (-s), fantasía.

Kasketaldi (-s), capricho, humorada.

Kasko (-s), pedazo, trozo.

Kasta (c...), raza.

Katamalo, máscara, persona disfrazada.

Katamotz, tigre.

Katar, gato macho.

Kate (l), cadena; suciedades que expele la vaca recién parida.

Katebegi, ojete a que se ata la cadena; sirve de último eslabón.

Katenoŕatz, cadena que se mete en algún cuerpo como pared, árbol.

Katigatu (np), encadenar.

Katigu, preso, cautivo (np); en cinta, parturienta.

KE

Katigutasun, embarazo (np), obstáculo; (np), preñez.

Katilu (an, 2c), taza, escudilla.

Katu (c...), gato; gatillo de escopeta; borrachera.

Katuki (c...), carne de gato; (c...), felino, cosa de gato; persona de mucha resistencia.

Kaskar (-s), testarudo, terco.

Kausk, voz onomatópica que indica la acción de morder. Se dice de un perro pequeño.

Kauskada, mordisco.

Kazkar, cráneo; pequeño, menguado.

Kazkañeko, coscorrón, golpe dado en la cabeza.

Ke (4), humo.

Kebide (gc), chimenea.

Kedar (an, g, b), keder (l) (-s), hollín.

Keetu, curar quesos, frutas, ahumarlas.

Kemen, vigor.

Kemin, amargor que deja el humo a alimentos curados

Kemordo, columna de humo.

Ken (4), quitar.

Kepilo (np), columna de humo.

Kera, sufijo modal de infinitivo (np); celo de animales; acto.

KI

Keri (2c), sufijo derivativo que se une a sustantivos y adjetivos para denotar cualidad viciosa.

Keriza, cereza; sombra.

Keta, sufijo que denota operación.

Ketsu (-s), humos, humeante.

Kezka (-s), escrúpulo; inquietud (an), remordimiento (an).

Kezkatu (an), inquietarse (np).

Kezkazale, enredador, pendenciero.

Ki (c), cosa de casa; (c), carne de.

Kibista, azada de un nudo.

Kideko (c), contemporáneo; semejante, de igual clase.

Kidetu (c...), igualarse, hacerse o llegar a ser el igual o compañero de otro.

Kikiñiki, abigarrado, multicolor.

Kikiñikika, cierto juego de niños.

Kili-kolo (-s), poco firme, inseguro, no afianzado.

Kilimolo, respingar, negarse una bestia a llevar carga.

Kimatu, despojar de ramillas una rama.

Kimu (gc), brote.

Kin (c...), residuo, sobra.

Kinda, guinda, cereza.

Kinkin, un palo como de medio metro de largo, del cual se sirven los muchachos para jugar con él, **metiéndolo** repetidas veces en tierra, mientras uno de ellos va a buscar el suyo.

Kinkinka, juego de niños que consiste en meter en tierra blanda determinado número de veces cada jugador su palo, mientras uno va a buscar el suyo que se le ha lanzado.

Kiña, azuzamiento, instigación (np).

Kiñakari (np), hostigador.

Kiñatu (np), azuzar, instigar.

Kiñu (2c), guiño; amenaza.

Kiñulari (izar), (estrella) rutilante.

Kio, pepita de aves.

Kipula, cebolla, protuberancia de árboles.

Kiribil, rosca.

Kirik (an), acto de aparecer y esconderse, juego de niños; palabra que pronuncian los que se esconden, equivalente a un "vale" o "búscame".

Kirika (-s), atisbando, observando.

Kirkir, grillo.

Kirten, astil, troncho; gandul.

Kiŕimaŕo, hablar con r defectuosa; arrastrar las *r* pronunciándolas defectuosamente.

Kiŕinkada (c...), chirrido.

Kiŕinkari (c...), rechinante. Se dice de **puertas,** cerrojos, carros.

Kiŕizka (an), crujido (np).

Kiŕiz-kaŕaz (2c), onomat. del ruido de zapatos al andar, del rechinamiento de dientes, etc.

Kiŕu (bc), cerro, estopilla, parte más fina que la estopa, que queda **en el rastrillo** al pasar por él segunda vez el lino o cáñamo.

Kiskal, tostado.

Kiskaldu (b, g), kiskali (l), (s), tostar, abrasar, tostarse.

Kisket, picaporte.

Kiski-kaska, dar cosques a niños.

Kitatu (4), ajustar **cuentas,** recuperar lo perdido.

Kitutu (c?), compensar.

Kixkor, achicharrado.

Kixkortu, achicharrarse.

KO

Kizkal (an), tostado, abrasado (np).

Kizkaldu (an) tostarse, abrasarse (np).

Kizki (an), garfio, punta retorcida de un instrumento de hierro.

Kizkor, encogido, arrugado; ensortijado, rizado, crespo.

Kizun (-s), sufijo que indica objeto de acción futura.

Klask (-s), onomat. del desagregamiento de objetos, encolados de alguna otra manera.

Ko (c), sufijo que indica "de", "que está en"; sufijo diminutivo.

Kobru eman (g), kobru emon (bc), dar cumplimiento.

Koi (c), (suf.), tendencia, propensión.

Kok (-s), empacho; (-s), hastío; (an), quiebra.

Koka (4), hierro en espiral del uso.

Kokalde, papo, papera, enfermedad de ovejas producida por un tumor maligno en la garganta.

Koko-egin (-s), empacharse; quebrar, hacer quiebra.

Kokoko (-s), gallina (voc. puer)

KO

Kokolo (-s), chocolate (voc. puer.).

Kokoriko (-s), en cuclillas.

Kolaka (-s), alosa, sábalo, pez marino del género clúpeo, que sube por los ríos en la primavera.

Koldar, cobarde.

Koldarkeri (np), cobardía.

Koldartu (np), acobardarse.

Kolko (-s), seno, cavidad del pecho.

Koloka (-s), suelto, inseguro, movedizo, poco firme como piedra mal colocada, diente no bien fijo; (an), indeciso, perplejo.

Kolpe, golpe.

Komentu (c...), convento.

Kondo (np), reliquia, resto.

Kondo, sufijo diminutivo que se usa con pocas palabras y en sentido muy despreciativo, más aún que kolo. *Umekondo,* rapazuelo.

Konko (c), jorobado.

Konkortu (c...), quedarse jorobado; (c); encorvarse; perder el sentido.

Konorte, sentido, sensibilidad.

Kontalari (c...), narrador.

Kontari (c...), narrador.

KO

Kontra (c...), contra, en el bando contrario.

Kontramaisu, contramaestre en los buques.

Kontu (-s), cuidado, cuenta, tino; cuenta, operación de contar cantidades; cuento, narración.

Kontulari (c...), administrador, cajero.

Konturatu (c...), caer en cuenta.

Kontuz, a tientas, con tino.

Kontzalu, cierta parte del cerdo.

Kopeta (-s), frente.

Kopuru, suma, número total; cantidad.

Kor (c), sufijo que significa propensión, aptitud, facilidad.

Korain, arponcillo, jibionera, pieza de plomo con que se pescan los calamares.

Korapilo (g, b), koropilo (l), (-s) nudo; remordimiento.

Korasta, codaste, piezas de hierro que tienen las lanchas, una a proa y otra a popa, para afirmar la quilla.

Korda (4), ristra de ajos, maíces, pimientos.

KO

Kordel (an), cuerdas de pescadores.

Korkoi, pez parecido al muble.

Koroe, corona.

Koroetu, coronar.

Kortabanaka, al marro.

Koŕok (an), onomat. del eructo.

Koŕoka (an), regoldando.

Koŕokada (an), eructo, regueldo (np).

Koŕok egin (an) (np), eructar, regoldar.

Koŕonka, ronquido.

Koaka, mella, muesca.

Koskabilo, cascabel.

Koskatu (an) (np), hacer muesca, mellar, mellarse una herramienta.

Koskitu (an), sentir dentera.

Kosko, (-s) pedazo; (-s) articulación (de dedos), guijo

Koskor (an), persona ruin, pequeña; chichón.

Kosna (an), plumazo, colchilla hecha de plumas.

Kosta, (-l) costar; (c...) costa.

Kostal (an), saco grande para cargar carbón, costal.

Kota (gc), epilepsia. Se dice hablando de animales atacá al salir al sol, a la luz.

KU

-*Kotan* (-s), sufijo que significa "a condición de"
Kozka (-s), idiota, casquivano, mella que hacen los pastores en las orejas de las ovejas. papirotazo.
Krask (4), onomat. del ruido que produce la hendedura de un objeto.
Krisket (-s), pestillo.
Kriskitin (gc), castañeta.
Kruselu (b), kruseilu (an, g), candil.
Kuku (c...), cuclillo.
Kukuldu, agazaparse.
Kukulu, cogollo de berza.
Kukupraka, digital.
Kukurmitxu (b), kukumux (g), en cuclillas.
Kukuŕuku (-s), onomat. del canto del gallo.
Kuku-sagar (-l), agalla fresca de roble, de alcornoque.
Kuleto (gc), seta comestible muy estimada; su sombrero crece hasta el tamaño de un plato.

KU

Kulizka, chorlito, ave del género de las zancudas.
Kuma (an), cuna.
-*Kuntza* (cZ), sufijo que expresa acción.
Kupera (b), kuperati (g), delicado, impertinente.
Kurlinka (-s), ave del género de las zancudas, chorlito.
Kurutze, cruz.
Kuŕinka (an), gruñido.
Kuŕinkaka (np), gruñendo.
Kuŕiskada, rechinamiento.
Kusu (c), primo, pariente. En algunos dialectos no se usa más que en los derivados.
Kutxa (-l), cofre.
Kutxatila (2c), arquilla o depósito pequeño dentro de un arca grande (an).
Kutun, (bc) acerico, almohadilla de costureras en que se clavan alfileres y agujas; (bc) amuleto; íntimo, predilecto.
Kuzku (-b), kizkor (b) (4), encogido.

Voces no comunes a los dialectos bizkaino y guipuzkoano que se usan en tres dialectos.

K

KA

Kamamila (l, s), kamamilu (g) (b), manzanilla.

KA

Kamamila (l, s).
Kamelu (-b), camello.

KI

Kaŕaskatu (-b), roer.
Kaŕaskots (-b), crujido de dientes.
Kexu (b), khesu (l, s) (-g), inquieto.
Ki (-b), sufijo adverbial.
Kin (-b), con, en compañía de...

KU

Kito (-b), en paz, sin deudas ni haberes.
Klaka (g, s), kalaka (l) (-b), citola de molino.
Kontatu (g l,), kontatu (s) (-b), contar, referir, narrar.
Kukuso (l, g), "kukuso" (s) (-b), pulga.

Suplemento de voces no comunes

K

KA

Kadentasun (b, Db), melancolía.
Kai (g), muelle.
Kaltzamaŕa (b), liga para las medias.
Kanpo, fuera.
Karkax (an, g), esputo.
Kartaka (a), naipes.
Kaŕamaŕo (an, b), cangrejo.
Kaŕaxi (g), alarido.
Katadera (Db), sillón.
Kemen (g), fuerza vital, ánimo
Kima, ramilla.
Koillara, cuchara.

KU

Koipatsu (Db), fritada.
Kokoŕotasun (Db), sopor, amodorramiento.
Kokotz, barbadia (la).
Kolore (pop.), color.
Koltxoi (pop.), colchón.
Komuna (an, g), excusado.
Komentu (c...), convento.
Konkor (c), corcovado.
Korpus-eguna, día de Corpus.
Korta (b), cuadra.
Kutsatu (b, Db), contagiar.
Kutsutu (an, g, l), contagiar.
Kutxarea, cuchara.

L

LA

La (c), sufijo ilativo que equivale al español "que", al enlazar dos infinitivos.

LA

Laar (-s), zarza, planta rastrera.
Labaipizki (np), escobón, esco-

LA

billa con que se limpia el horno.

Laban (np), resbaladizo, adulador.

Labana (np), lo resbaladizo; el adulador.

Labankeri (2c), adulador.

Laba (bc), labe (an, (-b) (4), horno.

Labeate (c...), puerta del horno.

Labore (-s), cosecha; cereal.

Labur (an, b, g), labur (s) (-l), breve.

Laburkeri (np), cortedad, carácter huraño.

Laburtasun (-s), cortedad.

Laburtu (-s), acortar.

Laburera (-s), abreviatura; compendio.

Lagun (c), compañero, (-s), individuo; (-s), persona.

Lagun-abar (np), vulgo, pueblo, común de las gentes; (an), regular, vulgar, como la generalidad. *Lagun-abarrez bizi* (bc), vivir regularmente, como la generalidad.

Lagundu (c...), acompañar.

Lagungañ, estímulo, ayuda.

Lagun izan (an), auxiliar, ayudar. Se usa como intransi-

LA

tivo y con dativo: *Lagun zakizkit,* ayúdame.

Laguntza (c), auxilio, asistencia.

Laguntzaile (an), favorecedor.

Lagun-urko (np), prójimo.

Lai (-s), laya.

Laiategi (np), marca en forma de semicírculo que se hace en el borde de la oreja del ganado lanar.

Laiatu (np), nubes precursoras de vendaval; su forma es de terreno layado.

Laiño (bc), niebla.

Laiño, niebla que arrastra.

Laiñotu (np), anublarse el cielo.

Laka (-l) maquila, paga de la molienda; especie de chaflán o falta que tienen algunas tablas en las esquinas.

Lakaiña (bc), gajo en sus variadas acepciones de: ramilla que se desgaja; una de las partes en que se divide el racimo de uvas; cada una de las divisiones de frutas y hortalizas, como naranja, ajo; hebra de hilo; cada uno de los cabos con que se hace una cuerda.

Lakaindu (g), lakandu (b), re-

LA

ducir a hilo la cuerda o fibras el hilo; reducir el racimo a pequeñas ramillas.

Lakatu (4), cobrar refiriéndose a derechos de molienda. Algunos lo generalizan a toda clase de cobro.

Lakatz, erizo de pequeña castaña.

Laketu, permitir.

Lako (c), de que (askotan emoten deutsut orduko nazalako berba; (c...), porque.

Lama (-s), ardor; llama.

Lamiña (4), lamia; sirena.

Lamiztu, probar con la lengua, gustar algo.

Lan (c), trabajo, labor

Lanaldi (c), rato de trabajo.

Lanarte (-s), interrupción del trabajo; rato de descanso.

Lanbas, estropajo grande hecho de retales de paño, que sirve para fregar los costados y cubierta de lanchas y otras embarcaciones, lampazo.

Lanbro (-s), bruma; miope.

Lanbrotu (-s), oscurecerse, velarse con la niebla. Solo se dice del tiempo y de los ojos.

LA

Landa (-s), campo pieza de terreno.

Landara (b), landare (g, l) (-s), planta.

Landatu (-s), plantar.

Landatzaile (4), plantador.

Landu (2c), labrar piedras, tierras.

Lan-egin (c), trabajar.

Laneratu (c...), ir a trabajar.

Langa (gc), traviesa, leño largo y grueso.

Langile (c...), operario.

Langintza (an), oficio, trabajo.

Lanpo (an, g), anpreo (b), albacor, pez parecido al bonito.

Lantegi, taller.

Lantes, berruguete, cierto pez de mar.

Lantsu (c...), lleno de quehaceres, muy ocupado.

Lantz (gc), lance.

Lantza (c), lanza.

Laño (c...), niebla.

Lapa, bardana (bot.; lapa, cierto molusco.

Lapastu (-s), cortarse la leche.

Lapazoŕi (an), (np), piojo.

Lapur (an, 2c), ladrón.

Lapuŕeri (bc), robo.

Lapuŕeta (2c), robo.

Laraua (np), naranja.

LA

Laranja (-s), naranja (la jota tiene tres pronunciaciones).

Laratza (c...), llar.

Lardakatu, estrujar.

Lardazkatu (g), llardazkau (b), echar a perder una cosa, embrollarla.

Lareun (bc), cuatrocientos.

Lari (c), sufijo que denota oficio.

Larogei (2c), ochenta.

Laŕabei (np), vaca silvestre.

Laŕabere, bestia salvaje (np).

Laŕain (4), plazoleta.

Laŕatu (an), apacentar

Laŕi (-s), abultado; (-s), apuro; (-s), apurado; fragmesto o pedacito mayor que el *apur* y menor que el *puska* o *zati.*

Laŕitasun (-s), inquietud, congoja.

Laŕitu (-s), acongojar.

Lasa, satisfecho.

Lasatu (np), desahogarse, satisfacerse.

Laso, satisfecho.

Lasotasun, satisfacción, desahogo; conformidad.

Lasotu (np), satisfacerse, desahogarse.

Lastabal (an), haz.

LA

Lastaira (an, g, l), lastamaŕaga (b) (-s), jergón.

Lastameta (2c), montón de paja.

Lastategi, pajar.

Lastazao (-l), gavilla de paja.

Laster (c), pronto, luego, en seguida.

Laster-egin (c), apresurarse.

Lastertasun (c...), prontitud.

Lastertu (c...), abreviar.

Lasto (an), paja de trigo, cebada, centeno.

Lastometa (an), (np), pila de paja.

Lastotza (np), montón de paja.

Lasun (bc), mujol, vulg. muble.

Lata (-l), chilla, armazón del tejado.

Latz (c), áspero.

Latzazi (bc), educar con severidad.

Lau (-s), cuatro.

Lauko (-s), el cuatro de naipes; (np), composición en verso, cuarteto.

Laukonde, cuádruplo.

Laukote, cuádruplo.

Launaka (an), (np), de cuatro en cuatro.

Launakatu (b, g an), launaz-

LE

katu (l, s), distribuir de cuatro en cuatro.

Launako (c...), distribución a cuatro.

Lauoinka (np), a galope.

Laurden (an, -b), lauren (b) (4), cuarto, cuarta parte.

Lauretan (c...), en los cuatro; (an), a las cuatro (horas).

Laurcun (-s), cuatrocientos.

Laurgi (b, g), laurki (an, g), astilla gruesa.

Laurgitu (-s), tronchar en cuatro partes.

Lauso (an), catarata del ojo o nube; polvillo de la harina.

Laza (bc), flojo.

Lazo (bc), talle. *Lazo oneko txarrikumea*, gorrino de buen talle.

Laztan (bc), abrazo; (2c), cariño, amor tierno.

Laztan izan, amar. *Laztan dot*, le amo.

Laztandu (bc), abrazar.

Laztasun (c...), aspereza.

Laztu, educar con cierta severidad.

Laztuta bizi, vivir sin melindres.

Le (c...), sufijo que denota el agente o hacedor. Se aplica a verbos no derivados.

LE

Legar (-s), guijo, grava, piedrecilla menuda.

Legatz (l, g), lebatz (b), (-s), merluza.

Lege (c), ley.

Legegile (c...), legegin, legislador.

Legen (c), albarazo, especie de lepra.

Legenar (gc), lepra.

Legenardun (np), leproso.

Legen eme (b), legen żuri (g), albarazo.

Legez (c), legítimamente, en ley, según ley.

Legezko (c), legítimo, legal.

Legor (2c), seco, tierra (se dice en contraposición al mar).

Legorpe (an), refugio, cobertizo.

Legoŕerartu (an), np atracar.

Legorte, sequia.

Legua, legua.

Legun (-s), liso; persona remilgada que habla con afectación de cultura, suavidad.

*Legunker*i (-s), adulación, lisonja.

Leguntasun (-s), suavidad.

Leia (4), deseo, ansia, afán, afición; porfía, prueba, empeño.

Leiaka (an) de prisa; a porfía.

LE

Leial (c), leal.
Leialtasun (c...), lealtad.
Leiatsu (c...), apasionado.
Leiatu (4), empeñarse: aficionarse.
Leiatsu (c...), apasionado; celoso; presuroso.
Leiaz (c...), de prisa; apasionadamente.
Leio (c...), ventana.
Leizar (c...), fresno
Leize (-b), leza (b) (4), sima.
Leka (c...), vaina.
Lekatsu (c...), lleno de vainas.
Leku, (4) lugar, (4), lejos, (c) se usa como exclamación significando "corro".
Lekutakoa (bc), ¡cuán lejano!, ¡cuán hermoso! Se usa más en la segunda acepción, por lo menos en Bizkaya.
Lelo (c), sonsonete, cantinela, estribillo.
Lema (-s), timón.
Lemoŕatz, aguja pernio, pieza puntiaguda de hierro en que se fija el timón.
Len, (4, an) antes; anterior
Lenago (np), (an) antes.
Lenbailen (-s), cuanto antes.
Lendanez (g), lendañez (b), anticipadamente, de antemano.
Lengo, anterior, de antes.

LI

Lengoratu (2c), restablecer.
Lenguado (2c), lenguado (pez).
Lengusu (an), primo.
Lengusu-txiki (gc), segundo primo.
Leoe, leoi, lehoin (-s), león.
Lepada, carga que se lleva al hombro.
Lepatu (bc), cortar de un árbol la rama de medio para que crezcan las ramas laterales.
Lepo (-s), cuello.
Ler (-s), reventón.
Ler egin (an), (np) reventar.
Lertu (an), reventar.
Lertxun (an), tiemblo
Leŕo (-s), línea, fila; renglón de escritura; rango.
Leŕoan (-s), en fila; sin interrupción.
Letagin (s, g), letain (l), betagin (b) (4), colmillo.
Leun (-s), liso.
Leundu (-s), aisar; alagar.
Leze (-b), leza (b) (4), sima
Liburu, (-s) libro; (an, gc) cuajo del ganado.
Liburudun (c...), librero, persona que tiene libros.
Liburu-saltzaile (c...), librero, vendedor de libros.
Liburutegi (c...), biblioteca, librería.

LO

Liga (4), heces de zurrapas.

Lika, (c...), toda materia pegajosa en general; (gc) liga para coger pájaros.

Likistu (4), ensuciar; volverse obsceno, inmundo.

Lilika, renuevo de plantas.

Limista, limista, cierta clase de paño ordinario que se fabrica en Segovia.

Limoe, imoi, (np) limón.

Linazi (an), simiente de lino.

Lino, liño (an), lino.

Liñabe, pedazo de madera que para evitar el roce de los cordeles se pone en los bordes de la lancha.

Liñondo (2c), tierra sembrada de lino.

Lirain (-s), esbelto. Se dice de seres animados.

Lits (c), fimbria del vestido.

Liza (an), pez marino del orden de seacios, lija.

Lizar (-s), fresno.

Liztari, hilo fuerte, hilo de bala.

Lizun, (c) moho; (an) puerco, sucio; (an) obsceno.

Lizundu, enmohecer.

Lizunkeri (-s), lascivia.

Lizuntasun (-s), suciedad.

Lo (c), sueño.

LO

Loak artu (c...), dormirse; entumecerse.

Lo-aldi (c...), sueño.

Loba, (np) sobrino.

Lodi (c), grueso.

Lodiera (np), grosor.

Loditasun (c...), obesidad, gordura.

Loditu (c...), engrosar, engordar.

Lo ere (gc), sueño incómodo que se tiene cuando los ojos se irritan.

Logura (c), soñoliento; soñolencia.

Loi, (c) lodo.

Loikeri (c...), impureza; suciedad.

Loina (b, g), loira (an, g), madrilla, bogea, pez de río.

Loitsu (c...), fangoso.

Loka, (4) gallina clueca; (bc) apetito sensual de la mujer.

Lokatu (4), ponerse clueca la gallina.

Lokatza (gc), lodazal.

Loki, sien.

Lokots (an), erizo de castaña.

Lo-kuku (b), lo-kukulux (l, g) (-s), sueño ligero.

Lolo (-s), sueño (voc. puer.).

Lor, leño o viga que se acarrea

LO

arrastrando; (²c) acarreo de esta viga o leña.

Lorbide (np), camino de acarreo.

Lore (l, g), lora (b) (-s), flor.

Loŕatz (np), rastro, pista; estela, huella.

Losa (np), losa.

Losadura, enlosado.

Lo-soŕo (bc), an), sueño profundo.

Lotan (c...), durmiendo.

Lotara (-s), a dormir.

Lotu (an), atar; persona de poca actividad, modrego.

Lotsa (2c), vergüenza; pudor.

Lotsagaŕi (np), vergonzoso.

Lotsa izan (np), tener vergüenza.

Lotsakor (np), miedoso.

Lotsaldi (np), rato de vergüenza.

Lotsati (np), tímido.

Lotsatu (np), avergonzarse.

Lotsor, tímido, corto de carácter.

Lotxa (bc), pez blanquecino, de cabeza, boca y escama grandes, carne semejante a la *merluza.*

Lotze (c...), acto de atar.

Lozan (gc), rollizo, lozano.

LU

Luartz (l), lugartz (b, g) (-s), alacrán.

Lubaki (gc), trinchera rodeada de zanja.

Lubera, tierra blanda.

Luesi, vallado que se hace con seto y algo de tierra cerca de los arroyos para que el agua no lo arrastre.

Lugartz (an, gc), alacrán, arácnido pulmonado.

Lukainka (4), longaniza.

Lukainka-mutur, casco de longaniza.

Lukur (-s), avaro; usurero.

Luma (c...), puma; copo de nieve.

Lumatu (c), emplumarse; desplumar.

Lumatza, montón de plumas.

Lur (-s), tierra.

Lur zeaiak, tierras llanas.

Lurtu (c...), convertirse en tierra.

Lurgoratu, revolver la tierra después de la siega.

Lurgoŕitu (gc), rozar o revolver la tierra.

Lurlan, labranza.

Lurlantza (np), agricultura.

Lurlantzaīle (np), agricultor.

Lurmen (2c), espacio de tierra

LU

que se ha despojado de nieve.

Lurmendu (np), librar de nieve un trozo de terreno

Lurpetu (bc), sepultar.

Lurtu (c...), convertirse en tierra.

Luŕa eman (g), luŕa emon (b), enterrar, dar sepultura.

Luŕeratu (-s), derribar, tumbar.

Luŕez (c), de tierra;)-s), civilmente.

Luŕikara (-s), terremoto.

Luŕuntza, corregüela. campanilla, planta parásita del trigo y maíz; tiene flor y raíz blanca.

Lutu (bc), luto.

Lutualki (g), lutuaurki (b).

LU

banco de cabecera en los funerales.

Luzabide (2c), demora, dilatación.

Luzagaŕi (np), dilatorio, que sirve para demorar; apéndice, miembro o parte prolongada de un cuerpo, de un animal o vegetal.

Luzanga (bc), larguirucho.

Luzapen (-s), dilación; prorrogación; demora.

Luzaro (-s), por mucho o largo tiempo.

Luze (-s), argo; alto.

Luzean (c...), a o largo (jugar).

Luzetasun (g. b), luzetarsun (s) (-l), largura.

Voces no comunes a los dialectos bizkaino y guipuzkoano que se usan en tres dialectos

L

LA

Laburkeri (-b), acción vil, baja.

Lakio (b, 1?, s) (-g), lazo, red de caza.

Laŕe (-b), dehesa, pastizal.

Laŕeratu (-b), irse a la dehesa.

Laŕuki (-b), pedazo de cuero.

Laŕutu (-b), despellejar

Lasterkari (-b), corredor.

Lazatu (-b), soltar; aflojar.

LU

Liluratu (b), deslumbrar; fascinar; seducir.

Loak (-b), las sienes

Loi (-g), sucio.

Lupu (-g), lobanillo.

Luŕa galdu (-b), emigrar; desertar.

Lur-jo (-g), arruinarse.

Suplemento de voces no comunes

L

LA

Laguntza (c), compañía, auxilio.
Laiotz (g), paraje sombrío.
Lakari (b, Db, gc), celemín.
Lanperna, percebe.
Lan-sari, jornal.
Larunbata (an, g), sábado.
Lasaitasun (g), comodidad.
Lastikua (as), elástico de lana.
Lasto, tallo, paja.
Laukoitz, cuádruple.
Laukotx (b), cuádruple.
Laumarai, cuarto.
Lauortz, tenedor.
Laurden (an, g), cuarto.
Lauren (b), cuarto (cuarta parte).
Lauskitu (b), estrujar.

LO

Leiatila (an, g), ventanilla.
Lepoko min (g), angina.
Lepoko zapi (g), pañuelo del cuello.
Ler, pino.
Lerdekatu (g), estrujar.
Lerden (cuerpo, erguido.
Lertxun, temblón.
Libra, libra.
Lo-gela (bc), alcoba.
Loitegi (b), común, lugar excusado.
Lokañi, venda, atadura.
Lolo, cizaña.
Lotsabagakeri (b), insolencia.
Lotsagabekeri (c...), insolencia, (g), desvergüenza.

M

MA

Ma (c...), beso (voc. puer.).
Madarikatu (-s), maldito; maldecir.
Mahasti (, s), masti (b, g) (4), viña.
Magal (gc), regazo; falda, trozo de carne entre la ubre y las piernas.
Magurio, hélice, género de

MA

conchas univalvas o caracolillos de mar.
Mai (an, g, b), mahain (l, s), mesa.
Maiatz (c...), mayo.
Mai-anka (gc), pie de la mesa.
Maiburu, cabecera de la mesa, presidencia hasta nuestros días.

MA

Maila, maila (-s), grada o peldaño de una escalera y cualquier grada, p. ej., de cabeza mal pelada, de terreno costanero, (4), malla de red; (2c), grado de parentesco; ría, hilera de granos en la espiga.

Mailatu (np), abollar; abolladura.

Mailu (l), mazo.

Mailuka (-s), martillo; (c...), dando golpes de mazo.

Mailuketa (np), martilleo.

Mailuki (bot., fresa.

Maiña (4), treta, (4) astucia, (4), destreza, (4) maña; (c), murria, (c), lloriqueo

Maipuru (2c), presidencia, cabecera de la mesa.

Maistar (b), maister (an, g), inquilino.

Maisu (an), maestro.

Maitagari (c), amable; simpático

Mairati, amoroso, amante.

Maitatu (an), (np), amar.

Maite (c), amado, amar, cariño.

Maitegari (c...), amable, simpático.

Maite izan (an) (np), tener cariño, amar.

MA

Maitetasun (c...), amor.

Maiz (bc), ajado.

Mai-zapi (gc), mantel.

Makal (an, bc), débil, enfermo; chopo; fusil.

Makalaldi (an), (np) temporada de debilidad.

Makaldu (an), (np), debilitarse.

Makatz (an gc), árbol frutal bravío.

Makil (c), palo, bastón

Makilaka (c...), apaleando.

Makilakari, apaleador.

Makilatu, apalear.

Makiña (2c), multitud· Se usa en frase admirativa

Makulu, muleta.

Makurtasun (c...), torcedura.

Makuraldi (c...), acceso de perversidad, de mal humor, de desavenencia, de mal tiempo, de postración.

Malats, batidor, molinillo que se usa para remover la leche al hacer queso, la cal, el yeso, etcétera.

Maldatsu (c...), lleno de cuestas.

Malko (2c), lágrima.

Malma. malva.

Malmetidu (b), mametitu (an, g), apurarse, alterarse.

Malmutz, taimado, socarrón.

MA

Mama (an, 2c), agua o todo líquido (voc. puer.).

Mami (4), carne o parte mollar del pan, fruta, peces, etc.

Mamoro (an), insecto; coco, bu.

Mamu (-s), fantasma, espantajo.

Mana (c...), cachaza; tranquilidad; calmoso, tranquilo.

Mandaeme (an), (np), mula.

Mandaguraiza (g), mandartazi b), tijeras que se usan para esquilar machos.

Mandategi (gc, an), muladar, cuadra de mulas.

Mandatu (c), recado, misiva, mensaje.

Mandatu egin (-s), pedir la mano, invitar a casamiento.

Mandazai (an, g), mandazain (b), arriero.

Mandeuli (2c), mosca grande, negra, muy zumbadora, que daña las carnes.

Mando (c), mulo.

Maneatu, aviarse, disponerse.

Manera (2c), manera, abertura lateral de la saya.

Mangu, entumecido.

Mangutasun (np), entumecimiento.

MA

Mangutu, entumecerse (los dedos).

Mantar (2c), trapo; cosa que no vale nada.

Mantartu, deteriorarse.

Mantxu (an), manco.

Manu, flojo, no tirante.

Maña, modo, artificio. Se usa en la palabra compuesta *bizimaiña*, que, como se dijo en su lugar, significa "manera de vivir" y también "alimentación".

Mara (np), se usa en a onomatopeya, sobre todo (an) repitiendo la paabra para indicar suavidad de movimiento. *Mara-mara nago izerditan,* estoy sudando copiosamente.

Maratila (-s), taravilla; péndulo de madera que hacen girar las hilanderas para retorcer el hilo.

Mardo (bc, s), mardul (gc, b) (-l), robusto, rollizo.

Maria-gora (np), marea arriba.

Mariko, cierta gaviota de tamaño regular y pico amarillo, vulg. garray.

Mari-matraka (2c), mujer muy bullanguera.

Mari-motrailu (gc), marimacho, mujer que en su corpu-

MA

encia y acciones parece hombre.

Mari-mutiko (2c), hombruna, muchacha revoltosa amiga de andar entre muchachos.

Marka (an), (np), marca, señal.

Marko, aparato rústico de tres púas, que se mueve a mano arrastrando sobre la tierra; sirve para marcar la tierra, abrirla en surcos.

Marmar (gc, an), murmullo a solas o con otros.

Maramar egon (an), refunfuñar.

Marmota, gorra de niños infantes; es de lana.

Maro (an), paulatinamente, con calma. Se usa sobre todo como superlativo, repitiendo la palabra.

Martin (an), cierta ave marina, vulg. roldón.

Maŕaga, marga, lana burda, jerga con que se hacen medias groseras, bastes, colchones.

Maŕagero, pelaire, artesano que hace la marga.

Maŕaixu (b), maŕaju (an, g), mañrajo, un pez.

Maŕakari (c...), llorón. hablando de un niño; un gato que maulla mucho, etc.

Maŕa-maŕa (gc), onomatopeya del murmurar; (gc), comer con torpeza, produciendo ruido.

Maŕao (bc), maullido fuerte.

Maŕaska, royendo.

Maŕaskatu (gc), roer.

Maŕaskulo, caracol.

Maskal- cazcarria, barro recogido en el ruedo del vestido; (gc) débil, sin fuerzas (gc), estropeando.

Maskar (an), alicaído, debilitado, desmedrado (sp).

Maskartu, encanijarse.

Masmordo, racimo de uva.

Maspildu (-s), abollar, estropear, sobar.

Masta (-s), masta.

Masti (an, gc), viña.

Masusta, mora.

Matasari, cuenda de hilo con que se envuelve la madeja.

Mataza, tempestad de granizo o de nieve.

Mataz (-l), madeja.

Matoi (g), matoin (-g) (4), leche cuajada para· hacer queso.

Matraka (bc), carraca; (2c), disputa, altercado.

Mats (an), uva.

Matsaien (-s), vid.

Matxalen (np), Magdalena.

Matxin (gc), nombre que se emplea para llamar al carnero.

Matxinada, motín.

Matxin-salto (an), salta montes, langosta de campo.

Matsondo (an, gc), cepa de uva.

Matxoŕa, machorra, mujer estéril.

Matxura (gc), avería; achaque, aje, mal interior del hombre.

Mau, interjección de incredulidad, de desconfianza.

Mau-mau (-s), comer (voc. puer.).

Mauka (c), manga.

Mausa, sauquillo (bot.).

Mazi (-s), raba.

Mazitu (np), arrojar la raba para atraer peces.

Mazopa (b, g), mazopla (an), peces grandes, negros, malos, vulg. arroaque.

Me (2c), delgado, sutil; (an), poco. profundo.

Mea (2c), mineral.

Mear (-g), medar (g) (4), angosto, estrecho.

Meaila (b), meaiłe (g), criado de ferrones encargado de desmenuzar mineral.

Meartasun (an), angostura (np).

Meartu (c...), adelgazar, estrechar.

Measintxa, aforo, prueba de alimentos.

Meatoki (an), paraje minero (np).

Meati, flacucho.

Meatu (c...), enflaquecer.

Meazulo, galería de mina.

Mee (c...), flaco.

Meen (an), (np), lo más delgado.

Meloe, meloi, melón.

Men (bc, an), dócil, fiso, obediente.

Men (-s), sufijo que denota por lo general, sencillamente la acción y con ciertos verbos indica hasta potencialidad. Esta segunda acepción no es tan popular como la primera.

Menda (-s), menta, hierba buena.

Mende (2c), dominio, autoridad.

Mendebal (-s), vendaval; (np), oeste, occidente.

Mendel, orillo, una tira de distinto color que la pieza a que se agrega.

ME

Menderatu, dominar, sojuzgar, subyugar.

Mendi (c), monte.

Mendialde, parte montañosa o próxima a las montañas.

Mendi-bitarte (np), hondonada.

Mendi-bizkar (c...), loma.

Mendi-gain (c...), cima del monte.

Mendi-lan, trabajo de afuera y más generalmente trabajo campestre.

Mendirakoi (an), (np), montaraz.

Mendiratu (c...), ir o llevar al monte.

Mendiska (-s), colina, montículo.

Menditar, (c), montañés.

Mendi-tontor (sp), cima de montaña.

Menditsu (c), montañoso.

Mendixut (c...), monte de mucha pendiente.

Mendrezka (np), ijada de atún.

Mendu, púa de injerto

Menpe (np), subordinación.

Menpeko (np), súbdito. Según algunos significa también "siervo, esclavo".

Menperatu (np), dominar.

Menpetasun (np), **obediencia,** subordinación.

Menpetu (np), subordinar.

ME

Mentasun (an), docilidad.

Mentu (gc), púa de injerto.

Mentugoŕi, una variedad de castañas.

Mentumotz, cierta variedad de castañas.

Menturaz (4), quizás, por ventura.

Merezi (c), mérito.

Merezi izan (-s), merecer, haber o tener mérito.

Merkatari (-s), mercader.

Merkataritza, comercio.

Merkatu (c...), abaratar; mercado.

Merke (c), barato.

Merlenka (g, b), merlinka (an), un pez marino, la pescadilla?

Mero (2c), mero (pe).

Meŕo, persona delgada y débil, pilongo.

Mesede (2c), merced, favor.

Meta (c), fagina, montón.

Metal (bc), mineral, hablando de aguas. *Ur metala* o *metalura,* agua mineral.

Metasun (an), (np), delgadez.

Metatu (c...), amontonar.

Metatxoe (b), metatxoro (g), montoncitos **de hierba.**

Metxa (as, 2c), mecha, torcida.

Meune (-l), vado.

Meza (c), misa.

Meza-lagun (b), meza-lagun-

tzaile (gc), monacillo, monaguillo, ayudante de misa.

Meza-sari (c...), estipendio de misa.

Mezerdiko, consagración.

Mia (np), lo delgado.

Miao (2c), maullido.

Miaŕitz, Biarritz.

Miauka, mayando (los gatos).

Miazkatu (g), miazkau (b), lamer, chupar.

Miaztu, probar con la lengua, gustar algo.

Miélga (b), mielka (gc), mielga, pez marino del orden de selácaos, sin escamas, comestible, poco apreciado.

Miesa (b), miisa (g), mihise (l, s) (4), lienzo.

Migura, muérdago.

Miilu (gc), hinojo.

Mii (g), mihi (s, l), miin (b) (4), lengua, órgano oral.

Miiari (gc), miispeko (b), frenillo de la lengua.

Mika (2c), picaza; la gallina misma que está enferma a causa de la pepita.

Mikatu, ponerse una gallina enferma de pepita.

Mikelete (an), miquelete.

Mila, mila. (c). Milizka (gc), andar probando cosas, picando en un plato y picando en otro; (g), lamer.

Milabaŕika, golondrina de mar: en el dorso, cerca de la cola, tiene plumilla blanca.

Milaka (c...), a miles.

Millatan (c...), mil veces, muchisimas veces.

Milu (an), hinojo.

Min, lengua, órgano oral; (c), dolor; (c), picante; (c), planta tierna.

Min, sufijo que denota ansia, deseo penoso.

Minartu (4), hacerse daño.

Minbera (c), delicado de carnes; quejumbroso, quisquilloso.

Minberakor (an, gc), delicado de carnes; quejumbroso.

Minberatasun (c...), susceptibilidad; sensibilidad.

Minberatu (c...), volverse delicado.

Mindu (c), dolerse, (c), resentirse; atormentar (np).

Mindun (c...), atormentado, resentirse; atormentar (np).

Mindun (c...), atormentado, resentido.

Min eman (an), g), min emon (b), ofender, causar resentimiento.

MI

Miñez (c...), de dolores (lleno); (an, bc), enfermo (estar).
Mingaŕi (c...), mortificante.
Mingostasun (bc), amargura (física o moral).
Mingostu (bc), amargar.
Mingots (bc), amargo.
Minkats (b, g), minkatx (an, l, g), amargo.
Minsor (an, 2c), dolorcillo.
Mintegi (np), semillero
Mintz (2c), dermis, endopleura, película o membrana que envuelve el huevo, castañas, huesos.
Miragaŕi (c...), admirable.
Mirakuilu (-s), milagro
Mirari (np), prodigio, milagro.
Miraritu (np), admirarse.
Miru (c...), milano.
Miru-buztan, cola de milano.
Miŕin, persona endeble, raquítica; migaja.
Miŕiz (bc), raquítico, endeble.
Miŕizka, raquítico, endeble.
Mistela (gc), licor suave.
Mistilu (gc), bolsilla de estopa para cerrar agujeros en vez de la espita.
Miz (an, 2c), interjección con la cual, repetida varias veces, se llama al gato.
Miziña (2c), nombre que por lo general se da al gato.

MO

Mizke (np), ¡goloso, regalón; lozano.
Mizpira (4), níspero.
Mizpiraki (c...), madera de níspero.
Mizpirondo (an), níspero.
Mizto (gc), aguijón, por ejemplo, de las abejas, culebras.
Moduzko, diestro, hábil; de buen porte, de buenas formas.
Moixal (bc), potro, cría, macho de yegua.
Moixo, morueco, carnero padre.
Mokodun (c...), provisto de punta o pico.
Moko-gabe (c...), sin punta o sin pico.
Mokoka (c...), a picotazos.
Mokokari (c...), luchador (hablando de aves).
Mokor (bc), nalga.
Mokordo (c), excremento.
Moldagaiztasun (np), torpeza.
Moldagaiztu (np), entorpecerse.
Moldakaitz (an, g), moldakatx (b), torpe, de malos modales.
Moldatu (an), amañarse, darse traza para hacer algo; arreglar, ordenar.
Molde (c), maña, destreza, traza.

MO

Moldegaiztasun (c...), torpeza.
Moldegaiztu (c...), entorpecerse.
Moldetsu (c...), diestro.
Mondongo (gc), morcillón; persona brusca.
Monjoŕatz, alfileres de cabeza negra.
Mordaze, acial, pinzas con que se abre el erizo de la castaña.
Mordo (gc), racimo.
Mordoilo (bc), embrollo. *Erdera-mordoilo, Euskera-mordoilo*: jerigonza, lengua extraña o propia hal hablada.
Mordoketa, vendimia.
Mordoska (an), grupo, ramillete, conjunto pequeño.
Mordoskada, tropel, gentío.
Morokil (gc), gacha, farineta.
Moŕal, (bc), morral.
Moŕoe, moŕoi (b, gc), criado.
Moŕoilo, cerrojo (np).
Moŕoilope (gc), cárcel.
Moŕontza, servidumbre.
Moskan, corteza verde de la nuez y también la mancha que deja en los dedos.
Moskor (g, b), borracho; (an) tronco de árbol.
Moskota, pez mayor que el tonino, muy grasiento, de

MO

cabeza roma y grande, llamado vulgarmente aguaje.
Motel, (-l) farfullero; (2c) sonido apagado, poco sonoro; (an, 2c) comida insípida; (2c) licor de poca fuerza.
Moteldu (c...), tartamudear.
Moteldura (l), moteltasun (b, g) (-s), tartamudez originada por causa accidental, como el frío, el miedo, la ira.
Moteltasun (np), tartamudez originada por causa accidental, como el frío, la ira, el miedo. Es más bien *balbucencia pasajera* (an).
Moto (4), moño.
Motoi (bc), polea, vulg. motón.
Motrailu, mortero, almirez.
Motz, (c) corto de talla, (c) romo, huraño (-s).
Motzaille, (an) trasquilador; gitano.
Motzaldi (an), poda corta o esquileo.
Mozkor (c...), borracho.
Mozkoŕaldi (c), borrachera.
Mozkoŕondo (c), malestar, consecuencia de la borrachera.
Mozoŕo, careta.

MU

Moztasun (c...), cortedad de carácter.

Moztu, (c...) rapar, cortar el pelo; (c...)· desmochar árboles; (c...) esquilar; (an) desafilar un instrumento cortante.

Muga (c), límite, frontera, linde, término.

Mugalde (c...), confín o proximidad de la frontera.

Mugaŕi (c), mojón, jalón.

Mugaŕitu (c...), limitar, acotar.

Mugatu (c). poner límites, mojones.

Mugita (an, 2c), grama.

Muin, muiña, púa, germen.

Muintegi (gc), vivero.

Muker (an, 2c), temático, esquivo.

Mukertasun (an), esquivez (np).

Mukertu (an), hacerse esquivo.

Mulu, mata. Ota-mulu, mata de árgoma.

Mundu (c), mundo.

Mundukoa (an), excelente.

Mundukoi (c...), mundano, aficionado al mundo.

Mundular (g, b), mundutiar (s, l), mundano.

Murgil, (gc) zambullirse; calado de agua.

MU

Murgildu, zambullirse; (gc) calarse.

Murgil egin, zambullirse.

Murko, vasija, jarra, cántaro.

Muʳmu (2c), moquillo, muermo.

Murmur (an), (np) murmullo.

Muŕi (bc), despojado.

Muŕitu, despojar.

Muŕuskada, refunfuño.

Muŕustu (np), oponerse, obstinarse.

Mus, zambullidura. Algunos dicen "mux"; (c) juego del "mus"; palabra con que en dicho juego se indica el deseo de renovar cartas sin jugar nueva partida.

Musar (-s), marmota.

Musean (c), al mus.

Muskar (gc), musker (-s), lagarto.

Muskil, (-s), vástago tierno que sale de la yema; (·s) renuevo de árbol; moco (np); cosa insignificante.

Muskin, troncho de una pera manzana.

Muskindu, comer algo casi totalmente.

Mustada, aforo, prueba de algún alimento.

Mustu (np), un pececillo negro

MU

de entre peñas que no es comestible.

Musturka (b), muturka (g, l) (-s), hocicando, hozando.

Musu (g, l), mosu (b) (-s), cara, ósculo.

Musuka (c...), a besos.

Mutil (-s), sostén; (c...), muchacho; aprendiz (np) (an). *Argin-mutil,* aprendiz de cantero.

Mutildu (an), desplumar un ave metiéndola para eso en agua caliente; despojar, vulg., limpiar.

Mutilko (c...), muchachito.

Mutu (c), mudo; persona secreta o muy reservada.

Mutualdi (-s), rato de taciturnidad.

Mutur, mutur (c), hocico, jeta, morro.

MU

Mutur-andi (np), bobo.

Mutur-beltz (c...), hocicudo, adusto.

Muturtu (c...), amohinarse.

Mutur-zabal (an), de cara ancha.

Mutur-zimur (np), ruin.

Mutur-zorotz (np), irascible, de mal carácter.

Muturcko (c), bofetón.

Muturuts, chasqueaqdo.

Mututasun (an), mudez.

Mututu (c...), volverse mudo; callarse.

Mutxatxo-asteak, semanas de julio sin fiesta intermedia.

Mutxur, pequeño montón de trigo.

Muxin, lloriqueo; murria.

Muzin (an, 2c), mohino.

Voces no comunes a los dialectos bizkaino y guipuzkoano que se usan en tres dialectos.

M

ME

Mail (-b), grada, peldaño.

Mear (-g), estrecho; angosto; ajustado.

Meatu (-b), adelgazar: limar, afilar.

Mee (-g), delgado.

Mengel (-b), persona débil; cosa efímera.

MU

Moko (-b), pico.

Mokokaldi (-b), disputa.

Mugagabe (-b), infinito.

Mukia (-b), pábilo, torcida o mecha.

Mukuru (-b), colmo.

Mutur, "mutur" (-b), enojado.

Suplemento de voces no comunes.

M

MA

Madari (b), peral.
Madarikazio (an, g), imprecación.
Magal (b), extremo bajo del pantalón, saya, etc.
Maiazken (g, Mend), postre.
Maila, peldaño de escalera.
Maindire (an, g), sábana.
Makar (an, g), legaña.
Makulu (Db), báculo.
Malmuzkatu (b, Db), engañar.
Mamutz (b, Db), gordinflón.
Mantaŕak (g), mantas de abarcas.
Manteliña (an), mantilla.
Mantona (an, g), mantón.
Marai, maravedí.
Margo (lit.), color.
Maŕantatu (an, g, l), enronquecerse.
Maŕas (b), traño de cocina.
Maskuri (g), vejiga
Matrailagin (b), muela.

MU

Matrailezur (g), mandíbula.
Maukutsik (b, g), en mangas de camisa.
Maukutsean (an, g, b), en mangas de camisa.
Mear (b), enjuto.
Me-eguna (g), día de abstinencia.
Mendarte, encañada.
Mierle (b, Db), garduña.
Mika (2c), urraca, picaza
Milinoe (b), millón.
Miloi (an, g), millón.
Mindu, mortificar, molestar.
Miratu (g), registrar.
Mirotz (b, Db), gavilán.
Mizke (g, b), melindroso.
Moduztasun modestia.
Mozolo (b), buho.
Must (b), zambullido.
Musu-zapi (g, Mend), moquero.
Mutil zar, solterón.

N

NA

Na (c), el, la de, lo de; el que, lo que; sufijo distributivo de numerales; *bana,* uno a cada uno.
Naar (bc), narria, rastra, tri-

NA

neo vasco o carro rústico sin ruedas.
Naaŕas, naaŕazka (np), arrastrando.

NA

Nabarben, desaliñado, estrafalario (np).

Nabarbendu (an), (np), escandalizar; enojarse, enfurecerse; poner en evidencia.

Nabarbenkeria (an), atrevimiento, afán de figurar escándalo.

Nabarmen (-s), extraordinario; incivil; notable.

Nabarmendu, distinguirse, sobresalir; recelar, concebir sospechas, escandalizar, enojarse, enfurecerse.

Nabarmentasun (c...), defecto del indiscreto, del descortés. Descortesía, indiscreción?

Nabartu (-l), perder el color por lo menos de las castañas.

Nafar (b, l), napar (b, g) (-s), nabarro.

Nafaroa (b, l), Naparoa (b, g) (-s), Nabarra.

Nagi (c) pereza; perezoso.

Nagialdi (c), acceso de pereza.

Nagi-izan (c), tener pereza.

Nagikeri (c), vicio de la pereza, flojedad; indolencia.

Nagiki (c...) perezosamente.

Nagitasun (c...), lentitud, pereza.

Nagitu (c), emperezarse, hacerse flojo.

NA

Nai (4), voluntad. Usase en el sentido de "tener voluntad, querer", pues para indicar la voluntad como nombre se comete la anomalía de recurrir al latino "voluntas", de donde se ha hecho "borondate" con algunas variantes.

Naiago izan (c), preferir, querer más.

Naiera (gc), conveniencia; agrado.

Naierara (b, g), a placer, a pedir de boca, "ad libitum".

Naiez, (np), disgusto, contrariedad.

Naigari (bc), estimable

Nai izan (an), querer.

Naikoa (2c), bastante. Se usa siempre con artículo singular y exige que la palabra a que se agrega lleve también su artículo; se pospone siempre.

Napar (an), nabarro; pardo.

Napareri (b, g), nafareri (an), viruela.

Naparoa (np), Nabarra.

Nardai (2c), palo, ordinariamente de fresno, que se aplica a la pértiga de la narria, para arrastrar piedras, maderas.

NE

Nardaka, suciedad o costra de platos, fuentes, cara.

Narkate (bc, g), cierta especie de cadena.

Nara, arrastramiento.

Naras (2c) (an), arrastrado, abandonado, desaliñado.

Naraskeri (an), desaliño.

Naru (b), laru (an, -b) (4), piel, cuero.

Nasai (bc), lasai (an, g), holgado, flojo cómodo.

Nasi (-s), mezcla.

Naste (an, 2c), mescolanza, revoltijo.

Nausitu (-s) predominar

Naz (c...), con el que, con la que, con lo que (datorenaz).

Nean (c), cuando.

Negar (-s), llanto.

Negargari (c), deplorable.

Negargile (an), (np), llorón.

Negar-malko (an), lágrima.

Negar-samur (2c), llorón, tierno o fácil en llorar

Negarti (an), llorón

Negar-ziñuka (np), gimoteando, fingiendo llanto.

Negarari emdn (l, g), negarari emon (b), echarse a llorar.

Negu (c), invierno.

Negu-lan (c...), trabajos de invierno.

Negu-mutil (ge), muchachos

NE

que solo en invierno sirven de criados, por andar ausentes el verano.

Negute (an), invernada, temporada de invierno.

Nekagari (c), fatigoso.

Nekaldi (c...), fatiga.

Nekarazi (g, l), nekarazo (b) (-s), hacer fatigar.

Nekatu (-s), fatigarse; padecer.

Nekazari (an), (np), labrador.

Nekazaritza, labranza, agricultura.

Neke (c), trabajo, cansancio, fatiga.

Nekez (c), fatigosamente, difícil.

Neko (c), para cuando...; de casa de...

-Nera (c), a lo que. Esan zionera, a lo que le dijo.

Neretzat (c...), para mí.

Neskazar (an), soltera.

-Netik (c...), de, desde.

Neurtu (-s), medir; moderado.

Neurtzaile (an), medidor.

Neuri (-s), medida.

Neurigabe (-s), inmenso.

-Nez (-s), según (unido a verbo).

-Nezkero, sufijo relativo que significa “ya que”, “puesto que” (bc), después que.

NO

Nik (c), yo.
Nizaz, de mí.
No (c), toma (a mujer).
Noa (-s), voy, flexión de conjugación del verbo "joan".
Noiz? (c...), ¿cuándo?
Noiz arte? (c...), hasta cuándo?
Noiz bait (c...), alguna vez. (En época indeterminada).
Noizian bein (c...), de cuando en cuando, de vez en cuando.
Noizko (c...), de cuándo?, para cuándo?. En el primer caso le sigue un verbo; en el segundo, un nombre.
Non (-s), dónde?
Nonbait (an), en alguna parte; seguramente.
Non-nai (-l), (an), en cualquier parte, dondequiera.

-NTZ

Nor? (c), quién?, quiénes?
Nora? (c), a dónde?
Norabait (an), a alguna parte. dónde no; no (saber) a dónde (ir).
Noraino (l), noraiño (g, b), (-s), hasta donde.
Noranai (-s), a dondequiera.
Norbait (-s), alguno.
Norbera, cada uno, uno mismo, la persona que habla.
Norberagandu (np), atraer.
Nor-edo-nor (-s), alguien.
Nortzuk (bc), quiénes
-Ntzako, sufijo casual que significa "destinado para".
-Ntzat (c...), sufijo casual de nombres que significa "para".

Voces no comunes a los dialectos bizkaino y se usan en tres dialectos

N

NA

Naaste (-b), revoltijo; mezcla.
Naigabe (-s), disgusto.
Naiz (-b), aunque.
Nausi (-b), superior.

NA

-Naz (-g), según; sufijo de la cosjugación. *Dakustanaz,* según veo.

Suplemento de voces no comunes.

N

NA

Nabañi, mármol.
Naibaga (bc), sentimiento.
Naiez, contratiempo.
Nasa (b), muelle.
Nasargi, músculo.

NE

Negute, temporada de invierno.
Neska, muchacha.
Neskatx, muchachita.

O

OA

Oa (c...), radical del verbo conjugable "joan"; variación de "oe", cama.
Oape (c...), bajo la cama.
Oar (4), advertencia.
Oartu, (c) notar, observar; (c...) prudente; (c .. advertido.
Oartzaka (np), inadvertidadamente.
Oatu, imposibilitarse, paralizarse.
Oatua, inválido.
Oatze (c...), acto de encamarse.
Oazal, funda de colcha; oazal (an, g), oien azal (b), sábanas y fundas.
Oazeru (-s), pabellón de la cama.
Oazur (-s), catre.
Obari, ventaja, provecho, producto; interés de capital; gaje que se da en contrato además del objeto vendido o cambiado; regalo, presente, dádiva.

OB

Oba (b), obe (an, b, g), mejor.
Obe (4), mejor (adjetivo comparativo).
Obeagotu (np), mejorar lo que es bueno.
Oben (c...), lo mejor.
Oben, (an), vicio, defecto, culpa; condescendencia.
Obendu (np), inclinarse, ladearse; ceder, viciarse.
Oben egin (np), condescender; decaer, ceder.
Obentasun (np), condescendencia.
Obeto (2c), mejor, de una manera mejor; a diferencia de *Obe,* que es mejor (c sa).

OE

Obetu (c...), hacerse mejor.
Obi (c), concavidad; fosa.
Odai (np), nube.
Odaiertz, horizonte.
Odei (-l), nube.
Odi, odia, caño, canal de tejado.
Odol (c), sangre.
Odoldun (c...), de carácter vivo, (c), que tiene sangre.
Odolestu (np), nervioso.
Odoletan (c), sangrando.
Odolgabe (c...), exangüe, apático; insensible.
Odol-geldiak, los malos humores.
Odoloste (np), morcilla.
Odol otzean (c), a sangre fría.
Odol otzik (c), a sangre fría.
Odoltsu (c...), sanguíneo.
Odoltza (an, np), masa de sangre.
Odoluri, roncha, sangre coagulada.
Odolustu (c...), desangrarse, sangrar.
Odolzale (c...), cruel, sanguinario.
Oe (c...), cama.
Oeratu (-s), encamarse
Oeti (np), enfermizo; dormilón.
Oetoki alcoba, dormitorio.

OI

Oezeru (-s) pabellós de la cama.
Ogi (c), pan.
Ogi-ardao (b), ogi-ardo (g), ligera refacción, comida ligera de funerales.
Ogibide, oficio, medio de subsistencia.
Ogi-kozkor (an, np), corteza de pan.
Oi (4), soler. Se une a las flexiones del verbo compuesto.
Oi (np), interjección de sorpresa.
Oi, encía; cama.
Oial (4), paño; mantillas de niño; (np), cuerpo, estampa de un animal o de un hombre.
Oialgile (g), oialgin (b), fabricante de paños.
Oian (an, g), oien (an, b), bosque, selva.
Oilagor (bc), becada, sorda.
Oilaki (c...), carne de gallina.
Oilanda (g, b), oilanda (l) (-s), polla.
Oilandaki (c...), carne de polla.
Oilandaŕautz, huevo del cual a pesar de la incubación no ha salido polluelo.
Oilar, oilar (c), gallo
Oilartu (c...), enorgullecerse, levantarse a mayores

OI

Oilasko (c...), pollo.
Oilaur (an, np), postillas, ampolas acuosas de la piel.
Oilo, oilo (c), gallina.
Oilokeri (c), cobardía.
Oiloki (c...), carne de gallina.
Oilo-loka (-l), gallina clueca.
Oilo-mika (np), gallina enferma.
Oilotu (c), acobardarse.
Oilo-zale (an), persona a quien gusta la gallina.
Oin (c), pie; pie del monte.
Oin, oiñ (gc), capital para emprender un negocio; ahora.
Oin-baŕu, salto cuya longitud se cuenta desde la punta de los pies, al arrancar hasta los talones en el punto de llegada.
Oinbide (-s), camino vecinal.
Oinbular (-s), empeine del pie.
Oinestu (np), descalzarse.
Oinetako, calzado (au). Se usa generalmente en plural.
Oingiro (an), estado del piso del camino.
Oinkada (np), paso.
Oinperatu (c...), poner bajo los pies; despreciar.
Oin-sabai (np), panta del pie.
Oiñastaŕi (np), relámpago.
Oiñaze (4), tormento.

OK

Oiñazetu (b, g), oinhazetu (l, s) (4), atormentar.
Oiñazpi (np), planta del pie; bajo el pie.
Oiñetxe, casa solariega.
Oiñezko (-s), peatón.
Oiñol (an), tabletas que, movidas por el pie, a manera de fuelles de harmonium, imprimen movimiento a la máqiuna de tejer.
Oiñordeko, heredero; sucesor.
Oiñoŕazi (np), parte del pie comprendida entre los dedos y el tarso.
Oiñ-ots (np), ruido de pies.
Oiñuts (-s), descalzo.
Oipe (np), bajo la cama.
Oitu (c), acostumbrarse.
Oitura (an, b, g), oikura (l) (-s), (-s), costumbre; hábito.
Oiturazko (np), habitual.
Oiu (b, l), oju (g) (-s) clamor.
Oiu egin (c...), clamar exclamar.
Ok, nosotros, vosotros (an). Se conoce el significado por el contexto.
Okaila (np), papo, papera, enfermedad de ovejas producida por un tumor maligno en la garganta.
Okaran (bc), ciruela (an).

OL

Okatu (np), empacharse de comida; darse por vencido, rendirse.

Ok egin (np), empacharse, ahitarse.

Okela, carne ordinaria que sirve de alimento.

Oker (-l), torcido; equivocado.

Okerka (np), tambaleando; al

Okertu (c...), torcerse; pervertirse.

Okertzaile (c...), torcedor, pervertidor.

Okereri (an), picardía.

Okil, picatronco.

Okozpeko (b), okozpiko (b), papada.

Ol (c...), tabla.

Ola, fábrica, (-l?), ferrería.

Olagaro, pulpo.

Olagizon (2c, an), ferrón, oficial de ferrería.

Olako (-s), así, de esa calidad.

Olata (an), pan ofrecido en la iglesia; cierto panecillo que se hace para los niños.

Olatu (np), ola.

Oles (2c), invocación.

Olesi, paliza, seto de palos

Olio (g, s), orio (b) (l), aceite.

Olo (c), avena · (c...), zurra.

Olodun (c...), cosa que tiene avena.

ON

Olo-gaizto, ballueca, avena loca.

Oltza (c), montón de tablas.

On (c...), bueno, provecho (c).

Ona (c...), bien, hacienda; provecho; bienestar, lo bueno, la hacienda, el provecho.

Ona, np), he aquí.

Onaurki, onaurki, las cosas provechosas.

On daizula (4), que te aproveche.

Ondagari (4), cosa que destruye.

Ondakin (-s), residuo; despojo; reliquia.

Ondamen (an), ruina, desolación.

Ondamendi (bc), perdición, ruina.

Ondamu, envidia.

Ondar (c), residuo, (c) heces, (c), borra del líquido, especialmente del café; (gc) arenar, playa.

Ondartu (c), tocar a su fin (hablando de rentas); gastarse un líquido, quedarse en las heces.

Ondartza (c), arenal, playa.

Ondasun (an), hacienda, bienes.

Ondasundun (np), propietario, hacendado

ON

Ondatu (c...), hundir; (-s), arruinar, (-s), perderse.

Ondatzaile (g, b), hondazale (l) (-s) (an), derrochador, arruinador, pródigo.

Ondeatu (gc), ahondar, cavar las tierras.

Ondo (c), fondo; (c...), árbol; c...), tronco; tierra; (-s), tierra segada de...; (c...), raíz.

Ondoan (c...), luego de.

Ondo-gabe (c...), sin fondo.

Ondoko (c), posterior; (c...) descendiente; (an) (fruta) caída.

Ondoratu (c...), irse a fondo; (c...), naufragar; (c...), hundirse; (c), aproximarse.

Ondore (-s), descendencia.

Ondoren, consecuencia; (an), a consecuencia, en pos.

Ondorengo (an, gc), descendiente.

Ondozko, planta joven.

Ondu (c), abonar tierras; (an), mejorar; (an), ponerse bien de salud; (2c), cubrir marcas o sobrepujar a otro en

Onean (bc), a buenas.

Onegi (c), demasiado bueno.

Onegin (c...), hacer beneficios, beneficiar; aprovechar.

ON

Onela (an, g), onelan (b), así, de esta manera.

Onelako (an), de esta clase; tal como éste).

Onen (c...), el mejor; (an), tan (como éste); (an) tal (como éste).

Onenbat (an), tanto.

Onenbeste (np), tanto como este.

Onenean (np), a lo mejor.

Onera (c), a lo bueno.

Onera egin, mejorar, pasar la crisis (hablando de los enfermos.

Ongari (c...), abono, (c...), estiércol; condimento, pepitoria.

Ongile, (np), bienhechor.

Oniritxi (np), cariño, agrado.

On-izan (c...), ser bueno; agradar, gustar.

Ontza (-s), pulgada; (4), onza; (an, gc), lechuza.

Ontzako (np), onza de oro, moneda de diez y seis (an) duros.

Ontzat emon (np), aprobar.

Ontzi (c...), buque; receptáculo, vaso (an).

Ontzigin, constructor de buques.

Ontzitegi, astillero, lugar de

construcción de buques.
Opa (gc, an), ofrecer.
Opa izan, desear.
Opari (np), regalo.
Oparo (2c), con abundancia, con afluencia; francamente.
Opatu (-s), desear.
Opatsu, franco, abundante.
Opatxur (bc), azuela, herramienta de carpintería.
Opil (-s), torta de maíz; prensa del lagar; (np), quicio de la puerta, hueco en que entra el espigón del quicial, (np), hueco en que se ajusta el eje del molino.
Opor (-s), día de vacación, de reposo, aunque no sea de fiesta.
Orai (-b), orain (2c), an) (4), ahora.
Oraiko (-b), oraingo (b), actual; para ahora.
Oraindiño (b), oraindaño (g), todavía.
Orañago (np), o más recientemente.
Oraldi (bc, an) amasamiento.
Oramai (b, l), oremai (g) (-s), artesa.
Orapilo (g, b), orapilo (s) (-l), nudo.
Orapilotu (c...), anudar.

Oratu (-s), amasar; (np), agarrar; (an), llenarse de engrudo y masa las piedras del molino, por húmedo el grano que se muele.
Oratzar (np), masa grande.
Orbel (-s), hoja caída; seroja; hojarasca (an).
Ordain (c...) sustituto; (an, gc) "equivalente", ya se trate de un bien, en cuyo caso es remuneración; ya se trate de un mal, en cuyo caso es castigo (an, np), satisfacción; (np), pago.
Ordaindu, pagar; (an), compensar.
Ordainetan, ceder en cambio, a a trueque; trabajar ayudándose mutuamente.
Ordea, orden sagrada, como la de los sacerdotes, diáconos, etcétera.
Ordendu (an), ordenarse de presbítero, diácono, etc.
Ordez (an), en vez de, en lugar de.
Ordezko (np), sustituto, vicegerente.
Ordi (4), borracho.
Ordikeri (c), borrachera, embriaguez.
Ordiputz (np), borrachón.

OR

Orditasun (c...), estado de embriaguez.
Ordozki (np), carne de verraco, de cerdo macho.
Ordu (c), hora; (an), se emplea en composición con el verbo infinitivo, significando "antes".
Orduan, (c), entonces; (c...) por consiguiente.
Orduantxe (-s), en aquel mismo momento.
Ordu bete (an), (np) una hora.
Ordu-erdi (c...), media hora.
Orduka (c...), por horas.
Orduko (c...), para cuando...; para entonces; de entonces.
Ordutik (c...), desde entonces.
Ore (4), masa.
Oregano, (np) orégano.
Orein (c...), ciervo; gamo.
Oreiñ, lunar.
Oreitz, calostro.
Oreka, equilibrio.
Orekan, estar en equilibrio sin adelantarse ni retrasarse, pero con cierto movimiento. Se dice de las lanchas, vulgarmente estar a la rema.
Orekari, remero que mantiene una lancha en equilibrio para que no le arrastre la corriente mientras la pesca.

OR

Oremai (gc), artesa.
Ori, (4) ese, esa, eso; (c...) amarillo.
Ori-goŕi, (2c) bermejo; (np) cosa de colores separados, amarilo y rojo.
Oritasun (c...), amarillez ictericia.
Oritu (c...), amarillear.
Ori-urdin (np), verde.
Orixe (c...), ese mismo.
Orkatila (bc), tobillo.
Orkatx, horquila pequeña de dos púas.
Orko (4), de ahí mismo.
Orkoxe (np), de ahí mismo.
Ormasoi (g), ormasoin (b), abrigo, refugio junto a una pared.
Orni (an), hecha o puesta del juego, tanto de dinero que se atraviesa.
Ornigaŕi (np), parte alícuota.
Ornitu (an g, l), ,ornidu (b) (-s), proveer.
Ororen (c...), de todos.
Orpaziri, cuñas adheridas al carro por debajo.
Orpo, talón; (bc) quicio de una puerta o ventana.
Ortik (4), desde ahí.
Ortxe (4), ahí mismo.

OS

Ortz, (c) púa por ej. del carro; (4) diente.

Oŕa, (4) helo ahí; (bc) ahí, a ese (lugar).

Oŕagiño (bc), hasta ahí.

Oŕako (bc), para ahí.

Oŕatz, (c...) aguja, (-s) germen; (np) alfiler.

Oŕazi, (c...) peine; (c...) agujas del telar y del carro; (2c) empeine del pie.

Oŕaztoki (-s), alfiletero.

Oŕek (an), ese (activo).

Oŕela (g, l), oŕelan (b) (-s), de ese modo.

Oŕelako (-s), de esa clase.

Oŕen (an), tan... como ese.

Oŕenbat (-s), tanto como ese, una cosa así.

Oŕenbeste, una cantidad como esa, tanto.

Oŕi (an), a ese (np).

Oŕikara, tiemblo.

Oŕoaka (an) rugiendo.

Oŕoe (np), bramido, rugido.

Oŕoeka, rugiendo (np).

Oŕoi, bramido, rugido.

Oŕon (np), errante.

Osabedar (b), osabelar (g), hierbas medicinales.

Osasun (-s), salud.

Osasundun (-s), sano, que tiene buena salud.

OT

Osasuntsu (bc), persona sana; lugar saludable.

Osatu (g, l), osotu (b) (-s), completar.

Osin, orina.

Oska (np), haciendo ruido.

Osotu, restituir lo hurtado; reparar el daño.

Ostalari (an), posadero, mesonero. Igualmente llaman muchos al huésped.

Ostarte, ratos en que el sol sale por entre las nubes.

Ostatari, huésped; fondista, hospedero (an).

Ostatu (c), posada, fonda.

Ostera ta ostera (bc), una y otra vez.

Ostikari (c), acoceador

Ostiko, (c) calcañar; (bc) puntal, contrafuerte.

Ostikoka (c), coceando, a coces.

Ostikopetu (an), poner bajo los pies, acocear.

Ostrailaka (an, g), ostraku (b), arco iris.

Ostu (bc), robar.

Ostugel, correa para coser la abarca.

Ota (bc), paraje en que se recogen las gallinas, percha en que posan.

Otabar (-l), resvluos de árgoma.
Otadi b, g), othardi (l) (-s), argomal.
Ota-joiki, pala con boca fuerte de hierro para majar árgoma.
Otaska (-s), **tabla o mesa** donde se maja la árgoma.
Ota-txori, collalba, pajarito que anda de punta en punta de arbustos.
Ote (-b), ete (b) (4), quizás; ete (-b), ota (b) (4), árgoma.
Ote-txori (g, l), ote-xori (s), ota-txori (b, g) (4), collalba, pajarito que posa siempre en las puntas de arbustos, bastante menor que la curuja.
Oto, oto (-s), tío (voc, puer.).
Otorde, a trueque de pan.
Otordu (an), hora de comer; comida en general.
Ots (c), sonido; ruido; fama.
Otsail (-s), febrero.
Ots egin, llamar.
Otseme (c), loba.
Otseŕi (c), país de lobos.
Otsil (4), febrero.
Otso (c), lobo.
Otsoko (c), lobezno.

Otsokume (-s), lobezno.
Otz (4), frío.
Otzan, manso.
Otz izan, (np) tener frío.
Ozbera (-s), friolero.
Ozberatu (-s), volverse friolero.
Ozbero, tercianas.
Ozka, (4) muesca, (4) mella; (4) dentera; grada, escalera de pelo mal cortado.
Ozkarbi, (np) cielo sereno.
Ozkil, (bc), enclenque: friático; persona apocada.
Ozkor (an), friático, persona friolera.
Ozpin (c...), vinagre.
Ozpindu (c...), avinagrarse.
Ozpintsu (c...), cosa muy avinagrada.
Ozta (an), apenas; escasamente.
Ozta-oztan (np), a duras penas.
Oztargi (an), claridad del cielo.
Oztarte (an), momentos de despejo y serenidad en día de lluvia.
Oztasun (an), frialdad.
Oztu (c), enfriar.

Voces no comunes a los dialectos bizkaino y guipuzkoano que se usan en tres dialectos.

O

OA

Oartu (-g), caer en la cuenta.
Obeki (-b), mejor (adverbio).
Odolki (-b), morcilla.
Odoluri (-b), cardenal.
Olako (-b), fulano.
Ortz-agin (-b), dientes y muelas.
Oŕaze (-b), panal de miel.

OZ

Osatu (-b), castrar.
Osto (-b), hoja.
Ote (-b), quizás, si.
Ots (-b), ¡ea!
Ozen (-b), sonoro.
Ozkitu (-b), producirse dentera.

Suplemento de voces no comunes

O

OA

Oazare (neol. Db), hamaca.
Oe-azalak (b, Db), las cubiertas de la cama.
Ogerleko (b), duro.
Ogigin (b), panadero.
Oial, paño; mantilla de iglesia (b?)
Oiñestu (b), relámpago.
Oiñetakoak, calzado.
Okaran (an, b), ciruelo.
Okin (g), panadero.
Okotz, barba, barbilla (la).
Onbide (neol. ?), virtud.
Ondamu, envidia.
Ondoko (an, g), próximo.
Onil, embudo.
Onki (b), postre.
Ontza (g), buho.

OS

Orban (b), cicatriz.
Orbain (bn, s), cicatriz.
Ordu-erdi, media hora.
Ordu-laurden (g, an), cuarto de hora.
Ordu-lauren (b), cuarto de hora.
Orduterdi, hora y media.
Ori (an, g), macilento.
Orma, pared.
Ormaiñ (g), cicatriz.
Ormaza b, Db), mandíbula.
Ortu (b), huerto.
Ortuari (b), hortaliza.
Ortulau (b), hortelano.
Osaba, tío.
Osabide (b, g?), método curativo.
Ostegun (an, g), jueves.

OTZ

Ostegun gizen (gp), jueves lardero.
Otz-ikara (g), calofrío.

OZ

Ozka (g), dentellada.
Ozka egin (g), morder.
Ozkirio (b), calofrío.

P

PA

Pa (c), beso (voc. puer.).
Pagadi (np), hayedo.
Pagatxa (c...), bellota de hayas, fabuco.
Pagatu (c...), pagar.
Pagatzaile (c...), pagador.
Pago (an), haya.
Pago-ezkur (-s), bellota de haya, fabuco.
Pago-lantzaka (g), pago-laun (b), haya bravía, no podada.
Pagondo (an), planta de haya.
Pagotxa (gc), trébol encarnado, hierba de hermosa flor.
Paitar (np), aguardiente u otro licor fuerte.
Pala, pala de anzuelo; pala, utensilio de artesanos; (np), pala para jugar a la pelota.
Palada, brazada, juego de brazos que hace el nadador.
Palagu (np), halago.
Palanka, palanca, barra de hierro.
Palari (as), jugador de pala a la pelota.

PA

Palast (-s), onomat. del ruido de líquidos que se mueven dentro de una vasija.
Palast egin (an), chapotear, caerse un líquido en una vasija casi llena.
Pamerial (np), encanto, hechizo. Se usa en plural.
Panel (np), panal, tablas móviles con que se entarima la lancha.
Panpareri (an), fanfarronería.
Papa (bc), pan de maíz o de trigo. (Voc. puer.)
Papar (bc), pecho o más bien su parte alta.
Papo, carrillo, mejilla.
Papera (-s), papel.
Para (-s), papel.
Parapardi (b), papardin (g), molleja.
Pardel (g, b), fardel; (-l) (4), maleta; (-), persona desaseada. Algunos extienden su significación hasta el descoco.

PA

Pare (c), par, dos; (c...), par, frente; pala.
Paregabe (c...), sin igual.
Paregabeko (c...), sin igual.
Paret, se dice de una pelota que antes de llegar al suelo da contra la pared lateral del frontón.
Parkamen (np), indulgencia.
Parkatu (b), barkatu (-b) (4), perdonar.
Partz (, l), bartz (b) (-s), liendre.
Paŕa, parra.
Paŕa-paŕa, con franqueza, sin ceremonias.
Paŕe, risa.
Pasko, pascua.
Pasmo-bedar (b), pasmo-belar (an, g), cierta hierba medicinal parecida a la malva.
Paso (c...), palabra del juego del *mus* y de la pelota.
Patatx (np), patache, cierta embarcación.
Pato (np), hechizo, habilidad inexplicable.
Pats (as), orujo de manzana.
Patxi (bc), Francisco
Patxada (4), cachaza, pachorra.
Paztanga (bc), pez semejante a la raya, más dañino, siendo

PE

muy dura la espina de su aleta caudal; vulg., chuchu.
Pe (c), bajo.
Peka (2c), peca.
Pekatu (np), pecado.
Peko (an), cuidado, cargo.
Pekorotz (np), fiemo, boñiga.
Pelote (-l), pilota (l) (4), pelota.
Pelotaka, a pelota (jugar).
Pelotaleku (np), frontón en que se juega a la pelota.
Pelotari (np), jugador de pelota.
Pelotatoki (np), frontón en que se juega a la pelota.
Pen (c), sufijo de acción.
Pendiz (np), cuesta pendiente.
Perkain, huraño.
Perkatx, persona esbelta, diligente, cuidadosa. En (an) Perkax, diligente, cuidadoso, hacendoso.
Peŕa (np), herradura.
Peŕatzaile (np), herrador.
Peŕesil (np), perejil.
Peŕetxiko (an, 2c), seta.
Pertika (an), lanza del carro, vara.
Petral (gc), badulaque, revoltoso; lenguaraz.

PI

Pika (gc), cuesta muy pendiente. *Pikan gora* (ir cuesta arriba.

Pikain (l), bikain (b, g) (-s), excelente.

Pikarderi (bc), muchedumbre, número exorbitante.

Pikari, hilo de zapatero.

Pikatxa, menudillos asaduras.

Pike (c...), pez, substancia resinosa.

Piko (4), higo.

Pikoka (an), a picotazos (lucha de pájaros).

Pikor (gc), acritud de garganta.

Pilist-palast (an, 2c), onomat. del movimiento del agua al conducirla en la herrada.

Pil-pil (c), ruido de ebullición superficial.

Pilpil-egin (n), hervir suavemente.

Pilpilka (np), hirviendo suavemente.

Pila, bulto, tamaño. *Daukan pilan, ori, txal ori, lodi dago*: par el bulto que tiene ese, ese ternero, está gordo.

Pilari (-s), oficial de tejero encargado de extender el barro y ponerlo en manos del portador.

PI

Pilatu (an), amontonar, apilar.

Pilo (an, 2c), mostón; porción.

Piloka, montoncito.

Pilotu (bc), piloto.

Pio (an, 2c), onomat. del piar de los pollelos.

Pipa (c...), tonel, pipa; (c), pipa de fumar.

Piper (-l), pimiento.

Piper andi, pimiento morrón.

Piper baltz (b), piper beltz (g), piper beltx (an), pimienta.

Piper-min (2c), guindilla, pimiento picante.

Piper-moro (an, gc), piper-motro (b), pimiento morrón.

Pipi (an), gallo, gallina y toda enfermedad que da a las gallinas en la lengua, y es un tumorcillo que no las deja cacarear.

Pipol (gc), duela.

clase de aves.

Pipil, botón, capullo de las flores.

Pipita (c...), pepita, enferme-
Pipontzi (2c), tabaquera.

Pisti (bicho, alimaña).

Pisu (-s), peso.

Pita (an), pita.

Pitin, un poco.

Pitoxa (g), pitotxa (g) (4), marta, veso.

PL

Pitxar (-s), jarro, azumbre.

Pitxi (an, 2c), dije, objeto de adorno; (-s), lindo (voc. puer.).

Pitxin (np), poquito.

Pitxitu (an), adornar, componerse.

Pizka (-s), cosa menuda.

Pizkin, poquito, bledo

Piztia (np), alimaña, bicho.

Pizu (b), pijo o piju (gc), hábil.

Plast (-s), zas (onomat. de bofetada, de la caída a un pozo o lodazal.

Plastada (-s), bofetada.

Plater (-s), plato.

Platusa (b, g), platuxa (l) (-s), platija, un pez de mar.

Plaust (bc), crac. onomat. del estallido de un objeto; pum, onomat. de la caída de un objeto pesado.

Plaza (c), plaza, lugar ancho y espacioso dentro del poblado.

Plazari, amasador y acomodador en las tejerías.

Pleit (2c), flete.

Pleitero (np), buque fletero, lanchón de cabotaje.

Plen (2c), colmado.

PO

Plost (g), plot (b), variación de *plaust.*

Podaza, hoz.

Polit (-b), polit (b) (4), lino, bonito.

Politasun (-b), politasun (b, g) (4), gracia, donaire.

Politu (-b), politu (b, g), embellecerse.

Popa (c), sopa (voc. puer.; (np), popa del buque *Popa*-rea[n] dauko aizea (2c): el viento tiene por la popa.

Portu (c), puerto de mar.

Póru (c), puerro.

Pospolin (an, 2c), codorniz (onomat.).

Pot (gc), rendimiento de cansancio.

Pot egin, detenerse en el trabajo por no poder seguir a falta de fuerza.

Potin (np), lancha de mediana largura, menor que la trainera.

Potiz, botijo.

Poto (sp), desfallecimiento.

Potor, cuenco con mango.

Pots, potx, voz con que se llama al burro pequeño.

Potxa, jibia, pez se parece al calamar.

PR

Potxera, cuerdita como de palmo y medio de largo. Se usan ciento o más de ellas en cada aparejo para pescar besugo; vul. currincanillo, pochera.

Potzolo (-s), rechoncho, regordete.

Potzu (gc), pímpido, pez muy parecido a la mielga y cuya carne es de mejor gusto que la de ésta.

Poz (an, g, b), boz (l), botz (s) (4), regocijo, alegría.

Pozadera (gc), cisterna artificial.

Pozgañi (g, b), bozgañi (l), (-s) motivo de consuelo; (-s), consolador; estímulo, aliciente; consuelo; agradable, consolador.

Pozik (an), costento, alegre.

Poztu (c...), alegŕarse.

Pozu, pozo.

Praka (bc), pantalón.

Praka-goñi (np), diablo; miquelete.

Prantzes (c...), francés. Se usa en general para indicar la procedencia extraña de ciertos vegetales.

PU

Premia (g, l), premiña (b) (-s), necesidad.

Presa (an), presa.

Presondegi (-s), cárcel.

Prest (c), presto, dispuesto, alerta.

Prestaera (an), disposición, preparativo.

Prestasun (c...), probidad, rectitud de costumbrese; prudencia.

Prestatu (c...), prestatu (b) (c...), disponer; estar presto.

Prestatzaile (c...), prestamista.

Prestu (c...), noble, recto.

Prestutasun (c...), sobleza, hombría de bien.

Printza, rajita de leña.

Printzatu (gc), hender, rajar.

Printzel (an), mujer.

Prizkin, pingajo.

Pu (4), puf!. Interjección que expresa asco.

Pultso (an, np), pulso.

Punta (c...), punta; vértice; cumbre.

Puntzet (np), estoque.

Pupu (an), dolor.

Puŕan (an), (sembrar) a pulso.

Puŕust (an, 2c), mofa.

Puŕustada, mofa, refunfuño.

PU

Puŕustadan (bc), refunfuñando.
Puŕust egin (an, np), mofarse.
Puŕustaka (-s), refunfuñando.
Puska, (-s), pedazo; (-s) enseres; (-s) objetos; (c...) momento.
Pusketa, casco, pedazo
Puta (c), puta, ramera.

PU

Putz (c...), soplo.
Putz egin (c...), soplar.
Putzu-zulo (c...), agujero del pozo.
Putxa (an), cuajada.
Puxka (c...), pedacito parcela.
Puzka (c...), soplando.
Puztu, hinchar, inflarse; envanecerse, ensoberbecerse.

Voces no comunes a los dialectos bizkaino y guipuzkoano que se usan en tres dialectos.

P

PE

Pertola (-b), butrino.
Petxa (-g), tributo, impuesto.
Pinta (-b), pinta, media azumbre; litro.
Piper egin (-b), faltar a la escuela, hacer calva a la escuela.
Pis egin (-b), orinar.
Pix (-b), orina.
Poliki (-b), lindamente; despacio, poco a poco.

PU

Portitz (g), bortitz (l, s) (-b), duro, fuerte.
Poŕokatu (-b), desmenuzar, despedazar.
Poŕoskatu (-g), desgarrar violentamente, maltratar.
Primu (s, g), premu (l) (-b), heredero.
Primutu (s, g), premutu (l) (-b), instituir heredero a alguien.
Puŕustaka (-b), refunfuñando.

Suplemento de voces no comunes.

Z

PA

Palankari, jugador de barra.
Papar, pechera.
Pareta (an, g), pared.

PE

Paŕe, risa.
Pedaŕa (an), herrada.
Peseta, peseta.

PI

Pertz (g), caldera.
Petral (g), extremo bajo del pantalón, saya, etc.
Pitxerdi (g), media azumbre.
Pixontzi (an), vejiga.
Piztu (an, g), encender

PU

Plautiri (b?, Db), fístula.
Potxolo (an, g), gordinflón.
Prejitu, freir.
Prestasun, rectitud de costumbres.
Puxika (b), vejiga.

R

-RA

-Ra (c), s u f i j o directivo: *etxera*, a casa. *-Ra* (c), infijo que significa "obligar" y forma lo que algunos llaman verbos dobles: v. g., *egin -era-gin*, obligar.
-Raiño (-s), hasta (con nombres locales).
-Rako (c...), para.
-Ratu (c), venir, ir a etxera- *tu*, ir o venir a casa.

-RO

-Re (c), sufijo posesivo de los pronombres *i, zu, ni, gu* (*gure, zure, etc.*).
-Retzat (c), destinativo personal de los pronombres *ni, gu, i, zu,* que significa *para.*
-Ro (c), sufijo modal: *bariro*, nuevamente.
-Rontz (an, g), *-runtz* (g, b), hacia.

S

SA

Saale, heno, comida del ganado vacuno.
Sabar (an), abandonado, hombre distraído en sus quehaceres y, por lo mismo, "flojo y "tardío".
Sabel (c), seno en sentido de vientre.
Sabelaldi (an), parto, camada.

SA

Sabelbera (b, arc?, gc), propenso a la diarrea.
Sabelbete (gc), tripada, hartazgo.
Sabelbetekada (np), tripada.
Sabel-katigu (np), (estar) encinta.
Sabelkoi (-s), gastrónomo, glotón.

SA

Sabeloi (-s), costra que los niños infantes tienen en la cabeza.

Sabel-oŕo (an, -s), borborigmo,

Sabel-zoúi (-s), hambre.

Sabel-zoŕi (-s), hambre.

Sabi (2c), conjunto de raíces muy delgadas de árbol; (an) almáciga, vivero muy tierno; pez insípido muy parecido al besugo, mayor y de mucha escama.

Sabitegi, almáciga, plantío de flores o de árboles tiernos.

Sabu (np), columpio; balanceo.

Sagada, consagración, el alzar en la santa misa.

Sagar (c), manzana.

Sagara (-z), consagración, el alzar de la misa.

Sagardi (-s), manzanal.

Sagardo (l, g), sagar-ardo (s), sagardao (b), (4), sidra.

Sagar-makatz (2c), manzana bravía, pequeña.

Sagaŕondo (-l), manzano.

Sagasti (an, 2c), manzanal.

Sagats (an), sauce.

Sagu, (c) ratón; (an) glándulas, paperas.

SA

Sagu-txori (an), trepatroncos (pájaro).

Saguzar (an), murciélago.

Sai (-l), buitre.

Saiakera (an), ensayo.

Saial, estampa o corpulencia del asimal.

Saiatu (an), (np) ensayar; procurar.

Saiespe (an), hipocondrio (np).

Saiest (4), lado, costado.

Saiets-ezur (g, l), saiets-azur saihets-hezür (s) (4), costilla.

Sail (4), tarea que debe hacerse en tiempo determinado.

Sailean (c), en continuidad; sin interrupción y con abundancia; formando masa.

Sain, saiñ, grasa de peces.

Saio (an), esfuerzo, prueba, ensayo.

Sakabanatu (an), esparcir, diseminar.

Sakape, refugio bajo el alero de un tejado.

Sakel (an), faltriquera, bolsillo; (gc) (término popular), estómago.

Sakeleratu (g, b), sakelaratu, (l) (4), embolsar.

SA

Sakil, miembro viril.
Sakilo, gallina de mar.
Sakon (2c), profundo; (bc), cóncavo.
Sakondu (np), profundizar.
Sakristau (...), sacristán.
Salabardo (-s), redeño, bolsa cónica, pendiente de la punta de un palo, utensilio de pescadores.
Salatari (4), fiscal, acusador.
Salati (-s), acusador.
Salatu (c), acusar, denunciar.
Salatzale (an, g, b), salhatzale (s) (-l), acusador.
Salatze (c...), acusación.
Salbeo (gc), traquino, pez de carne fina y sabrosa, con aleta venenosa.
Salbide (-s), demanda de mercancías: despacho o venta de géneros.
Saldu (c), vender; (c?), hacer traición.
Saldu-erosi (an), comerciar; comercio, compraventa.
Salerosi (c), traficar, comerciar; tráfico, comercio.
Salerosle (c), comerciante, tra-
Saleroste (an), (sp), comercio, compraventa.

SA

Saletxe (an), (np), redil, casa de animales.
Salgai (g, l), salgei (b) (-s), objeto de venta.
Salmenta (an), venta.
Salmer, estribo de un puente.
Salmiztu, atarazar las castañas para evitar su explosión al asarlas.
Salo, glotón.
Salokeri, glotonería.
Saltoka (an), saltando
Saltokari (an), saltarín
Saltzaile (g, b), satzale (s) (-l), vendedor.
Saltze (c), venta.
Salutadore (4), se llama así al séptimo hijo varón de una familia, porque se le atribuye la virtud de curar.
Samur (bc), brizna, mota; (np), un poco, algo. En esta acepción equivale a una de las muchas partículas diminutivas de la lengua; capa o tela de lluvia en las tierras.
Samin (4), amargo.
Samindu (4), agriar, hacerse picante.
Samur (-s), tierno.
Samurkor (-s), propenso a la ternura.

SA

Samurtasun (-s), ternura.
Samurtu (-s), enternecerse.
Samuŕaldi (-s), rato de ternura.
San, san, santo.
Sandia (an), mengano.
Santa (an), santa.
Sapa (bc), greñas. Algunos llaman también así a la cabellera; un pececillo de entre peñas; se pega a la roca por una sustancia del vientre, no se come; vulg., sapo.
Sapaburu (bc), renacuajo.
Sapar (an, 2c), cerón, escarzo, residuo, escoria o heces de los panales de cera.
Sapatsu (an), (np), de mucho pelo.
Sapedar (b), sapelar (g, l) (-s), pamplina, hierba del género "stearia".
Sapelaitz (b), sapelatz (g), galfarro, ave de rapiña.
Sapin, lino de inferior calidad.
Sapindu, majar el lino.
Sapo (2c), sapo, escuarzo.
Sapokeri (np), ruindad, vileza.
Sapoztu, incomodarse; amohinarse; repudiar, abandonar las aves el nido antes de la procreación.

SA

Saputz (np), esquivez, terquedad; huraño, recalcitrante.
Saputzaldi, acceso de mal humor; (an), temporada de murria (np).
Sapuzka (np), poniéndose huraño, resistiendo.
Sapuzkeri (np), amorramiento, esquivez.
Sapuztu (an), esquivarse, amohinarse.
Sar (an, 2c), escoria de hierro.
Sarale, heno, comida de ganado.
Sarats (g, b), sahats (l) (-s), sauce.
Sarda (b), sarde (-b), rastro.
Sardai, vara, palo, pértiga que se usa para derribar castañas.
Sare (c), red.
Sare-mutur (np), gratil, uno de los extremos de la red.
Saretu (an), abrirse o deshilarse el paño, de modo que sea difícil el zurcir.
Sargori (an), bochorno; calor pesado y molesto.
Sari (c), premio; pago; importe.
Saristatu (-s), pagar; premiar.
Saritako (c...), para premio.
Sarkor (c...), penetrante.

SA

Sarkortasun (c...), penetrabilidad.
Sarobe, lugar resguardado, abrigado; jaro grande.
Saroi (an), granja con cuadra abajo y depósito de forraje arriba.
Sartagiñ (np), sartén.
Sartalde (np), occidente.
Sarats (b), onomat. de la incisión, rasgueo.
Sarastada, rasgueo; incisión.
Sari (bc), muchas veces, con frecuencia.
Saritan, muchas veces.
Sasi (-s), zarza.
Sasi-argin (np), pseudo-cantero, hombre que se dedica a labrar piedra sin suficiente aprendizaje.
Sasi-arotz, pseudo-carpintero, obrero que se dedica a este oficio sin la suficiente preparación.
Sasi-burduntzi, comida que se guisa y se despacha en el campo.
Sasiko, hijo natural, vulg., jariego.
Sasikume (gc), hijo natural.
Sasilar (an), abrojo.
Sasimats (np), labrusca, vid silvestre.

SE

Sasoi (b, g), sasoin (l) (-s), sazón, época.
Sast (an, bc), onomat. de la introducción de un objeto en otro.
Sastada (an), punzada.
Sastrapa (an), maleza, matorral.
Satandera, comadreja.
Sator (-s), topo.
Sator-pilo (bc), topera, agujero que hacen los topos.
Saunka (an, 2c), ladrido.
Sega (c...), guadaña, dalla.
Segari (an, gc), segador.
Segur (g, l), seguru (-l) (4), seguro.
Segurantza (-s), seguridad.
Sei (c), seis.
Seiko (c...), el seis de la baraja.
Seiña (an), seis a cada uno.
Seira (c...), a seis (jugar).
Seireun (np), seiscientos.
Sekula (-l), jamás (afirmativo y negativo).
Sekulako (an), para siempre.
Seme (c), hijo.
Seme-alabak (c), los hijos.
Semeorde (np), hijastro.
Semetasun (c...), filiación.
Senar (c), marido.
Senardun (c), mujer casada.

SI

Senargai (g, l), senargeei (b, s) (4), novio.
Sendagañi (-s), remedio
Sendatu (c), sanar.
Sendatzaile (-s), médico.
Sendatze (c...), curación.
Sendo (an), fuerte, firme; mucho, en abundancia (np).
Sendogañi (s), sendagañi (-s) (4), remedio.
Sendotasun (-s), fortaleza, firmeza, robustez.
Seniparte (np), herencia.
Sentikor (-s), hombre sensible, delicado de carácter, puntilloso.
Serbitzari, servidor.
Serora (an), soltera que sirve en la iglesia.
Seña, rebanada.
Señauts (np), serrín.
Seska (-s), cañas de carrizo, caña en general.
Seta (c), carácter; (c), índole; (-s), obstinación; (-s), constancia; (-s), porfía.
Setati (-s), obstinado, terco, pertinaz.
Setatu (-s), obstinarse.
Setatsu (an), tenaz y de mucho carácter, más bien que porfiado y terco.
Silu (n), sello.

SO

Single, frágil, de poca consistencia. Var. de *Siñgil*.
Sinisgaitz (g), sinisgatx (b), increíble.
Siñisgañi, argumento, prueba; testimonio; hombre q u e merece credito.
Siñisgogortasun (np), incredulidad.
Siñiskera, fe; creencia.
Siñiskor (np), crédulo, demasiado confiado.
Siñismen (np), creencia.
Siñispera, crédulo.
Siñiste, fe, confianza.
Siñistu (an, np), creer, confiar.
Siñu (np), mueca, burla.
Sirga (2c), sirga.
Sisibasa (gc), sisipasa (b), cecear, pronunciar con imperfección.
Sistrin (2c), raquítico; desmedrado.
Sits, bc), polilla; basura, estiércol.
Sko (c...), sufijo diminutivo.
So (an, voz con que se hace detener los animales de carga.
Soil (c...), mero; (c...), puro; (c), calvo; (c), raso; (c), pelado; (c...), triste; (c...), desolado.

SO

Soil-soilik (2c), pura y exclusivamente.

Soil-soilean (2c), pura y exclusivamente.

Soildu (np), desgajar ramas de un árbol o las ramitas de una mayor; ponerse calvo; quedarse vacío en el juego.

Soinkurutz (an), omoplato.

Soinu, soiñu (np), sonido; música.

Soiñ (-s), vestidura; (c). hombro; (c), cuerpo. Hoy muchísimos e dan el significado de cuerpo cuando se habla de vestidos.

Soiñeko (-s), vestidura.

Soiñulari (an), músico. instrumentista.

Soka (c), soga, cuerda

Sokalatz, cuerda de cerda.

Soki, terrón.

Sokote (np), cuerdas para sostener el mástil.

Soliman (an), solimán, sublimado corrosivo.

Sopa (np), sopa; rebotes que se hacen dar a una piedra en la superficie del río o del mar.

Sor (c), indolente, insensible, de poca actividad.

Sorba (an), montón de ciertas hierbas que se bendicen el día de San Juan y se queman cuando truena; lo que resta al cabo del año, es decir, la "sobra" sequema la víspera de San Juan.

SU

Sorbalda (c), hombro.

Sorburu (bc), espalda.

Sorgin (c...), bruja, hechicero.

Sorgin-aize, remolino de viento.

Sorginkeria (c...), brujería.

Sorta (-s), carga.

Sortu (c), nacer; (bc), adormecerse un miembro.

Soŕeri (an, np), apoplejía.

Sostropo, cepa, parte del tronco de cualquier árbol o planta, que está dentro de la tierra y unida a las raíces.

Sotiltasun (c...), mansedumbre, docilidad.

Sotil (-s), dócil; manso; muy formal y calmoso.

Sta (-s), sufijo diminutivo que se usa con determinado número de palabras.

Su (c), fuego; afán; entusiasmo; cólera.

Suangila (an), lagartija.

Suaŕi (4), pedernal.

SU

Sube (an), culebra.
Subil (2c), tronco junto al fuego.
Suburdiña (l, b), su-burni (g), morillo, caballete de hierro que sostiene a leña en el hogar (an).
Suburu (np), chimenea, parte superior del fogón.
Suduŕeko (c...), nasal.
Suelo (ac), techo.
Sugai (g, l), sugei (b, s) (4), combustible.
Sugamats planta que tiene una espina llena de granos rojos; sus hojas son buenas para curar diviesos; los jabalíes comen sus granos.
Sugelindara, lagartija.
Sugetzar (c...), serpiente, culebra grande.
Sui (g,), suhi (s), suin (b) (4), yerno.
Sukalde (-s), cocina.
Suldar (-s), granillos de la piel.
Sumako, badil, instrumento de hierro con que se remueven las brasas.

SU

Sumin, (-s) furor, saña; furioso, sañudo.
Sumindu (-s), encolerizarse; entumecerse los dedos por el frío.
Suminkoi, suminkor (-s), irascible.
Supaztar (b), supazter (l), subazter (g), (-s), junto al hogar.
Supitu, cosa repentina, improvisada, súbita.
Sur, (c), nariz.
Suraingiła (b), surangiła (an, g), lagartija.
Surtara, al fuego.
Susara (c), estado de celo de la vaca.
Susara-bero (-s), vaca que entra fácilmente en celo.
Susmo (np), recelo, sospecha.
Susno, emanación.
Sustrai, (an) raíz ;fundamento.
Sutegi (as), fragua.
Sutsu (bc), fogoso.
Sutu (an), encolerizarse.

Voces no comunes a los dialectos bizkaino y guipuzkoano que se usan en tres dialectos.

S

SA

Sabel-zoro (-b), panza.
Sai (-g), buitre; glotón.
Saka (-g), empuje.
Saratu (-g), rozar tierras.
Saski (-b), cesta.

SU

Sekale (l), zekale (g, s), (-b), centeno.
Soinburu (-g), espalda.
Sudur (-b), nariz.

Suplemento de voces no comunes

S

SA

Saiatu, esforzarse, ensayar.
Saiets-azur (b), costilla.
Saiets-ezur (an, g), costilla.
Saldutoki (g, Mend.), lugar de la venta.
Saltoki (b, Db), lugar de la venta.
Samako min (b), laringitis.
Santiratu (b), luxación.
Sare, red.
Sari, red.
Sasikoa, el ilegítimo.
Sasi-koipatsu (b?, Db), merienda de campo.
Seikoitz, séxtuple.
Seikotx, séxtuple.
Sein (b), infante o niño recién nacido.
Seiren, sexto, sexta parte.
Senar-emazteak, cónyuges.

SU

Sendatu (c...), curarse.
Siñiskortasun, credulidad.
Soil, calvo.
Solo (b), heredad.
Soro (an, g), heredad.
Su-ari (Db), cuarzo.
Subazter (an, b, g), hogar.
Suburdi (neol. Db), locomotora.
Suete (b), hogar.
Suil (g), herrada.
Sukar (an, g,), calentura.
Sumin, enardecimiento, cólera.
Sumu (b, Db), olfato.
Surmintz (b?, Db), membrana de las fosas nasales.
Sur-zapi (b, Db), moquero.
Sutarma (Db), arma de fuego.
Sutauts (Db), pólvora.

T

TA

-*Ta* (an), después de, habiendo; sufijo de infinitivo que es la misma conjunción *ta* empleada en el sentido indicado.

Tabako (c...), tabaco.

-*Tade* (np), derivativo abstracto parecido a *tasun*. Egitade, procedimiento.

Tai (bc), taju (gc), traza; porte, estado.

Takada (bc), golpecito.

Taka-taka (c...), andar poco a poco.

Taket, (2c) estaca; (np) estúpido.

-*Tako* (np), sufijo compuesto de -*ko*; equivale a *iko*.

-*Takoan,* sufijo de infinitivo que significa "al, despues de". *Egun batzuek igarotakoan*, después de pasar unos días. *Aratakoan ta unatakoan* (an).

Takoi (g, b) takoin (!) (-s), tacón.

Talaiero (2c), atalayero, vigía.

Talde, (an), gc gente, muchedumbre; (an) (np) rebaño, legión.

TA

Talo (-s), torta de maíz muy delgada.

-*Tan,* sufijo que, agregado a los numerales, de *bat* en adelante, indica "veces".

Tanbolin (bc), tamboril.

Tanbulet, pieza grande de madera que se emplea para sostener el mástil de las lanchas; vulg. tamborete.

Tangart (np), vulg. tangarte, balde, cubo de madera con un agarradero para sacar agua de las lanchas.

Tanta (an, bc), gota que cae.

Tantai (-s), árbol bravío.

Tantaka (an, np), goteando; gotera.

Tapa (-s), tapa.

Tapa-tapa (c), onomat. de la acción de andar a paso corto y ligero.

Tapatu (c), tapar.

-*Tar* (c), natural de, oriundo de.

-*Tara* (c), sufijo que significa "a": *onetara,* a esto.

Taraska (an, 2c), tarasca, mujer desenvuelta y mal conceptuada.

TE

Taratelu (l), taratulo (b, g), (-s), taladro, barrena grande.

Taratulo, t a l a d r o, barrena grande.

Tarin (np), tarín, verdecillo, cierto pájaro pequeño de pecho amarillento.

Tarte (an) (np), intervalo, coyuntura; resquicio.

Tarteka (an, np), por intervalos.

Tarat (c), onomat. del ruido de rasgar.

-*Tasun* (-s), sufijo que denota buena calidad.

Tati (c...), acto de ofrecer y no dar.

Tatxuela (aⁿ), pez grande, cuyo dorso parece estar tachonado.

Taun-taun, onomat. del ruido de un martillo (np).

Taup (np), onomat. que indica el ruido del corazón.

Taupada, latido del corazón.

-*Te* (c), sufijo de acción, época, temporada.

Te (c...), el té.

Tegi (-s), paraje cerrado y por lo general cubierto, en el que se cobija el ganado o se guarda alguna cosa.

TI

-*Tegi* (c), sufijo que significa depósito, almacén y también cuadra.

Teila, teiĺa (c), teja.

Teilaetxe (np), tejería.

Teilagin (-s), teilagile (l) (4), tejero.

Teilagintza (-s), tejería.

Teilatu (c...), tejado.

-*Teko* (c), de, para: *Etorteko*, para venir; que: *Etorteko*, que vengas.

Tema (c), tema, porfía; apuesta.

Temati (b, g), tematsu (s), (-l), obstinado; terco.

Ten egin (np), estirar.

Tentun, estabilidad.

-*Tera* (c), a: *Ikustera*, a ver.

-*Tetik* (c), de: *Ikustetik*, de ver.

-*Ti* (c), sufijo frecuentativo.

-*Tik* (c), de, desde: *Etxetik*, de casa, desde casa.

-*Tiko* (c), procedente de.

Tilin-tilin (an), onomat. del ruido de la campanilla.

Tinta (c), tinta.

Tintoleta (np), pez largo, de color del toⁿino, sabroso; vulg. tinturera, taulón.

Tiña (np), tinaja.

Tiñako (np), tinaja pequeña.

TO

Tipi-tapa (an), onomat. de la marcha a paso corto y ligero.

Tipula (-b), kipula (b) (4), cebolla.

Tira (c), ¡ea!; ¡vamos!

Tirabira (np), vuelco de lancha o de buque.

Tiraiña, corriente de los ríos.

Tiraka (an, 2c), tirando.

Tirakalari (an), animal que tira o arrastra bien.

Tirante (gc), cuerdas para atar las boyas de que dependen los aparejos de besugo.

Tiratu (c), tirar, estirar, tender.

Tiro (c), disparo, tiro.

Tiroka (c), a tiros.

Tiŕi-taŕa (an), onomat. del cuesco.

Tistil, gota.

Titare, dedal.

Titi, (-l), teta, mama; (an) leche materna.

Titimutur (-s), pezón de la ubre.

Toil (-s), tollo.

Toilo (an), grupo de cinco estrellas.

Toki (c), lugar; paraje.

Tolara, lagar.

TO

Tolestu (np), doblar, plegar; doble, no sincero.

Tolet, espiga que atraviesa la lanza del carro y sirve para fijar el yugo; escalmo, estaca a la que se fija el remo de las lanchas.

Toloztatu (g), toloztu (b), plegar.

Toloztura, pliegue.

Tonto (c...), estúpido, torpe, tonto.

Tontokeria (c...), tontería, estupidez.

Tontoki (c...), tontamente.

Tontor (-s), pináculo; prominencia; penacho de aves; colmado; tumor; chichón.

Tontotasun (c...), tontería, calidad de tonto.

Tontotu (c...), atontecerse.

Topatu (g, an), topau (b), encontrar, topar.

Tope (c...), testerada, tope.

Topeka, a topes; lucha de carneros, bueyes, vacas o toros.

Topez-tope (np), choque.

Tornu (c...), torno.

Tortika (-s), tanino, substancia astringente contenida principalmente en la corteza de algunos árboles; suciedad que se adhiere al que ordeña las

TR

vacas; (an, 2c), mugre de la ropa.

Toŕe (-l), torre; marro, juego de niños.

Toska (c...), caolín.

Tosta (2c), banco de la lancha.

Toto (2c), perro (voc. puer.).

Totolo (c...), gordinflón.

Totso, una de las dos mitades en que se divide la goa o masa de hierro fundido.

Toxa (c), tabaquera; bolsa de cuero adobado.

Traba (an), estorbo, impedimento, traba.

Tragatz, cuchilla para desmenuzar árgoma.

Traila, cuerdas de abarcas hecha de lana.

Traiñeru (bc), lancha trainera.

Tranga, tranca de puertas.

Trangaketa (np), operación de agramar el lino.

Trangatu (np), agramar el lino.

Trango, vaivén, sato que hace el carro a chocar con obstáculos.

Tranpa (np), trampa para coger pájaros; (an), engaño, jugarreta.

Tranpol (bc), agujero del piso superior por donde, sin necesidad de bajar a la cuadra, se echa la comida al pesebre del ganado.

Traol, cuadrilátero de madera en que se recoge el aparato para pescar merluza; vulgarmente, *Traule.*

Traskal (an), pelafustán, persona holgazana y pobretona.

Traskil (an), desarrapado.

Tratu (c...), trato, comercio.

Trebera (np), trébede, instrumento de tres pies que se pone al fuego para sostener una cazuela.

Tremes, comuña.

Tresna (c), instrumento, (c), utensilio.

Tretza (an), palangre, aparejo para pescar besugos.

Tretza-otař, cesta para conducir el palangre.

Tringu, compacto. Se dice del pan y de la tierra.

Trinka-trinka egin, oprimir, prensar mucho una cosa.

Trinkatu (-s), prensar.

Trinket (c...), trinquete, juego de pelota cerrado y cubierto; (np), trinquete. vela delantera de una lancha.

Txintxa (np), cincel.

TR

Tripa (2c), tripa, vientre.

Tripabaŕu (np), menudillo de peces.

Tripaki (2c, an), tripacallos.

Tripako min (an), dolores de vientre.

Tripala (np), dolores de vientre.

Tripa-oŕoa (an), borborigmo, ruido de tripas.

Tripa-zoŕi (gc), piojo del vientre, nombre aplicado al hambre.

Tripotx (-s), tripas de ovejas.

Troba, tonel u otro cargamento encontrado en el mar.

Tronpa (bc), pez grande negro, salta mucho; su aleta dorsal es como el codaste de la lancha.

Trozal, especie de dosel en el cual se fijan objetos piadosos, como el crucifijo, pila de agua bandita.

Truk (c), trueque, cambio.

Trukatu (g, l), trukau (b) (-s), cambiar.

Truk-egin (c...), cambiar.

TU

Truk-ekontza (an) (gc), casamiento doble de hermanos.

Trukumai (np), mesa de billar.

Trumon-adar, nubes grandes, muy duro, horadado al meblancas, de trueno.

Tu (c...), sufijo equivalente a "hacerse".

Tutulu (-s), la combinación de tres cartas iguales en el juego de la treinta y una, verbi gracia, tres seises, tres reyes.

Tuntuiz, boya que se emplea en la pesca del besugo para tener pendiente el aparejo.

Tuntun (-s), tamboril.

Tupa (an, 2c), cayuela, pizarra.

Tupaŕi (np), marga.

Turtakoi (g), turtukoi (b), turbina.

Tuta, tango, juguete de niños, vulg. cotán.

Tutu, ristra que se hace enlazando espigas desgranadas de maíz, cincuenta o más ano, (voc. puer.).

Tuturuta (b), tuturutu (an, g), corneta.

Voces no comunes a los dialectos bizkaino y guipuzkoano que se usan en tres dialectos.

T

TA

Taberna, taberna.
Tatalea (b), tartamudo.
Tenazak, tenazas.
Tanpa (-b), ¡pum! ruido de caída, golpe.
Tenore (-b), ocasión; tiempo; hora.
Tenorez (-b), a tiempo, a la hora justa.
Toka (-b), tuteando a un hombre.

TU

Trozatu (g, l), troxatu (l, s) (-b), envolver en pañales.
Turut (-g), repulsa.
Tenedorea, tenedor.
Tentel (b), sin fuste.
Topiña (b), marmita.
Totela (an, g), tartamudo.
Tristura, tristeza.
Tupia (g), marmita.
Tunbaga (b ? Db), anillo nupcial.

Suplemento de voces no comunes.

T

Taka (an), a paso corto.
Toko-toko (-g), pausadamente, a paso corto (voc. puer.).

Tuti (-b), de pie (voc. puer.).

TX

TXA

Txabalina (np), jabalina, cierta arma arrojadiza.
Txabila (gc), molinillo que se usa para retorcer el hilo; se mueve con las dos manos como el molinillo de la chocolatera (an).
Txabola (2c), choza.
Txakolin (2c), chacolí, vino del País Vasco.

TXA

Txakur (c...), perro.
Txakurkume, cachorro.
Txal (b, g), txahal (s), (-l), ternero, ternera.
Txaldan, memo, lelo.
Txaldankeri (np), memez, insustancialidad.
Txali, plato rústico de madera, palabra aplicable a todo plato.

TXA

Txalma (c), enjalma, albarda ligera.

Txalo (-s), aplauso.

Txaloka (an), aplaudiendo.

Txaltoki (np), establo.

Txaltsu (bc), vaca que produce muchas crías.

Txamaŕa, chaqueta de hombres.

Txamaŕeta (an), chaquetón.

Txanberga, boneta, cierta vela pequeña que se iza junto al trinquete.

Txanbolin (an), tamborilero. Se usa como apodo a todos los de su profesión.

Txanel, chanela, lancha de fondo plano y forma tosca.

Txanka (np), sota en el paipe.

Txano (-s), gorro cónico.

Txanpel, cuerda como de tres pies de largo, penúltima de las cuatro clases de cuerda, de que consta el aparejo para pescar merluzas; vulgarmente, socala.

Txanpon (np), tarja (moneda).

Txantel (b), txartel (an, g, b), cédula, billete.

Txantxa (an), chanza, broma.

Txantxangoŕi, petirrojo (pájaro).

TXA

Txapel (an, np), boina.

Txapin, escarpín, calzado interior, de estambre u otra materia para abrigo del pie.

Txar (-s), delicado, débil; defectuoso, malo.

Txara (an), jaral, sitio poblado de jaras.

Txaranbel (np), plato, antiguamente de madera.

Txardango, horcón de que se sirven los peescadores para sostener la traina: vulgarmente, charrango.

Txartel (an, g, b), txantel (b), cédula, bilete.

Txartel (bc), capisayo, blusa de lana en forma de dalmática.

Txaŕan, arado de cinco, siete o nueve púas.

Txaŕantza (an), carda para limpiar lino.

Txaŕantxatu (an), cardar lino.

Txaŕi-oroldi, alga marina que se da de comer a los cerdos; vulgarmente, caloca.

Txatar (np), hierro viejo, deshecho.

Txatxa (an), nodriza.

Txatxo (an), hombrecillo de poco fuste, chisgaravís, frívolo.

Txe (c...), sufijo intensivo de palabras demostrativas; significa "mismo".

Txelba (np), un pez, vulgarmente, urta.

Txepel, pusilánime.

Txepeldu, hacerse pusilánime.

Txepetx (an), reyezuelo (pajarillo).

Txerna (np), pez marino parecido al mero.

Txeŕen (-s), una clase de arado de tres púas; diablo: traidor, malvado.

Txcŕi (-b), txaŕi (b) (4). cerdo.

Txibistilo (g), txibistin (b), lazada.

Txibita, mayal, palo menor del trigo.

Txigol (np) (castaña), pilonga.

Txikar (bc), pequeño diminuto.

Txikerdi (np), medio chiquito, equivalente a un octavo de litro.

Txiki (an, b, g), tiki (l) (-s), pequeño.

Txikitan (bc), en la infancia.

Txikitatik (bc), desde la infancia.

Txikiteri (an), grupo de cosas pequeñas.

Txikitu (np), amenguar, bajar las aguas.

Txikizka (an), (vender) al por menor.

Txikol, erizo huero de castañas.

Txikot, soga.

Txilibitu (n), silbo.

Txilio (an, 2c), chillido.

Txilioŕa (an, np), chillando.

Txilipurdi (an), voltereta.

Txilipurdika, dar vueltas con la cabeza apoyada en el suelo.

Txima (gc), greña, cabellera revuelta y mal compuesta.

Tximiko (b, s), zimiko (l, g) (4), pellizco.

Tximista (np), relámpago.

Tximurtxi, pellizco, picadura.

Txinbo (np), depósito en la ferrería, por donde va el agua a la turbina paradera, puerta que se levanta para dar paso al agua del saetín; cilindro de madera muy duro, horadado al medio, de que se sirven los pescadores para cobrar la cuerda llamada *Txanpel*.

Txindoŕitu, entumecerse un miembro.

Txinduŕi (gc), hormiga.

TXI

Txinduŕi-pila (gc), txinduŕi--pilo (b), hormiguero.

Txinga, barredera, cierta red de rías.

Txingar, brasa; chispa.

Txingartu (np), abrasar.

Txingor (an), granizo menudo.

Txingura (b, g), txingure (an), yunque.

Txinpart, chispa de metal derretido; hombre de carácter vivo.

Txintxin (an), dinero, moneda.

Txintxiŕika (andar) sobre un pie.

Txintxiŕin, sonajero.

Txintxiŕinka (andar) sobre un pie.

Txintxon (np), lienzo muy ordinario.

Txio-kloka (np), piando.

Txipilipeta (b), txipilota (g), mariposa.

Txiribiri, viruta.

Txirikorda, sarta o ristra, por ejemplo, de cebollas, ajos.

Txiripiztin (an, gc), tipristin (b), salpicaduras (gotas de agua).

Txirla (bc), pechina, venera, concha semicircular de valvas, almeja.

TXI

Txirlo, bolo.

Txirta, residuo de piedrecilla en el calero.

Txirtxir, (np), ruido de ebullición en la sartén; (bc) picotear, hablar mucho.

Txirtxor (c...), onomat. de la acción de charlar.

Txiŕi, la gaviota más pequeña de nuestra costa.

Txiŕika, carreta grande en que se recoge la cuerda con que se marcan los troncos con que se han de aserrar.

Txiŕi-miŕi, trabajar con destreza.

Txiŕindola, argolla.

Txiŕipitin, renegado, puntilloso.

Txiŕist, onomat. del resbalón, acción y efecto de resbalar o resbalarse.

Txiŕistada (np), resbalón, deslizamiento.

Txiŕistaka (np), resbalando.

Txiŕist egin (np), resbalar.

Txiŕita, polea.

Txiŕitxa (an, g), txiŕitxiŕi (b), grillo (insecto).

Txispero, armero.

Txist (an), juego de naipes que consiste en decir *txist* cuando se recibe un "as", desa-

TXO

fiando a los demás jugadores a que acierten el palo a que pertenece.

Txistagari, chistoso, gracioso.

Txistor (np), hombre incapaz para la generación, impotente.

Txistu, (np), silbido; (np) silbato; saliva.

Txistu egin (np), silbar.

Txistuka (np), silbando.

Txistuki (np), rama con que se hacen silbatos.

Txistulari (sp), silbador.

Txistu-ontzi (np), escupidera.

Txist, mú, palabra.

Txita (bc, g), txitxa (s) (-s), pollito, polluelo.

Txitxaro (-s), turel, chicharro.

Txitezko (np), extraordinario; sobresaliente.

Txitxi, (4) carne o pescado (Voc. puer.); perro.

Txitxil, verga, miembro genital del hombre.

Txiz (bc), orina.

Txiztu, un pez, vulg. gayano.

Txo (an, gc), sufijo diminutivo.

Txoko (an), (bc) articulación; jibia, cierto pez parecido al calamar.

TXO

Txokolo, choclo, almadreña.

Txokor, tusa, zuro, espiga desgranada de maíz.

Txolin, hablador, charlatán; ligero de cascos, pelele (gc).

Txondar, pira de leña para hacer carbón.

Txondar-zulo, hueco es que se hace la carbonera.

Txondor (an), pira de leña para hacer carbón; futesa, cosa de ínfimo valor.

Txondor-zulo, hueco en que se hace la carbonera.

Txopa (an), popa de una embarcación; armario de la popa.

Txordo (bc), cornicerrado, cornigacho, animal que tiene los cuernos inclinados hacia abajo.

Txori, (as. -l) pájaro; escrúpulo.

Txori-bedar (b), txori-belar (g), cardo enano.

Txoriburu, casquivano, ligero de mollera.

Txori-intxaur (-s), nuez de corteza poco dura.

Txori-izugari, espantajo de pájaros.

Txori-mats (bc), labrusca, uva silvestre.

TXU

Txori-negar (b, g), txori-nigar (l) (-s), producto resinoso de los árboles.

Txori-zimaur, guano del Perú.

Txorta (gc), fajo, carguilla de helecho, de velas de resina.

Txotxakeri (2c), simpleza.

Txotxatu, aniñarse, chochear.

Txotxo (np), palabra con que se llama a los muchachitos.

Txotxolo (an, 2c), pobre hombre; inútil; lelo.

Txukun, limpio, aseado, pulido.

Txuringodol (np), almorranas.

TXU

Txuringa (gc), esfinter, anillo muscular del ano.

Txuŕunplaplin, trago de vino o de licor. Es muy trivial.

Txuxen (an), derecho, correcto.

Txutxumutxu (an, 2c), cuchicheando.

Txutxumutxu egin (an, np), cuchichear.

Txuixumutxuka (an, bc), cuchicheando.

Txutxuŕutxu, canto de los pollos.

Voces no comunes a los dialectos bizkaino y guipuzkoano que se usan en tres dialectos.

TX

TXI

Txira (-b), exutorio, fuente que da salida a los malos humores del cuerpo.

-Tzaile (-s), sufijo activo de verbos infinitivos derivados, v. g., *salbatzaile.*

-Tzaka (np), sin, sufijo derivativo de verbos. *Ezautzaka,* sin conocer.

TZA

-Tzar (c...), sufijo aumentativo que da generalmente a la palabra un sentido despreciativo.

-Tzat (c), sufijo que significa tener por, como *semetzat artu,* tomar por hijo.

-Tze (-b), sufijo de acción.

Suplemento de voces no comunes.

TX

TXA

Txairotasun (an, g), regarbo.
Txakur-aundi, moneda de diez céntimos.
Txakur-txiki, moneda de cinco céntimos.
Txalekua (an, g), chaleco.
Txamaŕa, zamarra.
Txamaŕote (b, Db), elástico de lana.
Txanbra, chambra.
Txanguŕu (g), cangrejo.

TXO

Txapelgin (g, Mend.), sombrerero.
Txapitela (an, b, g), guarda del tejado.
Txapitula (b), guarda del tejado.
Txertatu (an, gc), injertar.
Txiki, dos copas.
Tximizta, rayo.
Txopin-erdi (Db), un cuartillo.
Txorabio (g), desmayo.
Txota (b, Db), gorrillo.

U

U

U (an, gc), tate. Interjeción de repulsa.
Uate (np), compuertas de saetín o canal de molino.
Ubal (an), correa.
Ubel (c), cárdeno; amoratado; lívido.
Ubeldu (c...), volverse lívido, acardenalarse.
Ubeltasun (c...), lividez.
Uberuaga, sitio de agua caliente, manantial de aguas termales.
Uda (c), verano.

UG

Udabaŕi (b), udabeŕi (g), primavera.
Udaro (c...), época de verano.
Udasken (-s), otoño.
Uduri (l), iduri (b, g), (-s), cisco.
Ugal (b, g), uhal (l) (-s), correa.
Ugalde (np), ribera, junto al río.
Ugaldu, aumentar, multiplicar.
Ugaras (an), ribera.

UG

Ugari (an, np), abundante; en abundancia.

Ugaritasun (np), abundancia, profusión (hablando d e frutas).

Ugaritu (an, np), multiplicar.

Ugarte (np), entre aguas.

Ugate (np), compuertas del saetín.

Ugats, agua sulfurosa

Ugatz (bc), leche materna.

Ugazaba (bc), amo.

Ugazaita (an, gc), padrastro.

Ugazama (an, gc), madrastra.

Ugazeme (an, np), hijastro.

Uielte, temporada de aguas torrenciales.

Uile (b), ire (an, g), pelo.

Uiol, torrente; riada. avenida de aguas.

Uixarri (-s), puño.

Ukabi (-s), puño.

Ukabilka (an, np), dando puñetazos.

Ukabilkada (c), puñetazo.

Ukakor (-s), pesimista.

Ukalondo (gc, an), ukondo (b), codo.

Ukamen, negación.

Ukatu (c), negar; (np) faltar, no poder más.

Ukatu burua (an, np), abnegarse, sacrificarse.

UM

Ukitu (g, l), ikutu (b, g) (-s), tocar.

Uko (c), negación; abnegación; desfallecimiento, rendimiento de cansancio.

Umau, maduro, sazonado.

Umazi (bc), hembra de cualquier animal que ha procreado ya.

Ume (c...), cría; niño.

Umealdi (-s), camada.

Umedun, (-s) preñada; (an) cría que ha parido ya.

Umegin, hembra fecunda.

Ume gori (2c), se dice por desprecio de un joven o muchacho imberbe.

Umekeri (np), niñería.

Umekor, ganado que produce muchas crías. En B. y G- (-ber-gai) se dice también de la mujer fecunda.

Umel, fruta manida, pasada.

Umeldu, manirse la fruta, pasarse de madura.

Ume-min (bc), dolores de parto.

Umemoko, se dice por desprecio de un niño joven o muchacho imberbe.

Umeta (np), niñez. Va siempre acompañado de algún sufijo de declinación.

UM

Umetalde, descendencia, linaje.

Umetoki (c), matriz, bolsa del feto.

Umetsu (-s), mujer de muchos hijos.

Umezketa (np), procreación.

Umezurtz (-s), huérfano.

Umildu (-s), humillarse.

Umitasun (-s), humildad.

Umo (-s), sazonado, maduro.

Umore, (-s) humores; (-s), reuma; humor, disposición.

Umorotz, tumor frío originado de la hinchazón de los ganglios linfáticos superficiales.

Umotasun (-s), sazonamiento, madurez.

Umotegi, frutero, lugar en que se guardan las frutas.

Unai (an, g), unain (b), vaquero, pastor de vacas.

Une (g, b) üne (s), (-l) espacio, (-l) trecho; ocasión (np).

Untz (c...), yedra.

Untzi (l, s), ontzi (g, b) (4) receptáculo; vaso.

Upategi, bodega, depósito de toneles.

Upel (-s), tonel.

Upeltegi, bodega.

UR

Ur (c), agua.

Uraga (np), bomba.

Uranditu (an, np), curar la madera metiéndola en el agua.

Ur are, agua turbia.

Urasetu (np), empapar en agua; envanecer, envanecerse.

Urbatu (np), ampolla que se forma en la piel.

Urbazter (c), orilla del río o del mar.

Urbide (an), zanja, cuneta, arcaduz.

Ur bizi, aguas vivas, mareas altas.

Urdai (an), tocino.

Urdail (-s), estómago; (np) útero.

Urde, (c) cerdo, cochino; sucio.

Urdeki (c...), carne de cerdo.

Urdetu (c...), hacerse inmundo, puerco.

Urdin, (4), azul; (c) cano, pelo o barba gris no completamente blancos.

Urdindu (c...), encanecerse.

Urdinka, azulado.

Urdinxka (-s), azulado.

Urduri, inquieto, nervioso, vivo; arrojado; muy activo.

UR

Urdurikeria (np), atropello, precipitación.
Urduritu (np), aturrullarse, atolondrarse.
Uŕ eman (g), ur emon (b), acercarse, aproximarse.
Urepel (c), agua tibia.
Urezne (bc), refresco de agua y leche.
Urgazi (c), agua salada.
Ur goŕi, agua mineral.
Urgun (an), cojo.
Uri (np), villa; en general, población reunida.
Urka (an), horca, traba que se pone en el cuello de ciertos animales.
Urkamendi (bc), horca, lugar de la ejecución.
Urkatu (an), ahorcar; estrangular.
Urkatzaile (an), verdugo.
Urki (c), abedul.
Urkila (-s), horquilla, sostén de ramas demasiado cargadas.
Urku - murku (b, g - zum?), (abrigar) intenciones traviesas.
Urlia (-s), fulano.
Urme (an?), vado.
Urmeune (-s), vado.
Urnegar (-s), urnigar (s) (4), hilo de agua que brota de las peñas, manantial escaso y poco perceptible

UR

Ur-ogi (gc) (estar condenado) a pan y agua.
Ur-oilo, (an, -l) martín pescador; gallineta, rascón, gaviota negra.
Ur-ondo (bc), aguas de la friega que se dan a los animales.
Urpetu (-s), ürpetu (s) (4), zambullirse.
Urtabe (an), año de abundancia.
Urtaril (s), urtaŕil (-s) (4), febrero.
Urte (c), año.
Urteburu (c), aniversario, cabo de año.
Urteka (c), anualmente, por años.
Urteko (c), del año, (c···) de un año de edad.
Urtemuga (-b), urtemun (b) (4), cabo de año.
Urtez-urte, por término medio de años, en igualdad de edad (an).
Urtebete (an), aniversario, cabo de año.
Urte-ondo (an, np) cabo de año.

URR

Urtoki (an), sitio en que abunda el agua.
Urtu, (c) derretirse: desaparecer (c...) (dirua urtu); (an) fundir.
Urtsu (c), acuoso.
Urtxori (-l), pajarita, aguzanieves (pájaro).
Urtzaile, fundidor.
Urzale (an), abstemio, vulgarmente aguado.
Ur-zozo, tordo acuático.
Ur-zulo, manantial.
Uŕ (4), avellana.
Uŕaburu, dorada, pez marino.
Uŕakada (np), arañazo; rasguño.
Uŕakor (an), rompedizo, fácil de rasgarse. Se dice de papeles y telas.
Uŕatu, (c...) raśgar.
Uŕe (c), oro.
Uŕen (an), el más cercano
-Uŕen (an), sufijo que indica un período de días designado por el numeral a que se aglutina.
Uŕengo, (an) inmediato, siguiente; otra vez.
Uŕeratu, acercarse, aproximar.
Uŕezko (c), de oro.
Uŕezpata (2c), oros y espadas.

US

Uŕi, (c) escaso, (-s) octubre; miserabe, tacaño.
Uŕikeri, escasez, miseria.
Uŕitasun (c), escasez.
Uŕitz (-b), uŕitx (b, g) (4), avellano.
Uŕuxa (g, l), uŕuza (b), uŕixa (s) (4), hembra, hablando del ganado. En S. aun de la mujer.
Usa (np), ejido o monte común de los pueblos (an).
Usadio, costumbre.
Usai (g), usain (s, b) (-l), olor.
Usaindu (an), empezar a tener mal olor.
Usakume (an, np), pichón.
Usategi (-s), palomar.
Usatortola (np), tórtola.
Usin, estornudo.
Usin egin (np), estornudar.
Uskeri, friolera; bledo.
Uso (-s), paloma.
Ustabedar (np), hierba que se emplea como remedio para curar la sarna y los diviesos.
Ustaga (-s), ostaga, cuerda gruesa que se mete por la polea y está fija al izar la vela.
Ustai (2c, an), aro.
Ustai-bedaŕ (b), ustai-belar

UTS

(g), hierba que se emplea como remedio para curar la sarna y los diviesos.

Uste (c), idea, opinión; esperanza; creencia.

Ustegabe (-b), ustebage (b) (4), caso fortuito, sorpresa; inopinadamente.

Uste izan (c...), juzgar, creer, opinar.

Ustel (c), podrido, corrompido.

Usteldu (-s), corromperse, pudrirse.

Ustelkor (c...), corruptible.

Ustetsu (an), ingenioso, de muchas ideas.

Ustez, (4) al parecer; (c...) a juicio.

Ustezko (...), conjetural.

Ustu (-s), üstu (s) (4), vaciar.

Ut (4), ¡tate! (interjección de repulsa).

Uts, (c) puro; (c) vacío; (c) solo; (c) neto; (c) mero; (c...) yerro, falta.

UZ

Uts eman (g), uts emon (b), defraudar; claudicar; dar mico.

Utsune, (c...) seno en el sentido de concavidad, (c) trecho vacío; (c) hueco, (c) cavidad, (c...) defecto; (c...) falta.

Utxa, hütxa (c...), arca, cofre.

Utzi (-b), itxi (b) (4), dejar, abandonar; permitir.

Uxatu (-s), ahuyentar, espantar.

Uzi, pretensión, aspiración.

Uzkar, (b), puzkar (g), puzker (l) (-s), pedo.

Uzkur (an), remolón, retraído para trabajar.

Uzkurtasun, rémora, retraimiento.

Uzkurtu (-s), agacharse; acurrucarse.

Uztapiko (gc), breva, higo temprano y sabroso.

Voces no comunes a los dialectos bizkaino y guipuzkoano que se usan en tres dialectos.

U

UK

Uko - egin (-g), desfallecer, rendirse de cansancio, fa-

UR

llar, no poder continuar.

Ura (-b), aquel.

US

Urkabe (-b), garrote, horca; patíbulo.
Uŕin (-b), olor.
Uŕun (-g), lejos.
Usnan (g, l), üsnan (s) (-b), olfateando (los animales).
Usnatu (l, g), üsnatu (s) (-b), oler, percibir olores.

UZ

Ustekabe (-b), casualidad, el acaso.
Uzta (-b), mies.
Uztail (-b), julio.
Uztaro (-b), época de la mies.
Uztartu (l, g) üztartü (s) (-b), uncir.
Uztaŕi (-b), yugo.

Suplemento de voces no comunes.

U

UD

Udare (an, g), peral.
Udaletxe (b), casa del Ayuntamiento.
Udo (an), hurón.
Ugaseme, hijo nutricio.
Ugazaita, padre nutricio.
Ugazalaba, hija nutricia.
Ulertu (b), comprender.
Ulu (b), quejido.
Umetan, en la niñez.
Umetatik, desde la niñez.
Untxarta (g, Iztueta), hurón.
Untxi (an, b, g?), conejo.
Ur-beera, marea abajo.
Ureztatu, bañarse, regar (g?, Db).
Ureztau (b, Db), regar.
Ur eztietako aŕaiak (g), peces de agua dulce.

UN

Ur eztietako aŕaiñak (b), peces de agua dulce.
Ureztontzi (neol.?, Db), regadera.
Ur geldia, remanso.
Urko, próximo.
Urkula (an, b, g), horquilla.
Urpeka, zambullida.
Urtaŕil (b), enero.
Urtero, anualmente.
Urtxakur (g, b), nutria.
Urun (b), harina.
Uŕaza (g, b?), lechuga.
Uŕibiza (g), dieta.
Usaintza (g, Mend.), olfato.
Usigi egin (b), morder.
Uts egite, error.
Utzitasun (g), incuria.
Un (b), tuétano.

X

XA

Xabaldu (c...), aplanar.
Xapin (l), txapin (b. g) (-s), escarpín, calzado interior de estambre u otra materia para abrigo del pie.
Xeatu (l), zeatu (g, b) (-s), desmenuzar; masticar; triturar.
Xeme (c...), hijito.

XU

Xilimixta (s), ximixta (l), **tximixta** (b, g) (4), **relámpago.**
Ximitx (l), tximitx (g, b) **(-s),** chinche.
Xuŕut (l), zuŕut (b, g) **(-s),** trago.
Xurx (l, s), zurtz (-l) **(4),** huérfano.
Xuhur (l, s), zur (g, b), **(-s),** económico; (4) prudente.

Voces no comunes a los dialectos bizkaino y guipuzkoáno que se usan en tres dialectos.

X

XU

Xabai, extendido, algo ancho.
Xikhiro (s), zikiro (l, g), carnero.
Ximino (s, l), tximino (b) (-g), mono.

XA

Xukatu (l), txukatu (g), txukatü (s) (-b), enjugar.
Xutitu (l, s), zutitu (l, g) **(-b),** enderezarse.

Suplemento de voces no comunes.

X

Xentimo, céntimo.

◆ ◆ ◆

ARBELAIZ, O. M. CAP.

Observaciones para evitar, en cuanto posible, las diferencias verbales de los dialectos bizkaino y guipuzkoano

A GUISA DE PROLOGO

El fin principal de este trabajo es evitar en cuanto sea posible en los escritos, concretamente en el verbo las diferencias que existen entre los dialectos guipuzkoano y bizkaino.

Las diferencias mayores se hallan en el verbo auxiliar, principalmente en las flexiones objetivas plurales y las flexiones objetivo-pronominales. En la misma medida que omitamos o sustituyamos estas flexiones habremos disminuído las diferencias verbales. Lograremos esto en gran parte practicando las reglas que aquí se dan. Conviene usar de moderación en su empleo para no violentar el lenguaje.

Creo que este trabajo, más desarrollado, como pueden hacerlo los profesores, facilitaría no poco el aprendizaje del euskera, lo que me sería grato en extremo, pues yo también participo de los deseos de un eminente vascólogo que estampó en un excelente libro suyo las siguientes palabras: «¡Quién nos diera que pudiéramos reducir toda flexión conjugada a comodísima locución del infinitivo! Así desaparecería el cincuenta por ciento de las dificultades que ofrece nuestra lengua a quien trata de aprenderla» (Azkue, Morfología Vasca, 376-8). El mismo autor, hablando en la citada obra (p. 664-20) de la omisión de las flexiones del verbo auxiliar en el imperativo y su sustitución por el infinitivo, dice lo siguiente: «A estos imperativos llamaba con cierta gracia un discípulo mío *imperativos baratos*. Lástima no tuviésemos también indicativos y subjuntivos de igual precio. Así se facilitaría considerablemente el aprendizaje de la lengua».

No he querido desarrollar más este escrito, como sería conveniente para los principiantes, porque su fin principal es el ayudar a la impresión de escritos en dos dialectos.

Quiero advertir que no he pretendido hacer un trabajo definitivo, sino solamente un sencillo ensayo que otros podrán perfeccionar.

III

Modo de evitar las diferencias en el presente de indicativo

Oraciones simples no yuxtapuestas

Presente riguroso.—Veo ahora una paloma. *Oraintxe uso bat ikusten det.*

Al parecer, no se puede sustituir por otra forma común a ambos dialectos.

Presente no riguroso.—Es el que, teniendo el verbo en la forma de presente, sin embargo significa también acción de pasado o duradera.

Regla.—Désele al verbo la misma forma de pretérito.

Berberak *esanik dauka:* Dice él mismo... Lotsatuten danak nigaz eta nire erakatsijagaz, jakin begi, Ama Dontzeliaren Semia bere lotsatuko dala beraaz (Luc, 9, 26), (Uriarte, «Marijaren ila», 57, 27).

Veo muchas veces este monte: Mendi au askotan *ikusia daukat.* Mendi au nik askotan *ikusitakoa* da. Mendi au nik askotan *ikusia* da. Mendi au askotan *ikusia naiz.*

Oraciones compuestas o simples yuxtapuestas

Regla.—Suprímase el auxiliar.

Ejemplo.—*Ametan da Jangoikua, ta Jangoikuak kastigetan dau. Jangoikua ikusi gura, ta ezin ikusi, zerura juateko orduaren zain egon, ta jakin ez noz elduko dan.* (Uriarte, «Marijaren ila», 93, 8). Se ama a Dios y Dios le castiga, quiere ver a Dios y no puede verle, está esperando a que llegue la hora de ir al Cielo y no sabe cuándo llegará.

Lo mismo se puede omitir el auxiliar en las *oraciones admirativas, adversativas y potenciales negativas.*

Admirativas.—Erreiñuko agintaritzia berrogei utekua: Infernua betikua (Uriarte, «Marijaren ila», 73, 8).

Adversativas.—Nik bera jo arren ni jotzen ez. A pesar de que yo le pego, él no me pega.

Potenciales negativas.—Jangoikua ikusi gura ta ezin ikusi. (Uriarte, «Marijaren ila», 93, 8). Quiere ver a Dios y no puede.

Verbo transitivo

Egin: hacer.

MODO INDICATIVO

Presente.—Véase en su lugar.

Pretérito imperfecto.—Se puede suplir con el consuetudinario y el pasado próximo. Véase en su lugar respectivo.

PRETERITO PERFECTO

Pasado próximo.—*Yo he hecho la casa.* Etxea nik orain gutxi egiña da. Etxea nik orain gutxi egindakoa da. (Ni orain gutxi egiña naiz.)

Pasado remoto.—*Yo hice la casa.* Se forma lo mismo que el *pasado próximo*, sustituyendo *orain gutxi* por *len.* Etxea nik *len* egiña da, etc.

PRETERITO PLUSCUAMPERFECTO

Yo había hecho la casa. Se forma lo mismo que el *pasado próximo*, sustituyendo *orain gutxi* por *aspaldi.*

Futuro imperfecto.—*Yo haré la casa.* Ni etxea egitekoa naiz, etxea nik egitekoa da, etxea egitekoa asmoa daukat, etxea nik egiña izango da. Parece más natural la frase: *Etxea nere eskuz edo nik agindu-ta egiña izango da.*

Futuro perfecto.—*Yo habré hecho la casa.* Etxea egin bearrekoa naiz. Etxea nik egiña izango da. (Etxea egiña izango naiz.)

V

MODO IMPERATIVO

Presente.—Haz tú la casa. Egin zuk etxea. *Haced vosotros la casa.* Egin zuek etxea.

MODO SUBJUNTIVO

Presente.—...que yo haga la casa. Nik etxea egitea. *Manda o dice que yo haga la casa.* Nik etxea egiteko. *Para que yo haga la casa.* Nik etxea egiteko.

Pretérito imperfecto.—...que yo haría la casa. Ni etxea egitekoa nintzala; etxea nik egiña izango zala.

Pretérito perfecto.—...que yo haya hecho la casa. Nik etxea egiñ izatea, nik etxea egiñ izana.

Pretérito pluscuamperfecto.—Yo hubiera, habría y hubiese hecho la casa. Etxea nik egiña izango zan. (Ni etxea egiña izango nintzan.)

Futuro imperfecto y perfecto.—Parece de escasa utilidad en euskera.

MODO INFINITIVO

Presente.—Hacer una casa. Etxe bat egiñ edo egitea.
Pretérito.—Haber hecho una casa. Etxe bat egiñ izatea.
Futuro.—Haber de hacer una casa. Etxe bat egin bear izatea.
Gerundio.—Haciendo una casa. Etxe bat egiten.
Participio.—Casa hecha. Etxe egiña.

Verbo intransitivo

Sus tiempos se forman lo mismo que el transitivo, poniendo en el mismo lugar y con los mismos sufijos el verbo, v. g.:

Menditik *etorria* edo etorritakoa naiz: he venido del monte.
Menditik *etortzekoa* edo *etorribearrekoa* da: vendrá del monte.
Ni menditik *etortzeko:* para que yo caiga del monte, etc.

VI

Términos indirectos-flexiones pronominales

Se suplen poniendo, donde la frase exige, el dativo o término indirecto, sea nombre o pronombre.

Ejemplos:

Yo le di 20 pesetas a mi hermano. Ogei peseta dira nik *nere anaiari* emanak (emonak). Ogei peseta dira nere anaiari nik emandakoak. (Ogei peseta *nere anaiari* emana naiz.)

Dios manda que no hagamos mal a nadie. Jainkoak agindurik dauka guk *iñori* ez kalterik egiteko.

Me has perdido 20 pesetas. Neri ogei peseta galdutakoa zera.

Verbo potencial

Al izan: poder. Ala, eskubidea, indarra euki, según los casos que ocurran.

TRANSITIVO

Kendu: quitar.

Presente.—Puedo quitar. Kentzeko ala, indarra edo eskubidea daukat.

Pretérito imperfecto.—Yo le podía quitar a Pedro su dinero. Nik Peru'ri bere dirua kentzeko eskubidea neukan.

Por el estilo se pueden formar los demás tiempos del indicativo, empleando el verbo *euki* junto con eskubide, ala, indarra, etc. De esta forma se evitan por lo menos las diferencias en las flexiones pronominales.

SUBJUNTIVO

Presente.—...que yo le pueda quitar. Nik berari kendu al izatea. *...para que yo le pueda quitar.* Nik berari kendu al izateko.

Pretérito imperfecto.—...que yo le podría quitar. Ni berari kentzeko eskubidea izatekoa edo eukitzekoa nintzala.

VII

Pretérito perfecto.—*...que yo le haya podido quitar.* Nik berari kendu al izatea.

Pretérito pluscuamperfecto.—*Yo hubiera, habría y hubiese podido quitarle.* Berari kendu al izatekoa izango nintzan edo berari kentzeko indarra edo ala izatekoa izango nintzan.

Futuro imperfecto y perfecto.—Parece de escaso uso en euskera.

INTRANSITIVO

Indicativo.

No se pueden evitar los términos indirectos, a no ser con las fórmulas *eginkorra* da, para las oraciones afirmativas, y *ezinezkoa da,* para las negativas, como luego se explicará más ampliamente.

SUBJUNTIVO

Presente.—*...que yo pueda vivir.* Ni biz al izatea. *Para que yo pueda vivir.* Ni bizi al izateko.

Pretérito imperfecto.—*...que yo podría vivir.* Ni bizi al izango nintzala.

Pretérito perfecto.—*...que yo haya podido vivir.* Ni bizi al izatea.

Pretérito pluscuamperfecto.—*Yo hubiera, habría y hubiese podido vivir.* Ni bizi al izango nintzan.

Futuro imperfecto y perfecto.—Parece de escaso uso en euskera.

Fórmulas comunes para el verbo potencial transitivo e intransitivo

ORACIONES AFIRMATIVAS

Poder: eginkorra izan.

Presente de indicativo.—*Puedo hacerte una casa.* Etxe tat zuri egitea *eginkorra* da *neretzat.*

ORACIONES NEGATIVAS

No poder: eziñezkoa izan.

Presente de indicativo.—No te puedo hacer una casa. Etxe bat zuri egitea *eziñezkoa* da *neretzat.*

Los demás tiempos se forman, a semejanza del presente, conjugando solamente el auxiliar, según los tiempos.

El sujeto se pone en dativo, como puede verse en los ejemplos arriba indicados.

También puede suplirse el potencial por *erreza izan* y *zail izan* cuando el potencial da a indicar facilidad o dificultad para algo. Los tiempos se forman de la misma manera que con *eginkorra izan* y *eziñezkoa izan.*

VERBO CONSUETUDINARIO

Acostumbrar o tener costumbre: oitura euki.

Presente de indicativo.—Yo suelo robarle dinero. Berari dirua kentzeko *oitura daukat.*

Todos los demás tiempos se forman como en el verbo potencial, por lo menos, en los verbos transitivos y algunos intransitivos.

Oraciones combinadas

ORACIONES DE RELATIVO

Que: -tako, -dako, -teko (futuro), -bearrekoa (futuro).

Con estos sufijos se pueden evitar las diferencias del verbo objetivas y pronominal, menos en el presente riguroso de indicativo.

Futuro.—La casa que yo haré. Nik egiteko etxea.

Solamente hay que advertir en cuanto al *pretérito pluscuamperfecto de subjuntivo,* que se forma de la siguiente manera:

La casa que yo hubiera, habría y hubiese hecho. Nik *egindakoa* izango zan etxea. Nik egin-bearreko etxea. *El hombre que hu-*

biera venido. Etorri-takoa izango zan gizona. Etorri-bearrekoa zan gizona. *La casa que yo hice.* Nik egindako etxea.

Todos los demás tiempos, tanto del verbo transitivo como intransitivo, sea el relativo agente, sea paciente, se pueden suplir con el sufijo de que hablamos añadido al infinitivo del verbo que sigue al relativo en castellano.

Creo oportuno poner aquí un ejemplo de relativo agente con verbo transitivo:

Baña grazija au galdutakuei bere... Mas aun a los que han perdido esta gracia... (MOGEL-MAYATZEKO LORIEN BER-BA-ALDIJAK, 130-29).

Se pueden aducir más ejemplos extraídos del mismo, pero no lo hago en gracia a la brevedad.

Si se trata del futuro podríamos decir: *Baña grazija au galdutekoak diranai, baña grazija au galdu bearrekoai bere...*

Que (con verbo transitivo), -le, -tzaile.

Se puede sustituir por estos dos sufijos y en todos los tiempos el relativo agente *que*, *-n*, uniendo al verbo los sufijos *-le* y *tzaile*. El tiempo del verbo se aclara con el verbo determinado.

El que hace, hacía, hará una o varias es, era y será sabio. Etxe bat edo askoren egilea jakintsua da, zan ta izango da.
QUE (conjunción).

Verbo determinado en indicativo

TRANSITIVO

Presente.—Nada especial hay que indicar. Véase lo dicho del presente en las oraciones no combinadas.

Pretérito imperfecto.—*Ha dicho Francisco que él ha matado una culebra.* Patxik esanik dauka suge bat bere eskuz illa izan dala. Patxik esanik dauka bera suge bat illa dala. (Orain gutxi.)

Pretérito perfecto.—*Francisco dijo que él mató una culebra.* Patxik esanik dauka suge bat bere eskuz illa izan dala. Patxik esanik dauka bera suge bat len illa dala.

Futuro imperfecto.—*Francisco dirá que matará una culebra.* Patxi, suge bat bere eskuz illa izango dala esatekoa da. Patxi, suge bat ill bearrekoa dala esatekoa da.

INTRANSITIVO

Presente.—Nada especial que indicar.

Pasado próximo.—*Ha dicho Francisco que le ha venido un grave perjuicio.*—Patxik esanik dauka berari etorritako kaltea aundia dala.

Pasado remoto.—*Ha dicho Francisco que Marcelino murió.* Patxik esana dauka Martxelino len illa dala.

Futuro.—*Ha dicho Francisco que Eusebio vendrá pronto.* Patxik esanik dauka Euxebio laster etortzekoa dala.

SUBJUNTIVO

Pretérito pluscuamperfecto.—*Francisco ha dicho que Eusebio hubiera, habría y hubiese caído.* Patxik esanik dauka eroritakoa, (jausitakoa) Euxebio izango zala. Patxik esanik dauka Euxebio erori bearrekoa zala.

NOTA.—Si hay alguna duda véase al principio la parte que trata del verbo en las oraciones no combinadas. Téngase en cuenta esta advertencia para todas las demás clases de oraciones combinadas.

Oraciones interrogativas

TRANSITIVO

Presente.—Nada que indicar hay en este tiempo.

PRETERITO

Pasado próximo.—*Sabes lo que ha dicho el maestro.* Badakizu erakusleak *esàna* o *esandakoa.*

XI

Pasado remoto.—Sabes lo que dijo el maestro. Badakizu erakusleak len *esandakoa* o *esana*.

Futuro.—Sabes lo que dirá el maestro. Badakizu zer dan erakusleak esatekoa. Badakizu zer dan erakusleak esan bearrekoa.

REGLA PARA LAS ORACIONES INTERROGATIVAS.— Convertirlas por pasivas en cuanto posible.

Oraciones de gozo, admiración y pesar

GOZO

INTRANSITIVO

Presente.—Me alegro de que te hayas curado. Zu sendatzeaz poztutzen naiz.

Pretérito.—Me alegré de que te hubieras curado. Zu sendatzeaz poztu nintzan.

Futuro.—Me alegraré de que te cures. Zu sendatzeaz poztuko naiz.

TRANSITIVO

Se forma de idéntica manera.

Me alegraré de que le ganes mucho dinero a Pedro. Zuk Peru'ri diru asko irabazteaz poztuko naiz.

ADMIRACION Y PESAR.—Se forman lo mismo que las oraciones de «gozo».

Oraciones dubitativas

Para evitar las diferencias conviene volver las oraciones por pasiva.

Pretérito.—Raquel no dudó que Dios había oído sus oraciones. Errakel'ek etzuan zalantzan jarri bere otoitzak Jainkoak entzunak izan zirala. Errakel'ek etzuan zalantzan jarri, Jainkoa bere otoitzak entzuna zala.

XII

Futuro.—Raquel no dudó que Dios oirá sus oraciones. Errakel'ek eztu zalantzan jartzen Jainkoa bere otoitzak entzutekoa dala.

Basta esto para comprender cómo se forman los demás tiempos.

Oraciones exagerativas

Pretérito.—Se portó de tal manera, que mereció el sobrenombre de justo. Zuzenaren izena irabazteko eran bizi izan zan.

Futuro.—Se portará de tal manera, que merecerá el nombre de justo. Zuzenaren izena *irabazteko eran* biziko da, etc.

INTRANSITIVO

Tal es: -tekoa, -teko erokoa.

Tal es la condición del hombre, que nadie está contento con su suerte. Gizonaren zoria iñor ere beraz ez pozik egotekoa da, edo egoteko erakoa da.

Tanto es: -tzerañokoa, -terañokoa, -tzeko naikoa da, -teko naikoa da.

Tanto es el sentimiento que me consume. Ni *aultzerañokoa* da nere samintasuna. Ni aultzeko *naikoa* da nere samintasuna.

Oraciones de digno

Es digno de que los demás le obedezcan. Besteak bere *esanak egiteko gai* da. Besteak bere *esanak egitea irabazia dauka.*

Es digno de ocupar el primer lugar. Lenengo lekuan *egoteko gai da.* Lenengo lekuan *egotea irabazia dauka.*

Por el mismo estilo se forman los demás tiempos de verbos transitivos e intransitivos.

Oraciones de parecer

Me parece: Nere ustez, nere iritzian.
Te parece: Zure ustez, zure iritzian.

XIII

Le parece: Bere ustez, bere iritzian.
Nos parece: Gure ustez, gure iritzian.
Os parece: Zuen ustez, zuen iritzian.
Les parece: Bere ustez, bere iritzian.
Parece que: Ustez.
Parece que vendrá: Ustez etorriko da.
Me parece que vendrá: Nere ustez etorriko da.

Sirven para todos los tiempos; éstos se hallarán indicados por el verbo que le sigue.

Oraciones de gerundio

Al..., cuando: -tean o tzean, con todos los tiempos, pasado, presente y futuro.
Al ver el monte, cuando vió, vea, etc. Mendia ikustean.
Después de, habiendo: -ta.
Habiendo visto el monte..., después de ver el monte. Mendia ikusi-ta.
Habiendo de: -bearrean.
Habiendo de haber venido... ha ido huyendo. Etorri-bearrean *igeska juan da.*
Para cuando: -terako, -taerako.
Para cuando comáis habré venido. Zuek *jaterako* bertan naiz.
Para cuando vengáis habré comido. Zuek etortzerako jane naiz edo izango naiz.

Los tiempos se indican con claridad por el verbo determinado.

Oraciones condicionales

Si: -ezkero y -ta. Sirve para todos los tiempos. *Si guardas, guardares, etc., los mandamientos, irás al Cielo.* Aginduak *gorde-ezkero, gorde-ta* zerurako zera.
Si: -kotan. (Parece más bien de futuro). *Si has de ir al Cielo, tienes que ser bueno.* Zerura *juatekotan* ona izan bear zera. (Se une al nombre verbal.)

XIV

Si: -*tera* o -*etzera*. *Egijal lagundutera, pozik bestera berba egingo neukel (Mogel-Berbaldiak)*. Si la verdad me ayudara a ella, de buen grado hablaría yo de distinta manera.

Cuando se trata del pasado conviene añadir -*izate*, -*izatera*.

Si hubieras guardado los mandamientos, hubieras ido al Cielo. Aginduak *gorde izatera*, Zerura juango ziñen.

Si: ezik. (Para todos los tiempos?) Se emplea en oraciones negativas.

Si no haces esto, enfermarás. Au egin ezik gaixotuko zera.

Oraciones causales

Porque: -*teagatik*, -*teaz*, -*tzeagatik*, -*tzeaz*, -*az*.

Presente.—*Estás tranquilo, porque sabes coser*. Zuk orain josten jakiteaz edo jakiteagatik lasa zaude (zagoz).

Pretérito imperfecto.—*Estás tranquilo porque sabías coser*. Zuk josten areistian jakiteaz edo jakiteagatik pozik zaude (zagoz).

Pretérito perfecto.—*Estás tranquilo porque supiste coser*. Zuk len josten jakiteagatik edo jakiteaz lasa zaude (zagoz).

Pretérito pluscuamperfecto.—*Estás tranquilo porque habías sabido coser*. Aspaldi zuk josten *jakin izanaz* pozik zaude (zagoz).

Pretérito pluscuamperfecto.—*Estabas contento porque hubieras, habrías y hubieses sabido coser*. Josten jakitekoa ziñalako pozik zeunden (zengozan). Josten jakin bearra ziñalako pozik zeunden (zengozan).

NEGATIVAS

Porque no: ez-ta.

Se pospone al infinitivo jakin, etc.

...*porque no sé:* jakin ez-ta...

...*porque no sabía:* jakin ez-ta...

Los demás tiempos se forman por el estilo.

ANOTACIONES

ANOTACIONES

ANOTACIONES

ANOTACIONES

# ANOTACIONES

ANOTACIONES

ANOTACIONES

ANOTACIONES

ANOTACIONES

ANOTACIONES

ANOTACIONES

ANOTACIONES